粤港澳大湾区区域历史与文化研究丛书

袁宝龙 主编

黄埔社会科学高等研究院

粤港澳大湾区
政治文化史

李文益 张剑虹 著

中国社会科学出版社

图书在版编目（CIP）数据

粤港澳大湾区政治文化史 / 李文益，张剑虹著. —北京：中国社会科学出版社，2024.8

ISBN 978 – 7 – 5227 – 3479 – 8

Ⅰ.①粤…　Ⅱ.①李…②张…　Ⅲ.①文化史—广东、香港、澳门　Ⅳ.①K296.5

中国国家版本馆 CIP 数据核字（2024）第 082738 号

出 版 人	赵剑英
责任编辑	李凯凯
责任校对	芦　苇
责任印制	王　超

出　　版	中国社会科学出版社
社　　址	北京鼓楼西大街甲 158 号
邮　　编	100720
网　　址	http://www.csspw.cn
发 行 部	010 – 84083685
门 市 部	010 – 84029450
经　　销	新华书店及其他书店

印　　刷	北京明恒达印务有限公司
装　　订	廊坊市广阳区广增装订厂
版　　次	2024 年 8 月第 1 版
印　　次	2024 年 8 月第 1 次印刷

开　　本	710×1000　1/16
印　　张	25.25
插　　页	2
字　　数	361 千字
定　　价	128.00 元

凡购买中国社会科学出版社图书，如有质量问题请与本社营销中心联系调换
电话：010 – 84083683
版权所有　侵权必究

总　序

2019年2月，中共中央、国务院正式印发实施《粤港澳大湾区发展规划纲要》，对粤港澳大湾区的经济文化建设与未来发展做了系统规划与全景式展望。过去五年，粤港澳大湾区正以不可思议的速度经历着前所未有的巨大变革。可以说，厚重的历史底蕴与文化积淀，开放的世界眼光与国际视野，敢为人先、勇立潮头的创新精神与改革勇气共同决定了粤港澳大弯区所承载的时代使命。

事实上，粤港澳大湾区自古以来就是中国与世界交流的重要窗口：从岭南文化的开放包容，到近现代的中西文化交流，从改革开放后的迅速发展，到今时今日的再度腾飞，粤港澳大湾区始终是中华文明与世界文明互通互鉴、交流交融的前沿阵地。

因此，基于当代视野与历史维度，深入考察粤港澳大湾区区域历史与文化的演进历程，探索、总结其发展规律，对于深度发掘粤港澳大湾区的文化潜能，充分发挥其辐射引领作用，带动区域经济文化协同发展，从而尽早实现建设国际一流湾区和世界级城市群的既定目标具有重要意义，这也是我们编撰这部丛书的重要目的。

具体来说，本部丛书共包含五卷，分别从政治文化史、经济发展、教育文化、社会生活、历史文物几个维度，全面而立体地呈现粤港澳大湾区漫长悠远的历史进程、迤逦曲折的发展轨迹及其别具一格的文化性格。

政治文化史卷主要聚焦于粤港澳大湾区政治制度的演变理路，如实揭示从封建王朝到现代化强国的历史转型过程中，政治制度的发展变迁对于粤港澳大湾区区域结构、经济文化、生活方式、治理模式以及文化特征等诸多方面的深刻影响，并探寻其背后的内在关联性。

经济发展卷致力于梳理粤港澳大湾区的经济制度、经济体制以及经济发展规律，进而分析经济因素在其区域发展历史中的角色定位，同时立足当下，以史为鉴，展望粤港澳大湾区经济发展的未来趋势。

教育文化卷不仅关注教育政策、教育体系以及教育实践的历史脉络，同时关注教育文化与粤港澳大湾区的区域文化、区域经济之间的互动逻辑，展现教育文化如何为粤港澳大湾区的区域文化建设、社会经济发展提供创新驱动力。

社会生活卷基于日常生活视角，系统呈现粤港澳大湾区人民世代传承的风俗习惯与生活方式，通过对衣食住行等各方面多维度、多方面、多层次的详尽梳理与细致刻画，于浩瀚的历史洪流中截取粤港澳大湾区人民社会生活史的独特断面。

历史文物卷集中展现粤港澳大湾区丰富的物质与非物质文化遗产，它们既是历史的见证，又是文化传承的重要载体，如何强化对历史文物的系统考察、研究与保护，从而推动区域文化的传承与创新，是本卷最重要的议题之一。

总而言之，本套丛书致力于深入考察粤港澳大湾区区域历史与文化，如实呈现粤港澳大湾区作为展示中华民族现代文明的重要窗口，从传统走向现代、从中国走向世界、从当下走向未来的磅礴图景与宏伟蓝图。我们真诚地希望，通过这套丛书，能够让千千万万读者共同走进粤港澳大湾区的历史长河，感受她的脉动，理解她的过去，把握她的当下，展望她的未来。

袁宝龙

2024 年 7 月

前　　言

　　粤港澳大湾区建设，是习近平总书记亲自谋划、亲自部署、亲自推动的重大国家战略，是新时代推动形成全面开放新格局的新举措，也是推动"一国两制"事业发展的新实践。粤港澳大湾区包括香港特别行政区、澳门特别行政区和广东省广州市、深圳市、珠海市、佛山市、惠州市、东莞市、中山市、江门市、肇庆市，是国家建设的世界级城市群和参与全球竞争的重要空间载体。

　　粤港澳大湾区历史悠久，在先秦时期就有人类在这片广袤的大地上进行生产和生活活动，历经数千年的发展，如今已成为世界瞩目的科技荟萃、文化昌盛、经济繁荣的全球四大湾区之一。粤港澳大湾区的政治文化史，虽然是一部地域史、专题史，但是回顾这段波澜壮阔的发展历程，我们仍然可以感受到：

　　大湾区的历史是一部中华文明发展史。她从一个蛮荒僻壤的瘴疠之区、流放之所，慢慢发展为唐宋时期传播中华文明的重要窗口，到明清时期，岭南文化更是在中国文化史上盛极一时。

　　大湾区的历史是一部中华民族形成史。先秦秦汉时期"百越杂处，各有种姓"，东晋南朝大量汉人迁入，遂形成广府、潮汕、客家三大民系，当地越人渐染华风，或融入三大民系，或逐渐发展成壮、黎、瑶、畲等族群，后来成为中华民族大家庭的重要成员。

　　大湾区的历史是一部国家大一统史。秦汉时期以郡县制为纽带，将大湾区治理体制与中原大地紧紧联系在一起，从此，大湾区人民的命运与中原王朝的兴衰息息相关，她在国家的统一中发展兴旺，又随着国家的崩乱而战火频仍，即便历经多次分裂、屡被列强霸占，但终究还会走向一统。

大湾区的历史是一部中华民族抗争史。自近代以来，大湾区遭受英国、法国、美国、葡萄牙、日本等列强侵略长达百余年，但大湾区的人民始终没有屈于强暴，不论是三元里的村民们，还是林则徐、关天培等官员们，抑或孙中山、陆皓东等革命志士们，都以"苟利国家生死以，岂因祸福避趋之"的大无畏精神奋起抗争，前仆后继，为抵御外侮、求得民族解放而忘我牺牲。

大湾区的历史是一部中国共产党发展史、新中国建立史。她见证了广州共产主义小组的成立，使广东成为中国最早建立中共党组织的六个地区之一；她见证了中共中央从上海迁驻广州，并召开了党的第三次全国代表大会，确立了革命统一战线的国共合作方针；她见证了香港海员大罢工、省港大罢工中马克思主义与工人运动的结合，使工农运动随之风起云涌；她见证了广州起义第一次打出了"工农红军"旗帜；她见证了国民党残酷的"围剿"，见证了八年的艰苦抗战，见证了人民解放军的胜利旗帜插遍了祖国南疆！

大湾区的历史还是一部社会主义建设史、改革开放史。新中国成立后，大湾区人民翻身做了主人，他们以"敢教日月换新天"的勇气和斗志，投身于社会主义建设浪潮中，虽然在探索社会主义建设道路上遭受了挫折，但也经受住了考验，积累了经验。改革开放后，大湾区人民最先沐浴到改革的春风，他们勇敢闯出了一条具有时代特征、中国特色、广东特点的发展道路，成为中国改革开放的排头兵、先行地、实验区。他们用事实回答了什么是社会主义、怎样建设社会主义的问题，深化了中国共产党对中国特色社会主义理论的探索。

习近平总书记指出，"历史是一面镜子。以史为鉴，才能避免重蹈覆辙。对历史，我们要心怀敬畏、心怀良知"，"传承历史，不是为了纠结过去，而是要开创未来"。新时代，粤港澳大湾区正

前　言

向着国际一流湾区和世界级城市群的目标加速迈进，呈现出前所未有的勃勃生机。回首千百年来历史老人在这片沃土上一路蹒跚走来的足迹，我们万分感慨今天所取得的成就实属不易！过去的坎坷仍然值得鉴戒，而过去的成功也依然值得我们坚信，前面的路将越走越宽广！

目 录

上编　古代的粤港澳大湾区

第一章　先秦、秦汉先民对粤港澳大湾区的开发 …………（3）
　第一节　先秦时期粤港澳大湾区的人类活动 ……………（3）
　　一　原始族群及相关文化遗址 ……………………（4）
　　二　奴隶社会时期的粤港澳大湾区 ………………（7）
　第二节　秦朝对粤港澳大湾区的统辖 ……………………（9）
　　一　南海郡的设置与管理 …………………………（9）
　　二　南越国的建立及其统治 ………………………（10）
　第三节　两汉中央政府对粤港澳大湾区的统治 …………（16）
　　一　郡县制的推广与交州之设 ……………………（16）
　　二　粤港澳大湾区的赋税与土地制度 ……………（18）
　　三　粤港澳大湾区的人口增殖 ……………………（19）

第二章　魏晋至隋唐时期对粤港澳大湾区的统治 …………（20）
　第一节　魏晋南北朝时期粤港澳大湾区政治更迭 ………（20）
　　一　东吴统治与广州之置 …………………………（21）
　　二　两晋时期粤港澳大湾区政局 …………………（23）
　　三　南朝对粤港澳大湾区的相继统治 ……………（26）
　　四　粤港澳大湾区民族的进一步交融 ……………（29）

第二节　隋朝大一统国家下对粤港澳大湾区的统治 …………（30）
　　一　平定岭南与大一统国家治理 ……………………………（30）
　　二　粤港澳大湾区豪族势力的发展 …………………………（32）
　　三　隋末粤港澳大湾区地方割据 ……………………………（35）
第三节　唐代粤港澳大湾区与大一统国家的重建 …………（35）
　　一　粤港澳大湾区的政治与军事制度 ………………………（36）
　　二　唐代粤港澳大湾区的人口 ………………………………（41）
　　三　唐代粤港澳大湾区的交通 ………………………………（43）
　　四　粤港澳大湾区豪强势力的消长 …………………………（47）
　　五　唐末动乱中的粤港澳大湾区 ……………………………（50）
第四节　南汉政权的兴亡 ……………………………………（53）
　　一　刘知谦、刘隐父子的崛起 ………………………………（53）
　　二　刘䶮与南汉政权的建立 …………………………………（54）
　　三　南汉在粤港澳大湾区的统治 ……………………………（55）
　　四　文人政治的风行 …………………………………………（56）
　　五　南汉诸帝的残暴统治 ……………………………………（57）
　　六　宦官专权与阶级矛盾的激化 ……………………………（60）

第三章　宋元时期粤港澳大湾区的政治管理 ………………（63）
第一节　北宋政权对粤港澳大湾区的统治 …………………（63）
　　一　南汉灭亡与大一统的重现 ………………………………（63）
　　二　粤港澳大湾区行政区划与官僚机构 ……………………（64）
　　三　粤港澳大湾区的战乱及城防建设 ………………………（66）
第二节　南宋政权对粤港澳大湾区的治理 …………………（70）
　　一　粤港澳大湾区的建制与兵防 ……………………………（70）
　　二　南宋时期两次人口流入 …………………………………（71）
　　三　文化交融与粤方言形成 …………………………………（73）
　　四　南宋年间粤港澳大湾区的躁动 …………………………（75）
　　五　南宋时期粤港澳大湾区文化名人 ………………………（76）

第三节　元朝对粤港澳大湾区的短暂统治……………………（78）
 一　元军四占广州城 ………………………………………（79）
 二　崖山之战与粤港澳大湾区归元 ………………………（81）
 三　元朝在粤港澳大湾区的统治 …………………………（83）
 四　元初粤港澳大湾区人民的抗元斗争 …………………（84）
 五　元末粤港澳大湾区人民的反元起义 …………………（87）

第四章　明清两朝对粤港澳大湾区的统治 ……………………（90）
第一节　明初的粤港澳大湾区 …………………………………（90）
 一　明军入粤与粤港澳大湾区归明 ………………………（90）
 二　明代粤港澳大湾区的行政区划与卫所制度 …………（92）
 三　明代粤港澳大湾区的吏治及廉吏 ……………………（95）
 四　粤港澳大湾区的城市建设与文化教育 ………………（97）
 五　明初海禁政策对粤港澳大湾区的影响 ………………（99）
第二节　明代中期的粤港澳大湾区 ……………………………（101）
 一　社会矛盾的激化与黄萧养起义 ………………………（101）
 二　粤港澳大湾区的政治变革 ……………………………（105）
第三节　明代后期的粤港澳大湾区 ……………………………（107）
 一　西方列强对粤港澳大湾区的觊觎 ……………………（108）
 二　明朝对澳门的统管政策 ………………………………（110）
 三　葡萄牙人在澳门的自治机构 …………………………（113）
 四　明代后期粤港澳大湾区的社会主体 …………………（115）
 五　明末粤港澳大湾区阶级矛盾的激化 …………………（118）
 六　明末粤港澳大湾区农民起义 …………………………（120）
 七　明代粤港澳大湾区廉吏与名流 ………………………（121）
第四节　南明统治时期的粤港澳大湾区 ………………………（130）
 一　南明两政权的分立及其亡走 …………………………（131）
 二　永历重回肇庆与两藩南征 ……………………………（133）
 三　李定国在粤港澳大湾区抗清 …………………………（134）

第五节　清前期对粤港澳大湾区的统治 …………………（135）
　　一　粤港澳大湾区行政及军事机构 …………………（135）
　　二　两藩镇粤与海禁复施 ……………………………（137）
　　三　粤港澳大湾区反禁海、迁海斗争 ………………（140）
　　四　康乾时期粤港澳大湾区统治 ……………………（141）
　　五　粤港澳大湾区"岭南三家" ……………………（145）

中编　近现代的粤港澳大湾区

第五章　列强的侵略与粤港澳大湾区人民的抗争 ………（149）
第一节　粤港澳大湾区与第一次鸦片战争 ……………（149）
　　一　鸦片贸易与虎门销烟 ……………………………（150）
　　二　第一次鸦片战争爆发 ……………………………（151）
　　三　广州三元里人民抗英斗争 ………………………（154）
第二节　鸦片战争后粤港澳大湾区的社会与思想 ……（156）
　　一　粤港澳大湾区人民反殖民斗争 …………………（157）
　　二　粤港澳大湾区士人开眼看世界 …………………（159）
第三节　西方列强对粤港澳大湾区的进一步侵略 ……（162）
　　一　第二次鸦片战争中的粤港澳大湾区 ……………（162）
　　二　葡萄牙对澳门主权的侵占 ………………………（164）
　　三　对粤港澳大湾区华工的野蛮奴役 ………………（167）
　　四　对粤港澳大湾区的文化侵略 ……………………（168）
第四节　英、葡对港、澳的殖民统治 …………………（170）
　　一　英国对香港的殖民统治 …………………………（171）
　　二　葡萄牙对澳门的殖民统治 ………………………（175）
第五节　清末粤港澳大湾区人民的反侵略斗争 ………（178）
　　一　反抗英国强租新界斗争 …………………………（179）
　　二　教案和反洋教斗争 ………………………………（181）

第六章　粤港澳大湾区洋务运动与新阶级的出现 …………(184)

第一节　粤港澳大湾区的洋务运动 ……………………………(185)
一　练兵、制器与海防建设 ……………………………(185)
二　民用工业与新式学堂的创办 ………………………(187)

第二节　粤港澳大湾区近代民族工业的产生 …………………(189)
一　粤港澳大湾区内的民族工业 ………………………(189)
二　与封建主义及外国资本主义的关系 ………………(192)

第三节　粤港澳大湾区工人阶级与民族资产阶级的产生 ……(194)
一　粤港澳大湾区无产阶级的诞生 ……………………(195)
二　粤港澳大湾区民族资产阶级的诞生 ………………(197)

第七章　粤港澳大湾区旧民主主义革命 ……………………(199)

第一节　维新思想在粤港澳大湾区的传播 ……………………(199)
一　郑观应等人的早期维新思想 ………………………(199)
二　康有为维新思想及维新活动 ………………………(203)

第二节　孙中山革命思想与早期革命活动 ……………………(206)
一　孙中山革命思想的形成 ……………………………(206)
二　兴中会在粤港澳大湾区的革命活动 ………………(207)

第三节　立宪运动在粤港澳大湾区 ……………………………(209)
一　粤港澳大湾区的立宪团体 …………………………(210)
二　广东谘议局的成立 …………………………………(212)
三　粤港澳大湾区国会请愿运动 ………………………(213)

第四节　粤港澳大湾区与辛亥革命 ……………………………(214)
一　黄花岗起义及其影响 ………………………………(215)
二　广东独立与广州革命政权的建立 …………………(217)
三　粤港澳大湾区对革命成果的维护 …………………(218)

第五节　民国初年粤港澳大湾区反军阀斗争 …………………(221)
一　"二次革命"中的粤港澳大湾区 …………………(221)
二　"护国运动"中的粤港澳大湾区 …………………(222)

三 "护法运动"中的粤港澳大湾区……………………（224）
　第六节 广州中华民国政府的成立与北伐………………（226）
　　一 桂系军阀在粤港澳大湾区统治的崩溃………………（226）
　　二 广州中华民国政府的成立……………………………（227）
　　三 整军北伐与陈炯明叛变………………………………（228）

第八章 粤港澳大湾区早期新民主主义革命活动………（232）
　第一节 马克思主义在粤港澳大湾区的传播……………（232）
　　一 五四运动中的粤港澳大湾区…………………………（232）
　　二 马克思主义在粤港澳大湾区的传播…………………（237）
　第二节 粤港澳大湾区中共党组织的建立………………（240）
　　一 粤港澳大湾区党团组织的建立………………………（240）
　　二 工农组织的建立和工农运动的勃兴…………………（242）
　第三节 第一次国共合作期间的粤港澳大湾区…………（245）
　　一 联俄联共政策与中国国民党的改组…………………（245）
　　二 中国共产党革命统一战线政策的确立………………（247）

第九章 大革命时期的粤港澳大湾区……………………（250）
　第一节 广州革命政府的成立与两次东征………………（250）
　　一 平定广州商团叛乱……………………………………（250）
　　二 广州革命政府的成立与两次东征……………………（252）
　第二节 粤港澳大湾区国民革命运动的高潮……………（255）
　　一 广州黄埔军校的建立…………………………………（255）
　　二 粤港澳大湾区工农运动蓬勃发展……………………（257）
　第三节 粤港澳大湾区与国共合作统一战线的破裂……（259）
　　一 统一战线的内部矛盾与冲突…………………………（259）
　　二 廖仲恺遇刺案…………………………………………（262）
　　三 中山舰事件和整理党务案……………………………（264）
　　四 国民党对粤港澳大湾区的白色统治…………………（266）

第十章 国民党在粤港澳大湾区的统治与共产党武装斗争……（268）

第一节 广州张黄事变与大湾区局势…………………………（268）
一 国民党派系斗争中的大湾区……………………………（268）
二 广州张黄事变……………………………………………（270）

第二节 中国共产党领导的反抗国民党武装斗争……………（271）
一 粤港澳大湾区反对国民党的武装斗争…………………（271）
二 共产党人领导的广州起义………………………………（273）

第三节 陈济棠在大湾区的统治………………………………（275）
一 粤港澳大湾区与两次粤桂战争…………………………（275）
二 陈济棠在粤港澳大湾区的统治…………………………（276）

第四节 陈济棠在粤港澳大湾区"剿共"与两广事变………（278）
一 粤港澳大湾区中共党组织的破坏………………………（278）
二 两广事变与粤港澳大湾区政局…………………………（279）

第十一章 抗日战争时期的粤港澳大湾区………………………（281）

第一节 "七七事变"后大湾区抗日活动……………………（281）
一 粤港澳大湾区各界人士的抗日宣传活动………………（282）
二 粤港澳大湾区国民党当局的抗日主张…………………（283）
三 粤港澳大湾区共产党领导的抗日活动…………………（284）

第二节 粤港澳大湾区的沦陷与国共抗日
统一战线的建立………………………………………（286）
一 日军对粤港澳大湾区的侵占……………………………（286）
二 国共抗日统一战线的建立………………………………（287）

第三节 港澳同胞对抗日救亡运动的支援……………………（288）
一 香港同胞对抗日救亡运动的支援………………………（288）
二 澳门同胞对抗日救亡运动的支援………………………（290）

第四节 粤港澳大湾区沦丧期间的统治………………………（291）
一 日伪政权在粤港澳大湾区的建立及其统治……………（291）
二 日军对粤港澳大湾区的残暴统治………………………（292）

第五节　粤港澳大湾区沦陷期间的抗日斗争·············(294)
　　一　粤港澳大湾区国民党领导的抗日斗争·············(294)
　　二　粤港澳大湾区共产党领导的抗日斗争·············(296)
　　三　粤港澳大湾区群众自发抗日斗争················(297)
第六节　粤港澳大湾区抗日战争的胜利················(299)
　　一　粤港澳大湾区中共抗日武装力量的发展············(299)
　　二　国民党军事反攻与日本在粤港澳大湾区投降·········(300)

第十二章　解放战争时期的粤港澳大湾区··················(302)
第一节　国民党对粤港澳大湾区的黑暗统治·············(302)
第二节　粤港澳大湾区的解放······················(306)
　　一　粤港澳大湾区中共武装斗争的恢复与发展···········(306)
　　二　赣州会议和粤港澳大湾区广东地区的解放···········(308)
第三节　可歌可泣的粤港澳大湾区革命烈士·············(309)

下编　当代的粤港澳大湾区

第十三章　改革开放前粤港澳大湾区广东地区的曲折发展······(313)
第一节　粤港澳大湾区广东地区各级人民政权的建立·······(313)
　　一　新中国成立后粤港澳大湾区广东地区行政规划········(313)
　　二　粤港澳大湾区广东地区人民代表大会制度···········(315)
　　三　粤港澳大湾区广东地区人民政治协商制度···········(318)
第二节　巩固新生的人民政权······················(320)
　　一　粤港澳大湾区内的土改运动····················(320)
　　二　粤港澳大湾区内的镇压反革命运动················(321)
　　三　粤港澳大湾区内的"三反""五反"运动···········(323)
第三节　社会主义建设的波折与国民经济的调整··········(328)
　　一　计划经济时代的粤港澳大湾区建设················(329)

二　粤港澳大湾区广东地区社会主义"三大改造" …… (331)
　　三　粤港澳大湾区广东地区内的肃反、整风、
　　　　反右斗争 ……………………………………… (333)
　　四　"文化大革命"对粤港澳大湾区的冲击 ………… (334)

第十四章　改革开放后粤港澳大湾区的全面建设 ……… (337)
第一节　改革开放前夕粤港澳大湾区改革探索 ……… (337)
　　一　粤港澳大湾区思想解放运动 ……………………… (337)
　　二　粤港澳大湾区城乡经济体制改革 ………………… (339)
　　三　深圳、珠海经济特区的创设 ……………………… (342)
第二节　改革开放后粤港澳大湾区的全面建设 ……… (343)
　　一　经济特区的快速发展与开放新格局 …………… (343)
　　二　外贸体制改革与外向型经济体制的确立 ……… (344)
　　三　粤港澳大湾区科教文卫事业及精神文明建设 ……… (347)

第十五章　"一国两制"构想与香港、澳门的回归 ………… (350)
第一节　回归前的香港与澳门 …………………………… (350)
　　一　英国统治时期的香港 ……………………………… (351)
　　二　新中国成立后对澳门问题的交涉 ………………… (354)
　　三　香港新工业化建设与英国当局的两面政策 ……… (356)
　　四　港澳与广东的合作与交流 ………………………… (357)
第二节　"一国两制"构想的提出和初步实践 ………… (359)
　　一　中英《关于香港问题的联合声明》的签订 ……… (359)
　　二　中葡《关于澳门问题的联合声明》的签订 ……… (361)
第三节　香港、澳门的回归与民主建设 ………………… (362)
　　一　香港和澳门基本法的制定与实施 ………………… (363)
　　二　港澳民主制度的真正确立 ………………………… (365)
　　三　反中乱港势力的破坏与中央的政策调整 ………… (368)

第十六章　新时代粤港澳大湾区的一体化建设 (371)

第一节　粤港澳大湾区发展规划与实施方案 (371)
一　粤港澳大湾区概念的提出 (371)
二　《粤港澳大湾区发展规划纲要》 (372)

第二节　粤港澳大湾区建设的基本保障 (376)
一　坚持"一国两制"总方针 (376)
二　香港国安法的颁布与实施 (377)
三　坚持"港人治港""澳人治澳" (378)

第三节　粤港澳大湾区建设的伟大成就 (379)
一　国际科技创新中心建设稳步推进 (379)
二　有竞争力的现代产业体系初步形成 (380)
三　粤港澳大湾区互联互通成绩显著 (381)
四　粤港澳大湾区优质生活圈加快构建 (382)
五　粤港澳大湾区合作不断深化 (383)

后　记 (385)

上编　古代的粤港澳大湾区

本编按照粤港澳大湾区历史发展的阶段性特征，分四章叙述大湾区从史前时期到明清时期的发展历程，着重展现秦汉以来以郡县制为核心的地方行政制度在粤港澳大湾区的具体实践，体现中华民族在动荡中走向融合、"大一统"国家在离乱中走向统一的历史过程。

第一章　先秦、秦汉先民对粤港澳大湾区的开发

在中国人类学史上，广东无疑占有重要地位。1958年，在粤北曲江县今韶关市曲江区马坝镇狮子岩的狮头洞里，发现距今约13万年的马坝人头盖骨。经人类学研究证实，马坝人已具有现代黄种人的诸多特征：头骨呈卵圆形、颧骨突出、鼻骨较宽、眼眶圆钝稍高，眶下沿较为尖锐等，属于早期智人。与马坝人一起被发现的，还有熊、犀牛、鹿、剑齿象等多种哺乳类动物化石，说明当时马坝人已有捕捉大型动物的能力。1978年和1989年，在肇庆封开县渔涝区峒中岩中，又发现3颗人牙化石。经测定，与马坝人属同一时期，被命名为"峒中岩人"，所出土的动物类化石，也与狮头洞遗址中所见动物化石基本一致。一般认为，中国古代人种经历了一个由云广地区向北、向东迁徙的过程，这两处遗址表明，当时的广东就处于远古人类东移的必经之地。而粤港澳大湾区的史前文明，也正是由这些迁移的原始族群创造的。

第一节　先秦时期粤港澳大湾区的人类活动

粤港澳大湾区是中国古代文明的重要发源地，该地区是在三次海浸、三次海退的过程中发育形成的，在距今6000年前后，基本形成今天的地貌。现有研究表明，在粤港澳大湾区形成不久，人类就已进驻该地区从事生产活动，由此产生了这一地区最早的原始族群及相关

文化遗址，引导粤港澳大湾区开启了走向文明之路。

一 原始族群及相关文化遗址

自 20 世纪八九十年代以来，在粤港澳大湾区先后发现了多处史前文化遗址。与其他地方一样，这一地区同样经历了一个由原始社会到母系氏族公社，再到父系氏族公社的演变历程。

（一）母系氏族公社时期

母系氏族制，即按母系计算世系血统和继承财产的氏族制度。在母系氏族公社时期，实行族外群婚制，人们只知其母，不知其父。这一时期的生产生活开始出现分工：男性承担狩猎、防御等任务，女性承担采集、缝制等任务。因生产力的限制，女性所擅长的采集作业较男性狩猎更为稳定，因此女性地位较高。从马坝人开始，广东地区的早期智人开始进入母系氏族社会的萌芽阶段。在距今 5000 年前后，大湾区母系氏族社会进入繁荣期，女性地位受到尊重，婚姻形态开始从族外群婚制发展到对偶婚制，家庭开始萌芽。

由于生产方式、家庭形态以及自然环境的制约，这一时期所遗留的遗址体现出鲜明的地域性特色。按遗址类型可分为山岗、台地、沙丘、贝丘四种。其中，尤以贝丘遗址最多，具体又可分为三类：一是河岸型，主要分布在今佛山市南海、三水两区，肇庆市高要区及东莞市、广州市增城区、惠州市博罗县等境内；二是河潮型，多分布在河岸型地区的下游；三是海湾型，如在今珠江三角洲江门市新会区、佛山市高明区、江门市鹤山市境内尚可得见。因离海较远，当时的活动以渔猎捕捞为主，在这种生产方式下，男性、女性作业相当，与中原大地母系氏族公社时期女性较高的地位相比，推测粤港澳大湾区女性的主导地位可能不会太突出。

在粤港澳大湾区贝丘遗址中，出土了猪、鹿等动物骨骼化石，以及质地精美的玉环、纹饰繁多的陶片，锛、镞、石刀、石镰、石凿、网坠、砺石等石器。磨制石器中有一部分是农业生产工具，表明原始农业开始在当时的大湾区出现，且促使其生产能力有了较大提高。渔猎、农业、手工制作的出现使男女出现不同分工，狩猎、家畜驯养、采集与原始农业生产并行存在。陶制生活用具的出现，极大改变了人们的饮食习惯和生活方式，陶器纹饰又催生出了原始的审美观念。精美的玉环饰物则象征着特定的身份和地位，而出土的石钺则表明，原本作为生产工具的石斧已演变为权力和威严象征的礼器，为部落酋长或首领所有。据此推测，当时粤港澳大湾区已出现阶层划分。

部落的发展和原始农业的出现，使人们摆脱了游徙不定的生活状态，开始有了固定的生活场所，进而有建筑房屋的需求。如广州市增城区金兰寺遗址发现柱洞痕迹，表明当时曾在此用木料建筑房屋。在香港大屿山东湾遗址中，发现排列有序的六个圆形柱洞，有的洞内还残存柱础石和木灰；另一遗迹有椭圆形石构建筑，有火口、火膛、烟道及直径约1米的红烧土堆。① 在香港赤腊角虎地湾一处高地上，发掘布满大小柱洞和穴亢的方形遗址，在方形遗址两边有分布成行的建筑物柱洞，中间有煮食篝火堆、石器工场，穴坑遗留有石器和陶器，都保留了较明显的生活痕迹。② 深圳咸头岭亦发现房基遗址，地面用坚硬的灰褐色土铺垫，有大柱洞1个，小柱洞12个。从以上房屋遗址来看，当时建筑还很简陋。

在粤港澳大湾区的部分墓葬遗址中，发现母系氏族公社的公共墓地，如肇庆市鼎湖区广利蚬壳洲贝丘遗址发现24座墓坑，共计28具人骨；江门市新会区罗山咀贝丘遗址发现二次瓮棺葬的葬式，葬具为两套夹砂陶厚胎折肩瓮，人骨从足至头井然有序地置于瓮内，其随葬品有骨簪、圆角三角形两端穿孔鳖甲"牌饰"、穿孔蚶壳饰物和小陶罐。③

---

① 区家发、邓聪等：《香港石壁东湾新石器时代遗址》，《香港考古学会会刊》1990年第12期。另见《邓聪考古论文选集》，香港中文大学中国考古艺术研究中心2021年版。
② 香港考古学会编：《赤鱲角考古》，《赤鱲角岛考古调查研究》专刊（英文版），香港考古学会1994年版。
③ 方志钦、蒋祖缘主编：《广东通史·古代史》上册，广东高等教育出版社1996年版，第71页。

（二）父系氏族公社时期

在距今4000年前后，粤港澳大湾区的先民们开始进入父系氏族社会阶段。这一时期的农业生产工具仍以石器为主，但已有较大改进，如石斧、石镰磨制更为锋利，石镬、石锛带有钻孔，以方便安装木柄，节省劳力，提高生产效率。伴随着锄耕技术的进步，农业种植和栽培技术也获得了发展，以栽培稻为主的种植区逐渐从粤西、粤北地区向粤港澳大湾区扩展。另外，这一时期家庭饲养业逐渐兴起，如佛山市河宕旧墟、肇庆市高要区金利茅岗、东莞市企石镇龙江村及虎门镇村头遗址、香港南丫岛深湾，都发现有猪、牛、狗等动物的骨骼和牙床。经鉴定，河宕旧墟和茅岗都有幼年家猪的牙床。在佛山市南海区观音庙口和龙船田、佛山市禅城区河宕旧墟、广州市增城区仙村和新塘、惠州市博罗县铁场苏屋岗等处，都发现牛的骨骼和牙齿。这都说明，在距今4000—3500年之际，粤港澳大湾区的人们已开始将饲养业作为渔猎生产的重要补充。

这一时期的石器、玉器、陶器、骨器加工技术有了长足进步。如石器中既有实用器，也有象征身份、地位和权力的明器。玉器制作水平较高，如佛山市三水区白坭镇银洲村出土玉玦，广州市黄埔区甘草岭遗址出土玉环、玉琮，这些玉琮与良渚玉琮文化体系一致，体现出良渚文化对粤港澳大湾区的影响。在陶器制作中，陶车被广泛采用，不仅使器型更为规整，且制作效率也大大提高。在深圳大黄沙遗址中，出土釜、罐、盆、盘、碗、钵、器座、支座等器种，深圳小梅沙遗址还出土了夹砂陶和泥质彩陶，彩陶器有圈足盘，以浪花、线条、镂孔组成图案，表现出很高的艺术水平。[①] 骨器经过细致加工后，成为精美装饰品，如在佛山河宕一处墓葬中发现男性骨架左手腕部戴有象牙镯，另一座墓中男性头顶置有两件象牙筒形器，雕刻技艺精湛，另外东莞市虎门镇村头等地亦曾出土精妙绝伦的象牙器、獐牙器。

---

① 广东省地方史志编委会编：《广东省志·文物志》，广东人民出版社2007年版，第113页。

在父系氏族社会时期,房屋建筑经历了一个从半地穴式到地面式,再到干栏式房屋的演变过程。在肇庆市高要区茅岗发现分布面积达数万平方米的木构房屋遗址,高架于水面或滨水靠岸之地,即为干栏式建筑,根据房屋遗迹推测,其屋顶可能以树皮板铺盖。出土木构件中,带有榫卯结构,树皮板两端有三角形孔眼,说明铺设后曾用竹钉加固,木作技术已具有较高水平。[①] 从中山大学校园内红岩山岗、佛山河宕建筑遗址来看,当是以竹木为材料建筑于地面之上的干栏式建筑,这对以后的岭南建筑产生了深远影响。另外,聚居村落展现出一定规模,如东莞村头遗址面积达1万平方米,发掘大小9条壕沟,是当时村落的防御设施。

另外,这一时期的葬式、葬俗也随着父权社会的出现而呈现出多样化特征。珠江三角洲地区出土多处墓葬遗址,尸体多用贝壳掩埋,葬式多为仰身直肢,少数墓葬有随葬品,如骨镞、陶纺轮象牙臂环、象牙筒形器、水晶耳玦、石英串珠等。此外,香港发现有火葬痕迹。通过对墓葬遗骸的分析,还发现粤港澳大湾区先民也曾流行拔牙风俗,如广州市增城区金兰寺二号墓一位25岁左右的男子就曾拔牙;佛山市禅城区河宕的77座墓中,有19个成年男女拔牙,其中多数是拔上侧门齿,也有少数拔中门齿。这种习俗与山东大汶口文化基本一致,反映了内地与大湾区的文化交流。

二 奴隶社会时期的粤港澳大湾区

随着生产力的进一步发展,在父系氏族社会中开始出现贫富分化,剥削由此而生,掠夺现象越发常见,这些因素都加速了原始公社的瓦解。但与中原地区相比,由于粤港澳大湾区多雨、多台风的自然环境,以及多瘴疠、蛊毒的恶劣条件,限制了人类生产生活和人口繁衍,延缓了原始社会的解体和进入阶级社会的进程。因此,粤港澳大湾区大约在春秋战国时期,才步入奴隶制社会。当时的主体民族被称为"百

---

① 陈泽泓:《岭南建筑志》,广东人民出版社1999年版,第8—9页。

越"。"百越"之名始见于《吕氏春秋·恃君览》:"扬、汉之南,百越之际,敝凯诸、夫风、余靡之地,缚娄、阳禺、驩兜之国,多无君。"①《汉书·地理志》亦有记载:"粤地,牵牛、婺女之分野也。今之苍梧、郁林、合浦、交阯、九真、南海、日南,皆粤分也。"颜师古注引臣瓒云:"自交阯至会稽七八千里,百越杂处,各有种姓。"② 由上可知,"百越"是中原地区的汉人对分布于五岭以南、福建等中国东南和南部广大地区众多部落的泛称。他们在商周时期即已频频登上历史舞台,如《史记正义》引《舆地志》:"越侯传国三十余叶,历殷至周敬王时,有越侯夫谭,子曰允常,拓土始大,称王,《春秋》贬为子,号为于越。"《史记·越王勾践世家》:"越王勾践,其先禹之苗裔,而夏后帝少康之庶子也。"③ 这些史料都表明,当时粤港澳大湾区的先民们已在中原地区有了一定影响力。但是,直到春秋战国时期,岭南地区尚未建立起统一的国家政权,而仅分散建立起若干部落政权,各自称王,如1972年在肇庆市北岭松山墓葬中出土战国晚期的青铜器中,发现带有"王"字的图案,应指该部落的大酋长。

自商代始,粤港澳大湾区进入早期青铜文化阶段。在该地区已发现20余处铸造青铜器的范模,如珠海淇澳岛亚婆湾出土3件斧范,范内有黑色浇筑痕迹。珠海南坪白沙坑、香港南丫岛、珠海淇澳岛南芒湾等地出土钺范数件,可证明当时土著居民已掌握冶铸青铜器的技术。此外,粤港地区目前所见的铸铜范均为石质,这与中原地区流行的陶范截然不同,而江西吴城商代遗址中石范使用相当普遍,据此推测吴城文化对粤港青铜器的铸造生产有所影响。到周代,粤港澳大湾区的青铜文化已进入繁盛时期。④

秦汉之际,粤港澳大湾区的主体民族已从"百越"中分化出来,

---

① 杨坚点校:《吕氏春秋·淮南子》,岳麓书社2006年版,第153页。
② 《汉书》卷二八下《地理志》,颜师古注引,中华书局1962年版,第1669页。
③ 《史记》卷四一《越王勾践世家》,中华书局1959年版,第1739页。
④ 邱立诚:《对粤港地区青铜文化几个问题的探讨》,载广东省博物馆编《广东省博物馆集刊1999》,广东人民出版社1999年版,第22页。

形成南越人。清初屈大均说:"曰南越者,吴王夫差灭越筑南越宫,故(赵)佗因其旧名,称番禺为南越也。"① 认为"南越"最早是因吴王夫差所建南越宫而得名,后来赵佗建国,以之为国名。著名民族学家罗香林解释称:"以其地为扬越南部,故称为南越。"② 张雄则进一步指出:"先秦时,在原来'三苗'活动的地域,分布着两大族群:'荆蛮'居于楚地,'扬越'居于楚以南的广大地区。随着楚的南侵,'扬越'从长江以南逐渐退到岭南,而'荆蛮'则仍在长江中游一带活动。"③ "扬越"即"阳越","因为扬、阳古音通转,字亦互用,又南曰阳,扬越即南越了"④,该说较为恰当。自"南越"之称出现后,粤港澳大湾区便成为南越人的活动地域。

第二节 秦朝对粤港澳大湾区的统辖

秦始皇平定岭南,首置郡县,统一文字、度量衡,并迁徙大量中原汉民开发岭南。从此,岭南地区被纳入封建王朝的大一统统辖下,粤港澳大湾区与中原地区的经济、文化交流日益密切,开始进入全面、快速发展的时期。

一 南海郡的设置与管理

公元前230年至公元前221年,秦王嬴政先后灭掉六国,统一中原,称始皇帝。公元前221年,秦始皇派屠睢统兵逾岭,进入岭南地区。但由于秦兵暴行,岭南人民奋起反抗,屠睢被杀。秦始皇改派任器和赵佗为帅。他们改变策略,怀柔南越之人,才终于在公元前214年平定岭南地区。

---

① 屈大均:《广东新语》卷二《地语·越》,中华书局1997年版,第28页。
② 罗香林:《中夏系统中之百越》,独立出版社1943年版,第114页。
③ 张雄:《中国中南民族史》,广西人民出版社1989年版,第45页。
④ 韩振华:《秦汉西瓯骆越(瓯骆)之研究》,载《百越民族史论丛》,广西人民出版社1985年版,第159页。

平定岭南后，秦始皇在岭南地区设桂林、象郡、南海三郡，其中南海郡统辖范围大致包括今粤东、粤北、粤中及粤西一部分，下辖番禺、龙川、博罗、揭阳、四会五个县，治所在番禺（今广州市）。按秦制，郡设郡守、郡尉、郡监，郡守为一郡之长，掌政务；郡尉掌军事；郡监掌监察。大县设县令，小县设县长，为县一级之长，此外还分县尉和县丞。县下为乡，设三老、游徼和啬夫分掌教化、治安和司法赋役。乡下是里和亭，设里正、亭长。为强化对粤港澳地区的军事统治，秦朝在南海等郡不设郡守，以掌管军事之郡尉兼辖政务。此外，鉴于南海郡水上交通的便利，秦朝以南海郡尉统辖岭南三郡，号称"东南一尉"。南海郡这一独特的体制，为后来赵佗自立提供了基础。

为充实新辟郡县户口，同时打击中原地区反秦势力，秦朝分三批，将数万中原人口迁徙至粤港澳大湾区，"以谪徙民与越杂处"[①]。中原人口与当地土著混居杂处，加速了两地文化交流。另外，随着郡县制的建立和推广，原本居于深山溪洞中的百越之人逐渐告别相对原始的氏族社会，转化为郡县制下的编户齐民，进一步丰富了粤港澳大湾区的人口。

二 南越国的建立及其统治

南粤赵佗，真定（今河北正定）人，原为秦南海尉。秦破灭后，赵佗乘机并桂林、象郡，自立为南越武王。从此，粤港澳大湾区开启了长达60余年的赵佗统治时期。在此期间，赵佗政权与中央政府保持若即若离的关系：汉朝初年，高祖派遣陆贾出使番禺，南越国与汉朝之间建立起一种松散的羁縻关系，即南越在名义上承认汉朝为宗主国，不定期入贡方物，汉朝则在维护国家表面上统一的前提下，在边境开设关市，允许双方贸易往来。汉高祖去世后，吕后临朝称制，对南越采取敌对政策，双方关系日益紧张，赵佗怒而称帝。文帝继位后

[①] 《史记》卷——三《南越列传》，中华书局1959年版，第2967页。

拨乱反正，双方关系恢复正常，赵佗对外取消帝号。在制度方面则一承秦汉之制。赵佗去世后，南越政权逐渐衰弱，粤港澳大湾区终又归为汉朝大一统国家治下。

（一）赵佗与南越国的建立

秦末，各地反秦起义风起云涌，天下大乱。当此之际，南海郡首任郡尉任嚣在临终前指定龙川（今广东河源市龙川县）县令赵佗接替自己职务，并指出："南海僻远"，"颇有中国人相辅"，只需"兴兵绝新道"，即可为"一州之主"①，向他提出了割据自立的构想。赵佗接任郡尉后，按照任嚣方略，于公元前206年前后，出兵吞并桂林郡和象郡，并将象郡分割为交趾、九真二郡。至此，赵佗已占据整个岭南，今天的两广、海南以及越南北部，均在其辖下。公元前204年，赵佗正式建立南越国，自称南越武王，定都于番禺。

汉十一年（前196），刘邦遣陆贾使番禺，拜赵佗为南越王，赵佗臣服于汉。吕后称制时，对南越国实行"别异蛮夷，隔绝器物"②的封锁政策，下令"毋予蛮夷外粤金铁田器；马牛羊即予，予牡，毋予牝"③，试图通过禁运限制南越的经济发展。赵佗三次请求开禁，均不被理睬，于是借口"马牛羊齿已长，自以祭祀不修"④而走上与中央对抗的道路。吕后五年（前183），赵佗自称南越武帝，发兵攻长沙国边邑，"以兵威边，财物赂遗，闽越、西瓯、骆役属焉，东西万余里"，并"以财物役属夜郎，西至同师"，声势甚大。陆贾受文帝委派，第二次出使南越，并宣示文帝诏书，劝他取消帝号，通使如故。赵佗虽"定百越之地，东西南北数千万里，带甲百万有余"，然亦愿重修旧好，"长为藩臣，奉贡职"，并下令"改号，不敢为帝矣"⑤。此后，文、景、武三朝，赵佗称臣奉职，不断使人朝请，维持与汉的臣属关系。

---

① 《史记》卷一一三《南越列传》，中华书局1959年版，第2967页；《汉书》卷九五《西南夷两粤朝鲜传》，中华书局1962年版，第3847页。

② 《史记》卷一一三《南越列传》，中华书局1959年版，第2969页。

③ 《汉书》卷九五《西南夷两粤朝鲜传》，中华书局1962年版，第3851页。

④ 《汉书》卷九五《西南夷两粤朝鲜传》，中华书局1962年版，第3851页。

⑤ 《汉书》卷九五《西南夷两粤朝鲜传》，中华书局1962年版，第3852页。

(二) 吕嘉之乱与南越国之亡

建元四年（前137），赵佗卒，孙赵眜继位。建元六年（前135），闽粤王郢发兵攻南越，赵眜求助汉廷。汉大举发兵，分两路进击闽越。大军尚未翻越五岭，闽越人十分震恐，杀其王，向汉谢罪，汉罢兵。此时，武帝以助南越击退闽粤为名，要求赵眜报汉恩。于是，赵眜令太子婴齐入京宿卫，实为人质，并表示自己也准备稍晚朝见武帝。而此时，南越大臣力谏赵眜勿行，称："入见则不得复归，亡国之势也！"[①] 于是赵眜以病为辞，不复朝见，然此事使中央政府对南越政权颇有猜忌。

公元前122年，赵眜卒，太子婴齐继王位。婴齐卒，子兴继位。王及母王太后上书"请比内诸侯，三岁一朝，除边关"[②]。武帝许其请，并赐丞相、内史、中尉、太傅印绶，"除其故黥、劓刑，用汉法，比内诸侯"[③]，双方关系有所缓和。然而，赵兴之丞相吕嘉极力谏止，在劝阻无效后，阴谋叛乱。赵兴与王太后恐吕嘉先发难，便欲借招待汉使之机，谋诛吕嘉。乃置酒宴，王太后南向坐，赵兴北向坐，吕嘉及汉使西向坐。吕嘉之弟率领军队守卫宫外。席间，王太后质问吕嘉："南越内属，国之利也，而相君苦不便者，何也？"[④] 数责吕嘉不忠之处。吕嘉见势不妙，即出。王太后欲将其击杀，然因赵兴劝阻，吕嘉得以顺利逃脱。于是，吕嘉决心叛乱。

汉武帝令庄参率两千人擒吕嘉。庄参说："以好往，数人足矣；以武往，二千人无足以为也。"韩千秋说："以区区之越，又有王、太后应，独相吕嘉为害，愿得勇士二百人，必斩嘉以报。"[⑤] 于是武帝遣韩千秋与王太后弟樛乐率两千人，入南越地。吕嘉闻汉兵至，起兵叛乱，杀王赵兴和王太后，立赵兴之兄赵建德为王。传令郡县，煽

[①] 《史记》卷一一三《南越列传》，中华书局1959年版，第2971页。
[②] 《史记》卷一一三《南越列传》，中华书局1959年版，第2972页。
[③] 《史记》卷一一三《南越列传》，中华书局1959年版，第2972页。
[④] 《史记》卷一一三《南越列传》，中华书局1959年版，第2973页。
[⑤] 《史记》卷一一三《南越列传》，中华书局1959年版，第2973页。

动民族情绪，抗击汉军。韩千秋行至距番禺四十里处，大败身亡。元鼎五年（前112），武帝遣路博德、杨仆等兵分四路征伐南越。次年，吕嘉与赵建德逃入海中，乘船西去。路博德遣人追获，平定南越，以其地为儋耳、珠崖、南海、苍梧、郁林、合浦、交趾、九真、日南九郡，加强了中央政府对地方的控制和管理。

这场战争的胜利，在大湾区历史上具有重大意义：第一，在政治上，使岭南地区归入西汉中央政府的直接管辖之下，南越自赵佗称王，在历五世、近百年后，正式重归大一统王朝的统治体制下。第二，在经济上，撤销边关，使中原先进的生产工具和技术源源输入，南方特产和异国珍品也成批北运，有利于生产力的提高和贸易的发展。第三，在文化上，加强了南北人民的文化交流，使粤港澳大湾区人民有更多的机会汲取中原地区的先进文明，落后风俗得以改进，越汉族群融合进一步加深。

(三) 南越政权统治下的大湾区

粤港澳大湾区在南越国治下，获得了缓慢发展。现就其政治体制、民族关系、社会经济方面的发展概述如下。

1. 政治体制

南越政权的政治体制大体仿自秦汉，史称南越"称制，与中国侔"[①]，主要体现在：

其一，王室之制。赵佗、赵眜对外称王，对内称帝。王位世袭，或父死子继，或兄终弟及。王在位时，仿秦汉制度，立太子，如赵眜有"泰（太）子"金印随葬。仿秦汉制度，有帝号，赵眜墓葬中有一铜镜，上刻"文帝九年"字样。另外，南越王母称"太后"，妻称"后"，妾称"夫人"。

其二，南越官制。南越政权的官制也都仿自汉制，如中央职官有太傅、内史、中尉、丞相、御史、泰（太）官、居室、景（永）巷、常（尚）御、乐府和私府、食官、厨丞等。据《汉书·百官公卿

[①] 《史记》卷一一三《南越列传》，中华书局1959年版，第2969页。

表》："少府，秦官。掌山海池泽之税，以给共养"，"詹事，秦官，掌皇后、太子家。"① 可知，这些官职皆源于秦汉制。所不同的是，出于避讳的考虑，在书写上将"泰""景""常"改作"太""永""尚"字，并将"尚方""御府"合为了"常御"。

其三，地方之制。南越政权效法汉朝，在地方上实行郡国并行制。"国"是封邑，分侯、王两级。郡、县为地方行政区，称谓都与汉同，即郡设太守，属官有丞、五官掾、主簿、督邮、诸曹掾史。县之长官为令、长，大县为县令，小县为县长。

2. 民族关系

南越政权实行"和辑越人"的民族政策，总体上保持了和睦、友好的民族关系，基本实现了"集杨越，以保南藩"② 的政治目的。

首先，尊重南越各族的民族传统。《史记·陆贾列传》载，陆贾首次到番禺，"尉他（佗）魋结箕倨见陆生"。"箕倨"是傲慢的坐姿；而"魋结"，"谓夷人本被发左衽，今他（佗）同其风俗，但魋其发而结之"③。赵佗不戴王冠，而在头上理个圆锥形发髻，表明他尊重越人传统，并将此作为和辑越众的重要手段。在葬制上，南越国也吸收越人的某些例规，如上自国王、下至中小官吏，其墓穴形制、随葬器的组合及其造型、装饰等，均仿照越人习俗。在乐制上，南越国采用楚地和中原地区的律制，兼采越人乐器。在饮食上，南越王室和贵族都享用越人菜式。

其次，同越人通婚。南越政权王室特别重视与越人通婚。如文王赵眜、明王赵婴齐都娶越女为妾，丞相吕嘉本身即是越人，其家男性则尽娶王女，女性尽嫁王家子弟，可见赵氏和吕氏通婚，使统治上层以婚姻为纽带达成了政治同盟。

最后，吸收越人参政、参军。在南越政权中，吕嘉当过赵眜到赵兴三代的丞相，其弟为镇守王宫的大将，兄弟两人执掌内外大权。在

---

① 《汉书》卷一九《百官公卿表上》，中华书局1962年版，第731、734页。
② 《史记》卷一三〇《太史公自序》，中华书局1959年版，第3317页。
③ 《史记》卷九七《郦生陆贾列传》，中华书局1959年版，第2697—2698页。

地方政权中，吕氏"宗族官贵为长吏七十余人"①，他们掌握了地方郡县的部分权力，广泛参与到南越政权对地方的实际治理中。南越统治者面对复杂的民族关系，能以友善的态度对待当地民族，有利于消除民族隔阂，扩大统治基础，保持社会的相对安定。

3. 社会经济

南越国时期，粤港澳大湾区在农业种植技术、农具改进，手工业生产种类、技术等诸多方面，都比以前有了很大发展。

在农业方面，近些年来，在广州附近发现多件南越国时期的铁制农具，主要是松土、除草用的锄和开沟、掘坑用的锸。这表明，此时粤港澳大湾区在一定范围内已处于锄耕农业发展阶段。农业种植以水稻为主，当时粤港澳大湾区已有新型稻种"籼"，它具有分蘖性强、耐热耐强光的特点，适宜岭南气候。新良种的播种增加了单位面积产量，进而促进了经济类作业和农业家庭饲养业的发展，如据《三辅黄图》记载："汉武帝元鼎六年（前111），破南越起扶荔宫，以植所得奇草异木：菖蒲百本，山姜十本，甘蕉十二本，白木十本，桂百本，蜜香、指甲花百本，龙眼、荔枝、槟榔、橄榄、千岁子、甘橘皆十本。"② 可见南越花卉果木品种之多。

在手工业方面，粤港澳大湾区在制陶业、冶铸业、漆器制造业、丝织业、造船业等诸方面，都取得了长足进步。就制陶业而言，广州179座西汉前期墓，出土陶器共3490件，占出土器物总数的72%。器型多达49种，其中仅罐就有双耳罐、四耳罐、三足罐、双联罐、三联罐、四联罐和五联罐等类型，盒有小盒、三足盒、三足小盒、三足套盒、四联盒、八联盒和格盒等类型。在用途上也从过去生活用具扩展到葬具、生产工具（如纺织用的纺轮、狩猎用的弹丸）和美术雕塑（如犀角、象牙模型）等。③ 此外，这一时期冶铸业、漆器制造

---

① 《汉书》卷九五《西南夷两粤朝鲜传》，中华书局1962年版，第3855页。
② 转引自史念海《历史地理学十讲》，长江文艺出版社2020年版，第15页。
③ 广州市文物管理委员会、广州市博物馆：《广州汉墓》，文物出版社1981年版，第80—160页。

上编 古代的粤港澳大湾区

也体现出较高水平，如铸造技术有内模外范和全范式铸造法，漆器方面，广州地区已出土汉代漆器近千件，器型有敦、耳杯、壶、盘、盆、奁、盂、豆、盒、桶、案、盾、环、玦和泡钉等，胎骨质地以木胎为主，此外还有竹胎和夹纻胎，特别是夹纻胎的出现标志着漆器制造技术达到颇高的水平。

此外，在文化交流方面，体现出多元文化交融的局面，可分为粤港澳大湾区内部汉、越两种文化的交融，以及粤港澳大湾区与内地文化交流两个方面。在相互交融中，产生了别具民族特色、地方特色的南越文化。由于汉文化是建立在较高生产力水平之上的封建文化，因而在交流、融汇的过程中无可置疑地居于主导地位，而越文化则或被扬弃，或被改造，或被吸收。当然，这一进程是漫长而曲折的，而且即便在粤港澳大湾区内部，各地区的发展也是不平衡的。

第三节 两汉中央政府对粤港澳大湾区的统治

从公元前111年汉平南越，到东汉末年（220）的300余年间，粤港澳大湾区在大一统国家治下，完成了由奴隶制社会向封建制社会的转变。郡县制继续推行，郡县增多，封建官僚机构日趋完善，封建统治深入大湾区基层，官府强化了对户口和土地的管理，赋役制度与内地一致。内地与大湾区人口双向流动越发频繁。长期以来，汉人与越人长期杂居共处，共同开垦耕地，促进了先进耕作技术的交流和农业生产的发展。两汉时的大湾区出现了许多自耕农、佃农和拥有较多土地的地主，到东汉时还出现了与中原相似的豪强地主，这些现象无不表明，两汉时期的粤港澳大湾区已逐渐步入与内地一体化发展的新阶段。

一 郡县制的推广与交州之设

汉武帝平南越后，在岭南地区设置九郡。其中南海郡治所在番禺（今广东广州市番禺区），辖番禺、中宿（今广东清远市）、四会（今广东肇庆市四会市）、博罗（今广东惠州市博罗县）、龙川（今广东河源

第一章　先秦、秦汉先民对粤港澳大湾区的开发

市龙川县）、揭阳六县；苍梧郡治广信，辖十县，在今广东境者为端溪（今德庆）、高要两县及广信（今广东肇庆市封开县及广西梧州市一带）的东部。粤港澳大湾区基本处于南海郡、苍梧郡管辖范围内。

汉平南越后，在辖区依然推行郡县制，此后一直到东汉末，郡、县行政体制基本不变。西汉设郡尉，掌郡军事，东汉初省去，由太守兼掌一郡的军政大权，故地位相当显赫，"凡在郡国，皆掌治民，进贤劝功，决讼检奸。常以春行所主县，秋冬遣无害吏按讯诸囚，平其罪法，论课殿最，并举孝廉。"[1] 太守的佐贰官有郡丞和长史，秩六百石，由朝廷任命。属吏有功曹、督邮、主簿等。县仍沿袭汉初之制，万户以上之县，长官称"令"，秩六百石；万户以下之县，长官称"长"，秩四百石，县之佐贰官有丞和尉。此外，在粤港澳大湾区还置有直属朝廷的专官，如番禺、高要两县设有盐官，专管海盐之利；设圃羞官，主管大湾区盛产的果品进贡事，把大湾区某些特定的经济部门，直接纳入中央王朝的行政管理系统下。

汉武帝元封五年（前106）设十三部刺史，每部各设一个监察区，刺史每年巡行部内各郡，严格按照中央"六条"规定，检举弹劾不法之事。其中，岭南地区为交趾部，治所在苍梧郡之广信县，位于今粤港澳大湾区之肇庆一带。交趾部设置后，在打击豪强、纠举不法、澄清吏治方面起了积极作用。

西汉末年，各刺史部纷纷改名为州，刺史成为州的最高长官，地方行政区域随之演变为州、郡、县三级制。但是，唯交趾部依然称"部"，岭南地区在名义上仍保持郡、县二级制。

当时天下大乱，建武元年（25）刘秀建东汉，定都洛阳。不久，交趾牧邓让率领交趾部七郡太守"相率遣使奉贡"，表达对东汉政权的臣服，粤港澳大湾区也进入乱后重建的时期。东汉顺帝时，"交阯太守周敞求立为州，朝议不许，即拜敞为交阯刺史"[2]。

---

[1]　杜佑：《通典》卷三三《职官十五·郡太守》，中华书局1988年版，第904页。
[2]　《晋书》卷一五《地理志下》，中华书局1974年版，第464页。

但此后交阯刺史权力更重，不但集部内军权、财权、司法权和人事任免权于一身，且有些刺史还拥有家兵、部曲，渐成割据一方之势。献帝建安八年（203），"张津为刺史，士燮为交阯太守，共表立为州，乃拜津为交州牧"①。至此，东汉政权正式承认交阯部为州，交州之名正式确定，地方行政建制，随之亦改为州、郡、县三级制。

二　粤港澳大湾区的赋税与土地制度

贡赋是中央对地方统治权的重要象征，也是地方政权实现封建责任的重要形式。粤港澳大湾区向封建王朝贡献，早在南越国时期就已实行。汉平南越后，贡献形成定制：首先，朝廷在南越地区设置专官，如南海郡有圃羞官，交阯有橘官长，主岁贡御橘。其次，关于贡献的品种、时间和数量都有规定，贡品已不见驯象、紫贝之类，代之以荔枝、龙眼等果品，岁时纳贡，每年按水果生产季节运送至京，史载交阯刺史"竞事珍献"，为此，时人杨孚专门作《南裔异物志》以枚举诸贡物②，可见贡献之大、品类之多。

两汉时期，人口和土地是官府征收赋税的主要依据，但汉武帝"诛羌，灭南越"后，在这些新管理地区实行休养生息的政策，在此期间"番禺以西至蜀南者置初郡十七，且以其故俗治，毋赋税"③，很大程度上减轻了粤港澳大湾区人民的赋税负担，有利于当地的经济发展。即便后来恢复贡赋，其赋税量也较内地轻简，且所征租赋基本只用于地方开支，不向中央上缴，即"田户之租赋，裁取供办，贵致远珍名珠、香药、象牙、犀角、玳瑁、珊瑚、琉璃、鹦鹉、翡翠、孔雀、奇物，充备宝玩，不必仰其赋入，以益中国也"④。至东汉后期，朝廷统治日益腐败，赋役日重，且正税之外又有杂税，与内地人民一

---

① 《晋书》卷一五《地理志下》，中华书局1974年版，第465页。
② 欧大任：《百越先贤志校注》，广西人民出版社1992年版，第46页。
③ 《史记》卷三〇《平准书》，中华书局1959年版，第1440页。
④ 《三国志》卷五三《薛综传》，中华书局1959年版，第1252页。

样,大湾区百姓亦深受剥削。不仅如此,地方官也与内地豪强别无二致,如献帝初年,交趾刺史朱符"黄鱼一枚收稻一斛,百姓怨叛,山贼并出,攻州突郡"[1],致使民怨沸腾,阶级矛盾日趋激化。

三 粤港澳大湾区的人口增殖

南越国以后的两汉时期,内地之民仍不断流入粤港澳大湾区,除因罪谪徙、留戍落籍外,两汉之末中原大乱,士民纷纷南迁避乱,为粤港澳大湾区提供了大量外来人口。据《后汉书·桓荣传》载,献帝时沛国(今安徽境)人桓晔初因"天下乱,避地会稽",后"浮海客交趾,越人化其节,至闾里不争讼"[2]。至于名不见经传的平民,数量当更多。这一变化,从两汉时期的户口统计中即可得见,据《汉书·地理志》和《后汉书·郡国志》记载,从西汉平帝元始二年(2)至东汉顺帝永和五年(140)期间,全国人口从59194900人减至49150220人,下降约17%,而粤港澳大湾区的人口变化却截然相反,如南海郡从94253人增至250282人,增长约166%;苍梧郡从146160人增至466975人,增长约220%。人口统计上的这种鲜明对比,直观反映出两汉时期人口迁移对粤港澳大湾区人口数量增长的影响。

伴随人口增殖,在粤港澳大湾区境内,越来越多的越人成为郡县政府管辖下的编民,在与众多汉人杂居往来中民族差别逐渐消失,如在装束方面,越人断发文身之俗大为减少,变为穿袍、束发加冠或束腰、长袖鬓发的汉装。在语言文字方面,粤语开始出现,带有浓厚古越语色彩的方言,属汉语体系。文字完全使用汉字。总之,从西汉中后期起,粤港澳大湾区内的越族风俗或被淘汰,或被改造,或被吸收到新的联合群体——汉族之中,这充分证明了中华民族的多元一体特性,其间经历了从分散的多元到融为一体的过程。

---

[1] 《三国志》卷五三《薛综传》,中华书局1959年版,第1252页。
[2] 《后汉书》卷三七《桓荣传》,中华书局1965年版,第1260页。

第二章 魏晋至隋唐时期对粤港澳大湾区的统治

魏晋南北朝是上承秦汉、下启隋唐的重要历史时期，其间先后经历了魏、蜀、吴三国鼎立，西晋短暂统一，东晋十六国与南北朝各政权的对峙。这一时期，中原经历了长达400年的大动乱，其间不同政权建立的民族藩篱在动荡中逐渐被打破，中华民族再次实现大交融。这一历史背景，为粤港澳大湾区的继续发展提供了契机，特别是受全国性民族大迁徙、大流动的影响，汉人甚至北方游牧民族的生产技术、生活方式不同程度地传入粤港澳大湾区，进一步促进了本地区内各民族间的文化交流与交融，加速了粤港澳大湾区与中原地区的一体化进程，为隋唐大一统创造了有利条件。

第一节 魏晋南北朝时期粤港澳大湾区政治更迭

魏晋南北朝时期是中国历史上政权更迭最频繁的时期之一，长期处于封建割据和连绵不断的战争中：三国时期，东吴控制交州，并分交州置广州，据此加强了对岭南地区的统治。西晋历时较短，中原动乱，无暇南顾。东晋政权偏寓江南，故对岭南较为重视。这一时期番禺不仅成为岭南地区的政治、经济、文化中心，而且成为全国主要的对外贸易港口，借助这一有利条件，粤港澳大湾区与东南地区的经济联系、文化交流与人际往来也更为频繁。

一　东吴统治与广州之置

（一）东吴对大湾区的统治

东汉末年，群雄并起。赤壁之战后，南北对峙之势渐成。建安十五年（210）孙权任命鄱阳太守步骘为交州刺史。步骘杀怀有异心的苍梧太守吴巨，灭其旧部衡毅、钱博之军，顺利进驻番禺。地方豪强如士燮兄弟"相率供命，南土之宾，自此始也"①。步骘在番禺，"睹巨海之浩茫，观原薮之殷阜，乃曰：斯诚海岛膏腴之地，宜为都邑"②。他根据这一地理环境，将南越时的番禺城加以重建。建安二十二年（217），把交州治所从广信迁至番禺。至此，"迁州番禺，筑立城郭，绥和百越，遂用宁集"③，番禺成为这一地区的政治中心。

步骘迅速稳定粤港澳大湾区，与士燮家族的支持密不可分。士燮，苍梧人，东汉末年任交趾郡太守。建安初叶，避难交州的袁徽建议士燮"处大乱之中，保全一郡，二十余年疆场无事"④，因此士燮有意将交趾郡作为自己的大本营。不久，交趾刺史朱符被人诛杀，士燮乘机向朝廷请求，以其长弟士壹任合浦太守，次弟任九真太守，三弟为南海太守。于是一门四太守，对交州政局的影响举足轻重，史载"士燮兄弟并为列郡，雄长一州，偏在万里，威尊无上。出入鸣钟磬，备具威仪，笳箫鼓吹，车骑满道，胡人夹毂焚烧香者常有数十。妻妾乘辎軿，子弟从兵骑，当时贵重，震服百蛮，尉他（赵佗）不足逾也"⑤。在这种形势下，初到交州的步骘不得不采取与士氏联合的策略，尽力取得士氏兄弟的支持，而士氏兄弟也愿意配合步骘，归顺东吴。

汉献帝延康元年（220），步骘被召回，由原庐陵太守吕岱接任交

---

① 《三国志》卷五二《步骘传》，中华书局1959年版，第1237页。
② 郦道元：《水经注》卷三七《泿水》，浙江古籍出版社2013年版，第493页。
③ 郦道元：《水经注》卷三七《泿水》，浙江古籍出版社2013年版，第493页。
④ 《三国志》卷四九《士燮传》，中华书局1959年版，第1191页。
⑤ 《三国志》卷四九《士燮传》，中华书局1959年版，第1192页。

州刺史。吕岱到任后数年间，与士氏相安无事。公元226年士燮去世，孙权接受吕岱意见，将交州分而治之，"分合浦以北为广州，吕岱为刺史；交阯以南为交州，戴良为刺史。又遣陈时代燮为交阯太守。"① 这一措施必然会遭到士氏兄弟的抵制。新任命的戴良和陈时刚到合浦，士燮之子士徽便自署交趾太守，发兵抵制戴良。士氏与东吴政权关系破裂。

吕岱在广州闻士徽抗命，立即上表请伐，同时调兵三千趁夜浮海前往交趾。吕岱至合浦，与戴良会合同进，士徽等见吕岱兵至，大惊，兄弟六人出降。孙权本为分士氏之势，而将交州分为交、广二州，现在士氏被平，故复合二州为交州，以吕岱为刺史，孙吴在粤港澳大湾区的统治遂趋稳固。

（二）陆胤治交州与广州之设

公元248年，交州骚动，孙权命陆胤为交州刺史、安南校尉。陆胤"奉宣朝恩，流民归附"②，采取以招纳为重、以信义待人的方针，使大湾区豪党三千余人皆出降，局势重新稳定。陆胤平定交州后，进一步采取安抚措施，"招合遗散"，于是流民归附，境内安定，"风气绝息，商旅平行，民无疾疫，田稼丰稔"③。交州治所番禺濒海，水多苦咸，陆胤在城"东北五里北山脚下"，开凿了一条引山泉入城的水渠，改善了人民的饮水条件，"亦呼甘泉"。④ 陆胤"衔命在州，十有余年，宾带殊俗，宝玩所生，而内无粉黛附珠之妾，家无文甲犀象之珍，方之今臣，实难多得"，所以受到交州人民拥戴，当听闻他即将离任时，百姓"负老携幼，甘心景从"。⑤ 他在任十一年，是粤港澳大湾区局势较为平稳、人民生活较为安定的时期。

粤港澳大湾区隶属于交州，但交州地域广大，尤其是交趾、九

---

① 《三国志》卷四九《士燮传》，中华书局1959年版，第1193页。
② 《三国志》卷六一《陆胤传》，中华书局1959年版，第1410页。
③ 《三国志》卷六一《陆胤传》，中华书局1959年版，第1410页。
④ 方信孺：《南海百咏》。转引自方志钦、蒋祖缘主编《广东通史·古代史》上册，广东高等教育出版社1996年版，第311页。
⑤ 《三国志》卷六一《陆胤传》，中华书局1959年版，第1410页。

真、日南三郡离交州治所番禺较远，不利于统管。永安七年（264），吴再次将交州分设为交、广二州，其中广州辖南海、苍梧、郁林、高梁、宁浦五郡。此后，广州作为行政区域遂告确立。至吴末，广州又新析置桂林、高兴二郡，共有七郡、四十余县，基本涵盖了今天的粤港澳大湾区。

二　两晋时期粤港澳大湾区政局

（一）两晋对粤港澳大湾区的统治

公元279年底，晋武帝司马炎发兵20余万，兵分三路大举伐吴。次年孙皓投降，吴亡。广州刺史闾丰、苍梧太守王毅归晋。晋命滕修为"安南将军，广州牧、持节、都督如故，封武当侯，加鼓吹，委以南方事"①。滕修在治理广州期间颇有威信，执行示之简易、除其苛政的政策，尽量与民为便，轻徭薄赋，史称"修在南积年，为边夷所附"②。在中原动荡之际，粤港澳大湾区保持了相当长的稳定局面。

晋怀帝永嘉五年（311）经"永嘉之乱"，西晋灭亡。宗室司马睿被江南大族及避难江南的北方大族共拥为帝，定都建康，是为东晋。东晋元帝建武元年（317），荆州刺史陶侃受排挤，改任广州刺史、平越中郎将。陶侃往广州后，正值长沙人王机叛乱，占领广州。陶侃迅速讨平王机，太兴元年（318）晋号平南将军、加都督交州军事。不久，又兼交州刺史，并晋位征南大将军。此时境内安定，"百姓勤于农殖，家给人足"③，"侃在州无事，辄朝运百甓于斋外，暮运于斋内。人问其故，答曰：'吾方致力中原，过尔优逸，恐不堪事。'"④。他在百姓安定之时亦不忘保持勤劳，警惕优逸，以便在国家有事时不丧失忠勤效劳的能力。陶侃搬砖的故事，传为美谈。

两晋地方行政区域，仍为州、郡、县三级制，只是对原有州郡县

---

① 《晋书》卷五七《滕修传》，中华书局1974年版，第1553页。
② 《晋书》卷五七《滕修传》，中华书局1974年版，第1553页。
③ 《晋书》卷六六《陶侃传》，中华书局1974年版，第1774页。
④ 《晋书》卷六六《陶侃传》，中华书局1974年版，第1773页。

作了部分调整，如在广州增加了部分县，至东晋末年，广州总辖已有十三郡、六十余县。两晋地方官制大体上亦沿袭前朝，州官为刺史，其下有别驾、治中从事、诸曹从事、主簿等。广州诸郡长官仍为太守，其下有主簿、主记室、录事史、功曹史、文学掾等，无督邮。县，大者置令，小者置长，所谓大、小，已不按是否万户以上为标准。佐贰官有主簿、尉、诸曹史或掾。县以下有乡、里，无亭。乡置啬夫。里五十户至百户，置里吏一人。另外，晋武帝时专置"平越中郎将，居广州，主护南越"①，兼顾交、广二州军事，且必由广州刺史兼任。可见，从西晋开始，岭南的政治、军事中心已置于广州番禺。

（二）卢循对大湾区的占领及其败亡

卢循字于先，小名元龙，祖上是北方大族范阳卢氏。时桓玄已灭司马道子父子，控制了政权，为笼络卢循，命其为永嘉（今浙江温州）太守。卢循受命而不到任。桓玄派刘裕征讨，于元兴二年（403）败卢循于东阳（今浙江金华），又追破之于永嘉，再追击到晋安（今福建泉州），卢循被迫浮海南至广州。

卢循进攻番禺城时，遭到广州刺史吴隐之的抵抗，"循攻击百有余日，逾城放火，焚烧三千余家，死者万余人，城遂陷"②。元兴三年（404）十月，攻下番禺并擒获吴隐之，占领广州，自署为广州刺史、平南将军。次年，刘裕击杀桓玄，掌握最高权力，为安抚卢循，便任命卢循为广州刺史、平越中郎将。但是，卢循始终以平南将军自号，不称"平越中郎将"，显然他很注意协调民族关系，争取当地百姓的支持。在广州期间，他尚能保境安民，较得民心。

义熙五年（409）三月，晋车骑将军刘裕率师北伐南燕，卢循在徐道覆的劝说下，决定趁机北上。义熙六年二月，卢循从始兴（今广东韶关市始兴县）出发，兵分两路大举北上，他自率一军越骑田

---

① 《晋书》卷二四《百官志》，中华书局1974年版，第747页。
② 《晋书》卷九〇《吴隐之传》，中华书局1974年版，第2342页。

岭下长沙；徐道覆率一军过大庾岭进攻南康、庐陵（今江西吉安市）、豫章（今江西南昌市）。晋"诸守、相皆委任奔走"，徐军自赣江"顺流而下"，军势甚盛。三月，与镇南将军、江州刺史何无忌大战于豫章，晋军大败，何无忌战死。五月，又大败晋卫将军刘毅于桑落洲（今九江附近），"乃连旗而下，戎卒十万，舳舻千计"，顺流径达江宁（今江苏南京市江宁区）①。此前，刘裕灭南燕已率部还朝，卢循惧，于七月退师寻阳（今属江西九江市）。刘裕料定卢循败后必回广州，特遣建威将军孙处、振武将军沈田子等率兵三千，从海道径袭番禺，以"先倾其巢窟，令奔走之日，无所归投"②。晋军于十一月抵番禺，出其不意，一举攻陷之。卢循在荆州、江州（今属江西九江市）连吃败仗，至义熙六年底，率残兵数千退回岭南。次年初，进围番禺无果。二月，刘裕遣部将刘藩、沈田子，配合留守番禺的孙处内外合击，卢循西走，411年七月战死。

（三）两晋时期粤港澳大湾区编户发展

西晋末年"永嘉之乱"，中原人民再次流离失所，被迫渡江南下。然而东晋时期江南和荆州又数经战乱，因此中原和江南流人为求宁静，不得不继续南下，逾岭入粤。除战乱因素外，逃避重役也是促使人口迁徙的重要原因，如东晋前期江东地区赋役沉重，史称"时东土多赋役"，于是"百姓乃从海道入广州"③。这次移民潮持续时间较长，且从陆路、海上入粤者较多。东晋曾在晋康郡设立侨宁县，该治所就在现在粤港澳大湾区内的德庆县，表明当时大湾区流民人数众多。另外，这一时期因罪流放者依然存在，且粤港澳大湾区是当时重要的放逐之地。如孙权曾流放虞翻于番禺，孙皓也曾将多位官员及其家属流放到广州地区。晋对士族较为优待，即便是此前流放之族，亦予重用，如孙泰流广州，后任郁林太守；王诞流广州，后任卢循平南府长史。

---

① 《晋书》卷一〇〇《卢循传》，中华书局1974年版，第2635页。
② 《宋书》卷四九《孙处传》，中华书局1974年版，第1435页。
③ 《晋书》卷七三《庾翼传》，中华书局1974年版，第1932页。

三　南朝对粤港澳大湾区的相继统治

东晋元熙二年（420），宋武帝刘裕废黜晋恭帝建立刘宋，东晋灭亡，中国历史进入南北朝时期。在南方地区，自宋后，相继更迭齐、梁、陈三个王朝。宋、齐、梁、陈四朝统称为南朝，均以建康（今江苏南京）为都。

南朝宋文帝时，社会较为安定，经济有较大发展，沈约评论说："自元熙十一年司马休之外奔，至于元嘉末，三十有九载，兵车勿用，民不外劳，役宽务简，氓庶繁息，至余粮栖亩，户不夜扃，盖东西之极盛也"①，史称"元嘉之治"。元嘉三十年（453）二月，太子刘劭弑文帝自立。四月，京外诸臣拥立文帝第三子刘骏讨灭刘劭。刘劭之党安南谘议参军、南海太守、行府州事萧简，于九月据广州反。孝武帝命邓琬为辅国将军、南海太守，偕同始兴太守沈法系率兵讨伐，打下番禺，斩萧简，粤港澳大湾区归于刘宋政权统治下。

宋永光元年（465）明帝刘彧即位，次年明帝侄晋安王刘子勋在长史邓琬等人支持下，于寻阳称帝，年号"义嘉"，广州刺史袁昙远响应，遂集结军队东伐建康，史称"义嘉之难"，这次叛乱，再次将粤港澳大湾区拖入战争中。随后，晋康太守刘绍祖等据郡反袁，刘嗣祖亦据始兴郡反袁。袁昙远遣部将李万周、陈伯绍攻刘嗣祖，对峙于波阳。嗣祖诈称寻阳已被平定，朝廷新派的广州刺史马上要到。李万周乃率军反戈攻打番禺，夜袭成功，斩袁昙远，并"遂劫掠公私银帛，藉略袁、檀珍宝，悉以自入"②。宋明帝"以万周为步兵校尉，加宁朔将军，权行广州事"③，泰始三年（467），新任广州刺史羊希到职，以"万周等并有异图"④，诛李万周、刘嗣祖。随后，又数次动乱："思道违节度，失利，希遣收之。思道不受命，率所领攻州，

---

① 《宋书》卷五四《传论》，中华书局1974年版，第1540页。
② 《宋书》卷八四《邓琬传》，中华书局1974年版，第2141页。
③ 沈约：《宋书》卷五四《羊希传》，中华书局1974年版，第1538页。
④ 《宋书》卷五四《羊希传》，中华书局1974年版，第1538页。

第二章　魏晋至隋唐时期对粤港澳大湾区的统治

希遣平越长史邹琰于朝亭拒战，军败见杀。思道进攻州城，司马邹嗣之拒之西门，战败又死。希逾城走，思道获而杀之。府参军邹曼率数十人袭思道，已得入城，力不敌，又败。东莞太守萧惠徽率郡文武千余人攻思道，战败，又见杀。时龙骧将军陈伯绍率军伐俚，还击思道，定之。"① 泰始四年（468）三月，龙骧将军陈伯绍又击杀据番禺的刘思道。② 历经劫难的粤港澳大湾区刚刚归于平静，但中原地区政局跌宕，再次将大湾区拖入战乱中。474 年，萧道成迁中领军将军，督五州军事，并逐渐掌握大权。477 年，萧道成拥立刘准继位。两年后刘准禅让萧道成，刘宋灭亡，南齐建立。

南齐建立后，萧道成第三子萧映任广州刺史，陈霸先从往。其时，杜僧明、周文育等叛齐，举兵攻打番禺，陈霸先率兵救援，频战屡捷，收降叛众。501 年，雍州刺史萧衍起兵攻入建康，废掉齐帝，建立南梁，是为梁武帝。梁武帝末年，侯景作乱。时北魏宗室元法僧之子元景仲为广州刺史，他主动联络侯景，欲举兵北上与侯景合作。陈霸先于太清三年（549）七月集兵征讨，元景仲穷迫自杀。陈霸先乃迎宗室萧勃为广州刺史，而包括粤港澳大湾区在内的岭南之地，尽在陈霸先掌控中。550 年正月，陈霸先自始兴（今广东省韶关市辖县）发兵攻打侯景，至 557 年，废梁敬帝自立，建立陈朝，是为陈武帝。

陈朝建立后，广州刺史萧勃发兵征讨失败。陈霸先随即任命欧阳頠为广州刺史，都督岭南地区，粤港澳大湾区又归于陈朝统治下。

欧阳頠在任时颇有治绩，曾出现"盗贼皆偃，工商竞臻，鬻米商盐，盈街满肆"③ 的局面。欧阳頠死，其子欧阳纥袭父，继任广州刺史。欧阳纥亦颇有才干，"威惠著于百越"④。宣帝太建元年（569）正月，以沈恪为镇南将军、广州刺史，下诏征欧阳纥为左卫将军，欧

---

① 《宋书》卷五四《羊希传》，中华书局 1974 年版，第 1538 页。
② 《宋书》卷五四《羊希传》，中华书局 1974 年版，第 1538 页。
③ 徐陵：《徐孝穆集笺注·广州刺史欧阳頠德政碑》，《四库全书》本。
④ 《陈书》卷九《欧阳頠子纥》，中华书局 1972 年版，第 159 页。

27

阳纥拒不赴京，且"其部下多劝之反，遂举兵攻衡州刺史钱道戢。道戢告变，乃遣仪同章昭达讨纥，屡战兵败，执送京师，伏诛"①。十月，宣帝再命车骑将军章昭达督率众军前往征讨，次年二月，"昭达倍道兼行，达于始兴。纥闻昭达奄至，恇扰不知所为，乃出顿洭口，多聚沙石，盛以竹笼，置于水栅之外，用遏舟舰。昭达居其上流，装舰造拍，以临贼栅。又令军人衔刀，潜行水中，以斫竹笼，笼篾皆解。因纵大舰随流突之，贼众大败"，欧阳纥兵败被擒杀。②沈恪顺利赴任广州，成为粤港澳大湾区的新任长官。史称时"州罹兵荒，所在残毁，恪绥怀安缉，被以恩惠，岭表赖之"③，经他多方安辑，大湾区乃渐平复。然而，好景不长，三年后宣帝以"游逸无度"的南康王陈方泰代沈恪为广州刺史，都督十九州诸军事。陈方泰为政暴虐，大湾区人民深受其害，阶级矛盾迅速激化，朝廷不得不以马靖代替陈方泰继任广州刺史。马靖一改前任之弊，勤政为民，大得人心。然而在政权跌宕的年代，陈宣帝对他颇不放心，令吏部侍郎萧引至广州劝他派子入朝充侍，实为人质，马靖当即照办。后主陈叔宝即位后，见马靖"久居岭表，大得人心，士马强盛"④，竟派方庆于至德二年（584）袭杀马靖，粤港澳大湾区痛失一位难得的"父母官"。

此后，陈后主"恣溪壑之险，劫夺闾阎，资产俱竭，驱蹙内外，劳役弗已。征责女子，擅造宫室，日增月益，止足无期，帷薄嫔嫱，有踰万数。宝衣玉食，穷奢极侈，淫声乐饮，俾昼作夜。斩直言之客，灭无罪之家，剖人之肝，分人之血。欺天造恶，祭鬼求恩，歌舞衢路，酣醉宫闱。盛粉黛而执干戈，曳罗绮而呼警跸，跃马振策，从旦至昏，无所经营，驰走不息。负甲持杖，随逐徒行，追而不及，即加罪谴。自古昏乱，罕或能比！"⑤在这种昏庸统治下，粤港澳地区

---

① 《陈书》卷九《欧阳𫖮子纥》，中华书局1972年版，第159—160页。
② 《陈书》卷一一《章昭达传》，中华书局1972年版，第183页。
③ 《陈书》卷一二《沈恪传》，中华书局1972年版，第194页。
④ 《陈书》卷一四《陈方庆传》，中华书局1972年版，第213页。
⑤ 《隋书》卷二《高祖下》，中华书局1973年版，第30页。

人民亦生活在水深火热之中，正如隋文帝在《安边诏》中所说："岭南之地，涂路悬远。如闻凶魁赋敛，贪若豺狼；贼署官人，情均溪壑。租调之外，征责无已……晨召暮行，夕求旦集。身充苦役，至死不归。"① 苛征暴敛、抽骨吸髓式的统治方式，使陈朝失去了粤港澳大湾区人民的支持，这注定其统治不会长远。

四 粤港澳大湾区民族的进一步交融

魏晋南北朝时期，在岭南地区分布有大量百越人后裔之一俚人。据《南州异物志》载，在"广州之南，苍梧、郁林、合浦、宁浦、高凉五郡中央。地方数千里，往往别村，各有长帅，无君主，恃在山险，不用王。自古及今，弥历年纪"②，可见，其在岭南的分布是很广泛的，当时粤港澳大湾区也有不少俚人。

东汉至吴晋时，各地俚人的社会发展很不平衡，大致处于半农半猎的状况，民俗"唯知贪利，无有仁义道理。土俗不爱骨肉而贪宝货及牛犊，若见贾人有财物水牛者，便以其子易之"③。从中揭示出，在俚人社会中，农耕已渐占主要地位，故对牛特别重视。此外，俚人还能冶铜制箭，作为武器，如《博物志》云："交州夷名俚子，俚子弓长数尺，箭长尺余，以熏铜为镝，涂毒箭于镝锋，中人即死，不时敛藏，即膨胀沸烂，须臾肌肉都尽，唯骨耳。"④

宋、齐、梁、陈四朝强化了对俚人的统治，一方面实施羁縻政策，以其酋帅为郡县官，轻其赋役；另一方面不断加以挞伐，迫其降顺，终于使苍梧、高凉、合浦等地大多数俚人由"不宾服"而纳入

---

① 许敬宗编，罗国威整理：《文馆词林校证》卷六六四《隋文帝安边诏》，中华书局2010年版，第244页。
② 原中国科学院民族研究所广东少数民族社会历史调查组、原中国科学院广东民族研究所编：《黎族古代历史资料（下）》，南海出版社2015年版，第564页。
③ 原中国科学院民族研究所广东少数民族社会历史调查组、原中国科学院广东民族研究所编：《黎族古代历史资料（下）》，南海出版社2015年版，第564页。
④ 张华：《博物志》卷二，转引自范成大原著，胡起望、覃光广校注《桂海虞衡志辑佚校注》，四川民族出版社1986年版，第56页。

封建郡县控制之下，封建制的社会关系也渐次确立，特别是在封建化程度较深的粤港澳大湾区，汉、俚百姓在长期频繁地交往和互相通婚中，很大一部分俚人与汉人相互交融。

第二节　隋朝大一统国家下对粤港澳大湾区的统治

公元581年杨坚建立隋朝，定都长安，是为隋文帝。589年，隋灭陈统一全国，结束了自西晋末年以来中国长达近300年的分裂局面。隋朝虽然短暂，但因在政治、经济、文化等领域的重大改革，使隋朝在中国历史上具有重要地位。这一时期的政治改革在粤港澳大湾区也有所反映：如政治上，省并南朝以来既多且滥的地方行政机构，推行州（郡）县二级政制；废除九品中正制，开创科举制，推行考绩制度等。经济上，革除旧弊，减免徭赋，鼓励对外贸易，发展海外交通。凡此种种，都对粤港澳大湾区的历史发展产生了不同程度的影响。

一　平定岭南与大一统国家治理

公元589年正月，隋军攻入建康，俘获后主陈叔宝，陈亡。随后，隋军横扫江南、荆湘诸地，并兵分两路，直逼岭南。同年十二月，岭南诸地相继降附。

（一）隋平粤港澳大湾区

隋平岭南后，推行了一系列旨在抑制豪门大族势力的措施。本来"江表自东晋已来，刑法疏缓，世族陵驾寒门"，然而，在平陈之后，隋文帝"牧民者尽更变之"，又令苏威"复作《五教》，使民无长幼悉诵之"。这就打破了当地世家大族原有的统治秩序，引起他们的反对，"士民怨嗟"。不久，又"民间复讹言，隋欲尽徙之人关"，致使人们惶恐不已，"远近惊骇"[①]，各地豪族武装纷纷暴动。开皇十年

[①] 《资治通鉴》卷一七七，中华书局1956年版，第5529页。

(590）十一月，"陈之故境，大抵皆反，大者有众数万，小者数千，共相影响"，俚人首领王仲宣等人也举兵反隋，① 周边豪族群起响应。王仲宣派部将周师举围东衡州（今广东韶关市南十里武水西），自己引兵攻广州，隋广州总管韦洸率兵迎战，中流矢阵亡，仲宣声威大振，广州被围。隋廷急命慕容三藏检校广州道行军事，固守广州，给事郎裴矩、大将军鹿愿统兵驰援。裴矩在大庾岭击溃叛军，解东衡州之围，斩周师举，进逼广州。冼夫人遣其孙冯盎率兵与鹿愿会师，形成合击之势。广州被围月余，城中粮少矢尽，隋大军至，慕容三藏从城内杀出，内外夹击，仲宣大败退散，广州获全。

王仲宣既败，其他参与反隋的豪酋望风归降。裴矩在冼夫人的陪同下，巡抚岭南二十多州。随着隋朝在岭南地区统治的巩固，粤港澳大湾区的统治秩序也得以重建。

（二）粤港澳大湾区的州郡设置

平陈后，隋在岭南东部设置广州（今广东韶关市曲江区）、循州（今广东惠州市西）两个总管府，粤港澳大湾区大部分处于循州制下。在地方行政区划方面，南北朝时期，地方行政机构十分紊乱，以致隋初"郡县，倍多于古，或地无百里，数县并置；或户不满千，二郡分领。所谓民少官多，十羊九牧"② 的混乱局面，隋文帝采纳度支尚书杨尚希的建议，于开皇三年（583）下令"罢天下诸郡"③，以州直接统县，废去郡一级机构。灭陈后，又把这个做法推行到粤港澳大湾区。

隋文帝取消郡一级建置后，将州分九等，长官为刺史，之下置长史、司马等。县亦分九等，长官为县令，之下有丞、尉等属吏。县以下设保甲制度，以五家为保，五保为里，四里为族，分别置保长、里正和族长。开皇九年至十一年（589—591），岭南共置30余州，其中属粤港澳大湾区者，有循、广、端（今广东肇庆市）、冈（今广东江

---

① 《资治通鉴》卷一七七，中华书局1956年版，第5529页。
② 《隋书》卷四六《杨尚希传》，中华书局1973年版，第1253页。
③ 《隋书》卷四六《杨尚希传》，中华书局1973年版，第1253页。

门市辖区)、封(今广东肇庆市封开县)等州。开皇十四年(594),改九等州为上、中、中下、下四等。开皇末,广州总管府移治南海(今广东佛山市辖区)。隋文帝仁寿元年(601),将广州改为番州,仍为粤港澳大湾区的统治中心。

隋炀帝继位后,对地方行政制度又作了变革。大业三年(607),罢州置郡,以郡统县。郡分上、中、下三等,郡长官太守之下置赞务、东西曹掾、主簿等佐僚,罢长史、司马。粤港澳大湾区内诸郡县亦有变动:冈州被废,番州改为南海郡,循州改为龙川郡,端州改为信安郡,封州改为苍梧郡。隋朝推行州(郡)县二级地方政制,是南朝以来地方行政体制的一大改革,并省州县,有效改变了地方州郡杂冗的现象,有利于减少行政开支、提高行政效率。

隋朝在选官制度上也有重大改革。文帝时废除魏晋以来的九品中正制,命"京官五品以上、总管、刺史,以志行修谨、清平干济二科举人"[①]。炀帝始建进士科,创立科举制度,打破了过去门阀大族把持选举的弊端。与此同时,将州吏任命权收归吏部,并要求县佐必须回避本郡,任期三年,不得连任。少数民族地区实行虽不甚严格,但也规定豪族任官需得到朝廷认可。此外,隋朝还推行严密的考绩制度和朝集使制度,每年年终,诸郡太守或佐贰都要进京述职。这些改革措施,大体上都在粤港澳大湾区推行过,强化了中央对大湾区的垂直统治。

二 粤港澳大湾区豪族势力的发展

平岭南后,隋文帝为稳定岭南局面,强调"岭外土宇,置州立县","擢彼人物,随便为官"[②],即推行羁縻政策,对地方豪强授予职官,令其继续统治地方。对忠于朝廷而又有功者,朝廷还会授予高官显爵,使荣宠有加。当然,隋朝对危害统治秩序的豪族也决不姑

---

① 《隋书》卷二《高祖纪》,中华书局1973年版,第43页。
② 许敬宗编,罗国威整理:《文馆词林校证》卷六六四《隋文帝安边诏》,中华书局2010年版,第244页。

息，如王仲宣反隋便被坚决镇压。

隋朝在粤港澳大湾区推行恩威并用、剿抚兼施的政策，收到了良好效果。首先，俚、汉豪族为州（郡）县长官，可"知风俗之事"，若能"正身率下"，"训人导德"，即可安定一方，收到任用汉官所不能达到的效果；同时以本地人为官，"省迎送之烦"，不必扰民。[①] 其次，这种策略并不侵害地方豪族利益，故他们愿意归顺。但也应该看到，羁縻政策毕竟只是隋初为稳定边疆地区统治而采取的权宜之计，是朝廷与地方豪强达成的一种政治默契，即中央政府通过让渡部分地方治理权，以获得豪强对中央在粤港澳大湾区统辖权的认可。因此，豪强大族依然继续垄断着州（郡）县官职，且世袭相传，雄踞一方，拥有大量的土地、民户和部曲武装，势力没有因为改朝换代而稍减，甚至还有所膨胀。从这个意义上说，羁縻政策实际上又强化了俚、汉豪族势力的增长。

对粤港澳大湾区有较大影响力的地方豪族，是冯冼家族。冼氏为俚族女酋，高凉郡（今广东阳江市西）电白（今广东茂名市电白区）人，"世为南越首领，跨据山洞，部落十余万家"，她"幼贤明，多筹略，在父母家，抚循部众，能行军用师，压服诸越。每劝亲族为善，由是信义结于本乡"，由于善抚俚众，"海南（今海南北部）、儋耳（今海南西部）归附者千余洞"[②]。梁大同（535—545）初，冼氏嫁于罗州（今广东茂名市化州市）刺史冯融之子高凉太守冯宝为妻。融为汉人，因"他乡羁旅，号令不行"，为使"政令有序，人莫敢违"，遂有冼、冯两大俚汉家族联姻。[③] "侯景之乱"中，冼氏与冯宝协助高要郡太守陈霸先平叛，成为陈朝的开国功臣。其子冯仆因而被任命为擢阳春郡太守，冼氏被拜为中郎将、石龙太夫人。陈亡后，岭

[①] 许敬宗编，罗国威整理：《文馆词林校证》卷六六四《隋文帝安边诏》，中华书局2010年版，第244页。
[②] 《隋书》卷八〇《谯国夫人传》，中华书局1973年版，第1801页。
[③] 《隋书》卷八〇《谯国夫人传》，中华书局1973年版，第1801页。

南数郡"共奉夫人,号为圣母,保境安民"①,在岭南地区威望颇高。开皇九年(589),冼氏协助隋军平定岭南,被封为宋康郡夫人;次年,又协助平定王仲宣,其夫冯宝时已卒,故被追赠为广州总管、谯国公,她被封为谯国夫人,获赐物五千段,独孤皇后所赐首饰及宴服一袭,并许仍开幕府,"置长史以下官属,给印章,听发部落六州兵马,若有机急,便宜行事"。冼夫人很珍惜朝廷给予她的名誉与地位,经常"训导子孙,敦崇礼教,遵奉朝化",为国尽力。番州总管赵讷贪虐,激起民变,冼夫人上表奏陈赵讷罪状,并论"安抚之宜"。文帝乃派人查办,诛赵讷,并委派冼夫人"招慰亡叛"。她"亲载诏书,自称使者,历十余州,宣述上意,谕诸俚僚,所至皆降"②。仁寿二年(602),冼夫人去世,享年91岁。

　　冼夫人是梁隋间岭南杰出的女豪族首领,她"情在奉国,深识正理"③,为民族交融、安定岭南作出了重要贡献。由于她的威望与能力,冯冼家族势力越来越强,其孙冯暄、冯盎继承其业。冯盎少有武略,开皇中为宋康(今广东阳江市阳西境)令,因伐王仲宣有功,升高州刺史。仁寿初,潮、成等五州僚反,冯盎驰至京师,请发兵讨伐,议论独到,为大臣杨素所叹服。由是,朝廷乃发江岭兵讨平之。冯盎因功授金紫光禄大夫、汉阳(今甘肃西和西)太守。大业八年(612),从炀帝征辽东,迁武卫大将军,其子冯智戴也任侍卫军官。隋末,全国义军蜂起,群雄割据。冯盎父子弃职奔还岭表,"啸署酋领,有众五万,番禺、新兴名贼高法澄、冼宝彻等受林士弘节度,杀官吏,盎率兵破之",遂据有番禺、苍梧、珠崖等20余州。④

　　至此,冯冼家族成为岭南地区首屈一指的世家大族,其势力范围由高凉(今广东茂名高州市)至广东中西部及海南,"地数千里",

---

① 《隋书》卷八〇《谯国夫人传》,中华书局1973年版,第1802页。
② 《隋书》卷八〇《谯国夫人传》,中华书局1973年版,第1803页。
③ 《隋书》卷八〇《谯国夫人传》,中华书局1973年版,第1803页。
④ 《新唐书》卷一一〇《冯盎传》,中华书局1975年版,第4112页。

在包括今天粤港澳大湾区在内的广大地区都具有巨大影响力。

三 隋末粤港澳大湾区地方割据

仁寿四年(604)杨广即位后,横征暴敛,穷兵黩武,致海内骚然,"大则跨州连郡,称帝称王,小则千百为群,攻城剽邑"①。粤港澳大湾区人民同样深受虐政之害,如大业七年(611)四月,为征伐高丽,发岭南三万余人北上,充实水师。这种沉重的赋役负担,很快激起岭南民变:珠崖民王万昌、王仲道兄弟率兵据郡,武装抗隋。大业九年(613)八月,酋帅陈瑱率兵三万,攻占信安郡;九月,酋帅梁尚惠率兵四万,攻占苍梧郡;大业十二年(616)七月,高凉通守冼宝彻"举兵作乱,岭南溪洞多应之"②。618年三月,炀帝在江都被杀,粤港澳大湾区地方官吏、汉俚豪族、农民武装纷纷拥兵自保,据地称雄,如南海豪族邓文进,散财募兵,旬月之间,众至数万,掠地至始兴,后退保南海、曲江。冯盎及其子冯智戴击溃广、新等州首领高法澄、冼宝彻、冼智臣,据有高凉、番禺、苍梧、珠崖等地,自号总管。宁长真据有合浦、宁越、郁林诸郡。杨世略据有潮、循等。各方势力都在粤港澳大湾区相互逐伐,形成极为混乱的割据局面。

第三节 唐代粤港澳大湾区与大一统国家的重建

隋末天下群雄并起,唐国公李渊趁势在晋阳起兵,于618年称帝建唐,定都长安,是为唐高祖。武德四年(621),岭南地区豪族冯盎降服,虔州的林士弘被唐军击败,此后岭南各地纷纷臣服。在历经战乱后,粤港澳大湾区终又归于大一统国家秩序下。

唐朝是中国历史上又一个强盛王朝,共存国290年。在此期间,

---

① 《隋书》卷四《炀帝纪下》,中华书局1973年版,第96页。
② 《隋书》卷四《炀帝纪下》,中华书局1973年版,第91页。

粤港澳大湾区社会经济较此前获得了较大发展。朝廷在这一地区推行与内地大体相同的军政制度，对基层控制力进一步加强，使南朝以来长期左右粤港澳大湾区政局的豪族势力受到打击。

一　粤港澳大湾区的政治与军事制度

唐朝在粤港澳大湾区境内的行政管理体制、军事制度与岭南其他地区是一致的。唐中期以前，岭南地区官吏除由吏部铨选外，先后实行过都督府简选与"南选"两种方式。安史之乱后，以河朔三镇为代表的地方藩镇纷纷割据自立。岭南虽为南方大镇，但由于唐朝设置监军、市舶、盐铁等使，在军事、财政等方面极大制约了岭南节度使的权力。因此，粤港澳大湾区在唐代极少出现藩镇专擅的局面。另一方面，由于粤港澳大湾区偏居南疆，距离唐朝统治中心长安、洛阳一带较远，且外无强虏之忧，故在军事上的重要性不及西北和中原地区，军府设置、驻军数量相对较少，但因地利之便，水军稍有优势。

（一）唐朝抚定粤港澳大湾区

隋恭帝义宁二年（618）三月，关陇贵族李渊称帝，武德四年（621）九月，唐军顺长江而下，包围江陵（今湖北荆州市），萧铣政权投降，随即"南方州县闻之，皆望风降款"[①]，其中隶属于萧铣政权下的交州刺史丘和也率部降唐。武德五年（622）正月，杨世略以潮、循二州降唐；四月，宁长真以宁越、郁林，邓文进以广州，宁瑄以合浦相继降服；七月，冯盎以高罗、珠崖、苍梧归降。至此，岭南悉平，"凡所怀辑九十六州，户六十余万，优诏劳勉"[②]。唐以李靖为岭南道抚慰大使、检校桂州总管，抚定岭南广大地区。

粤港澳大湾区虽定，但一些豪族势力仍伺机叛乱。如一度衰微的林士宏复起，于武德五年十月攻循州，为杨世略所败。次年七月，冈

---

① 《资治通鉴》卷一八九，中华书局1956年版，第5936页。
② 《旧唐书》卷六七《李靖传》，中华书局1975年版，第2477页。

州（今广东江门市新会区）刺史冯士翙据新会反，为广州刺史刘感击降。武德七年，高州总管冯盎自恃兵多势大，侵掠旁郡，"新州已南多被其害"①。持续不断的豪族叛乱到唐太宗贞观初年才趋平息，唐朝在岭南的统治始臻巩固。

（二）粤港澳大湾区行政管理机构的设置

唐沿隋制，在岭南地区置总管府以统军事，在今粤港澳大湾区置广州、南康州（今广东肇庆市德庆县）两个总管府。五年，再置循州（今广东惠州市西）总管府。七年，改总管府为都督府。九年，废南康州都督府，以所管十一州隶广府，广州升为大都督府，其都督为地方最高军政长官，"纠察所管州刺史以下官人善恶"②，"掌督诸州兵马、甲械、城隍、镇戍、粮廪，总制府事"③。都督府不仅对所驻之州拥有军事、民事管理权，而且对所督其他各州也有军事及部分民事管理权。太宗贞观元年（627）分天下为十道，作为中央不定期派遣使职视察各地的行政监察区，其中一道是岭南，粤港澳大湾区自然属岭南道监管。不久又改广州大都督府为中都督府，贞观二年废循州都督府。对粤港澳大湾区行政机构或降级、或废止，这与唐前期政治、经济重心集于关中地区有关。

高宗以后，在边疆地区设节度使，以都督充任，"除都督带使持节，即是节度使，不带节者，不是节度使"④。当时以广州等五都督府统管岭南各州及其他都督府，名岭南五管。五管又统摄于五府节度使，由广府都督兼任，故广府在岭南具有很高的地位。正如韩愈在《送郑尚书序》中所云："岭之南，其州七十，其二十二隶岭南节度府……独岭南节度为大府。"⑤ 广州府不仅是粤港澳大湾区的政治重心，而且依然是岭南地区的政治中心。

---

① 黄振位主编，广东省地方史志编纂委员会编：《广东省志·大事记》，广东人民出版社2005年版，第27页。
② 《唐会要》卷六八《都督府》，中华书局1955年版，第1192页。
③ 《新唐书》卷四九下《百官志》，中华书局1975年版，第1315页。
④ 《唐会要》卷七八《节度使》，中华书局1955年版，第1425页。
⑤ 《韩愈集》，中国戏剧出版社2002年版，第258页。

中宗神龙二年（706），选内外五品以上官二十人为十道巡察使，以巡察州县，成为道的常设长官。睿宗景云二年（711），改巡察使为按察使，道各一人。道逐渐演变为州以上的地方一级行政机构。玄宗开元二年（714），改十道按察使为十道按察采访处置使。开元二十二年（734）分天下为十五道，各置采访处置使，查其非法、考其政绩，岭南采访使治广州。与此同时，朝廷又于岭南置五府经略使，仍统广、桂、容、邕、安南五管，其中广管直辖广、潮、漳、循、韶、连、端、封、康、流、冈、新、恩、春、高、潘、雷、罗、修等二十三州，粤港澳大湾区即在其内。

天宝以后，节度使权力甚大，"既有其土地，又有其人民，又有其甲兵，又有其财赋"[1]，成为地方最高军政长官，而原有主管军事的都督府形同虚设。节度使自辟佐僚，置副使一人，行军司马一人，判官两人，掌书记一人，参谋、随军四人。岭南节度使这一时期转变为南方大镇，"节度五岭诸军，仍观察其郡邑，于南方事无所不统"[2]。

安史之乱爆发后，兵事频繁，广州管置经略、防御、招讨、处置、观察等使，配合中央政府平叛。咸通三年（862）五月，改岭南节度使为岭南东道节度使，仍治广州，辖广、韶、郴、连、循、潮、端、封等二十四州，辖境相当于今广东、海南两省。岭南节度使是唐之重藩，史籍常称之为"雄藩""大藩""名藩""重镇""雄镇"等，朝廷选帅亦"常重于他镇"[3]。特别是黄巢起义后，岭南东道十任节度使曾任宰相的就有五人，带宰相衔者（使相）更达六人，其数居唐末南方诸镇之首。另外，唐在广州还置有监军、市舶、盐铁等使，在军事、财政等方面形成对岭南节度使权力的分割与制约机制，使其不易专权跋扈。因此，岭南虽雄富而极少出现跋扈藩帅，史称"唐末，南海最后乱。僖宗以后，大臣出镇者，天下皆乱，无所之，

---

[1] 《新唐书》卷五〇《兵制》，中华书局1975年版，第1328页。
[2] 《韩愈集》，中国戏剧出版社2002年版，第296页。
[3] 《韩愈集》，中国戏剧出版社2002年版，第297页。

惟除南海而已"①。

唐代还有一种特殊的官职,即由朝廷定期或不定期派出专员,代表中央到地方主持某专项事务,称之为"使"。唐初,使的派遣因事而设,事罢即省。玄宗时,诸使权位日见提高和地方化,既独立于中央部司机构,又分掌地方专项实权。安史之乱后,使的派遣更加普遍,有的甚至取代中央某些中枢机构与地方要害部门行使职权,作用重大。唐代在粤港澳大湾区所差之使名目很多,按其功能,大致上可分为三类:军事类,如安抚使、镇抚使、招讨使、节度使、防御使等;行政监察类,如宣慰使、巡察使、按察使、采访使、黜陟使等;经济管理类,如市舶使、两税使、盐铁使、营田使等。这些使在粤港澳大湾区都有设置,对地方行政产生较大影响。

唐承隋制,在大湾区实行州(郡)县二级制。改郡为州,州长官为刺史,其下置别驾、长史、司马、录事参军事等。县的长官为县令,下置丞、主簿、尉等。县以下基层组织有乡、里、保,百户为里,五里为乡,四家为保。每里设里正一人,"掌按比户口,课植农桑,检察非违,催驱赋役";在城市者为坊,"别置正一人,掌坊门管钥,督察奸非,并免其课役";在田野者为村,"别置村正一人,其村满百家,增置一人,掌同坊正。其村居如满十家者,隶入大村,不须别置村正"②。粤港澳大湾区内的行政管理体制,大致如是。

(三) 粤港澳大湾区的军事制度

粤港澳大湾区濒临南海,是重要的边防、海防前线。唐朝在这里初步建立起边防和供给系统,以保岭南与海疆的安宁。

唐前期岭南地区军队可分为三大系统:府兵,统辖于折冲府,直属于中央;州镇兵,统辖于都督府、节度使;蕃兵,统属于汉俚豪族。前者为中央军,后两者为地方兵。就府兵而言,粤港澳大湾区折冲府有番禺府、绥南府(今广东广州越秀区)。折冲府直隶中央卫

---

① 《新五代史》卷六五《南汉世家·刘隐》,中华书局1974年版,第811页。
② 《通典》卷三《乡党》,中华书局1988年版,第63页。

府，其调遣、征发权在皇帝，通过兵部执行皇帝旨意。府兵是从军府所在地的均田农民中拣点而来，三年一拣点，入伍时需自备资粮、军械，轮番至京或边疆服役。府兵是唐前期粤港澳大湾区军事力量的骨干。

唐平岭南后，先后设置了多个总管府（都督府）和都护府，作为地方军事指挥机构。永徽以后，岭南置五府节度使、五府经略使，总管岭南军务。节度使之下，镇戍机构有军、镇、戍、关。天宝初，岭南节度使共管六军，有兵15400人。其中，隶属于粤港澳大湾区者，有经略军，兵5400人，驻广州城；清海军，兵2000人，驻恩州城（今广东江门市）。至于镇、戍、关，见诸史籍的有广州屯门镇、牛鼻镇、金利镇、香山镇，端州（今广东肇庆端州区）青岐镇，封州（今广东肇庆封开县）贺水镇；四戍：广州赤岸戍、紫石戍、石门戍，循州（今广东惠州境内）安怀戍。从这些军、镇、戍的布局可以看出，粤港澳大湾区的军事防御体系是以广州为中心构筑的，这里集中了二军（广、恩）、四镇（屯门、牛鼻、金利、香山）、四戍（赤岸、紫石、石门、安怀），两军驻兵占岭南五管镇兵的48%。可见，珠江口地区是整个粤港澳大湾区乃至岭南地区的防务重点。

州镇兵是岭南边防部队的主体，他们大多从百姓中招募而来，军需由官府供给，与府兵不同。出于边防需要，州镇兵的编制限额不如府兵严格。蕃兵，乃汉俚豪族的私人武装，唐初，蕃兵仍是粤港澳大湾区的一支基本军事力量。高宗以后，朝廷采取比较强硬的民族政策，多次兴兵打击豪族势力，冯氏、冼氏等传统势力走向衰微，蕃兵在粤港澳大湾区也随之销声匿迹。

高宗、武后以后，以均田制为基础的府兵制瓦解。至玄宗开元年间，开始以募兵制代替府兵制。募兵制带有职业兵性质，官给马粮、军饷。粤港澳大湾区的军制也经历了一个由府兵制到募兵制的过程。

从兵种来看，唐代岭南军队分为步、骑、水三种。其中，尤以水军建设最优，拥有楼船、蒙冲、斗舰、走舸、快艇等多种战船，各具特色。宪宗元和初，张舟为安南都护，史称"张舟自创新意，造艨艟

(蒙冲)舟四百余只,每船战手二十五人,棹手三十二人,车弩一支,两弓弩一支。棹出船内,回船向背,皆疾如飞"①,成为粤港澳大湾区一支很重要的水上力量。

二 唐代粤港澳大湾区的人口

(一) 内地人口的大量涌入

安史乱后,中原地区动荡不宁,北方民众再次纷纷流向岭南,其中相当一部分涌入了粤港澳大湾区。据《旧唐书·地理志》《新唐书·地理志》及《通典·州郡》统计:

广州:在贞观十三年(639)有 12463 户、59114 口;到天宝元年(742)增至 42235 户,221500 口,增加四倍。

循州:今广东惠州境内,贞观十三年有 6891 户、36436 口,到天宝元年增至 9525 户,人口数不详,据户口增加数估算,应有 5 万余户。

冈州:今广东江门市新会区,贞观十三年有 2358 户、8662 口;到天宝元年增至 5650 户,人口数不详,估算有 2 万余口。

端州:今广东肇庆端州区,贞观十三年有 4491 户、24303 口;到天宝元年增至 9500 户,51120 口,增加一倍。

封州:今广东肇庆封开县,贞观十三年有 2555 户,到天宝元年增至 3900 户,增加 50%。

康州:今广东肇庆德庆县,贞观十三年有 4124 户,到天宝元年增至 10510 户,增加一倍多。

以上数字表明,贞观至天宝 100 多年时间内,粤港澳大湾区的户口数在持续增长。天宝之后,据《元和郡县图志》载,广东各州户数(此书不载口数)较之天宝元年仍在增长,其中广州增长较为突出,达到 74099 户,比天宝初多 75%,在同期已成为仅次于京兆府、太原府、襄州、苏州和洪州的全国第六大府。此后,随着北方人口不

---

① 《唐会要》卷七三《安南都护府》,中华书局 1955 年版,第 1321 页。

断迁入,粤港澳大湾区人数持续增长。人口的增加,带来了大量劳动力、生产技术和生产资料,进而加速了全国经济重心南移进程。

(二) 海内外人口的双向流动

早在南朝萧梁时期,南海诸国商人就"久停广州,往来求利"①,有部分外来商人定居下来,成为早期的外国侨民。唐朝粤港澳大湾区社会相对稳定,经济发展较为迅速,特别是航海技术的发展和海外贸易的兴起,使以广州为中心的大湾区越来越成为外国侨民的聚居之地。明人顾炎武便称:"自唐设结好使于广州,自是商人立户,迄宋不绝,诡服殊音,多流寓海滨湾泊之地,筑石联城,以长子孙"②,于是形成"广人与夷人杂处","与海中蕃夷、四方商贾杂居"③的局面。当时的阿拉伯人将广州称为"阿拉伯商人的荟萃之地",天宝初,鉴真和尚在广州城内见到狮子国、大石国、骨唐国、白蛮、赤蛮等国和地区的人"往来居住,种类极多"。④ 唐末,据阿拉伯历史学家麦斯俄迭称:"广府是一个大城市……人烟稠密,仅仅统计伊斯兰教人、基督教人、犹太教人和火祆教人就有二十万人"⑤,据此推断,整个粤港澳大湾区外侨人数当更多。

日益增多的外国侨民,使他们在粤港澳大湾区形成一支强劲势力,"蕃僚与华人错居,相婚嫁,多占田,营第舍,吏或桡之,则相挺为乱"⑥,严重扰乱了当时粤港澳大湾区的社会治安,甚至发展到与地方当局相抗衡、攻城夺邑的地步。如武后光宅元年(684)七月,广州胡商不堪官吏侵渔,直闯都督府,杀死都督路元睿及左右十

---

① 释慧皎:《高僧传》卷一《晋江陵辛寺县摩耶舍》,中华书局1997年版,第42页。
② 顾炎武:《天下郡国利病书》之《广东·杂蛮》,载《顾炎武全集》,上海古籍出版社2012年版,第3422页。
③ 《旧唐书》卷一五一《王锷传》,中华书局1975年版,第4060页;《章望之重修南海神庙碑》,载广州市地方志办公室编《南海神庙文献汇辑》,广州出版社2008年版,第81页。
④ 《唐大和上东征传》,转引自邓端本《广州港史(古代部分)》,海洋出版社1985年版,第52页。
⑤ 转引自陈泽泓《广府文化》,广东人民出版社2012年版,第120页。
⑥ 《新唐书》卷一八二《卢钧传》,中华书局1975年版,第5367页。

余人，扬长而去，登舟入海，追之不及。①肃宗乾元元年（758）十月，居住在广州的大食人、波斯人联合暴动，攻入城内，抢劫烧掠后"浮海而去"②。为妥善安置和管理这些居住在粤港澳大湾区的外侨，唐朝在广州特设"蕃坊"。开元二十九年（741），岭南道采访使召诫"蕃客大首领"伊习宾，命其"约束船主"。"蕃客大首领"，即"蕃长"，又称"蕃酋"，由朝廷从蕃客中挑选充任，"管勾蕃坊公事，专切招邀蕃商入贡"③。由此推断，蕃坊至少在开元二十九年前即已设置。当时，坊内聚集各国商人来此定居，保持他们的风俗习惯和宗教信仰。在不损害国家主权前提下，唐朝区分不同的外国侨民，给予不同的民族自治权力，如蕃人犯法，"同类自相犯者，须同本国之制，依其俗法断之。异类相犯者，若高丽之与百济相犯之类，皆以国家法律，论定刑名"④。总之，蕃坊既是广州特有的涉外居民管理组织，又是一个功能多样、结构复杂的外侨社区。

唐代东西方经济文化交流非常频繁，除外国人纷纷定居粤港澳大湾区外，还有很多中国人从海路出国，长期留住或定居海外。如永昌初年，孟怀业随师从广州乘船出发，至室利佛逝后，因"恋居佛逝，不返番禺"⑤，成为佛逝永久居民。像孟怀业这样从粤港澳大湾区移居海外者不在少数，他们艰苦创业、往来贸易，成为较早一批移居国外的华侨。

三　唐代粤港澳大湾区的交通

在唐代粤港澳大湾区，形成以广州为中心，以水运为主导，水陆相连、河海相通的交通网络，并向四周延伸，北可达长安、洛阳，东可抵闽、浙、淮海，西可到滇、黔、两川，南可航南海、印度洋、波斯湾和东非海岸诸国。

---

① 《新唐书》卷一一六《王琳传》，中华书局1975年版，第4223页。
② 《旧唐书》卷一八九《西戎波斯传》，中华书局1975年版，第5313页。
③ 朱彧：《萍洲可谈》卷二，转引自陈泽泓《广州古代史丛考》，中央编译出版社2017年版，第240页。
④ 《唐律疏议》卷六《化外人相犯》，中华书局1983年版，第133页。
⑤ 方豪：《中西交通史》（上），上海人民出版社2015年版，第262页。

（一）粤港澳大湾区的关津和驿馆

唐朝在全国各地的主要通道都设有关津和驿馆。关津设置在道路河川的咽喉要地。其目的，一是"限中外，隔华夷，设险作固，闲邪正暴"；二是"司货贿之出入"，稽查行旅，检验商货。[①] 粤港澳大湾区地处南疆要地，是对外交通的主要孔道，在当时交通要道上，亦有关津之设。

驿馆为公职人员在途中休息、换马之所。按唐制，每三十里置一驿，分水陆两种，陆驿给马匹，"江南、岭南暑湿，不宜大马处，兼置蜀马"，水驿配舟船。[②] 粤港澳大湾区各水陆通道都有驿馆，如广州设有广江驿、海阳馆。由于广州是南方重镇，高官显要往来其间，外国贡使更是络绎不绝，所以海阳馆还曾专门作为接待外国贡使的宾馆，以皇家名义开设，故又称"岭南王馆"，它坐落在珠江边，规模宏伟。贞元间，岭南节度使兼市舶使王虔休又对海阳馆加以装修，据其描述："近得海阳旧馆，前临广江，大槛飞轩，高明式叙；崇其栋宇，辨其名物；陆海珍藏，徇公忘私"，豪华至极。[③]

（二）粤港澳大湾区道路交通建设

随着全国经济重心的南移，广东与江南地区的经济联系更为紧密。因此，唐朝政府还非常重视粤港澳大湾区的水陆通道整治与广州港口建设。其对外交通网，主要有北路、西路、东路、南路、沿海及海外六个方向：

北路方向，最主要的是从广州出发，溯江北上至韶州，越大庾岭，过虔州（今江西赣州市）、洪州（今江西南昌市）、江州（今江西九江市），顺江东下，直达扬州，再沿运河至东都洛阳。这条路线贯穿唐朝经济最发达的南方诸地，成为沟通南方、东南及关中地区的经济大动脉。

[①] 《唐六典》卷六《尚书刑部》，中华书局1992年版，第196页。
[②] 《唐六典》卷五《尚书兵部》，中华书局1992年版，第163页。
[③] 王虔休：《进岭南王馆市舶使院图表》，《全唐文》卷五一五，中华书局1983年版，第5235页。

第二章 魏晋至隋唐时期对粤港澳大湾区的统治

西路方向,即从广州出发,沿西江水路过端、康、封、梧(今广西梧州市)、富(今广西昭平县)、昭(今广西平乐县)等州至桂州,涉灵渠经永(今湖南永州市)、衡等州与北路北上线路相合,至长安;其另一条路线是从广州沿西江至封州,北溯临贺水(今贺江)过贺州(今广西贺州市),陆行越萌渚岭至道州(今湖南道县),与桂州路北上线路相合,至长安。

南路方向,从广州出发,或沿西江经端州下新江(今新兴江)至新州,由此折向西南,最终抵雷州;或从徐闻县扬帆渡海,至海南。另外,还可经新会县沿潭江至恩州,再登陆北上新州西去,如《投荒杂录》云:"自广州泛海,行数日方登陆,前所谓行人惮海波,不由传舍,故多新州陆去"①,新州成为南路交通之枢纽。

东路方向,从广州出发,自珠江口转东江过循州,北上至雷乡县,陆行越丞相岭抵兴宁县,南下抵潮州。

沿海方向,粤港澳大湾区海外交通仍以广州为中心,有东西二线。东线出珠江口,经屯门镇(今广东深圳市南头)、循州沿海至潮州,航行至闽浙各港;西线亦出珠江口,沿新会县海岸航行600里至恩州,经南道沿海抵雷州;由雷州西去,可至钦廉地区和安南,南航则达海南岛。

海外方向,贞元间宰相贾耽在《皇华四达记》中描述了"广州通海夷道"的路线:从广州出发,经海南岛东面,循中南半岛东南海岸南行,至马六甲海峡,再沿马来半岛东岸南下,可抵苏门答腊岛东南部佛逝国,向东行可到今印度尼西亚爪哇岛;从马六甲海峡西行,经尼科巴群岛,可抵斯里兰卡和印度等南亚诸国;接着从印度奎隆出发,沿印度半岛西岸东北行,通过霍尔木兹海峡,可进入波斯湾;如果换乘小船,西行可至末罗国(今伊拉克巴士拉),又西北陆行千里,到所都缚达城(今伊拉克巴格达);从波斯湾巴士拉、奥波拉东行,出霍尔木兹海峡,沿阿拉伯半岛南岸西航,至红海口,越过曼德

---

① 《太平寰宇记》卷一五八《恩州》,中华书局2007年版,第3037—3038页。

海峡南下可到东非海岸。①

综上所述，唐代粤港澳大湾区的海陆交通非常发达，广州成为连接内地、东南地区及海外经济文化往来的重要纽带。通过四通八达的交通网，粤港澳大湾区的商品源源不断运至扬州，再转输两京；海外货物，也汇聚广州，再流向江淮市场；而江淮的陶瓷、丝绸等，则南运广州，再运销海外。因这条航路出口的商品以丝绸、陶瓷为大宗，故有"海上丝绸之路"或"陶瓷之路"之称。

作为唐代沟通海外与江浙地区的交通枢纽，粤港澳大湾区交通要路的整修十分重要。开元四年（716），休致在家的前宰相张九龄上书朝廷，请求重修大庾岭之路，玄宗恩准并派他主持修路之事。同年十一月，张九龄募集民夫，利用农闲"缘磴道，披灌丛，相其山谷之宜，革其坂险之故"，凿平险峻，拓宽路面；又在沿路设驿站以供歇息，新道修成后，内外转输更为顺畅，"然后五岭以南之人才出矣，财货通矣，中原之声教日近矣，遐陬之风俗日变矣！"②

广东水路整治也颇有成绩。连江是珠江水系北江的最大支流，也是粤港澳大湾区对外沟通的重要水路，但其急流险滩甚多，尤以楞伽峡最险，对水运颇不利。文宗大和初，连州刺史蒋防集结百姓对该河段进行整治，使水运大为畅通。武宗会昌年间，岭南节度使卢贞对广州城北的甘溪进行治理，"疏导其源，以济舟楫"③。另外，粤港澳大湾区港口建设也取得显著成就，广州港当时已形成内港和外港。就内港而言，城西蕃坊南临珠江，且外国侨民聚居、商业繁华，故江岸发展成广州最大的码头区，中外海船多泊于此；在城西北的兰湖（今流花湖）一带，有河涌（洗马涌）与珠江相通，逐渐发展成码头，从北江、西江往来广州的船只大多在此停靠。就外港而言，今江门市新

---

① 广东省人民政府参事室、广东省人民政府文史研究馆编：《广州港与海上丝绸之路》，广东经济出版社2019年版，第43页。

② 《唐丞相张文献公开凿大庾岭碑阴记》，载屈大均辑《广东文选》（上），广东人民出版社2008年版，第570页。

③ 方信孺：《南海百咏·甘溪》，载吴兰修、梁廷枏辑《南汉金石志补征 南汉丛录补征》，广东人民出版社2010年版，第280页。

会区崖门镇古斗村，又称扶胥港，是狮子洋与珠江口的转接处，珠江口漏斗湾由东向西从此向南转入狮子洋大漏斗湾，江宽水深，风平浪静，是天然的优良港湾，隋代在此置南海镇，开皇十四年（594）建南海神祠于镇南。唐代，这里是中外海舶进出广州的必经之地，成为广州外港，史称"南海，在县南，水路百里，自州东八十里有村，号曰古斗，自此出海，浩淼无际"①。

总之，唐代因人口的大量流入，与海内外经济、文化交流的日益频繁，推动了粤港澳大湾区发达的水陆交通建设，而交通网的完善又在一定程度上促进了这一地区的经济发展。

四　粤港澳大湾区豪强势力的消长

唐朝初定岭南，因无力强化统治，故对各地豪族实行羁縻之策，基本上仍沿隋朝之旧。地方豪族只要称臣降服，即授官职，保持其在地方的政治、经济特权。如冯盎降唐后，授予上柱国、高州总管，并先后晋封吴国公、越国公、耿国公，其子冯智戴为春州（今广东阳春市）刺史，冯智彧为东合州（今雷州半岛）刺史。潮、循的杨世略、冈州的冯士翙也在投诚后分别被授予循州（今广东惠州市）、冈州（今广东江门市新会区）刺史。于是，前朝豪族在唐朝摇身一变成为新贵。

唐初对豪族生事滋扰，一般不用武力。曾是岭南一霸的冯氏家族降唐后实力丝毫未减，其势力范围虽在高州一带（今广东茂名地区），但其治所在恩平（今广东恩平市），故对粤港澳大湾区也有巨大影响力。贞观初，冯盎自恃兵多势大，侵掠不已。地方官十多次奏报冯盎"阻兵反叛"，太宗皆未派兵征讨，而是采纳魏徵"怀之以德"的建议，他称"岭南诸州盛言盎反，朕必欲讨之。魏徵频谏，以为但怀之以德，必不讨自来"②，于是贞观四年（630），罢撤与冯

---

① 《元和郡县图志》卷三四《岭南道》，中华书局1983年版，第887页。
② 吴兢：《贞观政要》卷九，岳麓书社2014年版，第364页。

盎有隙的广州都督刘感,代之以齐善,缓和矛盾,这种"怀之以德"的方略使冯盎大受感动,他"自悔前往,令子入侍",乱事遂寝,太宗"得岭表无事,不劳而定,胜十万师"①。

为保持少数民族地区的长治久安,唐太宗非常重视整肃吏治,他告诫诸州官吏:"南方诸州,多统夷僚,官人于彼,言语不通,里吏乡里首侵渔,匹庶不胜忿怨。……卿当深识朕念,制奸抚弱。又不肖长吏,或与富室交通,积成款狎,怠忽刑典,是惟蠹政,特宜禁绝。"②他还说:"自古皆贵中华,贱夷狄,朕独爱之如一,故其种落皆依朕如父母。"③唐太宗比较开明的民族政策在粤港澳大湾区取得了较好效果,使民族关系和谐融洽,地方较为安定。贞观七年(633),冯盎派其子冯智戴入京朝觐,唐太宗与太上皇李渊在未央宫置酒款待,在宴会中,"上皇命突厥吉利可汗起舞,又命南蛮酋长冯智戴咏诗,既而笑曰:'胡越一家,自古未有也!'"④于是岭南豪族纷纷效忠朝廷,贞观十四年(640)罗、窦诸洞僚反,冯盎率部二万为先锋,配合广州都督党仁弘行军征讨,"时有贼数万屯据险要,不可攻逼。盎持弩语左右曰:'尽吾此箭,可知胜负。'连发七矢,而中七人,贼退走,因纵兵乘之,斩首千余级"⑤。冯盎为平定这次豪族暴动立下大功。

唐初推行羁縻政策,与隋一样,保留了各地豪族的种种特权与统治地位。冯氏家族"所居地方二千里,奴婢万余人,珍货充积"⑥,权势不减当年。冯盎的五个儿子都任州刺史。贞观中,族人冯子猷入朝时,竟"载金一舸自随",以贿赂京城高官。高宗时,派御史许瓘查其财产,然"瓘至洞,子猷不出迎,后率子弟数十人,击铜鼓、蒙排,执瓘而奏其罪"。高宗急派御史杨璟南下处理,"璟至,卑辞以

---

① 吴兢:《贞观政要》卷九,岳麓书社2014年版,第364页。
② 《册府元龟》卷一五七《帝王部下》,凤凰出版社2006年版,第1751页。
③ 《资治通鉴》卷一九八,中华书局1956年版,第6247页。
④ 《资治通鉴》卷一九四,中华书局1956年版,第6103—6104页。
⑤ 《旧唐书》卷一〇九《冯盎传》,中华书局1975年版,第3287—3288页。
⑥ 《资治通鉴》卷一九三,中华书局1956年版,第6092页。

结之,委罪于瑾。子猷喜,遗金二百两、银五百两,璟不受,子猷曰:君不取此,且留不得归!"① 气焰嚣张,可见一斑。冯氏家族财雄势大,在粤港澳大湾区首屈一指。

太宗晚年,逐渐改变政策,开始削弱冯氏势力。贞观二十年(646),冯盎卒。二一三年,朝廷撤销高州都督府,分高州地增置恩州,又把高州州治从恩平移往良德县(今广东高州市东北),以分散冯氏家族势力。永徽以后,冯盎孙辈已极少有任刺史者。武则天长寿初,冯家"以矫诬罪","裂冠毁冕,籍没其家"②。经此一变,南朝以来岭南头号豪族便一蹶不振。此后,朝廷继续采取强硬手段,用武力征讨不轨豪族。开元十六年(728),春(今广东阳春市)、泷(今广东罗定市)等州首领陈行范联合广州首领冯璘(一作冯仁智)、何游鲁等"聚徒作乱",一时"陷四十余城,行范自称帝,游鲁称定国大将军,璘称南越王,割据岭表"③,粤港澳大湾区又一次陷入大动乱。朝廷派骠骑大将军杨思勖率军十万进讨,斩何游鲁、冯璘、陈行范及其部众六万人,平定叛乱。经过朝廷的严厉打击,粤港澳大湾区豪族势力大受削弱,再无可能左右政局。

安史之乱后,唐朝国势日衰,藩镇继之而起。为平定叛乱,朝廷"频诏征发岭南兵募,隶南阳鲁炅军",使岭南防务一时空虚。不久,鲁炅"与贼战于叶县,大败,余众离散"④,再加之岭南远离统治中心,中央对岭南地区的控制有所弱化,这为地方豪族势力的复起提供了机会。肃宗至德元载(756)至大中末,"岭南溪洞夷獠乘此相恐为乱,其首领梁崇牵,自号'平南十道大都统',及其党覃问等,诱西原贼张侯、夏永攻陷城邑,据容州"⑤,大湾区残余豪族继起响应,发动了一系列反唐事件。大历二年(767),大湾区西部的罗州首领

---

① 《新唐书》卷一一〇《冯盎附子猷传》,中华书局1975年版,第4114页。
② 《唐故开府仪同三司兼内侍监(赠扬州)大都督葬泰陵高公(力士)神道碑》,《考古与文物》1983年第2期。
③ 《旧唐书》卷一八四《杨思勖》,中华书局1975年版,第4756页。
④ 《旧唐书》卷一五七《王翃传》,中华书局1975年版,第4143页。
⑤ 《旧唐书》卷一五七《王翃传》,中华书局1975年版,第4143—4144页。

冯季康、新州人何如瑛"遂起为乱",冯季康的族人冯崇道起兵响应,与"桂州叛将朱济时等阻洞为乱,前后累岁,陷没十余州"①,直到大历四年(769),岭南节度使李勉才扑灭了冯崇道之乱。此后粤港澳大湾区虽不见豪族暴乱,但已元气大伤,社会经济远未恢复到唐中前期的繁荣程度。

五 唐末动乱中的粤港澳大湾区

唐末统治腐败,内有宦官专权,外有强藩割据,阶级矛盾日益尖锐,政治危机逐渐加深,相继爆发了裘甫、庞勋与黄巢等农民起义,其中规模最大、历时最久、对唐朝及粤港澳大湾区影响最深的,当是黄巢农民大起义。

(一) 黄巢起义军攻占广州

僖宗乾符元年(874),河南连发水旱大灾,"麦才半收,秋稼几无,冬菜至少"。但自懿宗以来"用兵不息,赋敛愈急",各州县又不上言灾情,致使"百姓流殍,无处控诉"②。于是王仙芝等聚众数千人,于长垣(今属河南)揭竿而起。乾符二年,黄巢与族兄弟子侄聚众数千人,响应王仙芝,"民之困于重敛者争归之,数月之间,众至数万"③。乾符五年,王仙芝战死,黄巢尽收其部,率众南下。乾符六年"南陷湖、湘,遂据交、广"④,杀节度使李迢,进而分兵攻占了粤港澳大湾区大部分地区。

黄巢在广州自称"义军都统",发布檄文,斥责朝廷"宦竖柄朝,垢蠹纪纲,指诸臣与中人赂遗交构状,铨贡失才",提出"禁刺史殖财产,县令犯赃者族"⑤。但黄巢真实意图并非彻底与唐朝决裂,而是"欲据南海之地,永为窠穴,坐邀朝命"⑥,把交通便利、物产富饶、唐

---

① 《旧唐书》卷一三一《李勉传》,中华书局1975年版,第3635页。
② 《资治通鉴》卷二五二,中华书局1956年版,第8180页。
③ 《资治通鉴》卷二五二,中华书局1956年版,第8180页。
④ 《旧唐书》卷二〇〇下《黄巢传》,中华书局1975年版,第5392页。
⑤ 《新唐书》卷二二五下《黄巢传》,中华书局1975年版,第6454页。
⑥ 《旧唐书》卷二〇〇下《黄巢传》,中华书局1975年版,第5392页。

第二章 魏晋至隋唐时期对粤港澳大湾区的统治

朝统治力量又相对薄弱的粤港澳大湾区作为自己的根据地。乾符六年六月,黄巢亲自上表求为广州节度使同平章事兼安南都护,对此朝臣意见不一:宰相郑畋主张"以南海节制縻之"①;另一宰相卢携则"以王铎为统帅,欲激怒黄巢,坚言不可假贼节制,止授率府率(太子属官)而已"②,如黄巢不接受,则派镇海节度使高骈统兵讨平之;左仆射于琮认为"南海以宝产富天下,如与贼,国藏竭矣",亦不主张将物产丰富的粤港澳大湾区拱手相赠。③ 与此同时,诸道行营都统、镇海藩帅高骈"由安南至广州",因"江漕梗险,多巨石",不便行军船,于是高骈"募工剷治,由是舟济安行,储饷毕给"④,接着他向朝廷建议"遣潾以兵五千屯梆扼贼西路,留后王重任以兵八千并海进援循、潮",自己则"将万人"进击广州,剿灭义军。⑤ 面对各方意见,僖宗决定先派内侍仇公度带手诏和节度使、指挥观察使等官告五十六通前往广州招抚,九月十二日到达广州。⑥ 但是,这一年从春至夏,疫病大行,不少将士染上疫病,"士卒罹瘴疫死者什三四,其徒劝之北还以图大事"⑦。黄巢见在广州难以持久,于十月一日退回朝廷官告,指斥朝廷"宦竖柄朝,垢蠹纪纲",提出"禁刺史殖财产,县令犯赃者族"的政治主张。闰十月,起义军离开广州,转战湖、湘、江、浙一带。僖宗广明元年(880)十二月,攻克长安,建立大齐政权。

黄巢起义军攻占粤港澳大湾区,是对地方豪强的一次巨大打击,对岭南政局发展产生了巨大影响。然而,黄巢对大湾区的经济秩序也造成了极大破坏,如他下令将广州地区桑树全部砍光,致使丝织业原料严重短缺,农桑失业,丝织业陷于停顿。⑧ 出于狭隘的民族意识,

---

① 《旧唐书》卷一七八《郑畋传》,中华书局1975年版,第4633页。
② 《旧唐书》卷一七八《卢携传》,中华书局1975年版,第4638页。
③ 《新唐书》卷一八五《郑畋传》,中华书局1975年版,第5403页。
④ 《新唐书》卷二二四下《高骈传》,中华书局1975年版,第6392页。
⑤ 《新唐书》卷二二四下《高骈传》,中华书局1975年版,第6394页。
⑥ 方积六:《黄巢起义考》,中国社会科学出版社1983年版,第94—95页。
⑦ 《资治通鉴》卷二五三,中华书局1956年版,第8217页。
⑧ 苏莱曼等著,穆根来等译:《中国印度见闻录》,中华书局1983年版,第67页。

他对居住粤港澳大湾区内的外国人士残酷压迫,据当时侨居广州的阿拉伯商人称,"寄居城中经商的伊斯兰教徒、犹太教徒、基督教徒、拜火教徒,就总共有十二万人被他杀害了","死亡人数所以能知道得这样确凿,那是因为中国人按他们的人(头)课税的缘故"。外国商人不得不改在箇罗(今马来半岛吉打)与中国商人贸易,致使"到中国的航运也中断了",广州外贸受到沉重打击,粤港澳大湾区内大批中外商民逃往海外。[①] 943年,阿拉伯地理学家马素提(马斯欧迪)途经苏门答腊,发现"有许多中国人耕植于此岛,而尤以巴邻旁(室利佛逝)区域为多,盖避中国黄巢之乱而至者"[②]。

(二)粤港澳大湾区武装割据势力的兴起

黄巢起义虽被镇压,但朝廷对岭南地区的统治更为孱弱,各种势力乘乱兴起,纷纷登上政治舞台,在粤港澳大湾区形成大小不等的武装割据势力,大体可分为以下几种:

其一,刺史、州将。黄巢起义后,握有兵权的刺史与州将乘机招兵买马,成为割据一方的势力,如唐末曾衮为韶州刺史,不服藩帅李知柔节制,于光化元年(898)十二月,联合州将王环发动兵变,谋攻广州,为刘隐所平。

其二,藩镇军将。黄巢起义后,部分军将摇身一变,成为地方实际统治者。如乾宁初,广州牙校刘知谦被升为封州刺史兼贺水镇遏使,一年后,就拥有精兵万余,战舰百余,成为西江一带最强大的武装力量。其余一些有野心的军将也倚仗手中兵力,骄横跋扈,甚至觊觎帅位,制造兵乱。乾宁三年(896)十二月,广州牙将卢瑍、谭宏玘就曾发动叛乱,一度占领广、端等州。

其三,农民起义军余部。黄巢北伐后,有部分起义军留在粤港澳大湾区,形成武装割据。如黄巢部将鲁景仁以千骑留连州,后来发展壮大,得以完垒自守。连州位于今广东清远,紧邻粤港澳大湾区北

[①] 苏莱曼等著,穆根来等译:《中国印度闻见录》,中华书局1983年版,第17、95、96页。

[②] 《黄金牧地》,引自李长傅《中国殖民史》,商务印书馆1937年版,第61页。

部，今天的广州、佛山部分地区，皆受鲁景仁控制。

上述种种武装力量各据一方，互相攻伐，中原地区藩镇割据局面在粤港澳大湾区也同样出现。经过反复较量，起家于封州（今广东肇庆市封开县）的刘隐以过人的智慧和卓越的政治、军事才能，最终扫平群雄，继任清海节度使，成为粤港澳大湾区的实际统治者，为五代时期南汉政权的建立奠定了基础。

第四节　南汉政权的兴亡

唐末，刘知谦、刘隐父子乘乱崛起，成为岭南最强大的地方势力。刘龑承其父兄之业，割据两广，建号称帝，史称南汉国。

一　刘知谦、刘隐父子的崛起

刘知谦，唐宣宗咸通年间为岭南牙校。僖宗乾符六年（879），黄巢起义军进入岭南，知谦"击贼屡有功"，僖宗中和三年（883），授封州刺史兼贺水镇遏使，"以御梧、桂以西"。不久，徙家封州，"抚纳流亡，爱啬用度，养士卒"，甚得民心，势力迅速壮大。岁余，"有兵万人，战舰百余艘"[1]。

唐昭宗乾宁元年（894），刘知谦卒。其长子刘隐被任命为署右都校、领贺水镇将、封州刺史。乾宁二年七月，朝廷以薛王李知柔为清海节度使。三年十一月，当李知柔行至湖南时，广州牙将卢琚、谭宏玘叛乱，刘隐率封州之兵讨平之。于是，知柔"深德之，辟为行军司马，委以兵赋"[2]。唐昭宗光化元年（898）十二月，韶州刺史曾衮、广州将王怀联合谋乱，被刘隐一战击破。三年秋，朝廷以宰相徐彦若代李知柔为清海节度使，但事皆决于刘隐。因此，徐彦若上表，奏请将刘隐补为节度副使。唐昭宗天复元年（901）十二月，徐彦若卒，

---

[1] 《新五代史》卷六五《南汉世家·刘隐》，中华书局1974年版，第809页。
[2] 《旧五代史》卷一三五《僭伪列传·刘陟》，中华书局1976年版，第1807页。

遗表推荐刘隐权知岭东观察使、清海节度使留后，但直到天复三年，昭宗才正式任命刘隐为两使留后。

昭宗天祐元年（904），梁王朱全忠（朱温）总揽朝政，刘隐遣使重赂，得任清海节度使。二年三月，加同平章事。四年四月，朱全忠废唐哀帝自立，建立梁朝，改元开平。刘隐以拥戴有功加检校太尉兼侍中，封大彭王。十月，诏刘隐兼静海节度使，领安南都护。后梁太祖开平三年（909）正月，加刘隐检校太师，兼中书令；四月，改封南平王。次年四月，进封南海王。刘隐从方镇牙校一跃而为强藩，独霸岭南。

当时天下大乱，"中朝士人以岭外最远，可以避地，多游焉。唐世名臣谪死南方者，往往有子孙，或当时仕宦遭乱不得还者，皆客岭表"，刘隐对这些流落到岭南的人才都竭诚相待，"皆招礼之"[1]。此外，刘隐颇知民间疾苦，节用安民，尤其注意发展经济，大力拓展海外贸易，掌握广州外贸管理权，使市舶之利从中央转到地方，成为刘隐坐邀朝命、重赂求官的一大资本。

二 刘䶮与南汉政权的建立

刘䶮原名刘岩、刘陟，刘知谦之庶子。刘隐为清海行军司马时，李知柔辟刘䶮为王府谘议参军。及刘隐任清海、静海节度使时，又表刘䶮为节度副使。昭宗天复二年（902），刘隐率部攻打韶州，因不听刘䶮谏言以致大败。从此，刘隐"尽以兵柄付之"[2]。梁乾化元年（911）三月，刘隐病危，以刘䶮权知留后。隐殁，梁以刘䶮为清海军节度使。梁末帝朱友贞即位后，"务行姑息之政，乃尽以隐之官爵授陟"[3]，刘䶮身兼清海、建武等军节度使、岭南东西道观察处置供军粮料市舶等使，加中书令，晋封南平王、食邑五千户。刘䶮表面上奉梁为正朔，实际上暗自发展势力，不断加快建国称帝的步伐。

---

[1] 《新五代史》卷六五《南汉世家·刘隐》，中华书局1974年版，第810页。
[2] 梁廷枏：《南汉书》卷二《高祖纪》，广东人民出版社1981年版，第5页。
[3] 《旧五代史》卷一三五《僭伪列传·刘隐》，中华书局1976年版，第1808页。

第二章　魏晋至隋唐时期对粤港澳大湾区的统治

首先，继续网罗人才。刘䶮对刘隐旧部极为尊重，如待赵光裔、杨洞潜等人以师友之礼，经常咨询治国之道，使他们颇受感动，史载"高祖乃习为光裔手书，遣人入洛，间道取其家属至。自是，乃感慰尽职"①，这批人后来成为南汉政权的中坚力量。南汉"吉凶礼法，为国制度，略有次序，皆用此数人焉"②。其次，以粤港澳大湾区为根本，剪除异己，扩大地盘。刘䶮统治时期，岭南尚有不少割据势力，如交州曲颢、桂州刘士政、邕州叶广略、容州庞巨昭、高州刘昌鲁、新州刘潜等，互不统制，各据一方。至后梁太祖乾化元年（911）、二年初，经刘䶮东征西讨，岭南大部分地区都已置于自己治下。

贞明元年（915），刘䶮上表求封"南越王"及加四邻都统，梁末帝不许。刘䶮以"今中国纷纷，孰为天子？安能梯航万里，远事伪庭乎！"③自是贡使遂绝，并自称南越王。三年（917）十一月一日，刘䶮在广州称帝，改元乾亨，国号大越。翌年，改国号为汉，史称南汉。

乾和六年（948），南汉北伐楚国，取贺、昭二州；九年，复取桂、蒙、宜、连等十州；同年十二月，又从南唐手中夺取郴州和桂阳。至是，南汉北疆拓展至岭北，其疆域包括今广东、海南、广西全部及湖南、贵州、云南三省各一部分，共辖3府、64州（都、监）、218县，其中今广东境内有29州府89县。乾亨元年，改广州为兴王府，为南汉国之都，下辖常康、咸宁、番禺、增城、四会、化蒙、怀集、浈水、东莞、清远、浛洭、新会、义宁13县，粤港澳大湾区全境尽在南汉统治下。

三　南汉在粤港澳大湾区的统治

917年刘䶮建立南汉，历殇帝刘玢、中宗刘晟、惠帝刘𬬮三帝，

---

① 梁廷枏：《南汉书》卷九《赵光裔传》，广东人民出版社1981年版，第45页。
② 《新五代史》卷六五《南汉世家·刘玢》，中华书局1974年版，第814页。
③ 《资治通鉴》卷二六九，中华书局1956年版，第8799页。

于971年被宋所灭，享国54年。在立国前夕，刘䶮依唐制，以赵光裔为兵部尚书，杨洞潜为兵部侍郎，李殷衡为礼部侍郎，三人皆同平章事，是为设宰相之始。建立南汉后，刘䶮又参照唐制"上吉凶礼法"，并"立学校、开贡举、设铨选，一依唐制，百度粗有条理"①，创制了完善的统治制度。

南汉殇帝刘玢（原名弘度）继立后，以越王弘昌为太尉兼中书令、诸道兵马都元帅、知政事。中书令是在同平章事外的宰相。中宗刘晟（原名弘熙）以后，宦官、宫人势力已很强大，如乾和八年（950），以宫人卢琼仙、黄琼芝为女侍中，"朝服冠带，参决政事"②，宰相权力被严重削弱。到后主刘鋹时，朝政败坏已极，宰相制度形同虚设：宦官中竟然有任内三师（内太师、内太傅、内太保）、内三公（内太尉、内司徒、内司空）、内侍中者，女官中亦有师（太师）、傅（太傅）、令（尚书令、中书令）、仆（左仆射、右仆射）之号，朝臣但备员数，不复预机务。为宰相者，仅见尚书左丞钟允章一人，但也无实权。南汉还设有承宣院，中宗以内给事、甘泉宫使龚澄枢知承宣院事，权力超过宰相。大宝初，后主刘鋹以内中尉薛崇誉为签书点检司事，实际上也行宰相职权。此外，南汉还设置翰林院，翰林学士专掌内命，参与朝政，一定程度上也分割了相权。③

总的来看，南汉的中央官制是比较完备的。不过，随着统治集团内政治权力的再分配，特别是宦官势力的扩大，朝官和宰相的权力受到侵夺，使原有官僚体制发生紊乱，造成政出多门的局面。

四 文人政治的风行

安史之乱后，唐朝地方行政机构从道、州、县三级制演变为方镇、州、县三级制，南汉的地方行政体制基本上也是如此，但在方镇组织、节度使与刺史的任命上出现了重大的变革。

---

① 梁廷枏：《南汉书》卷九《杨洞潜传》，广东人民出版社1981年版，第47页。
② 《资治通鉴》卷二八九，中华书局1956年版，第9449页。
③ 杨万秀，钟卓安主编：《广州简史》，广东人民出版社1996年版，第95页。

刘䶮在取得岭南统治权后，采纳杨洞潜的建议，"多延中国士人，置于幕府"，以打破武人专擅州级权力的局面，结果岭南"刺史无武人"①。南汉建立后，节度使或选文人充任，或派宗室诸王出任，如齐王弘弼、镇王弘泽、高王弘邈均曾出任建武节度使，通王弘政出任祯州节度使。南汉宦官势力很强大，监军制度继续施行，如大宝中，潘崇彻为西北面招讨使，后主刘鋹派薛崇誉监其军。

南汉以文人和宗室诸王出任节度使，削弱了藩镇权力，使唐后期盛行的使府辟署制度和支郡制度在南汉不复存在，节度使也不再兼领观察、营田、支度等使，说明节度使的行政、民政、司法权已被剥夺，而仅仅是边区要地的军事长官，与唐末和五代各国的节度使相比较，已发生质的变化，这是南汉政治的一大特点。

南汉州长官为刺史或知州事，以文人充任；知州事即临时代理刺史，在各地很普遍。刺史之下，仍置别驾、长史、司马、录事参军事、六曹参军事等僚属。南汉定都广州，改称兴王府，长官为尹，仿唐长安，分南海县置咸宁、常康二县，以为京邑。在兴宁县还置齐昌府，为兴宁军节度使治所。县长官为县令，下置县丞、主簿、尉、录事等僚属。县以下设乡，乡下设保。清代在广州北郊下塘村发现南汉马氏二十四娘的买地券，中称"买得左金吾街咸宁县北石乡石马保菖蒲观界地名云峰岭下坤向地一面"②，清晰地显示出基层组织的层次。

五　南汉诸帝的残暴统治

刘知谦、刘隐都很注意节费抚兵，安辑百姓，为立国奠定了雄厚之基。刘䶮即位之初，尚能"坐拥百粤，闭关自擅，而不毒民，以与吴、楚争强"③，特别是在赵光裔辅政的二十余年中，一度出现"府

---

① 《资治通鉴》卷二六八，中华书局1956年版，第8741页。
② 梁廷枏辑，陈鸿钧、黄兆辉补征：《南汉金石志补征　南汉丛录补征》，广东人民出版社2010年版，第147页。
③ 王夫之：《宋论》卷一，载《船山遗书》第6卷，北京出版社1999年版，第3355页。

库充实,辑睦四邻,边烽无警"①的景象。但承平日久,刘䶮逐渐骄傲自满起来,特别是晚年,日务奢华,荒于政事,惟以修筑宫殿为务。建南薰殿,"刻沉香为龙柱,务极奢丽,少不如意,辄诛杀匠役"②。另外,刘䶮在晚年猜忌日甚,不进忠言。其子秦王弘度判六军,募市井无赖子弟千人为宿卫兵,军纪极坏。宰相杨洞潜进谏曰:"秦王,国之冢嗣,宜亲端士。使之治军已过矣,况昵群小乎?"刘䶮拒谏说:"小儿教以戎事,过烦公忧。"洞潜出,见卫士掠商人金帛,商人畏秦王,不敢投诉,乃叹道:"政乱如此,安用宰相!"③愤而辞职。左仆射黄损对刘䶮晚年务极奢华十分忧虑,上书劝谏:"陛下之国,东抵闽粤,西逮荆楚,北阻彭蠡之波,南负沧溟之险,盖举五岭而表之,犀、象、珠、玉、翠、玳、果、布之富,甲于天下。所谓金城汤池,用武之地也。今民庶穷落,而工役繁兴。天灾人怨,兵家所忌。苟或不虞,其何恃以为战?且湖、洛未平,荆、吴犷狡,正宜务农息民,以宏圣基,庶遏强敌。乃纵耳目之好,尽生民之膏,兴土木之工,伤朴素之化,供一己逸欲,而失天下心,臣窃以为陛下不取也。"然类此忠言,刘䶮皆不听。时宰相乏人,廷臣共推黄损,刘䶮却对左右说:"我殊不喜此老狂!"④

南汉"用刑惨酷,有灌鼻、割舌、支解、剖剔、炮炙、烹蒸之法;或聚毒蛇水中,以罪人投之,谓之水狱"⑤。大有十五年(942)四月刘䶮卒,子弘度继位,改元光天,更名玢。四弟晋王弘熙辅政。刘玢性庸昧轻浮,登位后益恣荒淫。史称:"帝性庸昧,既立,益恣荒淫,不亲政事。高祖在殡,常作乐饮酒。置东西两教坊,伶官千余人,常令昼夜出入宫中。内常侍吴怀恩时典宿卫,屡以为言,帝不省。又常裸男女为戏,夜与倡妇微行入民家,左右忤意者辄死"⑥,

---

① 梁廷枏:《南汉书》卷九《赵光裔传》,广东人民出版社1981年版,第45页。
② 梁廷枏:《南汉书》卷一〇《黄损传》,广东人民出版社1981年版,第53页。
③ 《资治通鉴》卷二七九,中华书局1956年版,第9127页。
④ 梁廷枏:《南汉书》卷一〇《黄损传》,广东人民出版社1981年版,第54页。
⑤ 《资治通鉴》卷二八三,中华书局1956年版,第9236页。
⑥ 梁廷枏:《南汉书》卷三《殇帝纪》,广东人民出版社1981年版,第15页。

又 "颇疑诸弟图己，敕宦官守宫内，入皆露索（搜身）"①。堵绝言路，"左右怵意辄死，无敢谏者"②。其弟弘熙为谋夺帝位，"日进声妓诱玢为荒恣"，又与循王弘杲、越王弘昌联合，于光天二年（943）三月谋杀刘玢于长春宫。

刘弘熙弑兄自立，改元应乾，改名晟，是为中宗。刘晟初立，"恐诸弟与其子争国"③，更怕诸王效己所为，争夺帝位，于是密谋尽诛之。越王弘昌在刘氏兄弟中最称贤能，乾和二年（944）三月，首先被刺杀。三年，镇王弘泽、韶王弘雅被毒死。五年，齐王弘弼等八王"同日见杀"，并"尽杀其男，纳其女充后宫"④。刘晟还滥施淫威，如某夜宴饮大醉，"以瓜置伶人尚玉楼项，拔剑斩之以试剑，因并斩其首"⑤。因此，后世史官对刘晟的评价是："率性荒暴，得志之后，专以威刑御下，多诛灭旧臣及其昆仲，数年之间，宗族殆尽。又造生地狱，凡汤镬、铁床之类，无不备焉。人有小过，咸被其苦。"⑥由于刘晟"尚奢华，离宫、宴幸，耗费不赀，正供所入，日就支绌"，为维持穷奢极欲的个人生活，甚至"阴遣（暨）彦赟率兵士入海，窥商舶重载者，诈为盗，劫其金帛归献，充益无名之费"⑦。

乾和十六年（958）八月，刘晟卒，长子继兴立，更名鋹，改元大宝。刘鋹性庸懦，继位后纵奢一如其父，大造宫殿，日与波斯女在宫中游宴，"立万政殿，饰一柱，凡用银三千两，又以银为殿衣，间以云母，无名之费，日有千万"⑧。委政于宦官龚澄枢、陈延寿，宫婢卢琼仙、女巫樊胡子等，"作烧煮、剥剔、刀山、剑树之刑，或令罪人斗虎抵象以为笑乐，怨声载道"⑨。听信谗言，杀戮宗室诸弟及

---

① 《新五代史》卷六五《南汉世家·刘玢》，中华书局1974年版，第814页。
② 《资治通鉴》卷二八三，中华书局1956年版，第9249页。
③ 《资治通鉴》卷二八七，中华书局1956年版，第9376页。
④ 《资治通鉴》卷二八七，中华书局1956年版，第9376页。
⑤ 《新五代史》卷六五《南汉世家·刘晟》，中华书局1974年版，第816页。
⑥ 《旧五代史》卷一三五《僭伪列传·刘晟》，中华书局1976年版，第1809页。
⑦ 梁廷枏：《南汉书》卷一三《暨彦赟传》，广东人民出版社1981年版，第67页。
⑧ 李世熊著，马陵合校注：《钱神志校勘》，安徽师范大学出版社2019年版，第129页。
⑨ 梁廷枏：《南汉书》卷六《后主纪》，广东人民出版社1981年版，第30页。

钟允章等一班忠臣。迷信佛教，大造寺院塔像，耗费无数帑藏。官吏强迫沿海人民下海采珠，"于海镇募兵能采珠者二千人，号'媚川都'。每以石縋索系其足，入海五、七百尺，多溺死。久之，珠充积内府。"① 南汉历代统治者都为骄、奢、淫、暴、虐之徒，已注定其国祚不长。

六 宦官专权与阶级矛盾的激化

宦官专权严重破坏了南汉的政治生态，而繁苛的赋税又加重了人民负担，激化了阶级矛盾。

（一）宦官专权

宦官专权是导致唐亡的重要原因之一。南汉立国后，重蹈唐朝覆辙，继续宠用宦官。南汉初期，内侍监宦官不过300余人，位亦不过宫内诸局令、丞。但刘䶮晚年由于猜忌朝臣，故对宦官多加重用，以宦官典掌宿卫，为后来宦官势力膨胀与干预朝政种下祸根。刘晟时，宦官势力大增，人至千人，并增设内常侍、诸谒者等官名。内常侍甘泉宫使林延遇"大被倚任"，"恃其权宠，与宫人卢琼仙等表里交煽，恣为杀戮，中宗（刘晟）诛杀诸王，尽出其谋。高王洪邈在邕州镇，有诬其谋乱者，遣延遇持鸩往赐之死"。② 刘鋹时，宦官势力鼎盛，掌握朝廷军政大权，人数"渐至七千余，有为三师、三公，但其上加'内'字，诸使名不翅二百"③。宰相等官员徒有其名，不能参预大政。内侍监许彦真，"性酷诈，尤工谗间"④。宦官陈延寿"弄权卖法"，"作诸淫巧，日费数万金，多方蛊惑"，怂恿刘鋹诛杀诸王，又引女巫樊胡子入宫，"自言玉皇降胡子身。鋹于内殿设帐幄，陈宝贝。胡子冠远游冠，衣紫霞裾，坐帐中宣祸福，呼鋹为太子皇帝，国事皆决于胡子，卢琼仙、龚澄枢等争附之。胡子乃为鋹言：'澄枢等皆上天使来辅

---

① 梁廷枏：《南汉书》卷六《后主纪》，广东人民出版社1981年版，第30页。
② 梁廷枏：《南汉书》卷一五《林延遇传》，广东人民出版社1981年版，第83页。
③ 《宋史》卷四八一《刘鋹世家》，中华书局1977年版，第13920页。
④ 梁廷枏：《南汉书》卷一五《许彦真传》，广东人民出版社1981年版，第83页。

太子，有罪不可问'"①。龚澄枢是南汉后期最有权势的宦官首领，"倚任最笃"，军国事务一归掌握，他"思峻刑以服众，因置酷法之具；少有犯过，辄榜掠无完肤，民益苦之，而莫可更诉"，掌兵权却不修武备，"城壁壕隍，但饰为楼池宫室，兵器甲械，皆腐败不治"②。总之，因"鋹性庸懦，不能治其国"，故将"政事咸委于阉官"，或授予宫人"冠带、预职官"令"理外事"，"由是纲纪大坏"③。

宦官、宫婢的专横侵权激起一些忠直朝臣的反对。大宝初，尚书右丞参政事钟允章"深嫉之，数请诛宦官，宦官皆仄目"④，结果被诬族诛。宦官干政是历代王朝之大蠹，严重侵蚀了王朝的政治根本，加速了南汉政权的灭亡，后世史家深痛之曰："由汉唐来，宦官之众之重且专，与夫杀害之惨，而召亡之速，未有如南汉之极尽无余者也！高祖初设内监，数裁三百。浸积而千余人，浸积而七千余人。说者乃谓其后之盛，至二万人有奇。此二万人者，衣服、饮食、车马、仆隶之给，其縻耗可数计哉！使能军伍其人，粮饷其费，不必问其裨于疆圉者何如，而祸源先清矣！然而，其君不悟也！"⑤

（二）阶级矛盾的激化

南汉大体上沿袭唐后期的赋税制度，推行两税法。高祖刘龑时，弭兵息民，赋役不繁，库府充实，人民安居乐业。但到了晚年，开始享乐挥霍，致使"工役繁兴"，"民庶穷落"⑥。中宗刘晟时，"尚奢华，离宫、宴幸，耗费不赀"⑦，国家税收入不敷出，统治者便加征杂税，人民负担日渐沉重。到惠帝刘鋹时，对人民的压榨进一步加重，正税之外，尚有附加，"私制大量，重敛于民，每石凡输一石八斗"⑧。

---

① 《新五代史》卷六五《南汉世家·刘玢》，中华书局1974年版，第817页。
② 梁廷枏：《南汉书》卷一六《龚澄枢传》，广东人民出版社1981年版，第87页。
③ 《旧五代史》卷一三五《僭伪列传·刘鋹》，中华书局1976年版，第1810页。
④ 《新五代史》卷六五《南汉世家·刘鋹》，中华书局1974年版，第817页。
⑤ 梁廷枏：《南汉书》卷一五《宦官传序》，广东人民出版社1981年版，第79页。
⑥ 梁廷枏：《南汉书》卷一〇《黄损传》，广东人民出版社1981年版，第54页。
⑦ 梁廷枏：《南汉书》卷一三《暨彦赟传》，广东人民出版社1981年版，第67页。
⑧ 毕沅：《续资治通鉴》卷六，中华书局1957年版，第153页。

上编　古代的粤港澳大湾区

身丁钱为唐代税种，南汉沿用不废，且成为重要税项。此税征收钱、米没有定额，故时有增加，在岭南西部，"丁钱始于五季，每丁十文，既而加倍，至十倍、百倍，米亦如之。"① 宋人刘谊称："由唐至于五代，暴政所兴，二广则户计一丁，出钱数百，输米一石。"② 刘鋹时，"两浙自钱氏赋民丁钱，有死而不免者"③，可见南汉后期凡丁皆税。

除榷盐、榷茶外，商税亦是正税之外的税收大宗。官府在城镇、坪市设镇、场、务等机构征收商税，税目繁多，税率又高，加之官吏舞弊，使税户负担十分沉重。此外，粤港澳大湾区"应江湖及池潭、陂塘聚鱼之处，皆纳官钱，或令人户占买输课，或官遣吏主持"④，其他杂税的名目还有橘园、水硙、社酒、鹅鸭、螺蚌、柴薪、地铺、枯牛骨、溉田、水利等⑤，可谓无物不税。人民除要负担正税、杂税外，还要直接或间接承担各种兵役、徭役，使本已万分艰难的贫困大众，更加无以为生。于是，大湾区内百姓被迫大量逃往他乡，或依附豪族，或隐没山林，以避赋役。宋开宝四年（971）平南汉时，仅得户17万，可见民户逃亡之严重。

---

　　① 曾枣庄、刘琳主编：《全宋文》卷七六一六《刘克庄（130）》，第331册，上海辞书出版社、安徽教育出版社2006年版，第87页。
　　② 李焘：《续资治通鉴长编》卷三二四，中华书局1995年版，第7796页。
　　③ 《宋史》卷三〇六《张去华传》，中华书局1977年版，第10110页。
　　④ 徐松辑：《宋会要辑稿》食货十七之十一，中华书局1957年影印本。
　　⑤ 《宋史》卷一八六《食货下·商税》，中华书局1977年版，第4542页。

第三章 宋元时期粤港澳大湾区的政治管理

宋元时期，粤港澳大湾区重新与内地融为一体，再次纳入中央政府的统治体系下。但是，在两宋与元朝时期，由于统治者的不同政策，对粤港澳大湾区的发展也产生了截然不同的影响，体现出鲜明的时代特征和统治特色。

第一节 北宋政权对粤港澳大湾区的统治

北宋政权为广开财源而重商，为实行文治而兴学，在这两项基本政策的推动下，粤港澳大湾区的社会经济与文化也获得了前所未有的发展。但是，北宋末年，受徽宗倒行逆施和金国侵宋的影响，粤港澳大湾区的社会经济又开始由治而乱。

一 南汉灭亡与大一统的重现

后周显德七年（960），赵匡胤通过陈桥兵变夺取帝位，建立宋朝。随即按照先南后北的战略，着手平定南方各国。乾德元年（963），宋兵削除今湖南地区割据势力，边境已与南汉相接。此时，南汉后主刘鋹，既不修明内政以图强，又不通好于宋以求安，反而乘宋初得湖南、立足未稳之际，出兵攻打今湖南桂阳、江华诸地，欲扩大疆土，结果大败，反失去原据有的湖南郴州。开宝初年，南汉又派兵攻湖南道州（今道县），宋太祖遂决计武力统一岭南。当时南汉兴王府人民把家内防火桶称为"宋一统",借此表达对国家大一统的渴望。可见,宋伐南汉,统一岭南,完全顺应民心。

开宝三年(970)九月,宋发兵征南汉,任命潭州(今湖南长沙)防御使潘美、朗州(今湖南常德)团练使尹从珂为正、副统帅,领十州兵会攻贺州。南汉派宦官龚澄枢、李托、郭崇岳分别至贺、韶、桂三要地筹划防御。龚澄枢至贺州,逃回;大将伍彦柔将兵驰援,被宋军设伏击破。十月,潘美下贺州,使岭南东西两部呼应不灵。刘鋹不得已,起用被罢去兵权的宦官潘崇彻,领兵三万,屯贺江口(今广东封开县境),阻止宋军从水路南下。十一月,宋军攻取连州,进入广东北部,西江一带各州相继归降。刘鋹于是派李承渥为都统,率兵数万守韶州。十二月,两军在韶州大战,宋军用箭集射南汉象阵,象被创回奔,遂大破南汉军,夺取韶州。开宝四年(971)潘崇彻在贺江口降宋,宋军直逼兴王府,"鋹始令堙广州东壕,遣郭崇岳统兵六万屯马迳,列栅以拒之"①,宋军"怒逆党之拒张,争先效命。八十里枪旗竞进,数万人杀戮无遗。寻又分布师徒,径收贼垒"②。刘鋹见兵临城下,命焚烧府库,将刘氏数世搜刮积聚的财帛宝货尽付一炬。二月初五日,至城北七里处向宋军投降,割据55年之久的南汉政权乃告终结。刘鋹及其眷属被押送汴京"献俘",封为恩赦侯,九年后卒。

开宝五年(972),以南汉宦官乐范为首的残余势力,在粤港澳大湾区沿海一带发动叛乱,虽在时任知广州兼市舶使潘美等人指挥下很快平定叛乱,但"岭南群盗未息",于是,次年"九月壬子,以唐州刺史曹光实为诸州都巡检使。光实既至,捕斩之,海隅悉平"③。

二 粤港澳大湾区行政区划与官僚机构

宋平南汉之初,暂时把岭南作为一个地方行政区域,统称广南、

---

① 《宋史》卷四八一《刘鋹传》,中华书局1977年版,第13926页。
② 吴兰修、梁廷枏辑:《南汉金石志补征 南汉丛录补征》,广东人民出版社2010年版,第213页。
③ 李焘:《续资治通鉴长编》卷一四,中华书局1995年版,第307页。

64

广南路或岭南路,以岭南转运使统辖之。太宗至道三年(997),定全国为十五路,将岭南分为广南东路和广南西路,北自贺州而南,经封州、康州至南恩州而尽于海,这几州及其以东属东路,其西皆属西路,粤港澳大湾区自然在广南东路内。

宋初,广南东路转运使有时兼知广州,后各路派安抚使主管军事,职权逐渐凌驾于转运使之上。仁宗皇祐四年(1052)诏"知广州、桂州自今并带经略安抚使"①。徽宗大观元年(1107)复规定广州为帅府,于是知广州兼任的经略安抚使便成为广南东路之长,凡一路民财兵刑之务无所不统,并兼本路马步军都总管,其官署又称"帅司"。

广南东路安抚使握重权后,转运使的职权相应削减,变为掌一路民政及部分财权,即掌吏治、民生、田赋钱粮以及财赋收支奏销事宜。其官署为转运司,或称"漕司",驻广州。主要佐官有转运副使和转运判官。东路转运使起初都兼掌按察事宜,真宗时各路增置提点刑狱公事(简称提刑),管一路狱讼和监察,并有带兵捕盗的责任。由是转运使的兵权便分别移归安抚使和提刑。

南汉时期,州县设置颇滥。开宝五年(972),以岭南州县多,户口甚少,下诏"废置并移广南州县",将兴王府复名广州,分出治光一县入英州(今广东清远英德市)。宋制,地方最高一级行政区域是路(除京畿地区的府直属中央、不隶于路外),路以下为州(或府、军、监)、县,州和县分为五等:望、紧、上、中、下。在重要的府、州,还保留都督府和军节度的名义。如广州即为都督府、清海军节度,但仅仅是保留唐代遗留下来的名号而已,无实际意义。至神宗元丰年间,广南东路计有十五州军,共四十县。大湾区的核心地带便由广州所辖,包括南海、番禺、清远、增城、怀集、东莞、新会七县。此外还有惠州,下辖归善(今广东惠州惠阳区)、河源、博罗、海丰四县。元丰以后到北宋灭亡,大湾区的州县建置有所变动,如徽宗升端州为肇庆府、肇庆军节度,使它在名义上比州的地位为高。

---

① 李焘:《续资治通鉴长编》卷一七二,中华书局1995年版,第4154页。

州以下的各县长官是县令，其佐官与唐代基本相同，为县丞、主簿和县尉。县以下，继承前代乡里制，部分地方的里改为都。宋鉴于唐末五代武人跋扈之弊，以文臣节制武将，各级地方的主要长官大多数以文臣担任。粤港澳大湾区内各监司、知州（府）、县令等职也是如此。

三 粤港澳大湾区的战乱及城防建设

北宋对两广的兵防不够重视，以致皇祐年间发生了侬智高反宋事件，一度兵临广州城下。这是北宋时期粤港澳大湾区发生的最大一次战争。

（一）侬智高起义在粤港澳大湾区的战事

侬智高起义，亦称侬峒起义。侬智高之父侬全福原为傥犹州（今广西靖西）知州，后又占万涯州（今广西大新）和武勒州（今广西扶绥）。北宋立国后，曾主动归附宋朝。北宋宝元二年（1039）正月，他将今左右江上游、地属邕州"羁縻州"的广源州（今越南高平境内）、傥犹州（今广西靖西境）、安德州（今广西靖西安德乡）雷灿峒（今广西靖西东）等地壮族（总称侬峒）人民组织起来，建立"长生国"（一曰"长其国"），侬全福自称昭圣皇帝，缮甲治兵，抗击交趾。同年兵败，为交趾所害。庆历元年（1041），侬全福次子侬智高与其母阿侬在傥犹州建立大历国，继续反抗交趾。皇祐二年（1050）十一月，在安德州改称南天国，年号景瑞，拜广州汉族进士黄伟、黄师宓为军师。为交趾所迫，穷无所归，又多次要求宋朝支援而被拒绝，于是，侬智高由拥宋变为反宋。

仁宗皇祐四年（1052）四月，侬智高起兵反宋，很快兵锋直指粤港澳大湾区。五月十七日攻占封州（今广东肇庆市封开县），十八日循西江到康州（今广东肇庆市德庆县），北宋守城兵仅三百，知州赵师旦、兵马监押马贵战死，即日城陷。侬军十九日到端州，知州丁宝臣"请兵于广州，凡九请，不报"，不得不败走。[①]侬军势如破竹，

[①] 《欧阳修全集》，中国文史出版社1999年版，第812页。

于二十二日包围广州城。

广州在兵临城下之前未作任何准备,以致敌军未到,城外百姓仓促涌往城内,许多人因践踏而死,来不及入城的,都归附了侬智高。其时,韶州永通监监卒杀监官欲响应,广州"贼围城,十县民皆反,相杀掠,死伤蔽野"[①]。侬智高军受到一部分被压迫者的拥护,声势益大。六月十日,宋廷才得知广州被围,立即向广州增援,同时将不称职的知广州仲简调离,改命魏瓘代任。

在各路官军赶来救援的同时,被困在广州城内的番禺县令萧注突围而出,募得水上民兵两千余人,集于上流,等得顺风时,纵火焚敌船,一战获胜。于是广州得以开南城,大量援兵进驻,粮草亦运抵城内。同时,转运使王罕在惠州组织乡民,得乡兵三千,沿东江而下,至广州南门入城。至是,广州守备益固,屡战屡胜,形势对宋逐渐好转。侬军围城57天,侬智高见广州久攻不下,宋大量精锐禁兵将到,遂于七月十九日撤围退走。

当时广州水军已占优势,江西援军亦已赶到广州以北,他们料到侬军会退走,预先在其退路上分兵扼守,迫使侬智高只好绕道清远县境,从陆路经连州退至贺州。在侬智高退走之际,新任广东兵马都监张忠从京城赶到,打破原有部署,强令出师,结果在贺州白田一战败死。九月,新任广东钤辖(官名,掌防卫警捕)蒋偕又在贺州太平场被侬智高夜袭营寨杀死。十月,宋廷任命枢密副使狄青为统帅,领大军进驻粤港澳大湾区,侬智高被迫退走邕州。

(二) 粤港澳大湾区的城防建设

侬军围攻广州,使广州及部分州县受到较大损失。广州城外"蕃汉数万家悉委于贼,席卷而去"[②],可见此次起义对粤港澳大湾区造成了很大破坏。同时,这次战争充分暴露出当时大湾区兵少、战斗力差和许多州县无城壁可守的弱点,以致千里外的敌军数日内便掩至广

[①] 司马光:《涑水记闻》,载《中华野史》编委会编《中华野史》卷四《宋朝卷(上)》,三秦出版社2000年版,第3412页。
[②] 徐松辑:《宋会要辑稿》方域九之二十八,中华书局1957年影印本,第7472页。

州城下。因此，战后粤港澳大湾区掀起了营建城市防御设施的高潮。

仁宗景祐四年（1037），知广州任中师曾奏报广州城壁颓塌，请求"差人夫添修，欲依中师所请"，但朝廷只命"广州更不差夫，只那合役兵士，先从摧塌及紧要处修整"①。庆历五年（1045）任氏在知曹州任上又向朝廷提出修筑广州子城的建议，认为如不修筑，"恐缓急不能御盗"。宋廷便以知广州魏瓘"筑州城环五里，疏东江门，凿东、西澳为水闸，以时启闭焉"②。

侬智高军围广州时，宋廷命魏瓘再任知广州。广州解围后，他与转运使元绛皆认为，"广州城池，当募蕃汉豪户及丁壮，并力修完之"，不仅要增筑瓮城，而且要浚成环城的护城河。③ 熙宁元年（1068），卸任知广州吕居简奏：因广州外城久未修筑，提议将子城以东的赵佗古城址加以重建，与子城合为一城。宋廷乃令转运使王靖主持其事，并拨与度牒五百道，共卖价五万贯作为筑城费用。该城于是年十二月完工，周长四里，外筑城壕④，这是北宋第一次扩建广州城。

熙宁四年（1071），知广州程师孟主张增建西城。神宗对扩建西城非常重视，特派张节爱负责筑城，又虑南方版筑技术不精，派遣京城施工队前往助役。费时十余月，于次年八月创筑广州西城，西城周围长13里余，高2丈4尺，有九门，环城筑壕，水皆入海。经第二次扩建，广州城建成了东城、子城和西城三城，共计城门16座，周围约长20里，规模空前。

自广州奉诏筑城后，粤港澳大湾区掀起了筑城高潮，如转运使元绛在短期内便主持"缮治十五城，楼堞械器皆备"⑤。至北宋末年，大湾区陆续完成筑城，如康州城（今广东肇庆市德庆县），皇祐年间

---

① 徐松辑：《宋会要辑稿》方域九之二十七，中华书局1957年影印本，第7472页。
② 《宋史》卷三〇三《魏瓘传》，中华书局1977年版，第10035页。
③ 徐松辑：《宋会要辑稿》方域九之二十七，中华书局1957年影印本，第7472页。
④ 徐松辑：《宋会要辑稿》方域九之二十八，中华书局1957年影印本，第7472页。
⑤ 《宋史》卷三四三《元绛传》，中华书局1977年版，第10906页。

始筑；封州城（今广东肇庆市封开县），依山新筑。特别是端州城（今广东肇庆市端州区）原甚小，"仅容廨宇"，徽宗时升为肇庆府，特拨帑银24万贯改以砖筑府城墙，近年考古出土"崇宁元年（1102年）""奉圣旨善"等字样城砖，表明从这一年便开始筑城事宜。政和三年（1113），又令郡守郑敦义改建石城，"城周长八百七十一丈，高二丈，厚一丈，南临大江，西南隅至东南隅三面绕濠堑，各深一丈，阔十丈，周长四百五十八丈。城开四门，东门叫宋崇门，西门叫镇西门，南门叫端溪门，北门叫朝天门"①，成为粤港澳大湾区内仅次于广州的第二大城。

（三）北宋末年粤港澳大湾区政治动荡

北宋中期熙宁变法后，人民负担逐渐加重。徽宗统治时期，蔡京当政，朝廷穷奢极侈，诛求无已，赋税增至十数倍。在这种情况下，粤港澳大湾区所属州县也都苛敛丛生。此外，包括大湾区在内的整个岭南地区吏治都较为腐败，如宣和年间兼任广南东西两路转运使的郑良，累赀"为岭表冠"，他"既奉使两路，遂于英筑大第，垩以丹碧，穷工极丽，南州未之有也"，家中"宝货甚多"②。总之，在统治者及地方官府的大肆剥削下，阶级矛盾越发积聚，社会不安因素不断增长，并表现为武装对抗和动乱的逐渐增多。

北宋后期，海盗活动亦较前频繁，这与海上贩运私盐有关。乘船在海上兴贩私盐者，有时也兼事抢劫。为此，哲宗元祐年间令将广东濒海船户严格登记造籍，编甲管理，并定出法令："如犯强盗，视犯人所坐轻重，断罪有差。"③ 新州土豪岑探，以幻术或迷信活动吸引民众，得"数郡"民众尊崇。元祐元年（1081）十一月，岑探"聚党二千人，谋取新兴，略番禺，包据岭表，群不逞借之为虐，其势张

---

① 广东省地方史志办公室编著：《广东历代方志集成》之《（万历）肇庆府志》卷一〇《建置制》，岭南美术出版社2009年版，第185页。
② 洪迈：《夷坚志·甲志》卷一〇《南山寺》，载朱易安、傅璇琮、周常林主编《全宋笔记》第9编，大象出版社2018年版，第111页。
③ 徐松辑：《宋会要辑稿》食货五十之四、五，中华书局1957年影印本，第5658—5659页。

甚",朝廷发兵征剿。① 岑探事件前后还有若干零星动乱发生,显示当时粤港澳大湾区的统治秩序和治安形势较为严峻。

第二节　南宋政权对粤港澳大湾区的治理

宋钦宗靖康二年（1127）春,金灭北宋。同年五月,康王赵构即位,改元建炎,迁都临安,是为南宋。自此粤港澳大湾区进入了南宋统治下的152年时期。南渡伊始,大量中原士民逾岭避难,纷纷迁入粤港澳大湾区,使该地区在遭受严重兵祸和破坏后,得到了恢复和发展的契机。

一　粤港澳大湾区的建制与兵防

南宋在广南东路增置香山（包括今广东中山市、珠海市及广州市、佛山市部分地区,澳门特别行政区）、遂溪（广东湛江市遂溪县）、徐闻（广东湛江市）三县。香山位今粤港澳大湾区内,原为东莞辖境,至是,因隔海不便管理而以原香山镇建县,置香山县。

南宋大部分时期,因江淮一线面临金、元较大压力,故朝廷将绝大部分武装力量置于前线,而岭南并无巨寇,且远离前线,故兵力配置较少。直到绍兴四年（1134）才从湖南调来韩京部约三千人,驻守广州,弹压盗贼。韩京以该军统制兼广东兵马铃辖。不久,这支军队被命名为殿前司摧锋军,长驻广州。韩京改进部队作风,吸收大湾区当地百姓补充队伍,又在军中设"回易所",以商养军,组建了一支比较稳定、战斗力较强的军队。摧锋军在绍兴年间曾发展到七八千人,后陆续抽调别路,自孝宗淳熙年间以后,仍始终保持在三千人左右,成为防护粤港澳大湾区社会安定的主要陆上力量。

南宋初期,海盗甚盛,粤港澳大湾区首当其冲。为抵御海寇侵袭,朝廷将该地厢兵"广南巡海水军"改编成"广东水军"。乾道五

---

① 《宋史》卷三四三《蒋之奇传》,中华书局1977年版,第10916页。

年（1169），这支水军一度扩充到两千人。不久，部分水军被抽调后，改称"经略安抚司水军"，常有一千余人，是南宋时期防卫港珠澳沿海一带的主要海上力量。

此外，粤港澳大湾区基层政府还普遍依靠土豪组织起"民兵"，域内不少州县城以"土豪率民兵，日召募者，相与守御"，甚至在"诸军孱弱"时，"惟赖土豪"维护基层治安。[①] 如绍兴二年（1132）十一月，江西"虔寇"谢宝领众数千攻博罗县，广东安抚使"遣官兵募土豪与战，各有胜负"。十二月，又有谢达围惠州，惠州守臣事前"闻贼且至，募乡豪入保子城"[②]。整个南宋期间，官府经常利用土豪武装防盗、捕盗。官僚们认为"广南之俗，随方隅为团，团有首领"，若"能因其俗而激用之"，可为广南"除盗之一助"[③]。因此，粤港澳大湾区的地主豪绅，成为当地政权的重要支柱。

广州为帅府所在重镇，也是整个粤港澳大湾区的政治中心，故于广州地区设置了层级防卫体系，军事部署最为严密。首先，广州驻有部分摧锋军，另有第十一将将兵、雄略、澄海、忠勇、勇敢等番号军队。广东水军亦驻广州附近，专注海上及海口一带，非经略安抚使不得调动。广州府以下之县，县治所在地都有驻兵。在水陆要隘也有驻军。南宋后期，广州管辖下番禺县界有扶胥都监所管"澄海"二指挥，新会县界有同巡检所管"澄海"一指挥；此外，每县有巡检寨一至二处，每处一百人至二百人不等，统称巡检寨兵；广州近郊还有三处"弹压"，共两百余人。通过以上诸兵，广州地区便建立起层级防御体系。

二 南宋时期两次人口流入

高宗建炎三年（1129），金兵渡江追击，江南士民辗转南逃，其

[①] 徐松辑：《宋会要辑稿》兵一之二十二，中华书局1957年影印本，第6764页。
[②] 李心传：《建炎以来系年要录》卷六一，绍兴二年十二月丙辰，中华书局1956年版，第1056页。
[③] 徐松辑：《宋会要辑稿》兵十三之三十七，中华书局1957年影印本，第6986页。

◈◈ 上编 古代的粤港澳大湾区

中很多中原士大夫避难到了粤港澳大湾区,如陈息卿"字鹏图,其先汴人,以祖铎为宋承事郎。靖康末,扈跸于杭,遂入广,家于番禺、增城之间"①;"逻冈钟氏,番禺巨族也。其先汴梁人,宋靖康避地来广州,既而迁增城。"② 这些都是为避乱而迁移至大湾区的世家大族,宋高宗还曾为此"数诏有司给其廪禄"③,以示安抚。其余普通小民逃往粤港澳大湾区者,更不知凡几。

南宋度宗咸淳十年(1274)元世祖大举伐宋。端宗景炎元年(1276)九月,"元将吕师夔、张荣实将兵入梅岭"④。此前,江西、湖南等地人民,为避元之兵锋,纷纷举家迁入广东。赵昰、赵昺"二王"行朝期间,文天祥在江西、福建募集众多部属,扈从二王及大批宗室由闽入广,宋亡后,一部分随扈者也散居于粤港澳大湾区,尤以广州南海、番禺、新会、东莞、香山以及今肇庆市高要为多。这是南宋末北人南迁入粤港澳大湾区的又一次大迁徙。

大量北方人口的迁入,带来了诸如种麦和灌溉工程建设等先进经验和技术,农用土地得以大量开发,有效推动了珠江三角洲等沿海地区的发展。如广州新会县(含今新会、台山全境及开平、恩平各一部分)地处西江尾闾、大海之滨,南宋时,尚是人烟甚稀之处,据宣统《新会乡土志》云:"今新会民族之由珠玑里(巷)来者,多居郁江(西江)两岸,如中华、乐荨等都,皆当西江正冲,全藉围堤以御涨潦,宋时虽成洲渚,尚少乡落,迁民于此垦辟,所称土广人稀,亦当日实在状况也。"⑤ 自珠玑巷南迁九十七家,在新会县报准立户,"辟

---

① 吴兰修、梁廷枏辑:《南汉金石志补征 南汉丛录补征》,广东人民出版社2010年版,第353页。
② 何维柏:《钟氏大宗祠碑记》,载冼剑民、陈鸿钧编《广州碑刻集》,广东高等教育出版社2006年版,第823页。
③ 李心传:《建炎以来系年要录》卷六三,绍兴三年三月癸未,中华书局1956年版,第1084页。
④ 《宋史》卷四七《瀛国公二王附》,中华书局1977年版,第941页。
⑤ 《新会乡土志·氏族》,载广东南雄珠玑巷后裔联谊会、南雄市政协文史资料委员会编《南雄珠玑巷南迁氏族谱、志选集》,韶关二九〇研究所地图彩印厂印刷,2003年,第293页。

土以种食，辟草以结庐"①。高宗时驻南恩州（今广东阳江、阳春、恩平地区）将领伍珉卒于任，其妻子定居新会县文章都斗洞乡，"隶籍广州府新宁县文章都斗洞乡（今广东江门台山市大江镇旧屋村）居焉，插柳成围，因名其居曰绿围"②。南海《霍氏族谱》载，山西霍氏北宋末迁珠玑巷，后携四子南迁，"筑室于佛山之三月冈，实为发源地焉"。《简氏大同谱》载：南宋从珠玑巷迁至番禺车陂（今广东广州郊区）等地的简姓，就有三批。东莞县茶园（又名茶山）"周围百里皆浅泽，春夏积水，汪洋无际。昔疍民居其滨，宋末诸姓始从此居，相传由珠玑巷至"③。《何氏水木记》说："宋代何氏乘筏由珠玑巷顺流到此，遇石搁浅登陆，故名。"《麦氏族谱》载：南宋初麦氏兄弟五人，与珠玑巷九十七家结竹排沿北江而下，其麦必荣一支，至"东莞靖康乌沙桥东"定居。香山县有上述麦氏兄弟中人，"至广属香山黄角（今广州番禺黄阁）、大良（今佛山顺德），盘钱已尽，难以远行，各投土人草屋寄歇，分寻栖居而各聚焉"④。总之，南宋时期南海、番禺、新会、东莞、香山等县都得到南迁人口不同程度的开发，扩大了耕地面积，使珠江三角洲的面貌逐渐改观。

三 文化交融与粤方言形成

粤港澳大湾区内多民族聚族而居，语言复杂，除汉人使用的汉语外，还有多种少数民族语言。唐宋时期，广州等沿海城市已有不少外国人侨居，阿拉伯、印度、东南亚等国家和地区语言也在一定范围内通行。对于汉语而言，由于分布较广，各地区历史条件、地理环境等有所差异，在汉人聚居区相继形成粤方言、潮州方言、客家方言、海南—雷州方言四大方言。粤港澳大湾区主要使用粤方言。

---

① 《东莞英村罗氏族谱》，载许志新、刘清生主编，黄德群执行主编《珠玑文化丛书·珠玑英才》，广州出版社2011年版，第15页。
② 伍瑶光、伍润三等编纂：《岭南伍氏合族总谱》（岭南），民国二十二年（1933）石印本。
③ 袁湛恩纂修：《（民国）茶山乡志》，石龙南方印务局，民国二十三年（1934）印本。
④ 麦初年：《麦氏族谱》，民国二十七年（1938）抄本。

粤方言的形成，经历了一个长期的历史过程。先秦时期，南越人居于粤港澳大湾区，他们使用"古台语"。周朝以后，岭南与楚国的经济文化联系日益密切，楚人不断进入岭南，楚方言开始传入，并与南越语发生融合，从而产生与南越语和楚方言都有所不同的新方言。一般认为，这就是粤方言的前身。当时粤方言既保留了南越语的若干语词、语音和语法特点，又吸收了较多的楚方言成分。秦代，大批"中县人"进入大湾区，"与越杂处"，中原汉语开始在广州等周边地区推广。经南越国至两汉时期，粤方言大量接受中原汉语的渗透与同化，增加了许多汉语的共同语，特别是书面语的特点，由原来与楚方言相近转而接近中原汉语，逐步由萌芽走上发展的道路。

汉末至南朝时期，又有大批汉人涌往南方，特别是唐宋时期大批汉人南迁至珠江三角洲地区，尤以今广州、南海、番禺、顺德、中山、新会、江门、鹤山、开平、恩平、阳江、高要、增城、东莞、宝安等地最多。北方汉人骤增，使粤方言的分布范围大为扩展，语言特点、词汇体系和语法结构得到增强和完善，而与中原受辽金北方各族影响后的汉语差距越来越大，当时南来做官或游历的内地人士留下不少记载，如唐人许浑在《岁暮自广江至新兴往复中题峡山寺》诗注云："南方呼市为虚，呼戍为逻。"[①] 内地人在广东普遍感到粤方言难以听懂。唐贞元十九年（803），韩愈为连州阳山令，"始至言语不通，画地为字，然后可告以出租赋，奉期约。是以宾客游从之士，无所为而至"[②]。柳宗元称："楚、越间声音特异，鴃舌啅噪，今听之怡然不怪，已与为类矣。家生小童，皆自然晓晓，昼夜满耳，闻北人言，则啼呼走匿，虽病夫亦怛然骇之。"[③] 贾岛亦谓："蛮国人多富，炎方语不同。雁飞难度岭，书信若为通。"[④] 所以，当时欲与大湾区

[①] 《全唐诗》卷五三七《许浑》，河北人民出版社1997年版，第2897页。
[②] 韩愈：《送区册序》，载赵曜曜《韩愈文》，崇文书局2017年版，第154页。
[③] 柳宗元：《与萧翰林俛书》，载黄仁生、罗建伦校点《唐宋人寓湘诗文集1》，岳麓书社2013年版，第582页。
[④] 《全唐诗》卷五三七《贾岛》，河北人民出版社1997年版，第3142页。

人沟通，翻译必不可少，故刘长卿在《送韦赞使岭南》中诗云："岁贡随重译，年芳偏四时。"①

现有研究表明，唐宋时期粤方言保留了较多中原汉语的成分，奠定了今天广州方言的基础。当然，粤方言还保留古越语和楚方言的成分，或许还吸收了某些阿拉伯、印度等外国语的因素。

四　南宋年间粤港澳大湾区的躁动

南宋将统治力量主要用于北方防线，而对大湾区的统治更多采用与地方豪强合作的策略。另外，南宋将粤港澳大湾区视为兵粮、兵役的供应地，如绍兴二年（1132）便在大湾区强征暴敛，致"以曹成侵犯调发之故，一丁已有出七八千者"②，造成了地方政权与农民的对立。

当人们无法生存时，便自发武装起来，成贼成寇。南宋时期，粤港澳大湾区贼寇事件频发，如建炎四年（1130）二月，湖南茶陵"军贼"两千余人进入大湾区，"欲自连、韶路径趋广州"，被驻韶州的官员招抚。同年，广东有"盗王少八掠韶、惠诸县"，今粤港澳大湾区惠州一带惨遭劫掠。③绍兴二年（1132），谢达等人攻围循（今广东惠州市境内）、惠（今广东惠州市）等州县；又有"海贼"柳聪，拥舟数十艘，往来广、福、雷、琼诸州境。绍兴三年，陈颙等四百余党，"自为头首，各成寨栅，其徒十余万众，结为表里，拒敌官军，尤为猖獗，恃赖山险，侵犯数路，广东则循、梅、潮、惠、英、韶、南雄，以至广州"，"皆为所攻劫"。④四年，湖南农民军进入广东，"广东循、惠、韶、连数州，与郴、虔接壤，自邻国深入，残破

---

① 王启兴主编：《校编全唐诗》（上），湖北人民出版社2001年版，第1138页。
② 李纲：《梁溪全集》卷一一八《与秦相公第十书别幅》，岳麓书社2004年版，第1131页。
③ 李心传：《建炎以来系年要录》卷三九，建炎四年十一月丙寅，中华书局1956年版，第742页。
④ 岳飞：《再论虔州平盗赏申省札子》，载康普华主编，李焕兴、肖锦先副主编《李汉魂将军文集（中）·岳武穆年谱》，中国社会出版社2014年版，第58页。

无馀。今则梛寇未残，韶、连疲于守御，而广州之观音，惠州之河源，循州之兴宁，千百为群，绯绿异服，横行肆掠，以众为强"①。至南宋灭亡，寇匪抢掠、农民起义事件史不绝书，甚至理宗端平二年（1235），粤港澳大湾区的正规军主力——摧锋军一部在惠州叛变，进围广州，宋朝调集军队才于肇庆一带将叛军歼灭。

这一时期的海盗活动亦较北宋频繁，其中不乏无以为生铤而走险的农民、渔民，也有拥舟数十以掠夺财富为目的的歹徒。总体来看，南宋时期的阶级对抗比北宋时期要激烈得多。

五 南宋时期粤港澳大湾区文化名人

南宋时期，粤港澳大湾区普遍建立起州县官学，一部分州办有小学，还兴办了一批正规书院。同时，各派理学相继传入，科举进士也比北宋时期多出一倍。在这种文化氛围下，南宋时期的粤港澳大湾区走出了一批文化名人。

南宋大湾区学人研习讲学的学术中心在罗浮山。学者张宋卿（探花）、闽人留正（宰相）皆曾在罗浮山水帘洞读书讲学，故该处成立书院后，以"张留"为名。在张、留之前，理学家罗从彦于绍兴初任博罗主簿，建钓鳌书院，"置渡田若干，以赡来学"②。博罗县城中的罗从彦读书处，后来又成为豫章书院，继而粤港澳大湾区境内书院渐多，如南宋时期，广州有8所，循州3所，惠州7所，肇庆府3所，南恩州（辖今广东阳江、阳泰、恩平地区）1所。

南宋时期大湾区走出来的著名代表性人物，首推崔与之、李昂英二人。

崔与之（1158—1239）字正子，号菊坡，增城人（今广东广州市增城区），光宗绍熙四年（1193）进士，曾任广南两路提点刑狱、知成都府本路安抚使、淮东安抚司公事、工部侍郎、成都路安抚使、

---

① 毕沅：《续资治通鉴》卷一一四，中华书局1957年版，第3018—3019页。
② 楼震等纂修：《（嘉靖）惠州府志》卷七《学校志·书院》，书目文献出版社1991年版，第81页。

四川制置使、广南东路安抚使等职。晚年家居,朝廷累征为参知政事、右丞相,皆不就。

在淮南西路(今安徽江淮地区)任提刑司检法官时,崔与之不畏权贵,秉公办事,时论称许。任广西提点刑狱时,遍访所辖地方,每到一处,清除宿弊,免除苛捐杂税,奖廉劾贪,为民除害,深受民众爱戴。任户部员外郎时,事无大小,必亲自省决。对不法官吏,必杖之,吏风为之一变。崔与之代理扬州知州前,金人企图南掠宋土,南宋朝野震动。他到任后,即疏浚城濠,置吊桥,筑城寨,整顿军队,并依据淮民多蓄马和善射的特点,创建"万马社",募民为之;同时设法联络各地"忠义民兵",军民共同对敌,军威为之大振,金兵自是不敢南侵。其间,浙东发生严重自然灾害,饥民渡江流入淮东一带,崔与之下令打开扬州城门安置难民,从而救活万余名流民。

1220年,金兵入侵四川。崔与之知成都府本路安抚使,组织抗金。他开诚布公,兼用蜀中贤能之士,采纳良策,协调军政关系,知人善任,重用归降的金国将领,改编其部卒。任内,人心悦服,金兵不敢侵入。1223年,他因病离任,而继任者一改其方略,导致金兵乘虚侵入四川。崔与之奉诏复出,金兵自知不是对手,急忙退兵。次年,被任命为四川制置使。崔与之在川任职5年,清廉自持,政绩斐然,使四川成为军政协调、兵精粮足、百姓富裕、社会安宁的地区,故朝廷提拔他任礼部尚书,但他三次上疏请辞,毅然返粤。回到广州后,崔与之深居简出,终日以书为伴,不再过问地方政事。1235年,广东发生兵变,他应地方官员之邀,主持平叛。崔与之登上城楼,叛兵望之俯伏听命,随后,他派弟子到叛军营中晓之以理,宣谕允许叛军自新,大部分叛军放下武器,为首的少数人退踞端州。此时,朝廷任命他为广东经略安抚使兼广州知州,他立即派兵追捕叛军,首犯被擒,叛乱平息。此后,宋理宗先后欲授任其为参知政事、右丞相兼枢密使,崔以年老一再坚辞,1239年,以观文殿大学士提举洞霄宫的官衔致仕。

崔与之当京官和地方官期间,不遗余力向朝廷荐贤举能。这些人才后来成为高官显宦或著名学者,诸如李昴英、洪咨夔、魏了翁、李庭芝、程公许、林略、刘克庄、李心传、李性传等。但当其姐为子求官时,他却拒绝其请。崔与之清正廉洁、关心民瘼、勤于政事、淡泊名利,其事迹与操守深得后人敬仰。文天祥称赞崔与之:"盛德清风,跨映一代。"崔与之还创立岭南历史上第一个学术流派——"菊坡学派",所作《水调歌头·题剑阁》开岭南宋词之始。①

李昴英(1201—1257),字俊明,号文溪,南宋番禺鹭江(今属广东广州市海珠区)人,1226年中进士一甲第三名(探花),官至龙图阁待制、吏部侍郎。

南宋淳祐初年,李昴英被丞相杜范举荐为吏部郎官,1245年丞相杜范、户部侍郎刘汉弼、工部侍郎徐元杰等三名朝臣相继死去,权臣史嵩之有指使谋杀之嫌,李昴英三次上奏皇帝请求严惩史嵩之,最终迫其休致。此后,他又上疏弹劾临安知府贪残,宋理宗置之不理拂袖而走,昴英仍扯帝之衣袍继续陈述,因在皇帝面前"失仪"而被解职,调往外地。李昴英以"庾岭梅花清似玉,一番香要一番寒"自许,宋理宗认为"李昴英,南人无党",称其正直,不结私党,因而在1242年授为大宗正卿兼国史馆编修,后又升任为龙图阁待制、吏部侍郎。李昴英复职后仍刚直不阿,一再严厉抨击丞相贾似道等人的胡作非为,当御史洪天锡弹劾佞臣而遭解职时,李昴英极力上奏,声援洪天锡,更请辞以示与奸佞决裂。其后,朝廷拟召他任端明殿学士、金枢密院事,但并未就任。李昴英以立朝敢言、不畏权贵著称,赢得广泛赞誉。②

第三节 元朝对粤港澳大湾区的短暂统治

从元世祖至元十六年(1279)至元顺帝至正二十七年(1367)

---

① 参见中共广东省委组织部、广东省人民政府地方志办公室编《广东方志·广东资政志鉴》,广东人民出版社2015年版,第182—183页。

② 参见中共广东省委组织部、广东省人民政府地方志办公室编《广东方志·广东资政志鉴》,广东人民出版社2015年版,第184页。

间，元朝统治粤港澳大湾区共计88年。

元朝统治期间，蒙古贵族按征服民族的先后及生活的地域，将国人分为蒙古人、色目人、汉人、南人四个等级，实行民族歧视和民族压迫政策。南人是最低等级，包括粤港澳大湾区人民在内的广东土著各族皆在南人之列，因此颇遭压制。在沉重的阶级压迫和民族压迫下，大湾区人民的起义和反抗始终不断。

一　元军四占广州城

元世祖忽必烈于至元八年（1271）十一月建国，号曰"大元"。十一年六月，大举伐宋。十三年二月宋恭宗赵㬎投降，南宋临安政权灭亡。

在元军逼近临安时，赵㬎封兄赵昰为益王、福建安抚大使，封弟赵昺为广王、判泉州，前往福建。至元十三年三月，元军占领长沙及湖南大部，是月二十日江西"赣、吉、袁、南安四郡内附"[①]，已军临大庾岭。五月，陈宜中等在福州立益王为帝，改元景炎，改封赵昺为卫王，改福州为福安府，是为二王行朝。是月，元将吕师夔率军逾岭入粤，连下南雄、韶州，直下广州。

宋广东经略使徐直谅不愿降元，派遣权提刑李性道率领摧锋军将领黄俊、陈实以及水军将领谢贤，联兵拒元。水陆两军进至石门，"遥望虏骑，阻山塞川"，元军声势浩大，李性道惧不敢战。元军则列阵鼓噪而进，唯黄俊率所部力战，其余将领皆畏缩不前，结果宋军大败，徐直谅逃走。六月十三日，元军入广州城，黄俊不屈就义。[②]

元军攻占广州城后，当地士绅豪族纷纷组织起来，参加抗元斗争。如东莞人熊飞"有武略，善骑射"，至元十三年（1276）八月，集东莞数百人攻至广州城下，败回。元将黄世雄遣将姚文虎追击，熊飞杀之，集乡兵再攻广州。宋新会县令曾逢龙亦率乡兵前来助攻。九

[①]　《元史》卷九《世祖六》，中华书局1976年版，第181页。
[②]　黄佐著，陈宪猷疏注、点校：《广州人物传》卷一七《宋摧锋军将黄公俊》，广东高等教育出版社1991年版，第421—422页。

月十一日，黄世雄败退，熊飞、曾逢龙收复广州城。不久，宋制置使赵溍、安抚使方兴到广州，捕杀降元将领李性道、陈实、谢贤。接着，熊飞又收复韶州与南雄，但元军仍据守大庾岭，控扼南北岭路。同月，元副元帅吕师夔、张荣实自江西率大军逾大庾岭。十月初，元军攻陷南雄，曾逢龙战死，熊飞退保韶州。元大军至，守城将领刘自立开城迎降，元军蜂拥入城，熊飞率兵巷战，最后赴水自杀，州官丘必明亦战死。

吕师夔、张荣实占领韶州后，取英州（今广东英德市），包围广州。至元十三年（1276）十二月初，赵溍、方兴逃走，将城守事宜交付郡人赵若冈。赵若冈与忠勇军将陈勇开城降，元军二度占领广州。而在此前后，其他元军也从四个邻路分道进入大湾区内各州，粤港澳大湾区大部归附于元。

元军第二次攻占广州城后，广州各县抗元乡兵再次纷起。南海县张镇孙集乡兵抗元，被行朝任命为广东制置使，与都统凌震图复广州。是时，"东莞之鼓躁义勇，则熊飞也。新会之统帅乡兵，则曾长官也。甲子门日望勤王，制置使与忠勇军声息不堪闻矣。诸乡村烟火相接，艨冲稍集，谓同心纠结，总之不下万人，各乡推一人为兵长，无事则分行伍，日严操练，以保障自卫；有警则艨冲皆出，为郡邑声援。张待制、凌都统拜疏行宫，誓图兴复，吾各乡兵长，请俱受其节制，庶有所统，以抗北兵。即北兵并力速至，各村举烽，一时皆出，且战且守，夷氛纵恶，宋运未终。"① 区仕衡在南海陈村，"辄捐家资积谷数千石"，得兵八百余人，"修栅砦，铸军器，艨冲尚可二十，更多置游船为分哨用，烽台则在青螺嶂，录有兵册，星火驰报"，同仇敌忾，誓图兴复。② 番禺李志道因"元兵侵逼"，乃"纠练乡勇，

---

① 区仕衡：《纠集乡兵书》，见欧阳健、欧阳紫雪、欧长生主编：《古代三欧文选》，中国文史出版社2014年版，第151页。

② 区仕衡：《纠集乡兵书》，见欧阳健、欧阳紫雪、欧长生主编：《古代三欧文选》，中国文史出版社2014年版，第151页。

躬督战于潮州",又"上粟十万石,馈送饷军,三月益兵三千余人"[①]。新会伍隆起献粟数千石,组织乡兵数千人,进战于广州城。宋宗室赵若榉在香山"募潮居里民数百以勤王"[②]。至元十四年(1277)四月,元军终于以"水道不通、军饷不济"再度退出广州,广州城旋即被张镇孙再次收复。

景炎二年十一月,元将塔出、吕师夔会福建舟师合攻广州。张镇孙"集战舰二千于海珠寺",与元军大战失利,元军遂三入广州,并夷平东、西二城。

元军三入广州后,大湾区各县境义军、乡兵抗元如故,文天祥部又屯驻循、惠一带,元军因粮饷不继而于至元十五年二月被迫退走。三月,宋都统凌震与转运判官王道夫三复广州。

至元十五年二月,元军撤出广州,张世杰、陆秀夫等人护拥宋端宗赵昰、卫王赵昺自海上东还广州。四月,赵昰病逝,赵昺被立为帝,改元祥兴。至元十五年六月,赵昺徙至新会县崖山,派人入山伐木,建行宫,造船只,治兵器,又升广州为翔龙府。十一月,元将李恒击败凌震与王道夫,第四次攻下广州。

二 崖山之战与粤港澳大湾区归元

元军第四次攻占广州城后,次年(1279)正月十四日,都元帅张弘范率舟师抵崖山,占据广州的副元帅李恒立即率战舰一百二十艘取海道来会。张世杰"结巨舰千余艘,下碇海中,中舻而外舳,大索贯之,为栅以自固,四围楼橹如城"[③],结成水上连营。元军占据海口,派兵焚宋宫室,断其采樵、汲水之路,宋军艰苦异常,且又染病腹泻,情势甚危。周边乡兵乘千余艘乌蜑船前来救援,但元军早有部

[①] 阮元修,江藩等纂:《(道光)广东通志》卷二七〇《列传三·李昂英子志道》,《续修四库全书》,第674册,上海古籍出版社2002年版,第581页。
[②] 伍建珍:《伍氏族谱》(新会),光绪六年抄本。
[③] 苏天爵编:《国朝文类》卷四一《经世大典·政典总序·征伐·平宋·崖山拉倾》,《四部丛刊·集部》,上海涵芬楼影印本。

署,将其阻灭于中途。双方一面作战、一面和谈。元朝"二帅屡遣使谕降",然宋军将领张世杰"辄以厚礼其使,唯请退屯,乞广东一道,以奉赵氏宗庙",元朝断然拒绝。和谈无果,宋"军中闻者歔欷",军心动摇。①

张世杰乃金朝境内汉人,曾在张弘范父亲张柔手下为将,后因触犯法律,愤然逃到南宋境内,成为宋军将领。此时,张弘范已为元将,他深知张世杰为其父之旧将,故"三遣谕祸福",试图说服世杰投降。然世杰"历数古忠臣,曰:吾知降生且富贵,但为主死,不移也!"②表达宁死不降之志。

宋朝方面另"有乌蜑船千艘救昺,舣于北"。张弘范"夜择小舟,由港西潜列,乌蜑船北彻,其两岸且以战舰冲之。乌蜑船皆并海民,素不知战"。张世杰"又不敢援,进退无据",竟被元军"攻杀靡遗"。张弘范"因取乌蜑载草灌油,乘风纵火,欲焚昺舰。昺预以泥涂舰,悬水筒无数,火船至,钩而沃之,竟莫能毁"。宋将周文英"日挑战十余次,皆为弘范所败"。③周文英等"众议恐(李)恒以广州舟至,则樵汲绝矣",只能待毙。于是,世杰乃遣周文英率步兵、王道夫率蜑船迎击,又敦促凌震入卫。然而,"文英遁入新州,道夫与(李)恒遇,不战而遁,震亦不至"。周文英的步兵、王道夫的蜑船队接连失败,加之凌震援军"不至",使崖山港的宋军完全陷于孤立。到二月初,宋军处境越发艰险。初一日,"世杰部将陈宝降"④。二日夜,"都统张达以夜袭大军营,亡失甚众"⑤。这两件事将宋军战斗力的孱弱表露无遗,元军对宋军内情更加清楚。二月六日晨,元军

---

① 赵景良辑:《忠义集》卷五,《四库提要著录丛书·集部》,第301册,北京出版社2010年版,第537页。
② 苏天爵编:《国朝文类》卷四一《经世大典·政典总序·征伐·平宋·崖山拉倾》,《四部丛刊·集部》,上海涵芬楼影印本。
③ 苏天爵编:《国朝文类》卷四一《经世大典·政典总序·征伐·平宋·崖山拉倾》,《四部丛刊·集部》,上海涵芬楼影印本。
④ 《宋史》卷四七《瀛国公纪》,中华书局1977年版,第945页。
⑤ 《宋史》卷四七《瀛国公纪》,中华书局1977年版,第945页。

发动总攻,张弘范在南,李恒在北,世杰则"不守山门,作一字阵以待之,虏入山门,作长蛇阵对之"①。李恒乘退潮顺流直捣宋阵,宋军"至巳时,夺三船。恒率拔都军复与快船战,至日午,潮水涨,北流,南面军复顺水势进攻,世杰腹背受敌"。李恒夺得数船。至中午,张弘范又以更大的兵力乘涨潮扑登宋船。至是,宋军南北受敌,双方短兵相接,展开混战。从早战斗到傍晚,"声振天海,斩获(宋军)几尽"②。数日后,海上浮尸达十余万具。战至最后,张世杰斩断碇缆突围,宰相陆秀夫先驱妻子下海,然后负少帝赵昺赴海死。张世杰拥杨太后率十余舰走脱后,复还崖山招收残卒,杨太后旋赴海死。五月,张世杰遁至南恩州平章港口(今广东阳江市南),"风坏舟,与将士尽溺死"③。至是,宋朝抵抗力量彻底丧失,粤港澳大湾区进入元朝统治时期。④

三 元朝在粤港澳大湾区的统治

元世祖至元十五年(1278),"立广东道宣慰司"于广州,设广东道宣慰使司都元帅府。二十九年,将肇庆路、德庆路、封州、连州划归广东道,广东道的疆域始定,其下设置路(及州、军)、县二级行政机构。广州路下辖南海、番禺、东莞、增城、香山、新会、清远七县;惠州路下辖归善、博罗、海丰、河源四县;肇庆路下辖高要、四会两县;南恩州(今广东江门市恩平市)下辖阳江、阳春两县;循州(今广东惠州市)下辖龙川、兴宁、长乐三县。元代粤港澳大湾区行政规划,大致如此。

广东道宣慰使司都元帅府,设宣慰使三员、同知二员、副使二

---

① 万斯同:《宋季忠义录》卷二,张寿镛:《四明丛书》,第2集第57册,约园刊本,第17页。
② 苏天爵编:《国朝文类》卷四一《经世大典·政典总序·征伐·平宋·崖山拉倾》,《四部丛刊·集部》,上海涵芬楼影印本。
③ 《淮阳献武王庙堂之碑》,载《定典县志》卷二三《文录》,1941年刻本,第311页。
④ 关于崖山之战,详见王曾瑜《南宋亡国的厓山海战述评》,《南开学报》(哲学社会科学版)2008年第1期。

员，宣慰使及同知兼都元帅、副都元帅，又经历二员、知事二员、照磨兼架阁管勾（管文书档案）一员。路，分上路、下路，各设总管府。岭南诸路中，唯广州路为上路，余皆下路。总管府设达鲁花赤一员、总管一员，兼管劝农事；同知、治中（下路无治中）、判官各一员；推官二员（下路一员），专治刑狱；经历一员，知事一、二员不等，照磨及承发架阁一员，译史、通事各一员，司吏无定员。在粤港澳大湾区内，广州路下还设置有录事司，置达鲁花赤、录事、判官、典史各一员，以判官兼捕盗事。

元代道与路的长官，品级都较高，权力也较大。宣慰使都元帅秩从二品，同知从三品；路的达鲁花赤和总管，上路为正三品，下路为从三品。元代路、府、州、县，其长则蒙古人为之，而汉人、南人贰焉。路、府、州、县各置达鲁花赤一员，即是"其长"。其设置，旨在加强蒙古人对各族人民特别是汉人、南人的统治。后来此职不全限于蒙古人，色目人亦可充任。终元之世，汉人任此职者仅个别，而南人绝无任此职者。

四　元初粤港澳大湾区人民的抗元斗争

元朝将蒙古人作为第一等，西域等民族称为"色目人"，为第二等；将北方原金朝统治区的汉人，称为"汉人"；将南方宋统治区的汉人称为"南人"。对包括大湾区诸民族在内的"南人"实行民族歧视和压迫政策。如"诸蒙古人与汉人争，殴汉人，汉人勿还报，许诉于有司。诸蒙古人斫伤他人奴，知罪愿休和者听"[1]，"诸杀人者死，仍于家属征烧埋银五十两给苦主，无银者征中统钞一十锭，会赦免罪者倍之"，而"蒙古人因争及乘醉殴死汉人者，断罚出征，并全征烧埋银"[2]。凡盗贼，汉人要在臂上或项上刺字，而蒙古人则不在刺字之列。凡此种种，皆体现出鲜明的民族不平等政策。

---

[1]《元史》卷一〇五《刑法四·斗殴》，中华书局1976年版，第2673页。
[2]《元史》卷一〇五《刑法四·杀伤》，中华书局1976年版，第2675页。

第三章 宋元时期粤港澳大湾区的政治管理

元朝吏治较为腐败。早在元朝初年，便有人指出："今天下之人，干禄无阶，入仕无路，又以物情不齐、恶危而便安，不能皆入于农工商贩，故三尺童子，乳臭未落，群入吏舍，弄笔无几，顾而主书。重至于刑宪，细至于词讼，生死屈直，高下与夺，纷纷籍籍，悉出于乳臭孺子之手，几何不相胥而溺也。以至为县为州为大府，门户安荣，转而上达，莫此便且速也。人乌得不乐而趋之。"① 大德年间，广东道各路府州县的司吏，"即系土豪之家买嘱承充，外而交接权豪，侵蠹民产，内而把持官府，捏合簿书。本身为吏，兄弟子侄、亲戚人等，置于府、州、司、县写发，上下交通，表里为奸，起灭词讼，久占衙门，不肯出离乡土。但遇新官到任，多方揣摩，必中奸计。倘不清政者，不得而入。有贪邪之官，初缘小利侵入，不经旬日，便作腹心，委以家事。浸润既深，搬唆同僚，改（败）坏官事，残害良民，吏弊之大，莫甚于此！"② 而这些最低下的司吏一旦做官，为害更大。所以元朝政治比起以往各朝更易腐败，也更加腐败。武宗至大年间，番禺县贼人劫夺商船，杀死九人，后被捕获，达鲁花赤居然任其"追搜真赃仗到官，本县不即取问，反受贼人火者及饰词，托病一分，保管出外，纵令在逃"③。在这种统治背景下，粤港澳大湾区的人民掀起了持续不断的反抗斗争。

至元二十年（1283）三月，宋臣林荻之子林桂芳拥宋室赵良钤在新会举兵抗元，聚众万人，称罗平国，年号延康，旋被镇压。九月，广州路黎德、欧南喜起兵反元，"署置官，自王清远"，"改元僭号"，遣马帅、陆帅、徐柜攻广州，增城县蔡大老、钟大老、唐大老皆响应，声势浩大。欧南喜被元将王守信击破后，败退至新会与黎德会合，号众二十万，有船数千艘，势复振。至元二十一年，在东莞、博

---

① 王恽：《秋涧集·吏解》，转引自赵其钧《透视元代文人精神文化》，安徽师范大学出版社2016年版，第21页。
② 陈高华等点校：《元典章》卷一二《吏部六·吏制·司吏·迁转人吏》，中华书局、天津古籍出版社2011年版，第476—477页。
③ 陈高华等点校：《元典章》卷五五《杂犯二·放贼·番禺县官保放劫贼》，中华书局、天津古籍出版社2011年版，第1857页。

罗境击杀广东运盐使合剌普华，同年十一月，黎德败于海上，被擒死。二十二年初，欧南喜等亦败死，这次历时两年多的大起义才告结束。

与欧、黎起义同时，还有陈良臣领导的东莞、香山、惠州私盐贩聚众"万人为乱"；东莞民人张强以复宋为号召，众至二万余人。至元二十四年（1287），又爆发了以钟明亮起义为主的广东道各地武装抗元斗争。钟明亮起义于福建汀州，旋即影响到粤港澳大湾区。次年春，"循州贼万余人掠梅州"。元统治粤港澳大湾区的最初十年间，域内反抗起义，已遍及绝大多数州县。元世祖末年之后，大湾区转入相对稳定的经济恢复时期，起义和反抗较前为少，规模亦较小，但仍时有发生。

与底层人民武装反抗不同，大湾区内的士人多以拒不仕元，表达对元朝统治者的不满。元初大湾区内的士人们，有些本是宋官，甚至参加过抗元战争，目击崖山惨败后，不愿为元朝所驱使。其他宋遗民，在民族压迫下也大多不肯仕元。如仅就东莞地区而言，隐居于此的前朝宗室赵时清拒绝出仕，东莞隐士李春叟宋末曾任德庆府教授，入元后命为东莞县尹，辞不就，在家讲学，"以道自任"[1]。文应麟，以堂叔文璧（文天祥弟）降元为耻，史称"及元兵至，竟以城降，应麟耻之，携二子起东、起南，遁于东莞之东渚，遂家焉"[2]。蔡郁在宋亡后隐居东莞，"子孙无仕元者"[3]。宣统《东莞县志》还载陈庚、陈纪、黎友龙、何文季、方幼学等，皆拒不仕元。

除东莞外，大湾区其他各县也不乏似此士人。如南海人区适，本为宦家子弟，入元后有人劝他做官，他严词拒绝说："安能与达鲁花

---

[1] 陈伯陶著，谢创志标点：《宋东莞遗民录　胜朝粤东遗民录》卷下《李春叟传》，乐水园印行2003年版，第67页。

[2] 张二果、曾起莘：《（崇祯）东莞县志》，东莞市人民政府办公室印行1995年版，第587页。

[3] 陈伯陶著，谢创志标点：《宋东莞遗民录　胜朝粤东遗民录》卷下《文应麟传附蔡郁》，乐水园印行2003年版，第124页。

赤相俯仰耶?"① 易湛,南海人,宋亡时遗嘱子孙拒仕,故终元之世"子孙无一仕者"②。番禺李逵道,李昴英之侄,宋亡后遁迹于南海乡村。③ 都统凌震曾与张镇孙共复广州,第四子避世为僧,第十子凌方达避元征召,遁迹番禺。④ 新会人陈元辅、英辅兄弟都遗命子孙,永不得仕元。增城人廖金凤原为宋朝武职,曾率部勤王崖山,矢志"不食元粟",于世事一字不提。⑤ 可见,大湾区内士人家族终元拒不仕者人数众多,这在中国历史上甚为突出。

五　元末粤港澳大湾区人民的反元起义

元代赋敛沉重,如据《元史》载:"世称元之治以至元、大德为首……自时厥后,国用浸广。除税粮、科差二者之外,凡课之入,日增月益。至于天历之际,视至元、大德之数,盖增二十倍矣,而朝廷未尝有一日之蓄,则以其不能量入为出故也。"⑥ 在这种背景下,增城县(今广东广州市增城区)赋税,"除税粮、科差二者之外,凡课之入,日增月益。至于明宗之世,已二十余倍"⑦。其他州县的情况当大致相同。元末,由于财政匮乏,卖官鬻爵现象非常严重,当时的粤港澳大湾区已是"岭海扰乱,大吏以便宜除官,入赀粟多者,辄得显爵"⑧,获得官爵后,他们再依托权力向人民搜刮钱财。

广东土豪更是穷凶极恶,如南海逢村人梁佑"其父以膂力补官,以兼并致富。佑冒以军功,官至四品。联姻贵官,交结当道,有司多

---

① 方继浩:《佛山历史人物录》,广东人民出版社2016年版,第234页。
② 易学清:《易氏族谱》(鹤山),宣统三年刊本。
③ 李鄂:《李氏族谱考》(番禺),民国十八年抄本。
④ 凌江春:《凌氏族谱》(始兴),光绪二十六年刊本。
⑤ 陈琏:《琴轩集》卷一〇《宋银青光禄大夫太尉廖公墓表》,转引自冼剑民、陈鸿钧编《广州碑刻集》,广东高等教育出版社2006年版,第618页。
⑥ 《元史》卷九三《食货一》,中华书局1976年版,第2352页。
⑦ 《(乾隆)增城县志》卷七,转引自方志钦、蒋祖缘主编《广东通史·古代史》上册,广东高等教育出版社1996年版,第1017页。
⑧ 陈琏:《琴轩集》卷九《小庵处士伍公墓碣铭》,转引自番禺市地方志编纂委员会办公室主持整理《番禺县续志(民国版点注本)》,广东人民出版社2000年版,第345页。

出其门下，百姓畏之如虎狼。多造战船，私积军器，分布爪牙，招集凶恶，令为盗于海洋，掠田禾于乡井，而坐分其利。他人之田庄，占为己业；他人之妻女，占为己有。广东七路八州之民，被其毒害，无可申诉。根盘蔓结，垂五十年"①。恶豪与官府狼狈为奸，对百姓敲骨吸髓，粤港澳大湾区人民苦无生路，纷纷走向了武装起义的道路。

顺帝至元三年（1337）正月，增城朱光卿起义，称大金国，改元赤符。四月，惠州聂秀卿、谭景山等借宗教外衣起事，奉戴甲为定光佛，响应朱光卿。揭开了元末粤港澳大湾区起义的序幕。至正十一年（1351）五月，红巾军起义爆发。至正十三年（1353），南海县邵宗愚、卢实善起兵，自称元帅，聚众数千，自循（今广东惠州市）、梅（今广东梅州市）两州攻江西雩都（今江西赣州市于都县）。至正十四年（1354），东莞王成、陈仲玉等起兵。次年，新会"土寇黄斌作乱"，攻据县城；至正十七年（1357），南恩州（所辖包括今江门市恩平市）吴元良据州城反，自称元帅。到至正二十年（1360）前后，粤港澳大湾区大半已为各地反元起义军占领。

但是，此时大湾区各地反元起义军，大都势力相当、互不统属。通常占据一地称雄，既与元军敌对，又互相争斗。割据首领为防卫自保，往往率众立寨设防，置兵器，保卫乡里。而结束这种混乱割据局面，将包括粤港澳大湾区在内的广东地区统一于麾下者，是何真。

何真，字邦佐。中原大乱后，在家乡东莞聚众自保。至正十四年（1354）以后陆续攻灭其他割据者，大致据有惠州、循州，并被元政权授予惠阳路同知、广东都元帅，守惠州，成为地方一大势力。至正二十一年（1361），元廷以广东道廉访使八撒剌不花"久居广东，专恣自用"，调其改任江南行台侍御史，命完者笃代其职。二月，"江南行台侍御史八撒剌不花杀广东廉访使完者笃、副使李思诚、佥事迭麦赤，以兵自卫，据广州"②。这次事变进一步削弱了广东道的统治

---

① 刘鹗：《惟实集》卷三《广东金宪去恶碑》，转引自孙廷林、王元林编《广东海上丝绸之路史料汇编2宋元卷》，广东经济出版社2017年版，第300页。
② 《元史》卷四六《顺帝纪》，中华书局1976年版，第955页。

力量，有利于反元势力的发展。

至正二十二年（1362），驻揭阳的江西行省平章朵列不花"招复循、梅、惠三州之寇"，力量一度颇强，乃传檄讨八撒剌不花。割据于广州附近南海三山的邵宗愚乘机于十月攻占广州城，执杀八撒剌不花，割据广州附近大片地域，并被元任命为行省参知政事。与此同时，朵列不花及其主要部属被"土寇"金元祐杀死。此前，广东德庆晋康乡（今广东德庆市九市镇）人李质在德庆募集乡兵，控制了德庆、封州、肇庆等地。至此，粤港澳大湾区形成何真、邵宗愚和李质三足并立之势，他们虽皆受元政府官号，却行割据自立之实。

邵宗愚在广州"大肆焚掠"，特别是他以元朝名义发号施令，很不得人心。何真乘机于至正二十三年（1363）自惠州出兵，夺取广州，将邵宗愚逐归三山（隶今广东佛山市）。元廷以何真为行省参政，不久又升任江西、福建行省左丞，仍驻广州。至正二十五年（1365），邵宗愚复夺广州。至正二十七年（1367）四月，何真再夺广州，逐邵宗愚。至此，惠州路全部和广州、循州、梅州大部都在何真直接控制下，邵宗愚势力已被削弱到广州附近之一隅，三足鼎立变成两强对峙。明朝就是在这种局势下，进军粤港澳大湾区，进而统一岭南诸地的。

第四章　明清两朝对粤港澳大湾区的统治

明清时期是粤港澳大湾区社会经济、思想文化快速发展时期，成为全国重要的经济和文化中心之一。两朝在制度上相沿革，实行省、府、县三级管理制度，政府对基层的控制力进一步强化。两朝吏治也相对清廉，社会矛盾较前朝有所缓和。但是，由于粤港澳大湾区处于对外贸易的最前沿，故两朝相沿的海禁政策破坏了沿海居民原有的生活方式，另外从明代中后期开始，外国殖民者频频觊觎，澳门、香港便在这一时期分别被葡萄牙、英国占领。这些都成为明清时期粤港澳大湾区发展中的不稳定因素。

第一节　明初的粤港澳大湾区

至正十四年（1354），朱元璋攻下集庆（今江苏南京市），自立为吴王。至正二十五年（1365）正月，吴常遇春进军南安，遣将"踰岭南，招谕韶州诸郡未下者"，陈友谅韶州守将同金张秉彝、南雄守将孙荣祖等降吴。至此，广东韶州、南雄已为吴所据。1368年，朱元璋正式建立明朝，年号洪武，定都南京。不久，明军挥师南下，统一岭南。

一　明军入粤与粤港澳大湾区归明

洪武二年（1369）二月，朱元璋命三路大军挺进粤港澳大湾区，其中东路以中书平章政事廖永忠为征南将军、浙江行省参政朱亮祖为副将军，率水师由福建而入；中路由赣州卫指挥使陆仲亨、副使胡通统率，会主力廖永忠而下；西路命湖广行省平章杨璟、左丞相周德兴等率军由湖南取广西入粤。"三方进师，为掎角之势，举无不克，广东既下。"①

明军入粤之前，朱元璋谕廖永忠等："今两广之地，远在南方，彼此割据，民困久矣，定乱安民，正在今日……若先遣人宣布威德以招徕之，必有归款迎降者，可不劳师旅。慎勿杀掠，沮向化之心。如其拒命，举兵临之，扼其险要，绝其声援，未有不下者。"朱元璋授予攻略，强调军纪，并着重强调了广州之于粤港澳大湾区的重要意义，称"广东要地，惟在广州，广州既下，则循海州郡可传檄而定"②。根据朱元璋的战略部署，廖永忠自福州先致书元朝驻广东的江西行省左丞何真，其书略曰："乃者元君失驭，天下土崩，豪杰之士，乘时而起。分剖州郡，窃据疆土。或假元号令，或自擅兵威，暴征横敛，蚕食一方。生民涂炭，可谓极矣。今天子受天明命，肇造区夏，江、汉既已底定，闽、越又皆帖服，中原之地，相继削平，惟两广僻在遐方，未沾圣化。予受命南征，顺者抚绥，逆者诛殛。恐足下未悟，辄先走一介之使相告，足下其留意焉。"③ 何真得书后，"遣都事刘克佐诣军门上印章，籍所部郡县户口兵粮，奉表以降。"④

廖永忠进军东莞，何真率官员亲往迎接，于是广、惠、梅、循四州，不战而下。同月，陆仲亨部连下英德、清远、连州及肇庆等郡县，进取德庆，元守将张鹏程弃城逃跑。陆仲亨部与廖永忠会师广州，广州"市不易肆，民皆安堵"。元参政邵宗愚盘踞南海三山寨，遣其党罗元祥赴军门诈降，企图窥伺明军虚实。廖永忠洞察其奸，下

---

① 《明太祖实录》卷三〇，洪武元年二月壬戌，"中研院"历史语言研究所1962年版，第530页。
② 《明太祖实录》卷三〇，洪武元年二月丁未，"中研院"历史语言研究所1962年版，第514—515页。
③ 谷应泰：《明史纪事本末》卷七《平定两广》，中华书局1977年版，第93页。
④ 《明史》卷一三〇《何真传》，中华书局1974年版，第3835页。

◈◈ 上编 古代的粤港澳大湾区

令于深夜进攻邵宗愚，擒缚入城，斩于广州。由于邵宗愚兄弟残暴好杀人，早已激起民愤，当明军"擒海寇邵宗愚，数其残暴斩之"时，"广人大悦"①。四月，李质顺应历史潮流，以德庆、封川（今广东肇庆封开县境内）两路归降。至此，整个粤港澳大湾区正式归为明朝统治下。

二 明代粤港澳大湾区的行政区划与卫所制度

洪武二年（1369）四月，明朝政府在全国实行行省制和卫所制。粤港澳大湾区隶属广东行省，且境内设置卫所，以巩固统治。

（一）明代粤港澳大湾区行政区划

明朝对广东行省颇为重视。朱元璋谓"粤人去京师万里，文武大吏得贤为急"。故在置省之初，便以首任刑部尚书周祯为广东行省参政。洪武六年（1373）正月，又以中书省右丞相汪广洋为广东行省参政，汪广洋"廉明持重"，成为"莞领枢要"之臣。洪武七年三月，明廷又以兵部尚书刘仁、刑部主事郑九成为广东行省参政。陛辞时，朱元璋谕之曰："岭海在京师数千里外，方面之寄，必得重臣以授之，庶可以辑宁其人，兹特命卿等以往，凡政事之施，宜恩威兼济，若为政一以恩而无威，则宽而无制，事不立矣；若徒以威而不仁，则严而无恩，民不堪矣。惟恩不流于姑息，威不伤于刻暴，则政事自举，民生自遂。使下之为郡县吏者，转相视效，虽岭海之遥，朝廷可无忧矣。"②朱元璋屡以重臣出任广东行省总揽军政大权的最高长官，表明他对粤港澳大湾区的统治非常重视。

行中书省总揽一省之政事，统领全省政务、军务、监察、司法，权力颇为集中。于是，朱元璋开始分割行中书省的权力，洪武九年（1376）改行中书省为承宣布政使司，设布政使司掌一省民政、财政，宣扬和执行朝廷的政令，考核官吏的政绩，主管全省的民政和财

---

① 《明史》卷一二九《廖永忠传》，中华书局1974年版，第3805页。
② 张德信、毛佩琦主编：《洪武御制全书》，黄山出版社1995年版，第588页。

政,是一省的最高行政长官。设提刑按察使司,"掌一省刑名按劾之事。纠官邪,戢奸暴,平狱讼,雪冤抑,以振扬风纪,而澄清其吏治"①;设都指挥使司,掌一省军政,统辖全省卫所,隶属于中央五军都督府之前军都督府。这样,就把过去行中书省长官之权一分为三,由三司分治。凡遇重大政事,皆先由三司拟议,再上报中央部院议决。

在布政司之下,有府、县两级地方行政体制。洪武初,改粤港澳大湾区内之广州、肇庆、惠州为府,废循州(今广东惠州市)、封州(今广东肇庆市封开县)、南恩州(今广东江门市恩平市),并省端溪县(今广东肇庆市高要区)。

明代广州府,广460里,袤715里,东至惠州府博罗县界,西至肇庆府高要县界,南至海岸,北至韶州府英德县界。辖南海、番禺、东莞、增城、香山(今广东中山市、珠海市和斗门区)、新会、清远、连州、阳山、连山一州九县,府治广州,广州府所辖诸县是今天粤港澳大湾区的核心地带。

肇庆府,广490里,袤775里,东至广州府南海县(嘉靖五年置三水县后,为三水县)界,西至广西梧州府苍梧县界,南至高州府电白县界,北至广州府清远县(今清远市)界。辖高要、四会、新兴、阳春、阳江(今阳西县及阳江市区)、德庆州(今德庆县)、泷水(今罗定县)、封川、开建(此两县为今封开县)一州八县,府治高要。肇庆府所辖大部分地区位今粤港澳大湾区内。

惠州府,广903里,袤740里,东至潮州府潮阳县界,西、南均至海岸,北至江西赣州府龙南县界。辖归善(今惠州市、惠阳县、惠东县)、博罗、海丰、河源(今河源市及东源和平、紫金、连平等)、龙川、兴宁六县,府治归善,惠州所辖部分地区在今粤港澳大湾区内。

府,设知府一人(正四品),同知(正五品)、通判(正六品)无定员,推官一人(正七品)。知府"掌一府之政,宣风化,平狱

---

① 《明史》卷七五《职官志》,中华书局1974年版,第1840页。

讼，均赋役，以教养百姓"①。即全面负责民政、财政、司法审判和督促生产等事务，同知、通判则分别管理清军、赋役、巡捕、治农水利等工作。县，设知县一人（正七品），"掌一县之政"，其主要职责是："凡赋役，岁会实征，十年造黄册，以丁产为差。赋有金谷、布帛及诸货物之赋，役有力役、雇役、借债不时之役，皆视天时休咎，地利丰耗，人力贫富，调剂而均节之。岁歉则请于府若省蠲减之。凡养老、祀神、贡士、读法、表善良、恤穷乏、稽保甲、严缉捕、听狱讼，皆躬亲厥职而勤慎焉。"②除知县外，另设县丞一人（正八品）、主簿一人（正九品），分掌粮马、巡捕之事，设典史一人，典文移出纳。

（二）明代粤港澳大湾区卫所制度

明初，"革元旧制，自京师达于郡县，皆立卫所"，"度要害地"即根据战略位置的重要程度，"系一郡者设所，连郡者设卫"。洪武七年（1374）定："每卫设前、后、中、左、右五千户所，千户所统十百户所，百户所统总旗二，总旗领小旗五，小旗领军十。"大体上以5600人为一卫，1120人为一千户所，112人为一百户所，每百户所设总旗二人，小旗十人。卫设指挥使司，置指挥使一人（正三品），指挥同知二人（从三品），指挥佥事四人（正四品），镇抚二人（从五品）。千户所设正千户一人（正五品），副千户二人（从五品），镇抚二人（从六品）。百户所设百户一人（正六品）。洪武二十年（1387），又命各卫立掌印、佥书，专职事理，"以指挥使掌印，同知、佥事各领一所。"明朝政府将全部军士都编制在卫所之中，"大小联比以成军"。③

明初，在粤港澳大湾区设置众多卫所。其中，广州是省会所在，位于省境中部、珠江三角洲北缘，控西江、北江、东江三江之总汇，濒临南海，兼具内河港和海港的功能，地位十分重要。因此，继洪武

---

① 《明史》卷七五《职官志》，中华书局1974年版，第1849页。
② 《明史》卷七五《职官志》，中华书局1974年版，第1850—1851页。
③ 《明史》卷九〇《兵志二》，中华书局1974年版，第2193页。

八年（1375）设广州左卫、广州右卫之后，又于二十三年（1390）设广州前卫和广州后卫，总共四卫，屯驻较多兵力，"用以宅中而制外"，起枢纽作用。在粤港澳大湾区沿江、沿海地区，设南海卫（今广东东莞市城区南）、清远卫（今广东清远市）、惠州卫（今广东惠州市城东南隅）、肇庆卫（今广东肇庆市）、广海卫（今广东江门市台山市）等卫，起"捍外而固内"作用。①卫所有城池、教场、仓囤、烽堠（烟墩），遇有紧急，昼则举烟，夜则举火。卫所城池规模较大，如广海卫城周达932.9丈。洪武十四年（1381）在东莞南海滨设大鹏守御千户所，二十七年（1394）筑所城。该所城现在还保留了原东、南、西三个城门的原貌。

朱元璋对卫所屯粮颇为重视。他认为"养兵而不病于农者，莫若屯田"，"若使兵坐食于农，农必受弊，非长治久安之术，其令天下卫所督兵屯种，庶几兵农兼务，国用以舒。"②卫所军屯以屯为单位，以百户所领军屯种。如广州左卫有石碁屯、官涌屯、沙涌屯等九屯；广州右卫有谭义屯、周易屯、扶宁屯等十五屯；广州前卫有麻涌屯、大步屯、大乐向屯等十五屯；广州后卫有大榄一屯、小榄二屯、小榄三屯等多屯。南海卫有黄岗、钟坑、黄沙等屯。惠州卫则有黄塘、蜡石、平湖等屯，基本上每屯有2240亩。

三　明代粤港澳大湾区的吏治及廉吏

朱元璋极其重视吏治，他对出任府州县的官吏总是"数数开谕，导引为政"，鼓励他们"不为私欲所蔽"，使"民有受惠之实"，官"获循良之名"。而每当府州县官吏来京朝觐时，朱元璋又谆谆告诫他们："天下新定，百姓财力俱困，如鸟初飞，木初植，勿拔其羽，

---

① 黄佐：《（嘉靖）广东通志》卷三一《政事志四·兵防一》，广东省地方志办公室誊印本1997年版，第756—757页。

② 《明太祖实录》卷一九三，洪武二十一年九月丁丑，"中研院"历史语言研究所1962年版，第2902页。

◈◈　上编　古代的粤港澳大湾区

勿撼其根，然惟廉者能约己而爱人，贪者必朘人以肥己，尔等戒之。"① 朱元璋赏罚严明，功过不相掩。对应处分的官员，不论职位高低、亲疏都决不姑息、迁就。朱亮祖跟随朱元璋多年，"勇悍善战"，洪武元年（1368）命为征南副将军，与征南将军廖永忠率军进取广东，并留镇广州，因功封永嘉侯。但朱亮祖"所为多不法"，番禺县罗某投其所好，"纳女于侯"。罗某凭借裙带关系，横行乡里，"恃势凌驾官府"。番禺土豪也依附朱亮祖，为非作歹，"市有奇货，辄低估之，稍不顺，即诬以罪"。番禺知县道同执法很严，将这些人绳之以法，受到朱亮祖的干预，"以威福撼同"。道同毫不畏惧，据理力陈："公为国大臣，何以听其挥使耶！"道同终因朱亮祖诬告而冤死。后来真相大白，朱元璋坚决把朱亮祖解送回京，将其鞭死。②

在朱元璋的影响下，明初诸君都非常重视吏治建设，如明成祖朱棣"遵太祖整饬吏治之意"，此后"历洪熙、宣德三朝，皆未之改，故能固结民心"③。在此背景下，粤港澳大湾区也涌现出了一批能臣廉吏。如新会知县谢景旸"廉而爱民，赋役均平"。肇庆知府王全，"严以律己，宽以莅民"。东莞县令卢秉安在任19年，"清操不易"。离任时，不受百姓财物而只受赠诗。他自己写诗抒志曰："不贪自古为人宝，今日官贫诗满囊，十有九年居县邑，幸无一失挂心肠。"广东右布政使徐奇"莅职能勤，持己能廉，立志爱民"④。广东佥事郑隆"廉介有守"。广东按察佥事梁观，"刚介廉平"。封开县典史蒋景志在任"赞治得体，抚民有方"，永乐七年（1409）任满，"耆民争举留之"，遂升该县知县。这些都反映出明初粤港澳大湾区廉洁的官场风气，正如时人孙蕡赋诗所说："广南富庶天下闻，四时风气长如

---

① 《明史》卷二八一《循吏传》，中华书局1974年版，第7185页。
② 戴璟：《（嘉靖）广东通志初稿》卷一一《循吏》，广东省地方志办公室2003年影印本，第247—248页。
③ 孟森：《明史讲义》，四川人民出版社2018年版，第131页。
④ 阮元修，江藩等纂：《（道光）广东通志》卷二四三《名宦·徐奇》，《续修四库全书》，第674册，上海古籍出版社2002年版，第169页。

春。"这种风清气正的官场气象有利于促进社会安定和经济发展。①

四 粤港澳大湾区的城市建设与文化教育

洪武元年（1368），明军兵不血刃进入粤港澳大湾区，因而域内各州郡城没有遭到大规模战争破坏，这为此后城市建设奠定了良好基础。

粤港澳大湾区城市建设，首推省城广州城的营建。明军进入广州后，征南将军廖永忠对广州城池进行了一番修葺和疏浚。洪武二年，广东置行中书省。从此，广州既是府城更是省城，地方官员自然会特别重视该城的改造与扩建。

元朝统治期间，没有将宋代广州的中城、东城、子城连为一体，交通大受限制，且旧城又很低隘，很有必要改造。于是，洪武十年（1377）九月"增筑广州城"②，是年冬，都指挥使许良奏准，将三城连为一城。洪武十二年（1379）十二月，又"命永嘉侯朱亮祖发军民三万人，拓广东北城，凡八百余丈"③，把越秀山包括在城内，并在山上建镇海楼。经改造扩建，广州"城周三千七百九十六丈，计一十五万一百九十二步，高二丈八尺，上广二丈，下广三丈五尺。为门七：曰正北，稍东曰小北，曰正东，曰正西，曰正南，稍东曰定海，西曰归德。城门楼七，敌楼七，警铺九十七，雉堞一万七百。城西之外，因旧浚池，周二千三百五十六丈五尺"④。与宋元时期相较，不仅全城连为整体，且城的规模扩大，城墙显著增高。

---

① 参见赵毅《明代吏员和吏治》，《史学月刊》1987年第2期；林志华《论明初的吏治》，《安徽大学学报》（哲学社会科学版）1989年第1期；邓建华《朱元璋反贪倡廉的吏治实践述略》，《南京理工大学学报》（社会科学版）2000年第6期；章翊中、张竞华《明太祖朱元璋吏治措施及其特点》，《江西社会科学》2001年第12期。

② 《明太祖实录》卷一一五，洪武十年九月丁丑，"中研院"历史语言研究所，1962年版，第1881页。

③ 《明太祖实录》卷一二八，洪武十二年十二月，"中研院"历史语言研究所，1962年版，第2038页。

④ 郭棐：《（万历）广东通志》卷一五《郡县志二·广州府·城池》，《稀见中国地方志汇刊》，第42册，中国书店2007年版，第368页。

由于当时城建重在扩建，而对城内街道没有认真整修，以致"街衢残缺，砖石龃龉，每风雨连绵则沮洳艰行"。英宗正统六年（1441）春，广东布政司主要官员"捐赀为倡，用图更新"，得到"文武官属，郡邑义士"积极响应，"争先乐施"。于是，用砖石修砌的街衢，"广二丈五尺，延袤约数十里，平衍坚完，非惟利于行者，城池为之增观，省府为之争胜，居民第宇为之争丽"[1]。这次修街，使广州城里的街道变得平坦、坚实，便利了城内外的交通。

惠州城，在宋元时期甚狭小。洪武三年（1370），知府迈迪与千户朱永率军民修筑，以旧城为限。洪武二十二年扩建，周围1255丈，城高1.8丈，雉堞1840座，敌楼7座，旁列窝铺280座，城门7座，曰惠阳、合江、东昇、西湖、朝京、横冈、会源。经扩建后，府城东北带江，西南临湖。

肇庆城，宋皇祐中始筑子城，仅容廨宇。徽宗政和三年（1113）筑石城，周871丈，辟4门。城南临大江，西南隅至东南隅三面环以濠，周458丈。洪武元年（1368），摄肇庆府事黄本初以该城"控扼海道，藩屏上流，形势便利，地居冲要"，但年久失修。他倡导"民之好义者"，按产之厚薄、力之多寡，出钱出力，修葺府城。至于所需砖、石、瓦、木材、灰料等项费用，则由官府供给，并选吏督办其事。垒石建城、累砖以甃，并建楼4楹，计210间，复因旧址重建敌楼35处。经过90天的修建，"楼橹战格，焕然一新，睥睨女墙，百堵斯立"[2]。

除府城外，明代粤港澳大湾区一些县城也迎来了营扩建高潮。其中，有些县城或因建设卫所城而扩建，或在卫所城基础上营建为县城，使这一时期的县城也颇具规模。如洪武十四年（1381）置南海卫。该卫都指挥常懿始筑东莞县城新城，包钵盂、道家二山于城内，以石砌筑，周围2299丈，高2.5丈，建4门，成为明代广东地区最

---

[1] 王莹：《重修羊城街记》，载冼剑民、陈鸿钧编《广州碑刻集》，广东高等教育出版社2006年版，第1088页。
[2] 肇庆文物志编纂委员会编：《肇庆文物志》，广东省新闻出版局1996年版，第63页。

大的县城。① 清远县城，即今广东清远市，洪武十五年置守御千户所，二十二年改置清远卫，指挥同知李英筑砌砖城，周 1450 丈，高 1.9 丈，建雉堞 4400 处，城门楼与敌楼各 5 处，辟城门 5 座。② 其他如新会（今广东江门市新会区）、香山（今广东珠海市）、德庆州（今广东肇庆市德清县）等，皆因设置卫所而扩建县城或新筑县城的。

五　明初海禁政策对粤港澳大湾区的影响

明初，"天下初定，海内乂安，倭夷窃发，滨海一带皆被骚扰"③。当时频繁骚扰濒海之地者，主要是盘踞海岛的方国珍、张士诚余部及海盗、倭寇等武装力量。粤港澳大湾区虽不及浙江、福建倭盗严重，但也深受其害。如洪武二年（1369）倭寇便曾袭击惠、潮诸州，远近震动。④ 于是，明朝从洪武四年开始厉行海禁，"禁濒海民不得私出海"⑤。此后，海禁诏令屡次颁发：洪武十四年，"禁濒海民私通海外诸国"⑥；二十三年，因两广军民"往往交通外番，私易货物"，又诏令户部申严交通外番之禁；⑦ 二十七年，"缘海之人往往私下诸番贸易香货……命礼部严禁绝之"。并规定，"凡番香番货皆不许贩鬻，其见有者限以三月销尽。民间祷祀，止用松、柏、枫、桃诸香，违者罪之"。⑧ 三十年，再次"申禁人民，无得擅自出海与外

---

① 郭棐：《（万历）广东通志》卷一五《郡县志二·广州府》，《稀见中国地方志汇刊》，第 42 册，中国书店 2007 年版，第 373 页。
② 郭棐：《（万历）广东通志》卷一五《郡县志二·广州府》，《稀见中国地方志汇刊》，第 42 册，中国书店 2007 年版，第 373—374 页。
③ 郑若曾：《筹海图编》卷三《广东倭变纪》，中华书局 2007 年版，第 241 页。
④ 郑若曾：《筹海图编》卷三《广东倭变纪》，中华书局 2007 年版，第 241 页。
⑤ 《明太祖实录》卷七〇，洪武四年十二月丙戌，"中研院"历史语言研究所 1962 年版，第 1300 页。
⑥ 《明太祖实录》卷一三九，洪武十四年十月己巳，"中研院"历史语言研究所 1962 年版，第 2197 页。
⑦ 《明太祖实录》卷二〇五，洪武二十三年十月乙酉，"中研院"历史语言研究所 1962 年版，第 3067 页。
⑧ 《明太祖实录》卷二三一，洪武二十七年正月甲寅，"中研院"历史语言研究所 1962 年版，第 3374 页。

国互市"。① 朱棣即位后,继续奉行禁海令,如永乐元年(1403)诏令:"缘海军民人等近年以来往往私自下番交通外国,今后不许,所司一遵洪武事例禁治。"② 次年再申"禁民下海"之令,为此还特令民间原有海船"悉改为平头船"③。宣德八年(1433)七月初八日,也即郑和第七次下西洋船队回归的次日,明宣宗"命行在都察院严私通番国之禁"④。

严厉的禁海令,对粤港澳大湾区影响甚大。一方面,沿海渔民被迫放弃捕鱼本业,被强行驱离故土,故对官府多有怨恨。如珠江口三灶岛属香山县管辖,在禁海令下民人吴进添无以为生,只得聚众通番为乱。二十六年(1393),都指挥花茂率兵讨平之,"悉迁其余党,诏虚其地,除豁田税,永不许耕,岁令官军千人防守"⑤。新会县上、下川岛"居民以贾海为业","洪武中为防海盗,也迁其民"⑥。另一方面,海禁政策还极大抑制了宋元以来蓬勃发展的海外贸易,沿海商民为谋生存,不得不暗通外番,行走私贸易。洪武间,朱元璋曾"诏户部申严交通外番之禁",称两广"愚民无知,往往交通外番,私易货物"⑦,可见明初即有走私之贩。明宣宗时,通番走私者屡禁不绝,沿海商民往往"假朝廷干办为名,擅自下番",故朝廷谕令凡有擒获"各置重罪",并"许诸人首得实者给犯人家资之半",凡是百姓知而

---

① 《明太祖实录》卷二五二,洪武三十年四月乙酉,"中研院"历史语言研究所1962年版,第3640页。
② 《明太宗实录》卷一〇上,洪武三十五年七月壬午,"中研院"历史语言研究所1962年版,第149页。
③ 《明太宗实录》卷二七,永乐二年正月辛酉,"中研院"历史语言研究所1962年版,第498页。
④ 《明宣宗实录》卷一〇三,宣德八年七月乙未,"中研院"历史语言研究所1962年版,第2308页。
⑤ 吴永章、夏远鸣:《疍民历史文化与资料》,广东人民出版社2018年版,第288页。
⑥ 李贤、万安等纂修:《大明一统志》卷七九《广东布政司·上川山、下川山》,《景印文渊阁四库全书》,第473册,上海古籍出版社1987年版,第666页。
⑦ 《明太祖实录》卷二〇五,洪武二十三年十月乙酉,"中研院"历史语言研究所1962年版,第3067页。

不告、官府监管失察者，皆"一体治罪"。① 然而，走私、为寇者依然不减，甚至亦商亦寇，实力强大，如纵横珠江口海域的钟福全、李夫人等海盗，拥有倭船二百艘，自称总兵，"寇海晏，下川等地"，势力较强。②

总之，朝廷的海禁政策，严重影响了粤港澳大湾区人民的对外商贸往来，而人民铤而走险的走私活动，又往往招致官府的严厉打压。因此，其中一部分人乘机为盗，对大湾区人民的生命财产和社会秩序都构成了极大威胁。在这种情况下，阶级矛盾必将在日积月累中走向爆发。

第二节　明代中期的粤港澳大湾区

正统十三年（1448）九月，广州府爆发黄萧养起义。这次起义是阶级矛盾激化的产物，也是各阶层群众对明朝海禁政策严重不满的结果。此后，大湾区的农民起义逐渐蔓延至整个广东地区。此起彼伏的农民起义，促使明朝进一步改进统治方略，如正统至景泰间设置广东巡抚和两广总督，成化以后开始成为定制。在大湾区增设州县，强化对基层人民的统治。

一　社会矛盾的激化与黄萧养起义

广州府所属南海、新会、香山等县都是濒江沿海地区，农民在沙田边上修筑围坝，坝上种植芦、蒉等植物，可积流沙淤泥成田，称为"子田"，经农民辛勤耕作管理，大约三年可成熟田，适合种植稻、秫等农作物及桑麻等经济作物。由于亩无常数，富豪有势之家常以各种名义霸占别人"子田"，使珠江三角洲的社会矛盾很尖锐。另外，

---

① 《明宣宗实录》卷一〇三，宣德八年七月乙未，"中研院"历史语言研究所1962年版，第2308页。
② 郭棐：《粤大记》卷三二《海防》，《日本藏中国罕见地方志丛刊》，书目文献出版社1992年版，第522页。

这一地区疍民较多，但其社会地位极低，不许陆居，终日以捕鱼为生。明朝政府设置河泊所，负责管理疍户、征收渔课。疍民不仅要用金、银、钱钞缴纳繁重的渔税，而且卖鱼时还备受官吏勒索。因此，许多渔户生活极其艰困。再加之洪武以来实行的海禁政策，使从事海外贸易的商人极为不满。以上矛盾日益集聚，终于导致了正统年间黄萧养起义的爆发。

黄萧养，广州府南海县冲鹤堡人。家贫，靠做雇工度日。正统十三年（1448）因行劫被官府抓获，问以强盗罪，关在广州司监。是年九月，黄萧养越狱逃走，在家乡南海县召集散众，于潘村海口造船和训练队伍，当地百姓"赴之者如归市，旬月至万余人"[①]。正统十四年（1449）八月，起义军拥船一百五十余艘，从南海潘村分水陆两路直指广州。沿途所经，"各村无拒敌者"。及至广州，水军联船已达三百余艘。黄萧养分其水军进攻广州南门，以陆路大军进攻西关，并制造云梯、吕公车攻城，广州形势甚危。

自黄萧养越狱并聚众练兵之日起，巡按广东监察御史沈衡便不断向明朝廷奏报和求援。明廷责令广东三司设法抚捕，又命户部侍郎孟鉴巡抚广东，并令镇守雷廉地方（指广东雷州市及广西北海市合浦县地区）的安乡伯张安等迅速驰援广州守军。九月中旬，明总兵官张安从雷廉地方率兵来援，起义军分乘三百多条船在广州附近的白鹅潭迎敌。张安昏庸无谋，轻率进兵。起义军大败明军，张安落水溺死。接着，明军都指挥使王清又统率两百艘战船和五千军队从高州赶来支援，然因不熟悉水道，行至广州沙角尾时战船搁浅，早已埋伏好的起义军驾着小艇，迅速出击，俘虏王清，消灭其部。

两次战役的重大胜利，使黄萧养力量更加壮大。他随即分兵进攻新会。此前，新会已爆发多起起义，如大岭村黄汝通"五日之间，众

[①] 仇巨川纂：《羊城古钞》卷四《黄萧养攻广州》，广东人民出版社2011年版，第299页。

至三千余,剽掠船头、石洒、上冲等地十二村。是时,人心汹惧,计无所出,率乘舟游窜,日则浮海,中夜则泊岸,既而群盗益炽"①。又有贼首黄三、温欢彩驾小舟五百余艘,从狮子山劫掠黎峒。于是,黄萧养与黄三等联合,拥船一千余艘,众至三万余。县丞周萱"募丁壮三千七百余人固守城池,招徕散男妇六百余口"②,城未攻下。

黄萧养又出动八百余艘战船进攻佛山,打算占领佛山作为军器物资供应地,"得之以利器,城可攻,民可服,资斧枪铳可赖而继",故以战船八百余艘泊于汾水之岸,"锣鼓喧天,旌旗耀日。民惶恐甚,逃生无地"③,声势甚威。但义军在佛山遭到乡绅宗族武装的顽强抗击,围攻数月不下。同一年,肇庆府高要县吴大甑聚众万余叛应黄萧养,占据该县杨梅、大幕、清泰、上下仓等处,"郡兵莫能制"④。黄萧养声势益壮,达十万余众,一度攻陷广州,"僭号称东阳王,纪元,据五羊驿为行殿,授储官百余人"⑤,政权初具其形。消息传来,粤港澳大湾区明朝官员束手无策,唯"相顾涕泣而已"。正统十四年十一月,巡按监察御史沈衡再次向京师告急:"贼首黄萧养伪称东阳元年,署其徒以都督、指挥等官,造吕公车、云梯攻城,四十余日不解。又分遣贼徒流劫乡村,众可二三万,乞催官军策应剿除。"⑥ 明廷先命右佥都御史杨信民巡抚广东,"专捕广东叛贼",严令"如有临阵退缩及失误军机者,即依军法斩首示众"。十二月又命都督同知董兴为左副总兵,调广西之兵策应,又调江西、南京各两千人驰赴广东。

---

① 靳文谟:《(康熙)新安县志》卷六《田赋志》,《广东历代方志集成·广州府部》(二六),岭南美术出版社2007年版,总第84—85页。
② 《明英宗实录》卷二一六,景泰三年五月丙申,"中研院"历史语言研究所1962年版,第4654页。
③ 佛山市图书馆整理,冼宝干编纂:《民国佛山忠义乡志(校注本)》卷八《祠祀志》,上册,岳麓书社2017年版,第257页。
④ 高明县地方志编纂委员会编:《高明县志》,广东人民出版社1995年版,第563页。
⑤ 查继佐:《罪惟录》列传卷三一《黄萧养》,浙江古籍出版社1986年版,第2668页。
⑥ 《明英宗实录》卷一八五,正统十四年十一月戊戌,"中研院"历史语言研究所1962年版,第3701页。

杨信民曾于正统十一年（1446）任广东左参议。由于他"以廉洁为心，而凡事行之以宽"，一有闲暇"即出公署门，徐步街衢间，询问父老，以民间利病反覆款曲，必得其情而后已"①，因而在粤港澳大湾区有较好声誉。景泰元年（1450）三月，他再次来广东后，先派人到起义军中进行招抚诱降，又把官府疑为"贼"而关押之人放出来，发给押印公据数万张，让他们广为散发，宣称即使为盗，有公据皆可免罪。结果，"令既下，民争趋城，至辄泣下"，信民则"发粟赈之"，义军大受感动。一日，"萧养率众求见于城濠之南，信民单车出止水次。贼曰：'岂真吾杨父母耶？'信民下车，挥左右岸，冠纱示之，贼众罗拜。信民谕以朝廷恩威，贼众欣诺。"当时，"闭城久，疫死者众。信民命瘗诸城北郊，为文哭祭之，民无不感泣者"。②因杨信民较高的声望及以抚为主的策略，动摇了义军斗志，纷纷决计归降。然而，不久信民以病卒，董兴率明军赶到，改变了杨信民以抚为主的策略，欲将黄萧养一举歼灭，义军于是转而同明军决战。

景泰元年（1450）初，黄萧养屯军于广州河南。四月十一日，明监察御史李濬奉命调士兵两万，抵广州同董兴进至大洲头激战，起义军死亡万余人，萧养中矢阵亡。黄萧养牺牲后，部分义军由黄大牙率领，退守南海县三山（今广东佛山南海区桂城街直辖）和大良堡（今广东佛山顺德区辖）等处，倚山濒海，立栅拒守。董兴率兵追至三山，旋进至五斗口北水堡潘村、冲鹤、金斗，在大良与万余义军激战。官军"水陆并进，火器、弓弩齐发，先令奇兵登岸拔寨，以破水寨。力战数十合，贼不能支，官军乘胜追击，生擒八人，斩溺无算，胁从者抚令复业"，所获"伪官"三十余人悉送京师处死。③这场声

---

① 丘濬：《都察院左金都御史恭惠杨公神道碑铭》，载周伟民、唐玲玲编《海南史传与碑传汇纂》，下册，知识产权出版社2013年版，第409页。
② 仇巨川：《羊城古钞》，广东人民出版社2011年版，第355页。
③ 《明英宗实录》卷一九三，景泰元年六月己卯，"中研院"历史语言研究所1962年版，第4034页。

势浩大的农民起义才终于被镇压下去。

黄萧养起义失败后,"山寇""海盗"继起,时刻威胁着粤港澳大湾区的社会安定。这些人主要是由破产、失业或饥馑的农民、渔民、蜑户(疍户)、小商贩、逸囚和从事海上贸易的商人组成,如嘉靖十五年(1536),新会县"春大饥,复大旱",潮莲等乡的贫民不满"富户闭粜,不肯借贷,遂与南海逸囚区胜祥等倡乱出海"[1]。经统计,嘉靖年间,广东"山寇"规模稍大者至少有四十四起,如惠州府归善、博罗、兴宁等县,肇庆府的新兴、恩平、德庆等州县,广州府的新宁、新会、龙门、从化等州县,都曾遭受"山寇"袭扰。[2] 寇盗频发成为粤港澳大湾区发展中的不稳定因素,而究其原因在于明朝不合理的禁海政策,激化了社会矛盾使然。

二 粤港澳大湾区的政治变革

黄萧养起义及寇盗继起,给富庶的粤港澳大湾区带来沉重创伤。甚至官军在镇压过程中,"所过村聚多杀掠",使南海县冲鹤堡一带"井里萧条"。明朝政府为缓和官民的对立情绪,不得不对原有政策进行改革。

首先,松弛海禁。对于寇盗频发事件,统治集团中已有人意识到"禁愈严,则寇愈盛",以武力剿抚并非治盗之策,应从实际出发,松弛海禁。曾在嘉靖初任刑部主事的唐枢对此分析道:"嘉靖六七年后,守奉公,严禁商道,不通商人,失其生理,于是转而为寇。嘉靖二十年后,海禁愈严,贼伙愈盛,许栋、李光头辈然后声势蔓衍,祸与岁积。今日之事,造端命意,实系于此。夫商之事顺而易举,寇之事逆而难为,惟其顺易之路不容,故逆难之图乃作。访之公私舆论,转移之智,实藏全活之仁。前此侍郎赵文华、都御史郑晓等各有建议,本兵聂豹曾有复题。国初有论倭书,所以为高皇帝废市之劝。高

---

[1] 林星章:《(光绪)新会县志》卷三《事纪》,《稀见中国地方志汇刊》,第46册,中国书店2007年版,第39页。

[2] 方志钦、蒋祖缘主编:《广东通史·古代史》下册,广东高等教育出版社1996年版,第211—212页。

皇帝使假之以年，或不能不自更其令矣。"① 唐枢非常明确地指出，海盗实由海禁而起，而解决之道就在于解除海禁，并认为最初实行海禁的太祖如尚在，也会根据当前形势开放海禁。唐枢的言论代表了统治集团内相当部分有识之士的主张。于是，到隆庆初年高拱、张居正入主内阁后，开始部分开放海禁，准贩东西二洋。

其次，增设州县，严行保甲。统治者认为，实现"长治久安"的根本之法在于增设州县，把建县城，设官署、巡司、营堡、卫所，辟道路，夷险阻，课农桑，兴学校，作为标本兼治之策。镇压黄萧养起义后，官府以南海县东涌、马宁、西淋三都益以新会县之地，置顺德县（今广东佛山市顺德区）。成化年间，"平后山贼"后，置从化县（今广东广州市从化区）；"平阳江贼"后，置恩平县（今广东恩平市）。嘉靖三十七年（1558）平定瑶族冯天恩等起义后，设广宁县（今广东肇庆市广宁县）。州县的增设，消除了原辖境域过大、管理不便的弊端，有利于加强行政管理，促进地方经济、文化的发展。此外，明朝在增置州县的基础上，还进一步强化保甲制度，如将南海县大良等地和新会县白藤等堡另置顺德县，"严行保甲"，同时整顿吏治，严禁卫所、州县官员纵容豪强、侵害百姓。

最后，督抚制度形成定制。巡抚之名始于洪武二十四年（1391），是年朱元璋命"皇太子巡抚陕西"②，此时"巡抚"尚非常设官员。正统十四年（1449）末，广东黄萧养起义围攻广州，明军屡战屡败，于是明廷乃以杨信民为右佥都御史巡抚其地，广东正式设置巡抚。③ 此后，巡抚之设，时而是总督与巡抚分设，时而是总督兼任巡抚，时而又是两广设巡抚一员或两广分设巡抚。

两广设置总督，始于代宗景泰三年（1452），时广西"浔、梧瑶乱"，广东总兵董兴和广西总兵武毅相互推诿不任事。兵部尚书于谦上

---

① 唐枢：《复胡梅林论处王直》，载《明经世文编》卷270，中华书局1962年版，第2850页。

② 《明史》卷三《太祖本纪三》，中华书局1974年版，第48页。

③ 《明史》卷一七二《杨信民传》，中华书局1974年版，第4590页。

疏，"请以翁信、陈旺易之，而特遣一大臣督军务"①。是年七月，明廷命右都御史王翱总督两广军务，并加左都御史衔，"两广有总督自翱始"。翌年四月改命右副都御史马昂总督两广军务。代宗赐敕曰："近年以来，广东、广西各处地方，贼寇生发，往往命将出兵剿杀，盖不得已为此止盗安边之计，奈何总兵者，多不得其人，或谋虑不逮，或号令不严，或拥兵坐视纵贼殃民，或受命夹攻互相推诿，失机误事，视为泛常，科敛钱财，全无忌惮。故寇盗暂止而复作，军马徒敝而无功。此等将官已加降黜。今特授尔总督关防，往广东、广西总督军务，所在总兵等官并听节制。所有一应军务升赏，悉从尔等便宜而行。"②

成化四年（1468），朝廷发现两广总兵各管地方，有警不相应援。因此，广东按察司佥事陶鲁请在梧州设立总府。于是，成化五年（1469）以韩雍为右都御史，令开府梧州。嘉靖中，粤港澳大湾区山寇、海盗形势严峻，两广提督吴桂芳认为总督府设在梧州，"惠、潮山海寇时发，相去二千里，文檄往来征调为难"，在位置上不能顾及粤港澳大湾区，而肇庆位置适中，遂请将总督府从梧州迁至肇庆。③万历八年（1580），肇庆总督行台竣工，正式将总督府址迁移肇庆。总督府的东移，除与明代晚期岭南地区防务重心的东移有关外，还与岭南经济重心愈发东移有关，所谓"西粤……郡县虽多，赋税实少，恒多资藉于东"④。总督府的迁入，使肇庆的政治、军事地位在粤港澳大湾区乃至整个广东地区都突出起来。

第三节　明代后期的粤港澳大湾区

随着海禁政策的松弛，明代后期粤港澳大湾区以广州、澳门为对

---

① 《明史》卷一七七《王翱传》，中华书局1974年版，第4701页。
② 《明英宗实录》卷二二八，景泰四年四月庚子，"中研院"历史语言研究所1962年版，第4982页。
③ 阮元、梁廷枏：《岭南史志三种》，广东人民出版社2011年版，第197—198页。
④ 张瀚：《松窗梦语》卷八《两粤纪》，中华书局1985年版，第162页。

外开放口岸，海外贸易迅速发展起来。其中，广州在万历八年（1580）以后，举办一年两季的"交易会"，与世界市场重建正常的贸易联系。澳门作为新兴的国际贸易中心，开辟了直通欧洲、印度、东南亚、日本的国际航线，成为海洋贸易的重要枢纽。

15世纪中叶以后，葡萄牙、西班牙、荷兰、英国等国竞相向海外扩张，在亚、非、拉美地区建立起广阔的殖民地，不择手段地掠夺物质财富，推动资本原始积累。明朝人口众多，国内市场庞大，明代中后期的中外贸易中，明朝始终处于顺差，大量白银源源不断地从国外流向中国，进一步激发了外国殖民者的掠夺欲望。西班牙等国不断派出使团和船队前来广东，在大湾区沿海胡作非为，甚至妄图凭借坚船利炮强闯边关，遭到粤港澳大湾区军民的有力反击。于是，他们不得不另谋新策，以图在粤港澳大湾区占据贸易据点，进而掠夺中国财富。

一 西方列强对粤港澳大湾区的觊觎

最先觊觎粤港澳大湾区的是当时的海上强国葡萄牙。嘉靖三十二年（1553），葡萄牙人入居澳门，并以澳门为据点开展东西方贸易。次年，广东官方加强了对在澳葡萄牙商人的管理，如确立"客纲""客纪"，约束葡人行为；允许葡人居留澳门，但不准到广州贸易，中葡贸易的中间代理商和中介组织应运而生；推行"澳票"制度，作为商人下澳贸易的特许证，持有澳票者需缴付一定税金。

葡萄牙人以澳门为枢纽，周转于中印等国，获利甚巨，这吸引了西班牙人随之而来。嘉靖四十四年（1565），西班牙派莱加斯皮统领远征军，在菲律宾萨马岛登陆，获得了侵略中国的重要基地。1578年6月，圣方济各会神父彼得·德·奥法罗率团前往广州，请求在广州传教，两广总督刘尧诲拒绝其请，把他们遣返菲律宾。万历二十六年（1598），菲律宾当局派唐·胡安·卡穆迪奥前往广州请求通商，明朝准许西班牙商人来广州贸易，并允许在离广州12里格（西班牙长度计量单元）的"皮纳"港居留。

荷兰人紧随西班牙人而至，万历二十九年（1601）"九月间，有二夷舟至香山澳，通事者亦不知何国人，人呼之为红毛鬼。其人须发皆赤，目睛圆，长丈许。其舟甚巨，外以铜叶裹之，入水二丈。香山澳夷虑其以互市争澳，以兵逐之，其舟移入大洋后，为飓风飘去，不知所适"①。荷兰人这次广东之行并不顺利，他们在澳门遭到葡萄牙人的袭击，120人被俘，其中只有三人被解往马六甲，其余人皆被处死。② 此事使荷兰人极为愤慨，1622年5月，荷兰派出两艘战舰与两艘英国战舰组成联合舰队驶向澳门，炮轰澳门城，并抢劫了两艘中国和葡萄牙帆船。6月22日，荷兰司令科内利斯·雷伊约森统率一支由17艘战舰、1300名士兵组成的舰队浩浩荡荡开抵澳门。24日，荷舰炮轰澳门炮台，并派出600名精兵在东望洋山登陆，葡军反击，荷军伤亡惨重，登船败去。葡萄牙人为纪念这次胜利，将6月24日定为澳门的"城市日"。

1623年2月，明天启三年发生荷兰人屠杀英国人的"安汶岛惨案"，英、荷关系破裂。1625年，英国东印度公司与葡萄牙果阿总督德·林阿雷斯伯爵签订协定：英国人获得在印度与葡萄牙各商馆进行贸易的特权，并通过澳门与中国直接贸易；而葡萄牙人则通过英国人的中立旗帜，保障被荷兰人隔断的澳门至果阿贸易畅通。第二年，东印度公司凭果阿总督所发许可证，派"伦敦"号前往澳门，但澳门总督阻止英国人与中国官方接触，"伦敦"号无功而返。③

东印度公司在中国贸易上收获不大，英王查理一世乃于1635年12月任命威得尔为私商首席代表，组建一支由3艘帆船、1艘军舰组成的船队前往亚洲，开拓中国市场。1637年6月，船队来到距离澳门约3里的横琴岛，澳门当局怕英国人竞争，阻止他们进入澳门。威

---

① 王临亨：《粤剑编》卷三《志外夷》，中华书局1987年版，第92页。
② 张天泽著，姚楠译：《中葡早期通商史》，中华书局1988年版，第135页。
③ 马士著，区宗华译：《东印度公司对华贸易编年史》，中山大学出版社1991年版，第13页。

得尔乃将船开往氹仔岛停泊,派"安妮"号前往珠江口寻找进入广州的河道。8月初,威得尔不听中国官员警告,擅自航行至亚娘鞋岛,并强行占领炮台。15日,巡视广东海道副使与广东总兵下令英国船队驶出外海,而当时的通事则向威得尔谎称广东官方已答应英国人在国内买卖任何商品,指定3处地方供英国人选择作为英船碇泊之所。24日,船队驶向虎门,在大虎停泊。9月10日,广东水军向这些擅自闯入中国领海的英国人发动进攻,威得尔等在虎门及其附近大肆破坏后撤退到澳门附近,经葡萄牙人调停,广东方面送还被扣留的蒙太尼等人,允许他们在广州和澳门完成这次贸易,交易完毕,立即离开中国,"永远不再到此河岸"。英国人只得于10月28日派"凯瑟琳"号满载货物先行返英,其他船只则开往亚齐和印度贸易。①

二　明朝对澳门的统管政策

嘉靖以后,葡萄牙人在澳门不断扩建,"结庐城守,据险负隅","加以铳台,隐然敌大国"②。他们罔视明朝禁令,处处与官府行"抗衡自固之术",如"我设官澳以济彼饔餮,彼设小艇于澳门海口,护我私济之船以入澳,其不容官兵盘诘若此;我设提调司以稍示临驭,彼纵夷丑于提调司衙门,明为玩弄之态以自恣,其不服职官约束若此"③。此外,葡萄牙人还"私蓄倭奴",允许日本商船到澳门贸易,勾结沿海商徒,收购违禁物品,买卖人口,使澳门成为走私贩私的窟穴。嘉靖末两广总督吴桂芳便一针见血地指出:"驯至近年,各国夷人据霸香山濠镜澳恭常都地方,私创茅屋营房,擅立礼拜番寺,或去或住,至长子孙。当其互市之初,番舶数少,法令惟新,各夷遵守抽盘,中国颇资其利。比至事久人玩,抽盘抗拒,年甚一年,而所以资

---

① 马士著,区宗华译:《东印度公司对华贸易编年史》,中山大学出版社1991年版,第15—30页。
② 陈吾德:《谢山存稿》卷一《条陈东粤疏》,《四库全书存目丛书》集部第138册,齐鲁书社1997年版,第31—32页。
③ 郭尚宾:《郭给谏疏稿》卷一《题为粤地可忧防澳防黎疏》,中华书局1985年版,第12页。

之利者，日已薄矣。况非我族类，不下万人，据澳为家，已逾二十载。虽有互市之羁縻，而识者忧其为广城肘腋之隐祸久矣。"① 万历中，曾到广东做官的王士性也表达了对澳门问题的忧虑："香山岙乃诸番旅泊之处，海岸去邑二百里，陆行而至，爪哇、渤泥、暹罗、真腊、三佛齐诸国俱有之。其初止舟居，以货久不脱。稍有一二登陆而拓架者，诸番遂渐效之，今则高居大厦，不减城市，聚落万头，虽其贸易无他心，然设有草泽之雄，睥睨其间，非我族类，未必非海上百年之隐忧也。"②

隆庆、万历年间澳门问题异常尖锐，已关系到珠江三角洲乃至粤港澳大湾区的社会安定与边防海防稳固。然而，万历二十六年至三十七年（1598—1609）戴燿任两广总督期间，却一直对澳门疏于管治，导致葡萄牙人势力迅速膨胀，如《明史》批评戴燿称："番人既筑城，聚海外杂番，广通贸易，至万余人，吏其土者，皆畏惧莫敢诘，甚有利其宝货，佯禁而阴许之者，戴燿在事十三年，养成其患，番人又潜匿倭贼，敌杀官军。"③ 万历三十五年（1607），番禺举人卢廷龙上京参加会试，疏请"尽逐澳中诸番，出居浪白外海，还我壕镜故地"④。此疏与当时两广总督戴燿主张相左，故"时朝议以事多窒碍，寝阁不行"⑤。

万历三十八年（1610）张鸣冈接替戴燿为两广总督，他认为无须将葡萄牙人逐出澳门，只要加强防范即可。同年，张鸣冈上《防海五议》，建议增加雍陌（今广东中山市三乡镇雍陌村）、香山、濠镜（今属澳门）驻军，强化防御力量。他主张让葡萄牙人继续居留澳门，是意识到中葡贸易一旦中断，澳门包饷势必取消，广东每年上缴

---

① 吴桂芳：《吴司马奏议》卷一《议阻澳夷进贡疏》，见《明经世文编》卷三四二，中华书局1962年版，第3669页。
② 王士性：《广志绎》卷四《江南诸省》，转引自《中华野史》卷八《明朝卷中》，三秦出版社2000年版，第7275页。
③ 《明史》卷三二五《佛郎机传》，中华书局1974年版，第8433页。
④ 《明史》卷三二五《佛郎机传》，中华书局1974年版，第8433页。
⑤ 沈德符：《万历野获编》卷三〇《香山澳》，文化艺术出版社1998年版，第843页。

十六万两白银的任务就更难完成。而只要防备得当,葡萄牙人"毋生事",中葡相安无事,双方贸易就可正常运行。此后,明朝加强对葡萄牙人的管治,主要有:

其一,建立关闸。在连接澳门与香山的莲花茎(今澳门半岛北关闸马路)设置关闸,设官守之,形成有效的防卫屏障。其二,增兵防守。天启元年(1621),从新安、南头(今皆属深圳所辖)等寨抽调兵员、船只充实澳门军备,共置陆兵700名,水兵1200余名,大小哨船50号,分成秋风角、茅湾口、横洲、深井、九洲洋、金星门等处,对澳门形成海陆包围之势。其三,设立保甲。在澳门设立保甲,令互相监督、约束,又在市区中心街道各竖高栅,立其门籍,形成比较规范的基层管理制度。其四,委任"夷目"。委任澳门葡萄牙市政议会民政官为"夷目",作为管理葡萄牙人的官员,并对广东官方负责。中葡交涉,葡方皆由夷目出面。遇有重要事情,夷目要向广东官方请示报告;中方文武官员下澳,夷目负责接待,听从差遣。[①] 其五,制定禁例。制定一系列规章禁约,令葡萄牙人遵守。如万历三十六年(1608),香山知县蔡善继"条议《制澳十则》上之",受到两广总督张鸣冈的推许。四十二年(1614),巡视广东海道副使俞安性针对澳门走私蓄倭严重现象,制定了《海道禁约》五条:"一、禁畜养倭奴。凡新旧夷商敢有仍前畜养倭奴,顺搭洋船贸易者,许当年历事之人前报严拿,处以军法。若不举,一并重治。一、禁买人口。凡新旧夷商,不许收买唐人子女,倘有故违,举觉而占吝不法者,按名究追,仍治以罪。一、禁兵船编饷。凡蕃船到澳,许即进港,听候丈抽,如有抛泊大调环、马骝洲等处外洋,即系奸刁,定将本船人货焚戮。一、禁接买私货。凡夷趁贸货物,俱赴省城公卖输饷。如有奸徒潜运到澳与夷,执送提调司报道,将所获之货尽行给赏首报者,船器没官。敢有违禁接买,一并究治。一、禁擅自兴作。凡澳中夷寮,除前已落成,遇有坏烂,准照旧式修葺,此后敢有新建房屋,添造亭

---

① 参见邓开颂、吴志良、陆晓敏主编《粤澳关系史》,中国书店1999年版,第102页。

舍，擅兴一土一木，定行拆毁焚烧，仍加重罪。"①

葡萄牙人慑于中国法例威严，一般不敢为非作歹，其不法行为一旦暴露，官方便会绳之以法。如万历三十六年（1608），澳门守军"以法绳夷目，夷哗，将为变"，香山知县蔡善继随即"缚悍夷至县堂下，痛笞之。故事夷人无受笞者，善继素廉介，夷人惮之，故帖息"。②万历末年，葡萄牙人借口防御荷兰人侵袭，违犯禁令，擅自扩建澳门城墙。天启四年（1624），澳门总督马士加路也（D. Francisco Mas Carenha）发动民工在沙梨头修筑城堡，架设大炮数十门，广东官方传令自行拆除，马士加路也不从。于是，两广总督何士晋"首绝接济，以扼夷之咽喉；既紫揽头，以牵夷之心股；官兵密布，四面重围；严拿奸党，招回亡命"。结果澳门葡萄牙人惊慌万状，马士加路也不得不屈服，"甘认拆城毁炮，驱奸灭哨"，应承"岁加丁粮一万两，编附为氓"。③崇祯初年，荷兰人屡次来侵，广东官方同意葡萄牙人扩修城墙，东起嘉思栏炮台，北至水坑尾，折向西北经入炮台至三巴门，再向北至白鸽巢、沙梨头门，转向西南，直抵海边。这条城墙全长1380丈。从此，城以南为葡萄牙人居留地，城以北的望厦、龙田、塔石、沙冈、新桥、沙梨头、石墙街等村乡民则编入香山县。

三 葡萄牙人在澳门的自治机构

随着人口的自然增殖和外来人口的迁入，澳门人口迅速增长。万历六年（1578），澳门人口首次突破万人。两年后，增至2万人，崇祯十三年（1641），已有4万人。在澳门人口中，葡萄牙人虽不占优势，但数量保持相对稳定。万历十一年有葡萄牙人900名，二十八年

---

① 印光任、张汝霖撰，赵春晨校注：《澳门记略》卷上《官守篇》，广东高等教育出版社1988年版，第22页。
② 印光任、张汝霖撰，赵春晨校注：《澳门记略》上卷《官守篇》，广东高等教育出版社1988年版，第21页。
③ 国立中央研究院历史语言研究所编：《明清史料》乙编第七本《澳夷筑城残稿》，商务印书馆1936年版，第614页。

有700—800人，崇祯十三年有600人。①

嘉靖末年，明朝对澳门政策渐趋定型，默许葡萄牙人实行自治。嘉靖四十一年（1562），葡萄牙人公选出行政首领。万历四年，罗马教皇格雷戈利奥十三世宣布成立基督教澳门教区，辖区包括中国、日本、朝鲜和所有毗连岛屿，澳门成为天主教在东方传播的重要据点。万历八年澳门增设一名执掌治安权力的大法官。至此，澳门葡萄牙人在行政、宗教、司法方面，都设有自治性质的首领。

澳门自治组织以公选为基础，凡是在澳门出生、具备法律规定资格的自由市民，都有投票选举权；来自葡属其他领地的自由民，只要在澳门结婚或定居，同样也有选举权。选举结果必须得到葡印大总督的批准。万历九年（1581），澳门葡萄牙人选举出行政议会，由行政长官、判事官和日本贸易舰队司令及市民代表共四人组成，负责管理葡萄牙人内部事务。万历十一年，署理主教卡尔内罗召集葡萄牙人会议，选举出由两名法官、三名高级市政官、一名检察官及一名财政官组成的市政委员会，又称参议院、市议会、市议局、元老院。高级市政官负责市政事务。法官执行市政委员会通过的各项命令，对民事案件和刑事案件做出判决。检察官即明清档案中的"唛嚟哆"，全称"督理濠镜澳事务西洋理事官"，负责视察公共建筑物，执行市政委员会的命令，代表葡方与中方（主要是香山县知县）交涉。财政官负责管理澳门财政税收。②

市政委员会成为澳门正式的政府机构，是澳门葡萄牙人最高自治机构，但其官员并不是澳门最高长官。天启三年（1623）五月，葡萄牙任命马士加路也为澳门总督，成为澳门最高长官，总督制从此确立下来。此后澳门总督皆由葡萄牙国王任命，三年一任，至崇祯十七年（1644），共有七人任澳门总督。需要指出的是，葡萄牙人虽在澳门拥有一定的民族自治权力，可自行管理内部事务，但领土与统治主权仍属于明政府。

---

① 黄启臣：《澳门通史》，广东教育出版社1999年版，第9页。
② 施白蒂著，小雨译：《澳门编年史：19世纪》，澳门基金会1998年版，第213页。

四　明代后期粤港澳大湾区的社会主体

按不同的身份和社会地位，明代后期粤港澳大湾区的社会主体可分为地主阶级、农民阶级和疍民群体三大类。

（一）明代粤港澳大湾区的地主阶级

明代粤港澳大湾区的地主，主要包括缙绅地主、豪强地主和庶民地主三大类。

缙绅地主，即占有大量土地并拥有封建特权的官宦人家，包括各级官吏、致仕官、封赠官、捐纳官等。由于家人担任官员，其家庭成员多恃势横行乡里，兼并土地，成为大土地占有者。如南海县人霍韬、方献夫都在嘉靖初官居朝廷要职。方献夫"家人姻党横于郡中，乡人屡讦告"[①]，霍韬家霸占田产之事亦时有发生，"广东提学道魏校毁诸寺观田数千亩，尽入霍韬、方献夫诸家"[②]。

豪强地主，大多与聚族而居的封建宗族势力关系密切。明代粤港澳大湾区乡村封建宗族势力非常强固，而族权又主要掌控在有资产的族长、宗子、族绅手里，他们"倚恃族蕃赀厚，欺压乡民"。如嘉靖初，"香山之壎（埠）田（指郊外之田），多他邑豪右寄庄户，粮至万余石，递年逋脱粮役，贻累里甲代偿，民积苦之"[③]。隆庆年间，南海县"傍海之地港涌岐出，多为豪强所据"，南海县知县周文卿不得不"清之以利农桑"[④]，故当时"粤之田，其濒海者，或数年，或数十年，辄有浮生，势豪家名为承饷而影占他人已熟之田为己物者，往往而有，是谓占沙。秋稼将登，则统率打手，驾大船，列刃张旗以往，多所伤杀，是谓抢割。斯二者，大为民害，顺德、香山为甚"[⑤]。

[①]《明史》卷一九六《方献夫传》，中华书局1974年版，第5191页。
[②]《明史》卷二〇〇《姚镆传》，中华书局1974年版，第5278页。
[③] 阮元修，江藩等纂：道光《广东通志》卷二四七《列传七·黄正色传》，《续修四库全书》，第674册，上海古籍出版社2002年版，第225页。
[④] 阮元修，江藩等纂：《（道光）广东通志》卷二四六《列传六·周文卿传》，《续修四库全书》，第674册，上海古籍出版社2002年版，第211页。
[⑤] 屈大均：《广东新语》卷二《地语》，中华书局1985年版，第51页。

豪强地主兼并农民土地，在珠江三角洲地以沙田为多。其霸占手法，即"每西潦东注，流块下积则沙坦渐高，以黄草种其上，三年则成子田，子田成然后报税，其利颇多。然豪右寄庄者巧立名色，指东谓西，母子相连，则横截而夺之，往往构讼，至于杀人"①。

庶民地主，即家庭中无官爵、政治上无特权的中小地主。他们拥有土地多少不等，但大都佃与农民耕种，自己不事耕稼。如新会县人陈添佐"世居陈冲，方言冲为涌，谓溪港之通潮者也……洪武初，与弟始奉母还陈冲，修复故业，日增益之，有先人旧庐四十楹，良田四千亩"②。明人皮莹记述说："杨君余荫，香山之著姓也。自宋以来，世德相承，至于今益厚。高祖绍孙、仲玉兄弟同居，而家道亦裕，迨分产业，绍孙以其壤之沃者让仲玉，乡里高之。元季，年谷不登，民不聊生，兄弟发所储之粟五千余石以赈贷。后值岁丰，贷者争偿焉。"③ 杨余荫的先人一次发粟5000余石赈贷，可见其田土亦不下数千亩。

（二）明代粤港澳大湾区的农民阶级

明代粤港澳大湾区的农民，可分为自耕农、佃农、雇农三类。

自耕农，即拥有少量土地，依靠自己劳动为生的农民。在自耕农中又可区分为富裕自耕农、一般自耕农和自耕与佃耕相结合的半自耕农。明代广东历史文献中的"中户""中农"，便是比较富裕的自耕农。如毗邻粤港澳大湾区的今云浮市新兴县"中户则力耕以自给，下户则货耕而分租"④，所谓"中户"就是指富裕自耕农，可通过辛勤劳动做到自给，而"下户"则为小自耕农或佃农。粤港澳大湾区自耕农群体相对稳定，是这一地区农业经济特别是商品性农业经济赖以发展的重要因素。

---

① 屈大均：《广东新语》卷二《地语》，中华书局1985年版，第53页。
② 黄佐：《（嘉靖）广东通志》卷五九《列传十六·人物六·本朝一·陈添佐》，广东省地方志办公室誊印本1997年版，第1500页。
③ 《继美亭记》，载《中山文史》第43辑，政协广东省中山市委员会中山文史编辑部1998年版，第215页。
④ 黄佐：《（嘉靖）广东通志》卷二〇《民物志一·风俗·肇庆府·新兴》，广东省地方志办公室誊印本1997年版，第512页。

佃农，即自无地，靠租田耕种为生的农民。明代佃农又被称为"下户""下农""佃人""细民""田客""佃作""佃耕"等。如今佛山市高明区境内"家有税户、耕户之分，人有头首、细民之别，名分昭焉，务耕织，少工商"①。有部分佃农"其俗微重朴勤，能尽地力"，继续从事耕作；也有部分佃农因"拙业力苦利微，辄弃末粗"而转事贸易。②

因自耕农可以力耕自给，而佃农则要佃耕田主的田地，因此佃农所受剥削要更重一些。如肇庆府"地连广右，土薄民贫，故农务田亩，岁虽二登，粒米亦不狼戾"③。他们整日辛勤劳动，但生活依然极其艰难。如遇水旱灾伤，更是不得不借高利贷为生，嘉靖三十三年（1554），番禺县"岁饥，富者闭粜，贫者转徙"，既而又遇"寇贼充斥，杀人膏草野"④，百姓被迫流徙。

（三）明代粤港澳大湾区的疍民

疍民，或称疍家，是居于粤港澳河海地区的水上居民，以广州东莞、增城、新会、香山和惠、潮两府最多。有麦、濮、吴、苏、何五姓。同姓婚配，不与陆人通婚。

疍民以舟楫为居，捕鱼为业，户籍隶河泊所。在疍民中设置里长，亦称疍家里长、疍长，负责征收渔课米和鱼油、翎鳔等料物，后改交银两。他们的生活非常艰苦，"疍尤艰窘，衣不蔽肤，狭河只艇，得鱼不易一饱，故流徙失业者过半"⑤，而流徙人的渔课又被转嫁到未流徙者身上，进一步加大了疍民负担。在无法缴纳课料时，里长勾通高利贷者向疍民放债，"疍长每征课料，则通同旅人，称债主，计

---

① 胡朴安：《中华全国风俗志（上）》，上海科学技术文献出版社2008年版，第245页。
② 屈大均：《广东新语》卷一四《食语》，中华书局1985年版，第371—372页。
③ 戴璟：《（嘉靖）广东通志初稿》卷一八《风俗》，广东省地方志办公室2003年影印本，第337页。
④ 《明恤赠奉议大夫光禄寺少卿加赠中宪大夫刑部主事王青萝先生墓志铭》，载番禺地方志编纂委员会办公室主持整理：《番禺县续志》（民国版点注本）卷三四《金石二》，广东人民出版社2000年版，第618页。
⑤ 戴鞍钢、黄苇主编：《中国地方志经济资料汇编》，汉语大词典出版社1999年版，第1158页。

日行利，每钱一文，明日二文，又明日四文，虽至百文犹不能已，于是每每为盗"①。

五　明末粤港澳大湾区阶级矛盾的激化

万历中期以后，统治集团生活更加奢糜腐朽，宫廷开支浩繁，往往入不敷出。于是，从万历二十四年（1596）开始，皇帝先后派出大批宦官充任矿监、税使，到全国各地开矿、收税。二十六年四月，矿监李敬首先至粤。翌年，税使李凤又至，他"谋驻香山"等地开矿，"集亡命千百，分踞诸山，淫掠横行"，逮捕数人。② 此举激起新会居民极大义愤，数千人集赴县衙，要求释放被拷讯的百姓。然而，县令钮应魁不仅"逼索愈急"，且辱骂县民，并"怒嗾皂卒操戈激民"，造成数十人惨死事件，进一步激化了社会矛盾。

李凤巧取豪夺、中饱私囊，不仅激起粤港澳大湾区百姓的愤怒，而且朝中正义大臣亦气愤填膺。万历三十年，给事中宋一韩上疏弹劾税使李凤：斥其"征多解少，入己者至五十一万七千有奇。珍宝如猫睛、祖母绿、夜明珠、走盘（盆）珠，与夫异石、异杯、异乐、异器，亦复称是，总之不下百万。滥收参随四百余人，同署而婚者三十余人，受余元熙美女八人，酬以太平桥税；受把总某女乐十二人，给以父兄冠带。又锁拿罗旁主簿，得敛银一万两；又吓诈西川徭民，得敛银二万两。及今不为处分，恐无及矣"③。三十二年九月，广东巡按林秉汉疏参税使李凤"明取暗索，十不解一，金珠宝玩，堆积如山，宜行究治"④。三十七年，都御史温纯再疏："近中外诸臣争言矿

---

① 顾炎武：《天下郡国利病书·广东》，转引自吴永章、夏远鸣《疍民历史文化与资料》，广东人民出版社2018年版，第167页。

② 阮元修，江藩等纂：《（道光）广东通志》卷二四七《列传七·张大猷》，《续修四库全书》，第674册，上海古籍出版社2002年版，第226页。

③ 转引自王春谕、杜婉言《明代宦官与经济史料初探》，中国社会科学出版社1986年版，第333页。

④ 《明神宗实录》卷四〇〇，万历三十二年九月甲戌，"中研院"历史语言研究所1962年版，第7510页。

税之害，天听弥高。今广东李凤至污辱妇女六十六人，私运财贿至三十巨舟、三百大扛，势必见戮于积怒之众！"①尽管廷臣交章上奏，但万历帝皆置之不理，甚至有些言官还因此谪官。如广东南海县人郭尚宾任刑科给事中，"尝因事论税使李凤、高寀、潘相，颇称敢言……竟谪官"②。万历四十二年，李凤病死，百姓欢声动地。

除到处搜刮的矿建税使外，朝廷还不断加派赋税。天启末，两广总督李逢节在奏疏中说："粤自有辽事以来，搜括如洗，每年额饷尚缺五六万，何望有铢两之存。欲征之商民，而田亩以辽饷一派再派，杂项、盐利以辽饷一加再加，已不胜其苦，何忍重困以伤人心！"③然而，尽管大湾区人民已处在水深火热中，但崇祯年间还是增添了"助饷""均输""剿饷"和"练饷"。此外，崇祯八年（1635）八月，还命广东各府州县"积谷抽十之三，助边饷，征生员优免丁银助饷"④。粤港澳大湾区人民已与内地人民一样，穷困已极。在这种情势下，地方官员不仅不抚恤人民，反而极尽所能地贪污受贿，相关案件屡见史端：泰昌六年（1620）十一月，广东御史王命璇劾参将续蒙勋"贪赃"⑤；天启二年（1622）四月，广东巡按御史王尊德劾参将陈文煐"赃私狼藉"⑥；天启六年十月，御史梁孟環劾两广总督何士晋"久依门户，居官贪黩……又虚张免加派之美名，实借抽税以谋利，至神棍纵横，民不聊生。汹汹之状，几成大变"⑦；崇祯五年（1632）熊文灿出任两广总督兼广东巡抚，他"积赀无算，厚以珍宝

---

① 《明史》卷三二三《外国四·吕宋》，中华书局1974年版，第3871页。
② 《明史》卷二四二《郭尚宾传》，中华书局1974年版，第6285页。
③ 国立中央研究院历史语言研究所编：《明清史料》乙编第七本《兵部题行兵科抄出两广总督李题稿》，商务印书馆1936年版，第616页。
④ 阮元、梁廷枏：《岭南史志三种》，广东人民出版社2011年版，第208页。
⑤ 《明熹宗实录》卷三，泰昌元年十一月庚辰，"中研院"历史语言研究所1962年版，第138页。
⑥ 《明熹宗实录》卷二一，天启二年四月戊子，"中研院"历史语言研究所1962年版，第1076页。
⑦ 《明熹宗实录》卷七七，天启六年十月庚申，"中研院"历史语言研究所1962年版，第3729—3730页。

结中外权要,谋久镇岭南"①。封疆大吏尚且如此,其他低级官员贪婪更不知凡几。

天启、崇祯年间,在赋税猛增、官吏贪渎的同时,各地又水旱迭发,以致米价腾贵,饥民汹汹。他们千百为群,入城掠食,一场场声势浩大的农民起义即将再次在粤港澳大湾区爆发。

六 明末粤港澳大湾区农民起义

天启七年(1627)八月,广东"山盗大起"。其中今广东增城区人廖九寰据银场铺峒、钟国让据郁峒马林诸堡、赖鸡二据花竹山诸峒,各聚众数千起义,他们活动在广州附近的增城、从化、博罗等县。同年冬,赖鸡二还扩大在增城县活动的范围,向蒋村、园州、高圃村等处发展,并一度进攻增城县城。崇祯元年(1628)九月,廖九寰属下黄仲积进入增城田尾村,明军千户唐继祖率兵追击时被执杀。知县方大猷请兵,"抚按遣参将陈拱领兵进剿,亲冒矢石,捣其巢穴,擒贼六十五人,斩首三百余级,招抚甚众,独仲积窜去"②。二年九月,廖九寰在增城东北一带山谷活动,被知县陈世风用计诱擒被害。翌年,钟国让亦被官兵追击败亡,其弟钟国相继起,活动在增城、从化、龙门等地,后又进入博罗县银冈村。

崇祯十四年,又爆发了惠州林九我等起义。是年正月,林九我、巫日华、卢惟贞在永安县(今广东河源市紫金县)乌禽嶂山起义,自谓效法自成、张献忠举事,众至五千。同年九月,义军进入博罗县,声势大震。十月,两广总督沈犹龙部署向起义军发起进攻,"四面围攻,拔栅登垒,斩获无数",林九我被杀。③

到崇祯十六年(1643)前后,粤港澳大湾区已是遍布义军,如平康、得行、登名、古博"四都贼起,以沙冈张酒尾、那伏关逢三为

---

① 《明史》卷二六〇《熊文灿传》,中华书局1974年版,第6734页。
② 瑞麟、戴肇辰修:《(光绪)广州府志(2)》卷七九《前事略》,成文出版社1966年版,第373—374页。
③ 阮元、梁廷枏:《岭南史志三种》,广东人民出版社2011年版,第208页。

首，啸党百峰山，肆刼乡落，新会知县李光熙、廉得之带兵搜捕，盗皆逃入山"①，随后香山、新会、开平、高要等县反抗斗争此起彼伏。虽终明之世未爆发较大规模起义，但各地反抗斗争连绵不断，历"四十余年不止"②，也足以使明军顾此失彼。

七 明代粤港澳大湾区廉吏与名流

明中叶以后，粤港澳大湾区文化、教育事业发展迅速，城乡学校、书院林立，科举代代有人，大儒名宦辈出。诗歌、书画、理学均迈入黄金时代，积聚起深厚的文化根基。在此期间，粤港澳大湾区崛起一批具有全国性影响的人物，后人谓"至明而大盛"③，"吾粤文化，莫盛于明"④。

明代科举考试为读书人仕宦升迁的主要途径，故科名兴盛可以衡量某一地区文化发展的程度。据统计，自洪武三年（1370）广东恢复乡试到崇祯十五年（1642）止，广东全省共录取举人6610人，其中广州府有3238人，约占总数一半，位居第一。肇庆府533人，惠州府459人，分别居第四、第五位。整个粤港澳大湾区占广东全省总举人的64%。会试属全国性考试，洪武初广东登进士科者数量不多。成化、弘治间，广东会试中试达到高潮，特别是粤港澳大湾区表现优异，如番禺涂瑞首掇探花，东莞刘存业勇夺榜眼，而南海伦文叙更是荣登榜首状元。据统计，明代广东各府州进士905人，其中广州府479人，肇庆75人，惠州43人，大湾区进士人数占整个广东地区的66%。完全可以反映粤港澳大湾区尤其是广州府地区文化之昌盛、人

---

① 瑞麟、戴肇辰修：《（光绪）广州府志（2）》卷七九《前事略》，成文出版社1966年版，第377页。

② 瑞麟、戴肇辰修：《（光绪）广州府志（2）》卷七九《前事略》，成文出版社1966年版，第377页。

③ 简又文：《广东文化之研究》，载广东文物展览会编印《广东文物》，香港中国文化协进会刊1940年版，第678页。

④ 徐信符：《广东藏书记略》，载广东文物展览会编印《广东文物》，香港中国文化协进会刊1940年版，第852页。

才之辈出。故在此文化背景下，涌现出了许多著名的政要人物和军事家。政要人物，如广州府之戴缙、霍韬、潘潜、陈绍儒、方献夫、李待问、何维柏、陈子壮，被称为"七里八尚书"。军事家，则以罗亨信、叶梦熊、袁崇焕为杰出代表。

（一）罗亨信

罗亨信（1377—1457），字用实，号乐素，东莞英溪人。永乐二年（1404）进士。同年五月，任工科给事中。三年，受命前往浙江视察水灾，奏免嘉兴、海盐、崇德三县夏秋税粮五十余万石，并及时发粟赈济民众。因继母冼氏去世而丁忧，居家授徒。七年（1409），改授吏科给事中，九年（1411），升任吏科右给事中。次年因受下属办事官杨孟迪传递公文迟误的牵连，被远谪交趾卫城。但他勤于政事，安于其位，坚守被贼兵围攻日久的卫城，用内外夹攻之计击退贼兵。洪熙元年（1425），调回京师。回京都后，任山西道监察御史，巡视通州等处仓储，查办了一批侵吞国家物资的不法官员。宣德元年（1426），出任直隶、真定、顺德、大名四府巡按，每到一处，旌廉黜贪，勉饬学校。宣德四年（1429），被调到京城治钞，使新钞流通。罗亨信谦虚持重，"峻陟崇班人不见其有余"，公正廉明，"司封纪而奸邪屏迹"①，又能体恤民情，故清誉茂彰，屡受褒赏。

宣德九年（1434），已59岁的罗亨信升任都察院右佥都御史，负责陕西、平凉、西宁等八卫所军务，督军备边。正统年间，蒙古瓦剌部势力逐渐强大，阿台部首领阿台、瓦剌部首领也先的骑兵部队分别在明西部和北部掠劫财物、屠杀边民、破坏生产。也先不断扩充实力，准备大举进犯明朝。正统元年（1436），罗亨信同副总兵都督赵安、都指挥使朱通领八卫军官前往甘肃凉州等处巡边杀贼。次年，欲与都督蒋贵会合于宁夏。蒋贵自甘州率兵至鱼儿海，听信都指挥安敬的意见，以前途"水草艰少"为名，驻营不进。罗亨信闻报，立即赴蒋营当面斥蒋说："汝辈受国厚恩，临敌退缩，安用汝握重兵为？

---

① 罗亨信：《觉非集》卷一〇《传赞》，书目文献出版社1998年版，第246页。

且汝特畏死耳，死三尺法孰若死敌?"① 蒋贵诈称明日协同进军，第二天却后退至甘州。于是，罗亨信上疏劾蒋贵侵克军饷、安敬怯懦不忠、惑众坏事等罪名。朝廷派兵部尚书王骥调查得实，斩安敬，整肃军纪。正统三年（1438），罗亨信率军从巩昌、西宁进军，蒋贵从甘州进击，东西夹击，大破敌兵，擒获都达花赤、朵尔忽等二十七将，斩获甚多。罗亨信以功升官一级，并获赐金帛等。正统五年（1440），罗亨信被派去北漠巡抚大同、宣府。大同、宣府是边防重镇，"于分屯之远近、道里之险夷、土壤之肥瘠、将校之设施、士卒之勤惰、地利之厚薄、饷运之难易缓急，与夫巡守候寒暖之宜，靡不周知。"② 他每年秋天回京议事，都将边境情况上疏英宗，提出"汰冗官、省虚费、积边储、禁私役、修城堡、恤边军"等建议。在罗亨信的领导下，挫败了阿台部进犯的骑兵，使阿台部气焰始有收敛，两陲得以安宁。

正统十四年（1449）秋，也先犯境，塞外诸州县不守。英宗仓促率兵应战，在"土木之变"中被俘，边城官兵更失去斗志，纷纷弃城逃散。罗亨信"死守宣府"③。有朝臣认为宣府难守，朝议速召该城官兵入卫京师。诸将士皆欲弃城，罗亨信正气凛然曰："朝廷大恩，今日惟以死报，他所不知。尔等宜自审以尽厥忠，毋贻律宪。"百姓人心惶惶，争抢出城，罗亨信拔出佩剑，坐在城门正中，下令："出城者，斩！"④ 于是城中百姓始安，官兵亦深受感动，同仇敌忾，誓与宣府共存亡。罗亨信又督促诸将策划防守，组织百姓参加迎敌，最终与总兵杨洪以孤城阻敌进攻，外御强敌，内保京师。

也先攻北京、宣府不下，又被各地军民袭击，终于被迫退兵。新即位的景帝朱祁钰论功行赏，升罗亨信为左副都御史，进三品。此

---

① 罗亨信：《觉非集》卷一〇《原任通议大夫都察院左副都御史罗亨信行实一通》，书目文献出版社1998年版，第240页。

② 罗亨信：《觉非集》卷一〇《墓碑铭》，书目文献出版社1998年版，第238—239页。

③ 罗亨信：《觉非集》卷一〇《通议大夫都察院左副都御史罗公年谱》，书目文献出版社1998年版，第236页。

④ 罗亨信：《觉非集》卷一〇《传赞有序》，书目文献出版社1998年版，第246页。

时，罗亨信镇守边关已十四年，漠北地瘠民贫，天气苦寒，风沙弥漫，生活异常艰苦。罗亨信年将七十，已是"泪眼迎风不敢开""耳中隐隐若闻雷"，耳聋眼花，积劳成疾。74岁时，因旧病复发，只得"上章乞骸骨"①。但因边情紧急，景帝未允其请。

景泰元年（1450）元月，宦官喜宁私通瓦剌，"偕贼诣城下言和"②，罗亨信接到情报，当机立断，派参将杨俊擒获喜宁，押送京师以正刑典。同年七月，罗亨信依例返京议事，再向皇上请求归休，终允所请，他回到故乡东莞城安度晚年，天顺元年（1457）十二月去世，时年81岁。讣告到京时，"举朝公卿士大夫莫不为之悲戚"，英宗"为之辍朝"，并命工部为其治坟茔于英村麻地岭。③ 著有《觉非集》。

（二）叶梦熊

叶梦熊（1531—1597），字男兆，又号华云，广东归善（今广东惠州市）人。嘉靖四十一年（1562）进士，授福建福清知县。

福清民俗健讼，动辄诉诸官司。叶梦熊到任之后，严肃法治，三年后，因廉能有政绩，升户部主事，奉派到宁夏转饷，改任山西道监察御史。隆庆四年（1570）冬，鞑靼部首领俺答汗之孙把汉那吉，因聘妻三娘子为祖父所夺，愤然降明，要求封贡及开通互市。朝中对是否接受把汉那吉的请求争论激烈，内阁大学士高拱、张居正主张受降封贡，外示羁縻，内修守备，而叶梦熊以敌情叵测，主张不能轻信把汉那吉。朝廷最后决定采用封贡安抚之策，叶梦熊被贬黜外放，任郃阳（今陕西合阳）县丞。在郃阳两年，升任河南归德府推官，因施政惠民，郃阳士民为之立"去思碑"。不久，迁南京户部主事，督理凤阳仓。督理粮仓向来是肥差，凤阳仓旧例多额羡，加上诸卫所官员坐罪补交银两，收缴银两十分之四归督理。叶梦熊对此甚为愤然，

---

① 罗亨信：《觉非集》卷一〇《暮景抒怀》，书目文献出版社1998年版，第205页。
② 罗亨信：《觉非集》卷一〇《通议大夫都察院左副都御史罗公年谱》，书目文献出版社1998年版，第236页。
③ 王元林主编：《东莞历史名人》，广东人民出版社2013年版，第67页。

第四章 明清两朝对粤港澳大湾区的统治

下令将诸此旧例统统裁罢,由此每年为国家省下数万银两。

万历二年(1574),叶梦熊转任户部郎中,累迁赣州知府。赣州府地处四省要冲,官场视为生财之地。叶梦熊上任伊始,即清积弊、定规章、节管权,罢官市无名之征。要求对所辖县官员每月考课,依政绩判定优劣,政治有所革新。赣州大盗叶甲世代穴居山中,其子叶楷肆行劫掠,倡众聚徒,官府不能制。叶梦熊向巡抚江一麟提出灭寇之计,获准实施。他密访与叶楷部属有来往之人,让其策动叶楷亲信下山,晓以大义,无不愿意归降。然后令选择地方以供归顺者定居,建社学、行乡约、立保甲,其子弟有愿求学者,为之延师督教。叶楷的宗族子弟多数归顺官府,叶梦熊派他们回去宣谕:降者可免死,著籍为编户,不然则必将扫荡其巢穴。叶楷率万人造反,官兵立即分兵据险,叶楷部下纷纷倒戈,叶楷自焚而死。此役斩首三百余级,余党悉平。江一麟对叶梦熊深为佩服:"百年大患,太守不动声色,一朝剪除,真是妙算!"为便于今后管治,叶梦熊报请朝廷,将其地从安远县分出,另设长宁县。百姓感戴地方太平,设庙以祀。捷报朝廷,诏赐金帛,未及论功,因丁母忧归乡。服除,补安庆知府。此时,张居正推行一条鞭法新制,重新丈量田地。不少地方官为迎合上意,丈量务求苛刻,甚至不顾实情,虚假浮夸。叶梦熊接到巡抚孙光祐檄令,要他连山坡、湖荡都丈量充数。叶梦熊不肯依照办理,孙光祐因此上疏诬其怠慢朝令,罚俸三月。叶梦熊仍以治理一方为己任,天大旱,他"祷雨立应",百姓建"留云亭"以志其德。又用计诛灭扰民的天堂山大盗,治绩有口皆碑。

万历十年(1582),叶梦熊擢云南副使,未到任改浙江巡抚副使。时沿海警报频仍,屡有倭寇侵扰,叶梦熊巡视海边防,尽召外海渔船,下令编次,自为部伍,划分防守界限,教以技击,装备器械。不仅能守望互援,而且各地在在皆兵,每年可省一半军饷。此时,因蒙古各部时顺时逆,北方有警,朝廷诏求治边人才,台省相交举荐叶梦熊,七上其名。万历十二年,叶梦熊调任永平道(今河北秦皇岛市卢龙县)兵备。他刚到任,即向督府王一鹗献策:"车战火攻是破敌

125

之长技，边事久弛，宜依古式制轻车神炮，车轻则易驰，炮重则及运。"还提供了车、炮图式制法，督造车、炮。适逢女真日盛，辽东告急，叶梦熊请示将其督造的轻车重炮运至辽东战场，初试锋芒，敌众披靡，官军大胜。朝廷闻捷，取大炮样品进京，下旨北方九边依式制造，并下诏慰劳叶梦熊，加封左参政。万历十四年大计，叶梦熊以廉能第一，皇帝赐宴，转山东按察使。不久，晋布政使。在山东任上，制"慎刑条约"，申令治案要慎重，不得"轻议轻逮"，山东境内一时案情减少，狱为之清。

万历十七年（1589），擢都察院右佥都御史，巡抚贵州。他观察播州土司杨应龙桀骜不驯，必然生变，果如所料。十八年，他在贵州贵竹咸土司推行改土归流，奏请置新县，委派流官，增设新兵，使地方得治。鞑靼火落赤部攻扰洮州（今甘肃临潭）、河州（今甘肃临夏），陕西告急，叶梦熊单车就道直奔河州，缮甲兵，治车炮，慰劳士卒，鼓励为国雪愤。叶梦熊授计总兵尤继，先击火部，斩首二百余级，俘获无数，余众溃逃，陕边得宁。万历十九年，叶梦熊任甘肃巡抚，在兰州造大炮千门，一时军威大振，松山、河套之敌闻声远遁。二十年四月，宁夏致仕副总兵哱拜及其子承恩与戍卒刘东阳、许朝士等，勾结卜失兔部，倡乱宁夏卫，杀抚臣、劫主将、胁宗室，攻取河西四十七堡，全陕震动。明廷派兵部尚书魏学曾督兵击之，但难有进展。叶梦熊闻讯，疏请前往讨逆。六月，叶梦熊代魏学曾之职，率兵日夜兼程，赴宁夏作战。他下令筑堤，引河灌城，有多处城圮，立斩负责该段城堤的裨将，城堤筑得十分坚固。他亲率将士，冒矢用炮火攻击敌城楼，哱拜纵火自焚，俘获承恩、刘东阳等诸逆党首领。宁夏平，叶梦熊擢右都御史兼兵部左侍郎。叶梦熊移镇固原，不久上疏乞致仕，朝廷挽留不允。万历二十五年五月，吏部评考，论功加兵部尚书，荫一子入国子监。他三次上疏乞休均不允。十月，蒙古卜失兔部犯定边，被击退。兵部上疏，加封叶梦熊太子少保，荫及三代，转调南京工部尚书。不久，叶梦熊进太子太保、兵部尚书。

叶梦熊胆识过人，所至披靡，屡受褒奖。但他功高不恋位，戎马生涯数十年,思乡之情益浓。他第五次乞退终被批准,出镇时行李萧然,至家中田宅无增。居家倡义劝施,训诫子弟尽忠报国。万历二十六年六月,朝廷又有使者檄传督催复职上任。叶梦熊叹说:"吾受恩深,非致身何以报国乎!"正准备上路,却因多年劳疾发病,逝于家中,终年60岁。万历帝遣官谕祭葬。葬于惠州西湖游龙山(现名为太保山)。

在惠州,叶梦熊与叶萼、叶春及、李学一、杨起元等五人以其学术成就、道德事功,并称为"湖上五先生"。他半生仕途,军旅倥偬,仍勤于著述。著有《华云集》《五镇奏疏》《筹边议》《战车录》《靖氛外史》《关西漫稿》《运筹决胜纲目》等。①

(三) 袁崇焕

袁崇焕(1584—1630),字自如,又字元素,祖籍广东东莞。袁崇焕青年时代,正值明朝统治日趋腐朽之际。有感于国家衰败,他自幼好读兵书,学习用兵救国之术。中进士后,授职福建邵武知县,仍对东北边境战况非常关心。天启二年(1622)正月,袁崇焕奉例入京朝觐,为御史侯恂荐为兵部职方主事,负责镇守山海关。袁崇焕刚到任所,便深夜单骑出关了解地形,回来声称:"予我军马钱谷,我一人足守此",充分展现了他的胆识和勇气,故"廷臣益称其才,遂超擢佥事,监关外军,发帑金二十万,俾招募",成为驻防边疆的一员勇将。②

在兵部尚书孙承宗的大力支持下,袁崇焕在辽东筑宁远城,恢复锦州、右屯等军事重镇,使明朝边防从宁远向前推进了二百里,基本上收复了天启初年的失地。他又采取以辽土养辽人、以辽人守辽土的政策,鼓励百姓恢复生产,重建家园。他还注意整肃军队,号令严明,大大提高了军队的战斗力。由于治边有方,天启三年(1623),袁崇焕升为兵备副使,不久又升为右参政。天启六年正月,努尔哈赤

---

① 参见陈泽泓《广东历史名人传略续集》,广东人民出版社2004年版,第158—163页。
② 《明史》卷二五九《袁崇焕传》,中华书局1974年版,第6707页。

率八旗十三万人前来围攻宁远。袁崇焕刺血为书，誓与宁远城共存亡。在他的感染下，"将士咸请死效命"，士气高涨。袁崇焕令城外守军全部撤进宁远城，坚壁清野，又亲自杀牛宰马慰劳将士。他还将全部库存的白银置于城上，传令有能打退敌兵者，即赏银一锭。如临阵退缩，立斩军前。为增强火力，袁崇焕令人将仿西洋"红夷大炮"架上城头，一切准备就绪，严阵以待。二十四日，后金军兵临宁远城下，随即开始攻城。袁崇焕一声令下，城楼上火炮齐鸣，弓箭齐发，后金军死伤惨重，只好退军。次日，后金军再攻，他们把裹着生牛皮的战车推到城墙根，准备凿城穿穴，袁崇焕亲率士兵挑石堵洞，又令城上大炮加强火力猛攻敌阵。后金军收兵退去。宁远一战，是努尔哈赤自二十五岁征战以来唯一败绩。袁崇焕从此威名大振，后来清朝也不得不承认"议战守，自崇焕始"[①]。

宁远之战后，袁崇焕升为辽东巡抚，关外防务尽归其筹划。为休整军队，他一面派人假意与后金和谈，一面加紧整饬军队，修筑锦州、中左、大凌诸要塞，以防后金突然袭击。天启七年五月，皇太极率军围攻锦州，锦州守军一面坚持抵抗，一面飞报袁崇焕请援。袁崇焕识破皇太极围锦诱战之目的在于借机袭击宁远，故认为"宁远不固，则山海必震，此天下安危所系"。于是坚守宁远不动，而派精骑四千绕到后金军后面猛攻，致使后金军两面受敌。同时又奏请朝廷调蓟镇、保定、昌平、宣府、大同各路守军趋山海关支援。皇太极攻锦州不成，便集中兵力进攻宁远。此时宁远守军早已准备就绪，"红夷大炮"整齐排在城头，引弹待发。后金军强攻，损伤惨重，只好退兵。在宁锦大捷中，袁崇焕运筹帷幄，指挥有方。但论功行赏时，权阉魏忠贤却贪他人之功为己有，对袁崇焕不仅无赏，反诬他"不救锦州为暮气"。袁崇焕一怒之下，上疏乞休归乡。[②]

崇祯元年（1628）四月，崇祯帝命袁崇焕为兵部尚书兼右副都御

---

① 《明史》卷二五九《袁崇焕传》，中华书局1974年版，第6710页。
② 参见季士家《袁崇焕战略战术思想研究》，见《明清史事论集》，南京出版社1993年版，第150页。

史，督师蓟、辽，兼督登、莱、天津军务。七月，袁崇焕应召入京，崇祯帝道："卿万里赴召，忠勇可嘉，所有平辽方略，可具实奏来。"袁崇焕答曰："所有方略，已具疏中。臣今受皇上特达之知，愿假以便宜，五年而建部可平，全辽可复奏。"崇祯帝喜出望外，慷慨答道："五年复辽，便是方略，朕不吝封侯之赏，卿其努力以解天下倒悬之苦！卿子孙亦受其福。"然而，袁崇焕离职后，东北边防已出现巨大变化：一方面，继任的督抚多贪赃冒赎，克扣军饷，多次激起士兵哗变，军心涣散。锦州、大凌等要塞也相继失守，边防一触即溃。另一方面，皇太极即位后更加注意调整满汉关系，加快封建化进程，内部矛盾缓和。袁崇焕向崇祯帝跪请："东建四十年蓄聚，此局原不易结，但皇上留心封疆，宵旰于上，臣何敢言难？此五年之中，须事事应手，首先钱粮。"接着提出在军队调度、兵需供给方面的诸多要求，崇祯帝一一应允。不久，袁崇焕离京赴任，刚到御辽前线，即遇上宁远士兵因长期缺饷而哗变。他当即单骑入营，惩治了贪虐的将领以抚军心，又将兵变为首者枭首示众，以严明军纪。为从根本上稳定军心，他连连上奏，要求朝廷发饷济远。崇祯帝见袁崇焕到边境未立一战功，却请饷之奏频传，心中颇为不悦，对众臣说："将兵者果能如家人父子，自不敢叛，不忍叛。不敢叛者畏其威，不忍叛者怀其德，如何有鼓噪之事？"礼部右侍郎周延儒趁机挑拨，称军事哗变实非缺饷，而另有隐情。崇祯帝开始疑心袁崇焕恃边逼饷以充私囊。不久，又传来袁崇焕擅杀皮岛守将毛文龙的消息。毛文龙原系辽东明军将领，辽东失陷后撤到濒临朝鲜的皮岛上，他在岛上择壮为兵，多次袭击后方，有力牵制了后金军队南下。但毛文龙恃功跋扈，不听指挥。为统一边令，崇焕诱捕毛文龙，先斩后奏。崇祯帝却疑心再起。崇祯二年（1629）十月，皇太极率军避开袁崇焕防地，从蒙古绕道入关。由于蓟州一线边防松弛，后金军轻易攻破，很快会师遵化，直逼京师。袁崇焕得知后金军入关，立即亲率精锐部队，急赴京师救援。他们赶到北京城外，与围攻广渠门的后金军交锋，后金军败退。袁崇焕担心所部日夜奔驰，马卒疲怠，请求入城休整再战，但遭到崇祯帝坚决拒绝，只好移师城外驻防。①

皇太极深悉崇祯帝多疑猜忌，他首先假拟了两封所谓"议和密信"，让部下有意"丢失"在明军经常出没之处。此信一传开，京城人心惶惶，怨谤纷起。朝臣也趁势"诬其引敌协和，将为城下之盟"。崇祯帝正在半信半疑之际，两名从后金营中逃回来的宦官又报告说亲耳听见袁崇焕已与后金国主和议，不久将不战而献北京。崇祯帝当即传令袁崇焕入见，将他逮捕下狱。崇祯三年（1630）八月十六日，以"谋叛欺君罪"处以磔刑。②

为纪念这位著名的爱国将领，2003年1月在袁崇焕的家乡东莞市石碣镇水南村修建了袁崇焕纪念园，目前已成为广东省爱国主义教育基地之一。

第四节　南明统治时期的粤港澳大湾区

崇祯十七年（清顺治元年，1644）三月，李自成农民军攻克北京，推翻明王朝，驻守山海关的明朝总兵吴三桂降清，清军乘机大举入关。李自成农民军迎战失利，放弃北京，向陕西撤退。同年十月，顺治帝福临从沈阳迁都北京。

崇祯帝自缢后，留都南京的明朝官僚拥立福王朱由崧为帝，年号弘光。顺治二年（1645）五月，清军攻占南京，弘光政权灭亡。此后，明朝一批朝臣、官僚在广东组织武装抗清，拥立朱由榔称帝于肇庆，建立永历政权；另一批朝臣、官僚又拥立朱聿鐭称帝于广州，建立绍武政权。于是，在粤港澳大湾区出现了两个并立的南明政权，两政权互相火并，清军虎视眈眈，大湾区又一场浩劫在所难免。

---

① 参见陈登原《袁崇焕之死》，《陈登原全集》，第8册，浙江古籍出版社2014年版，第254—258页。

② 参见白寿彝总主编，王毓铨主编《中国通史（修订版）》第16册《中古时代·明时期下》，上海人民出版社2007年版，第2022—2028页。

一　南明两政权的分立及其亡走

顺治二年（1645）五月，清军攻占南京，消灭南明弘光政权。接着清军向西南推进，各地纷纷开展抗清斗争。是年六月，明朝官僚拥立鲁王朱以海在绍兴监国，建立鲁王政权；闰六月，拥立唐王朱聿键在福州称帝，建立隆武政权。顺治三年六月，清军攻陷绍兴，鲁王政权灭亡。八月，清军直下福州，隆武政权亦亡。

顺治三年十月，明两广总督丁魁楚、广西巡抚瞿式耜等拥立桂王朱由榔监国于肇庆。这时，隆武帝之弟朱聿鐭和隆武朝大学士苏观生等人都逃到广州，十一月初二日，他们联合广州官绅梁朝钟、关捷先等拥戴朱聿鐭，监国于广州，并抢在桂王称帝之前，建元绍武，是为南明绍武政权。同年十一月十八日，丁魁楚、瞿式耜等拥立朱由榔即帝位于肇庆，仍称隆武二年，明年改元永历，是为南明永历政权。

两个政权同处粤港澳大湾区，相距不远，且互不承认，很快火并起来。永历朝廷派遣使臣彭燿和陈嘉谟到广州宣诏，绍武朝廷视为侮辱，斩杀使臣。朱由榔便兴师问罪，命兵部右侍郎林佳鼎督师攻打广州。朱聿鐭派陈际泰率兵拒战于今佛山三水。陈际泰败逃被俘，所部800余人被杀。永历兵乘胜追击，朱聿鐭复派总兵林察迎战，两军决战于三山海口。十二月初二日，绍武兵借东南风大作之机，使用火器攻击永历舟师。永历兵舍舟登岸，陷入泥淖，全军被歼。永历督师林佳鼎投水死，肇庆大震。

正当苏观生等人欢庆同室操戈取得胜利的时候，十二月十五日，清军将领李成栋的前锋骑队从东门突入广州。苏观生仓促调集军队仅得百余人，无以抵抗，广州城遂陷。朱聿鐭、苏观生、梁朝钟等自缢死。南明诸王留在广州者十六人皆为清军所杀。绍武政权自建立至覆灭仅存在四十一天。

永历帝朱由榔听闻清军攻陷广州，于二十五日凌晨慌忙由肇庆乘小舟逃到广西梧州。清军攻占广州后，李成栋和佟养甲分兵三路向广东西部、北部和南部进军。西部由李成栋率领，进攻肇庆，直指梧州；北部由总兵叶承恩率领，进攻南雄、韶州二府；南部由总兵徐国栋等率领，进攻高、雷、廉、琼四府。佟养甲自驻广州。顺治四年（1647）正月，李成栋部沿着西江进击肇庆，南明守将朱治涧弃城逃跑，肇庆陷。

  清军虽占领广州、肇庆等地区，但立足并不稳固，各地纷纷起义，掀起抗清斗争的高潮。南明兵部主事陈邦彦联合农民军首领余龙有众二万余，起兵于顺德；南明监军御史张家玉起兵于东莞；明朝大学士陈子壮联合增城花山农民军，起兵于南海。"三路连兵，势同鼎足，于是广州忠臣义士从之，而起者人人破产，在在称戈"①。一时群起响应，新会黄公辅、番禺屈士煜、高要黄麟游、惠州苏来等，皆闻风而起，"所在人民，戈甲云兴，竞为兵首，以与房人决命，争一旦之生死，盖纵横数百里间，小者百人之奋，大者万人之斗"②，大都归陈邦彦统率。

  为遏制清军西进攻势，陈邦彦于二月率部由顺德入虎门进攻广州，李成栋急撤桂林之围，还师东援。陈邦彦攻城四天未下，退守顺德，为李成栋所败，再退高明。三月，李成栋乘胜进攻东莞，"家玉血战三日，被陷，成栋屠乡，家玉祖母、母、叔、妻、妹与乡民数千俱死，家玉走新安西乡（今广东深圳市及香港地区），依大豪陈文豹"。四月，陈邦彦派遣余龙、马应房攻顺德，余、马败死，邦彦攻下江门，入据高明。张家玉进克新安。二十九日，张家玉遣陈镇国、冯家禄等攻克龙门县。五月，再遣何不凡袭东莞城，战于赤冈（今属东莞市虎门镇辖），胜之。二十一日攻东莞城，不克。二十五日，张家玉亲率兵攻城，战不利，收兵至虎门北栅，与清兵战败还西乡（今属深圳宝安区辖）。③ 六月，清军攻破西乡，附近白石村居民以捕鱼为业，西乡陷，举村战死。④ 是役

---

① 马以君主编：《陈岩野集》卷四《附录》，顺德县志办公室印1987年版，第160页。
② 屈大均：《张文烈公行状》，载中共东莞市委宣传部、东莞市文学艺术界联合会编《东莞历史人物》，广东教育出版社2008年版，第392页。
③ 张家玉撰，杨宝霖点校：《张家玉集》，广东高等教育出版社1992年版，第221页。
④ 参见广州市地方志编纂委员会编《广州市志》卷一七《社会卷》，广州出版社1998年版，第361页；王琳乾、黄万德《潮汕史事纪略》，花城出版社1999年版，第27—59页。

清军虽克城，但死伤万余，精锐损失过半。张家玉挥师进克龙门，收复博罗、长宁、连平、归善等州县，后屯兵博罗。

七月，陈邦彦联合陈子壮，准备再攻广州。李成栋得信后回师广州，败陈子壮于白鹅潭。陈邦彦退入三水，驻军胥江（今属佛山市三水区辖）。其时张家玉屯兵在广州东部，陈邦彦驻军在广州西部，形成东西夹击广州之势。佟养甲和李成栋判断，张家玉部依山扎营，不会主动进攻广州；而陈邦彦水师行军迅速，对广州威胁较大。于是以偏师牵制张家玉而以主力攻击陈邦彦。八月，李成栋与陈邦彦在胥江展开激战。九月，陈军大败，陈邦彦负伤被俘就义。同时，张家玉在博罗兵败退驻增城。李成栋又挥师东攻增城。张家玉沿深溪高岸设险，列阵中、西、北三路迎战。李成栋分兵攻之，十月初十日，张家玉身负重伤，自投野塘而死。李成栋乘胜直扑据守高明的陈子壮。十月，清军攻破高明，陈子壮被俘就义。

陈邦彦、张家玉和陈子壮自顺治四年（1647）一月起兵，至十月为清军所败，坚持抗战达十个月之久，将进入粤港澳大湾区的清军死死拖住，使之不能西进，有力支援了周边地区的抗清斗争，同时也为永历政权的辗转提供了时间，后人誉之为"广东三忠"。

二　永历重回肇庆与两藩南征

就在大湾区人民抗清起义陷入低潮之际，清军将领李成栋突然反水，陡然改变了当时粤港澳大湾区的政治形势。

顺治五年（1648）四月十日，清广东提督李成栋在广州反清归明，奉永历年号，并胁迫清两广总督兼广东巡抚佟养甲也投降南明。永历政权兵不血刃进占肇庆，重新恢复了对整个粤港澳大湾区的统治。然而，永历政权对外不思进取、对内各树朋党，严重削弱了自身力量。顺治五年五月，清廷命都统谭泰率领大军进伐江西，六年正月攻占南昌。同月，南明军统帅何腾蛟在湘潭被俘殉难，湖南全失。二月，李成栋于信丰战败，渡水溺死。永历以其副将杜永和代领其军为两广总督，驻守广州。粤港澳大湾区已直面清军威胁。

顺治六年五月，清廷命靖南王耿仲明、平南王尚可喜各率所部合兵两万同征广东。次年正月，朱由榔闻报，从肇庆登舟逃往梧州，清军连陷英德、清远、从化等县。二月，进逼广州。永历两广总督杜永和率军抗清，他"蓬跣自运炮石，置白锸城上，每副将予五百金，彩缎表里，拜奉月等以金杯犀玉，故将卒效命"，三战皆捷。但随后，杜永和因胜而骄，担心诸将入城会分其权，拒绝援兵入城助守，又轻敌麻痹，竟"白晰整暇，于五层楼上张宴设乐无虚日"①。他甚至戏谑部将范承恩为"草包"，使范一怒之下潜通尚可喜、耿继茂，许诺为内应。尚、耿二王得范承恩内应，遂攻入外城。继而用猛烈炮火轰击内城，连攻三日，"城坏数丈"。十一月二日广州城陷。南明军阵亡六千余人，余部被清军追杀到南门珠江边，溺死者甚众，杜永和等乘船逃奔琼州。

三 李定国在粤港澳大湾区抗清

正当永历政权朝不保夕之际，张献忠四个养子孙可望、李定国、刘文秀、艾能奇却率领大西军余部，在西南地区开辟了包括云南、贵州、四川西南部、湖南西部和广西部分地区的抗清基地，拥兵十几万人。顺治八年（1651）八月，李定国进攻广东，连克阳山县及肇庆、高州、廉州、雷州诸府，粤港澳大湾区内抗清义军乘势出击，"逐清守将，附于定国"②。

顺治十年初，清廷派贝勒屯齐率兵连败李定国部和孙可望部，粤港澳大湾区内州县也随之被占。同年三月，李定国由柳州再进军广东，连破开建（今广东肇庆市封开县南丰镇）、德庆，进围肇庆。清将许尔显设险死守，尚、耿两藩急调兵援救。李定国攻城四十天不下，最后被清朝援兵所败，退还柳州。顺治十一年四月，李定国第三次出兵广东，五月，进攻新会城（今广东江门市新会区），新会是广

---

① 邵廷采：《西南纪事》卷九《杜永和传》，载《笔记小说大观》，第十四编第十册，新兴书局有限公司印1983年版，第5115页。

② 刘彬：《晋王李定国列传》，载郭影秋《李定国纪年》，中华书局1960年版，第198—206页。

州的海上门户和粮仓，清派重兵驻守，故初战两次皆被清军击退。于是，李定国于七月致书郑成功，邀他合攻新会。信中指出："会城两酋（尚可喜、耿继茂）恃海撄城，尚稽戎索。兹不榖已驻兴邑，刻日直捣五羊；然逆虏以新会为锁钥枢牖，储粮悠资，是用悉所精神，援饷不绝。不榖之意，欲就其地以芟除，庶省城（广州）可不劳而下。"① 十月，李定国集中兵力发起第三次攻城，清将吴进功和田云龙负隅死守，定国军强攻两月不下。此时，城中已食尽，于是李定国改变战术，围而不攻，绝其饷道，等其投降。十二月，清廷派都统朱玛喇率兵十余万南下，与尚可喜、耿继茂会师，增援新会。李定国军中瘟疫流行，死病枕藉，士气低落。十二月十四日，两军决战。定国军大败，撤新会之围退走，"民间男妇老幼、饥兵病卒共六七十万人从之"②。从此，清廷在粤港澳大湾区的统治愈发稳固。

第五节　清前期对粤港澳大湾区的统治

清军入粤不久，即着手在粤港澳大湾区建立行政机构。随着抗清武装力量的削弱，清廷在粤港澳大湾区的统治逐渐稳固起来，相应的管理机构也日益完善。历经磨难后，大湾区人民终于走向了休养生息和安居乐业的新时期。

一　粤港澳大湾区行政及军事机构

（一）清代粤港澳大湾区行政机构

从顺治四年（1647）起，清廷逐渐在粤港澳大湾区建立起地方政权组织。其最高军政长官为两广总督，管辖广东、广西两省，始驻广州，顺治十三年（1656）移驻梧州，康熙四年（1665）又移驻肇庆，乾隆十一年（1746）复移驻广州。两广总督例兼兵部尚书及都察院

---

① 杨英、施琅：《从征实录　靖海纪事》，商务印书馆2019年版，第39页。
② 刘彬：《晋王李定国列传》，载郭影秋《李定国纪年》，中华书局1960年版，第198—206页。

右都御史衔，掌管两广军务，兼管盐政，亦办理对外交涉事宜，权力很大，多用满人担任。巡抚例兼兵部侍郎及都察院右副都御史衔，掌管一省军事、吏治、刑狱等。其地位略次于总督，仍属平行，并为封疆大吏。广东巡抚管辖广东一省，驻广州。

总督、巡抚的属官主要是布政使（别称藩司）、按察使（别称臬司）、学政。布政使，康熙六年（1667）以前分设左、右布政使；六年以后改设一员。布政使主管一省户籍、田赋、税收、财政收支等，其官阶仅次于巡抚。督、抚缺位时多由布政使兼理。布政使衙署为承宣布政使司，置佐贰官（副职）和属官。其佐贰官有布政使司参政、参议，皆依事繁简而设，无定员。其属官有：经历，掌出纳文移；照磨，掌照刷案卷；理问，勘核刑法；库大使，掌库藏账籍等。上述属官皆置一人。

按察使，仅次于布政使，二者合称"两司"，职掌一省司法刑狱和驿传等事务。按察使衙署为提刑按察使司，通称"按察司衙门"。其佐贰官有按察使司副使、佥事；因事酌置，无定员。其属官有经历、照磨、知事（勘察刑法）、司狱（管理狱囚）等各一人。

学政，全称"提督广东学政"，驻广州，掌管一省学务，主持府级岁试（考选生员升优降劣）和科试（乡试的预试），亦负责考送贡生。全省重大事宜，学政均参与督、抚、藩、臬会议讨论，然后施行。雍正七年（1729），改广东学政为广韶学政，增设肇高学政；乾隆十六年（1751），复并为一员，仍称广东学政。此外，康熙二十四年（1685）还设粤海关监督，作为粤海关衙门的长官，驻广州，掌管对外贸易和征收关税事务。

省以下为道，长官称道员。道以下为府，粤港澳大湾区内之府有广州府、肇庆府、惠州府，府设知府，掌管一府所属州县赋役、诉讼事务。府下为县（州），长官为知县、知州，凡州、县内之赋役、户籍、诉讼、缉捕、治安、文教、农桑、工商、赈济诸政无不综理。

（二）清代粤港澳大湾区军事机构

清朝在粤港澳大湾区派驻绿营兵和八旗兵。绿营兵，因用绿色军旗和以营为基本编制单位而得名，其编制是标、协、营、汛。绿营兵专职军事长官是提督,受督抚节制,但总督和巡抚只属兼职,广东设陆路提督一人,驻惠州。康熙三年(1664),增设水师提督一人,驻虎门。康熙七年,裁撤水师提督,至嘉庆十五年(1810)复置。清廷在广州、肇庆、惠州、虎门分别驻有督标、抚标、提标。

为了加强统治广东的军事力量,除绿营兵驻守外,清廷又派八旗兵驻防,由驻防将军统辖。康熙十九年(1680),设广州将军一人,驻广州统辖八旗官兵,兼辖绿营兵。雍正七年(1729),增设八旗水师营,官兵500多人。广州将军的官阶为从一品,与两广总督同,实权不如两广总督,但地位略高。两者会同奏事,以广州将军领衔。全省绿营兵俱受广州将军节制。广州将军下设副都统、协领、参领、防御、骁骑校等官,分管所属防务。

二 两藩镇粤与海禁复施

所谓两藩,即平南王尚可喜(简称尚藩,或平藩)和靖南王耿继茂(简称耿藩,或靖藩)。顺治七年(1650)十一月,尚、耿攻下广州,留镇广东,并称藩王。两藩占领广州后,清廷按例"分给圈田",许以"平藩东关,靖藩西关,听从选择膏腴田土"。当时广州城东西分归番禺、南海二县管辖。二县共圈田100顷38亩,"送与两藩分掌收租"。此外,平、靖两藩又以建营盘、马路、官舍为名,共圈田216顷13亩。这些被圈占田地的赋税,"仍责业户代纳,以致残黎疲困逃亡"[①]。

两藩镇粤期间残害百姓,无视朝廷法令,私行征税,滥派夫役,占民田屋,横征暴敛。如"两藩战马数逾万匹",皆牧养于广州旧城中。城中的民房、官署、庙宇、学宫、贡院等都变成两藩兵营与马厩,瓦砾粪土厚积,污秽遍地。"广州城居民流离窜徙于乡,城内外三十里,所有庐舍坟墓顷悉令官军筑厩养马"[②]。后虽将马厩移出城外,但近厩三四里内禁止人民耕种,遍植青草放牧;至于"士马刍蓑

[①] 故宫博物院明清档案部编:《清代档案史料丛编》第4辑,中华书局1979年版,第123页。

[②] 梁佩兰:《六莹堂集》卷三《养马行·并序》,中山大学出版社1992年版,第26页。

齿草羽毛之属，较倍他邑"，仍责令民间取办，人民因而备受残虐。①平定粤东后，两藩还大兴土木，在广州营建藩府，竞侈斗丽，奴役百姓，劳民伤财。尚藩府在城东，耿藩府在城西，占地八十亩有奇。他们"广征材木，工役无限"，百姓大受其累。"平南、靖南两藩王兼镇南海，盐谷丝麻，输官价百倍，而县境羚羊峡（今广东肇庆市东北）产砚，遣其掾采石，日役黄冈村夫匠无算，篝火入岩穴，有失气死者"②，粤港澳大湾区人民敢怒而不敢言。

两藩镇粤日久，骄横日甚，顺治十六年（1659）兵科给事中杨雍建疏陈广东滥役、私税诸大害，提出"一省不堪两藩"，请移一藩镇抚他省。翌年七月，清廷方命耿继茂移镇福建，尚可喜仍留镇广东。

两藩之恶已给大湾区人民带来了沉重负担，而清政府再申海禁令、行迁海令，进一步摧残了当地的社会经济。顺治四年颁布《广东底定恩诏》，规定"广东近海，凡系飘洋私船，照旧严禁"③。由于郑成功海上反清势力日益壮大，不时出兵攻击沿海清军，顺治十二年又对沿海省份重申禁海令，翌年更严禁浙江、福建、广东等地"商民船只私自出海"贸易，于是粤港澳大湾区凡"无号票文引及私制二桅以上大船，往外洋贸易者俱置重典"，航海贸易，全被禁止。④

顺治十八年，清廷为切断台湾郑成功与大陆的联系，发布"迁界令"，勒令沿海居民迁居内地。康熙元年（1662）二月，在苏纳海等人建议下，于"沿海建墩，台贼至，烽火为号，以便守御"，并于粤港澳大湾区恩平（今广东江门恩平市）、新宁（今广东江门台山市）、新会（今广东江门新会区）、香山（今广东中山市）、东莞（今广东

---

① 郭尔戺、胡云客纂修：《（康熙）南海县志》卷首《梁佩兰序》，《日本藏中国罕见地方志丛刊》，书目文献出版社1992年版，第12页。
② 丁丙辑：《武林坊巷志》卷四《丰上坊一》，第2册，浙江古籍出版社2018年版，第465页。
③ 《清世祖实录》卷三三，顺治四年七月甲子，中华书局1985年版，第274页。
④ 明谊修，张岳崧纂：《（道光）琼州府志》卷四二《杂志》，第4册，海南出版社2006年版，第1889页。

第四章　明清两朝对粤港澳大湾区的统治

东莞市)、新安(今广东深圳市)、归善(今广东惠州市辖区)等州县沿海并所有附近海岛洲港(澳门除外)的居民,皆被迫内迁50里,即"徙民内地,以杜奸宄接济台湾之患"①。清廷还规定,界外禁止通行,民房全部拆毁,田地不准耕种,禁止出海捕鱼,凡越出界外者立斩。迁民之后,清政府在"粤省东起饶平大城所上里尾,西迄钦州防城"的沿边划界,派重兵防守。②这是粤港澳大湾区的第一次迁界。

康熙三年三月,清廷以"迁民窃出鱼盐,恐其仍通海舶"为名,再次下令内迁30里,不仅原来已迁州县再内迁30里,而且原不在迁界范围内的顺德(今广东佛山市顺德区)、番禺(今广东广州市番禺区)、南海(今广东佛山市南海区)县居民也要内迁。据《顺德县志》载:"以郑寇被猖海上,缘有迁界之役,初议移入五十里,不及县界。迨再移三十里,于是桂洲、容奇、鹿门、小湾诸堡,空其室以行。弃田三千六百八十余顷,丁口随之。"③这是粤港澳大湾区的第二次迁界。

迁界是强制性军事措施,不容延误。康熙元年迁界时,限期三日,"尽夷其地,空其人"④。清军沿村催迫撤离,以致沿海人民仓皇逃难,"多弃其贸,携妻挈子以行",野栖露处,死亡载道。香山县"黄染都民奉迁时,民多恋土,都地山深谷邃,藏匿者众平藩(平南王尚可喜)左翼总兵班际盛计诱之曰:点阅报大府即许复业。禺民信其然。盛乃勒(令)兵长连埔,按名令民自前营入,后营出。入即杀,无一人幸脱者"⑤。康熙三年再次迁界,并要求内地人民放弃产业,全家迁徙,以致新安县迁移之民十存二三,新会县迁民仅存其

---

① 阮元修,江藩等纂:《(道光)广东通志》卷一二三《海防略一·潮州府》,《续修四库全书》,第671册,上海古籍出版社2002年版,第704页。
② 阮元修,江藩等纂:《(道光)广东通志》卷一二三《海防略一·潮州府》,《续修四库全书》,第671册,上海古籍出版社2002年版,第704页。
③ 郭汝诚:《(咸丰)顺德县志》卷六,第2册,成文出版社1967年版,第493页。
④ 屈大均:《广东新语》卷二《迁海》,中华书局1985年版,第57页。
⑤ 田明曜修,陈沣纂:《(光绪)香山县志》卷二二《纪事》,《续修四库全书》,第713册,上海古籍出版社2002年版,第499页。

半，香山县赋额亦仅存十之一二，粤港澳大湾区人民遭受了一场特大浩劫，激起了反抗斗争。①

三 粤港澳大湾区反禁海、迁海斗争

清廷实行野蛮残暴的迁界政策，激起了粤港澳大湾区沿海人民的强烈反抗。康熙元年（1662）迁界，番禺县市桥镇疍民周玉、李荣捕鱼之处全在界外，其船被勒令驶入界内停泊，迁其家属及所有沿海疍民入城。番禺疍民约万人被安插于广州城西的柳波涌、泮塘等处，饬令归农。疍民素习捕鱼，不谙农耕，被迫迁界后无以为生。康熙二年十月十五日，周玉、李荣扬帆出海，发动起义，分兵攻占番禺、新会、顺德、香山、东莞等地清军营汛，夺取饷船及钦差马船，击毙江门清军游击张可久。十七日，在石龙大破广东提督杨遇明部，省城大震。二十二日，起义军进攻广州西关炮台，不克，佯败逃，清军尾追，乃于缆尾大败清军，焚清军炮船二十四艘，歼其兵一千余人，清水师总兵张国勋仅以身免。二十五日，起义军攻下顺德县城，俘虏知县王胤。三十日，起义军与清军大战于市桥大石口江面，周玉被俘，李荣率余部逃出外洋，后战死海上，起义失败。此次起义失败后，康熙三年五月，又爆发了惠州碣石卫总兵苏利发动的抗迁起义，在清军围剿下，最终亦失败。

粤港澳大湾区人民的反抗斗争，使清政府不得不采取措施，缓和矛盾。康熙七年（1668）十一月，清廷派都统特晋等会同平南王尚可喜、两广总督周有德等巡勘，"一面设兵防守，一面安插迁民，毋误农时，致民生失所"②。康熙八年二月允准广东在康熙三年的迁界地区复界。这次复界，回迁人民16万多，恢复农田250多万亩。但康熙元年迁界地区尚属界外禁区，如香山县在该年迁界的黄旗角、潭洲、黄梁都、沙尾、奇独澳诸乡，皆不得复界。当时黄旗角、潭洲两

---

① 参见李东珠《清初广东"迁海"的经过及其对社会经济的影响：清初广东"迁海"考实》，《中国社会经济史研究》1995年第1期。
② 《清圣祖实录》卷二七，康熙七年十一月戊申，中华书局1985年版，第378页。

乡的迁民，群赴总督、巡抚衙门哀求复界，广东官府坚执朝廷旨令，概不批准①，仍然禁止出海捕鱼。新安县的新界龙跃头乡复界后有记载说："村之迁移也，拆房屋，荒田地，流亡八载，饿死过半。界之复也，复田而不复海。……故移村苦，苦于八年，死生之数已定；复村苦，苦于谷贱，催科之累难逃。今试合计复乡之田地，已垦、未垦、减收、无收，每百不过收租五十石。以五十石之租谷，办一百石之钱粮。将六七成铜锡之银，倾煎秤纳，其不足也审矣。尚望事父母、蓄妻子、跻公堂而歌万寿乎？故曰：新安偏邑，鱼盐为利，海界不复，渡海不通，究竟同归于尽云尔。"②

康熙二十二年（1683）八月，清朝统一台湾。十月十九日，两广总督吴兴祚疏请于广州、惠州、肇庆等七府迁界地区，招民耕垦荒地。康熙帝遂谕大学士等详议"展界"。十月二十八日，清廷宣布废止"迁界令"，令乡民复界。按迁户原产，"特遣大臣勘明地界，给还原主。或有原主已亡无从查觅者，听情愿垦荒之人，量力承种，总俟三年起科"，并准许渔民驾驶"无蓬桅小船、筏子"出海捕鱼。③ 这次复界恢复农田316万多亩。历时二十三年的迁界暴政至此结束。

四　康乾时期粤港澳大湾区统治

经过清初战乱的破坏，粤港澳大湾区的社会生产力遭到严重摧残，农村凋敝，人口流移。平定三藩和实行复界后，康熙帝采取招民复业、奖励垦荒、兴修水利、蠲免赋税等措施，使农业生产逐渐得到恢复。到康熙二十六年（1687），广州已是"庭肃无哗，牍清冈滞，城内烟火渐稠，郊外桑麻日茂，游惰买犊于市，妇子呷耕于田，弦诵

---

① 阮元修，江藩等纂：《（道光）广东通志》卷二五五《宦绩录·刘秉权传》，《续修四库全书》，第674册，上海古籍出版社2002年版，第344页。
② 《邓氏族谱·复界记》，转引自谭元亨主编《广东客家史》上册，广东人民出版社2010年版，第230页。
③ 杜臻：《粤闽巡视纪略》卷一，《景印文渊阁四库全书》，第460册，上海古籍出版社1987年版，第955页。

声闻,桴鼓音息"的景象。① 康熙四十二年,据英国来华商人汉密尔顿记录:"广州是一个繁盛的市场,城内住有人口90万,在近郊的还有上述人口数的1/3";"一年中每天城市前面河上的船艇,除小艇外,经常见有5000艘的贸易帆船。"② 可见广州商业已恢复昔日的繁华。

然而,到康熙中后期,受康熙帝以宽治国的影响,粤港澳大湾区吏治开始腐败,贪污纳贿有盛行之势。康熙四十八年(1709),有人揭发新会县有十二种"陋规",如新县令到任,官员送节日、生日礼银12—24两;新县令到任,里长送"公堂银"共1200余两;新县令到任,官府文书送礼银40两,或20—30两不等,约共400多两;盐埠每月交县120两;索取钱粮耗羡,征"地丁银"每张票据额外索3文钱,每年约共3万多文钱,征粮米每石额外收"样米"2斗,共多收140多石;检查验证,商铺要送20—40两"利市钱",又名"红袍钱",衙役的使费还要另给;等等。③ 粤港澳大湾区吏治腐败可见一斑。

雍正帝即位后,锐意整顿吏治,严惩贪污,力矫康熙晚年官场种种积弊,使粤港澳大湾区的政局一度好转。首先,建立养廉银制度。雍正四年(1726),开始在广东省内实行耗羡归公和养廉银制度。据广东巡抚杨文乾奏报:粤省每年办公费约需银4万两。从前皆从火耗银内提取,现在可另从民间置买产业推粮过割税银和卫所裁撤并入州县后屯户钱粮火耗银提用,不必再从正项钱粮火耗银中支付。督、抚、布、按及道府厅员,"今酌定帮助养廉之费"。七年正月,广东各官养廉银制度扩大到粤港澳大湾区内各州县,"给广东各官养廉,自督抚至州县,凡一百二十二员,各计厚薄,岁给养廉有差,共需银

---

① 郭尔疕:《新建南海县治题名碑记》,载冼剑民、陈鸿钧编《广州碑刻集》,广东高等教育出版社2006年版,第1103页。
② 马士著,区宗华等译:《东印度公司对华贸易编年史(第一卷)》,中山大学出版社1991年版,第102页。
③ 《(道光)新会县志》卷七《宦迹·顾嗣协传》附《顾侯请禁新会十二陋规详文》,成文出版社1966年版,第216—217页。

一十四万两有奇。"① 八年五月,又令从正印官到佐贰杂职薪俸,全面实行养廉银制度。与此同时,清廷又及时禁革陋规,大小官吏的陋规收受大大减少,大湾区吏治有所改善。

其次,整饬官风。雍正三年(1725)四月,任命杨文乾为广东巡抚,他在粤抚任上,实心办事,勇于兴利除弊,澄清吏治,如怠惰废弛之东莞知县于梓香、香山知县余庆锡等人,都被他予以重处。清初,广州驻防旗兵向来骄横,滥用权势,窝盗分赃,恃强夺利,气焰嚣张。且"旗兵犯事向不许有司往查",每涉及旗兵案件,地方官府不敢秉公办理,往往草草结案,百姓受害,无处投诉。杨文乾严令"不论兵民、旗汉"一律实行保甲制度,加强管理控制。广州旗兵开设米铺,高抬米价,而省中官府为贫民开办平价米厂,两者矛盾尖锐。雍正四年(1726)四月旗兵闫尚义等因其高价米滞销,竟集众捣毁官府米厂,拥众喧闹巡抚公堂。杨文乾下令逮捕闹事旗兵,并将此事奏报,请求派钦差来粤审理。结果为首闹事的旗兵闫尚义等人被立即处斩,非首犯者拟绞监候;广州将军李林纵容曲庇兵丁扰乱地方,拟斩监候。这些都改变了数十年来广州驻防旗兵的骄横习气。在杨文乾之后,雍正帝又先后任命王士俊、鄂弥达、杨文斌等巡抚广东,统管粤港澳大湾区。经过长期吏治整顿,大湾区吏治相对清明,各级官员多能奉公称职,执政能力和办事效率提高,使社会比较安定,生产获得较大发展,出现连年丰登、民安物阜的局面。

最后,除贱为良。以捕鱼为生的疍民历来被列为贱籍,排斥于士、农、工、商四民之外,社会地位较低,不许陆居。雍正七年(1729)五月,正式颁布"除贱为良"的上谕,准许疍民上岸居住,"与齐民一同编列甲户"。其原文是:"上谕:闻粤东地方,四民之外,另有一种名为疍户,即瑶蛮之类,以船为家,以捕鱼为业。通省河路俱有疍船,生齿繁多,不可数计。粤民视疍户为卑贱之流,不容

---

① 郝玉麟等监修,鲁曾煜编纂:《(雍正)广东通志》卷七《编年》,《景印文渊阁四库全书》,第562册,上海古籍出版社1987年版,第311页。

登岸居住；疍户亦不敢与平民抗衡，畏威隐忍，局蹐舟中，终身不获安居之乐，深可悯恻。疍户本属良民，无可轻贱摈弃之处，且彼输纳渔课与齐民一体，安得因地方积习强为区别，而使之飘荡靡宁乎！着该督、抚等转饬有司通行晓谕，凡无力之疍户，听其在船自便，不必强令登岸，如有力能建造房屋及搭棚栖身者，准其在于近水村庄居住，与齐民一同编列甲户，以便稽查。势豪土棍，不得借端欺凌驱逐。并令有司劝谕疍户，开垦荒地，播种力田，共为务本之人，以副朕一视同仁之至意。"①

这道上谕对长期受歧视的疍民而言是一次解放，有利于社会安定和生产力的发展。上谕颁布后，部分疍民"即移登村岸，亦往往聚其党属，结茅于荒畦僻港，维楫庐侧，名之曰'墩'"②，"诸蛋（疍）亦渐知书，有居陆成村者"，如"广城西、周墩、林墩是也"，形成以疍民为主的村落。③陆居顺德县的，有名为"聚龙"的村社。咸丰年间《顺德县志·经政略》说县境疍民"统属埠堡三十三名，约共五千余户，男妇约共二万五千四百余口"④。顺德、香山两县境内的疍户，有些"佃富民沙田，藉资糊口"。顺德、香山之田多产蟛蜞，食谷芽伤害禾稼，"疍妇日率其童稚，携具而捕之，卖于居民，以饲蓄鸭，田稼以是不害。一夫一妇，生齿自繁"⑤。

总体上来说，粤港澳大湾区与康乾盛世相映衬。在此期间，域内人口迅速增殖，社会相对安定，经济文化也获得快速发展，大湾区进入了难得的盛世时期。

---

① 《清世宗宪皇帝上谕内阁》卷八一，雍正七年五月二十八日，《景印文渊阁四库全书》，第 415 册，上海古籍出版社 1987 年版，第 252 页。

② 《（咸丰）顺德县志》卷六《经政略一·疍户》，成文出版社 1966 年版，第 503—504 页。

③ 范端昂撰，汤志岳校注：《粤中见闻》卷二〇《疍人》，广东高等教育出版社 1988 年版，第 232 页。

④ 《（咸丰）顺德县志》卷六《经政略一·疍户》，成文出版社 1966 年版，第 503—504 页。

⑤ 《（咸丰）顺德县志》卷六《经政略一·疍户》，成文出版社 1966 年版，第 503—504 页。

五　粤港澳大湾区"岭南三家"

清朝平定广东后，开办府学、县学，实行科举考试。一部分人应考科举、追逐名利，另有不少文人学者不肯与清朝合作，绝意仕途，继续坚持经世致用的治学途径，从事学术研究和文艺创作。番禺的屈大均、顺德的陈恭尹和南海的梁佩兰，被称为"岭南三家"，即是这一时期粤港澳大湾区在文化界的杰出代表。

屈大均（1630—1696），字翁山，广东番禺人。清军攻下广州，屈大均参加陈邦彦等发动的抗清斗争。顺治七年（1650），清军再破广州，他削发为僧。与同里文士创"西园诗社"，以诗言志，砥砺名节。十三年，度岭北游，联络遗民，图谋恢复。康熙元年（1662），归粤，蓄发还俗。五年，再次度岭北游，在太原与顾炎武等交往。十三年，参与吴三桂反清军事行动，监军桂林，不久托病辞归。从此，隐居著述及编辑广东历史文献。现存诗集有《翁山诗外》《道援堂集》《翁山诗略》三种。

屈大均一生积极从事抗清活动，其诗歌创作也大量表彰抗清斗争志士，揭发和控诉清军的暴行。在清军入关后，大均以声情激越的诗章歌颂了战死沙场的烈士，自广州失守后，陈邦彦、张家玉、陈子壮等烈士，首举抗清义旗，英勇奋战，慷慨赴义。对此，诗人都有诗作悼念。

陈恭尹（1631—1700），广东顺德人，著名抗清志士陈邦彦之子。顺治三年（1646），清军攻下广州，次年其父陈邦彦起兵抗清殉难，全家遇害，恭尹只身逃脱。以父荫，永历政权授锦衣卫指挥佥事。清军再陷广州，恭尹为联络抗清力量，出游闽、赣、浙、苏等地，历时三年，因未葬父，遂归。乡居四年，完婚及父葬后，再度出游；取道入滇，投赴永历行在。时值清军征滇，路阻，改道由湘经鄂、苏、豫，北渡黄河，到太行山下。顺治十六年（1659），桂王逃入缅甸，南明亡。恭尹见事无可为，乃南还，翌年三月抵家，遂不复出。及"三藩之乱"，恭尹为尚之信所延揽。康熙十七年（1678）秋，被清廷拘捕下狱 200 多天。此后，为避祸计，多与达官贵人应酬赠答。晚年卜居广州城南，以卖文为生，自称"罗浮布衣"。著有《独漉堂集》。

陈恭尹的诗歌交织着国破家亡的哀思，虽伤心落泪，但斗志不衰，时刻以报仇雪耻自励。恭尹在《王将军挽歌》中，描写抗清义军将领王兴屡挫强敌，最后举家殉难的悲壮事迹。还写了不少反映民间疾苦的作品，如《耕田歌》反映农民的劳动果实被官兵所掠夺，以致"典衣卖犊"，贫困不堪。《乞食翁》反映清初一部分自耕农民的破产，沦为乞丐，从不同侧面揭露清统治者虐民的罪行。

梁佩兰（1629—1705），广东南海人。顺治十四年（1657）乡试第一，此后屡试不第，乃闭门读书，专力诗文。康熙二十一年（1682），赴京应试，被推举与朱彝尊等主持京城诗坛，诗名益噪。每有所作，争相传诵。康熙二十七年中进士，时年六十，授翰林院庶吉士。任职一年，告退归里。途经山东、江苏、浙江等地，与当地名流王士禛、朱彝尊等游览山水，诗酒唱酬。从此寓居十五年，著有《六莹堂集》。

梁佩兰博学工诗，尤以才气见长。其作品以应酬赠答、吟咏景物为多，也有一些反对官府压迫、同情人民疾苦的作品。如《养马行》揭露耿继茂、尚可喜两藩王养马害民的罪行。其《采珠歌》《采茶歌》《雀飞多》等篇，都如实反映了官吏贪鄙、徭役繁重和民生困苦的社会现实。此外，佩兰也写了一些追怀前明忠烈的诗作。如在《秋夜宿陈元孝独漉堂，读其先大司马遗集感赋》中，歌颂陈邦彦的气节和文章，同时通过悼念忠烈，感慨兴亡，亦寄托着作者对于故国的怀念。

中编　近现代的粤港澳大湾区

　　从19世纪初开始，以英国为首的西方国家加紧了对中国的侵略扩张，他们将鸦片源源不断输向中国，仅道光十八年（1838）就达4万余箱。烟毒泛滥，使中国白银大量外流，银价飞涨，财政困难，并极大摧残着中国人的身心。道光十六年，两广总督邓廷桢全面实施禁烟。道光十九年春，钦差大臣林则徐到广东主持禁烟，与英国驻华商务监督义律进行坚决斗争，迫使西方鸦片商交出船上所有鸦片，并在虎门全部销毁。

　　为维护鸦片走私和打开中国市场，英国政府悍然发动了侵华战争，史称"鸦片战争"。粤港澳大湾区作为对外贸易的主要窗口，在鸦片战争及此后的历次列强侵略中国的战争中都首当其冲，一次次遭受战火蹂躏。从此，粤港澳大湾区人民经历了一段忍辱负重与奋起抗争的艰难岁月，并在反帝斗争中写下了光辉的一页。

第五章　列强的侵略与粤港澳大湾区人民的抗争

19世纪20年代，英国政府正式确立了对华"炮舰政策"，决定用武力开拓中国市场，并先后派出了英国驻华商务监督律劳卑和英国东印度防区舰队司令马他仑到广东进行武装挑衅，作为"炮舰政策"的尝试。邓廷桢、林则徐的禁烟运动，则成为英国殖民者实施武装侵略的借口。

第一节　粤港澳大湾区与第一次鸦片战争

康熙五十四年（1715），英国东印度公司在广州设立商馆，英国对华贸易由此开始。到18世纪下半叶，英国东印度公司几乎垄断了中西贸易，如乾隆三十五年至三十九年（1770—1774），英国平均每年输华总值为146万两白银商品，占欧美各国输华商品总值的70%；而自中国输英的商品总值为211万两，占中国输出商品总值的48.6%。但由于中国的商品，尤其是茶叶、蚕丝是欧美畅销货，而英国的工业品则在中国很难有销路，所以，在18世纪东印度公司对华贸易中，出现了巨大逆差，迫使东印度公司以大量白银购买中国商品。为改变英中贸易的巨大逆差，达到掠夺中国财富的目的，他们想到了在中国进行可耻的鸦片走私贸易。

一 鸦片贸易与虎门销烟

早在乾隆二十二年（1757），英国东印度公司便强迫孟加拉农民种植罂粟，用以加工鸦片向中国出售。乾隆四十五年，东印度公司实行鸦片贸易垄断，嘉庆二年（1797），东印度公司又进一步实行鸦片种植、收购、加工、贸易的全面垄断。这一系列垄断权的确立，使英印商人顺利取代了葡萄牙人，成为对华鸦片贸易的主角，他们利用这一垄断地位，千方百计扩大对华鸦片贸易，在19世纪最初的10年，平均每年销售4016箱，而到了第二个10年，平均每年销售量大幅攀升至4494箱。从嘉庆二年到嘉庆二十二年（1797—1817），东印度公司单靠销售鸦片即获利1.1亿多卢比。

对清政府而言，因鸦片贸易引起白银大量外流，银价飞涨。嘉庆二十五年（1820），白银每两折铜钱1226文；道光十年（1830），白银每两1364文；而到道光十九年，已上涨至每两1678文。银价上涨直接导致劳动人民和工商业户赋税负担加重。

道光十六年（1836）初，邓廷桢出任两广总督。开始着力打击珠江口内外的鸦片走私活动。广东水师提督关天培亲率水师巡船在伶仃洋面昼夜穿梭巡查，使所有偷运鸦片的匪艇一时无法交易。邓廷桢还利用内线连续破获多宗偷运销售鸦片的罪案，铲除一些曾在珠江口猖獗一时的鸦片贩子。道光十七年九月，英国鸦片巨贩查顿悲叹道："我从来没有见过广州如此萧条，一无生气！"[1]

道光十八年（1838）八月，林则徐上书道光帝，指出烟毒泛滥将"使数十年后，中原无可御敌之兵，且无可以充饷之银"[2]。随后，道光帝任命林则徐为钦差大臣，前往广东查禁鸦片，并节制广东水师。道光十九年，林则徐强令英国商贩交出鸦片，并决定采用盐卤、石灰浸化法销毁鸦片。他亲自设计两个浸化池，设在虎门海滩高地上，池

---

[1] 张馨保：《林钦差与鸦片战争》，福建人民出版社1989年版，第103页。
[2] 林则徐：《钱票无甚关碍官禁吃烟以杜弊源片》，载中山大学历史系中国近现代史教研室编《林则徐集·奏稿》，中册，中华书局1965年版，第601页。

纵横各15丈，池底铺石板，池壁则钉木板，使融化的鸦片无法渗入泥土中。池设涵洞，直通大海，池底有水沟相通，以灌水入池，把鸦片渣沫冲入大海。共销毁烟土19187箱又2119袋，实重2376254斤。

虎门销烟的壮举，使中国民众看清了鸦片的危害性，抑制了英国的鸦片交易，沉重打击了西方侵略者的气焰，展示了中国人民禁烟的坚定决心和反对外来侵略的坚强意志。

二 第一次鸦片战争爆发

道光十九年七月（1839年8月），林则徐收缴鸦片的消息传至英国，在英国资产阶级中引起极大震动。在外交大臣巴麦尊等部分大臣的坚持下，英国作出入侵中国的决策。道光二十年五月，英国远征军陆续驶达珠江口外，远征军海军司令伯麦向中国宣战，对珠江口和广州港的所有入口处实行武力封锁，禁止中国和其他国家的船只驶入珠江口内。与此同时，英国商务总监督义律在粤港澳大湾区沿海一带散发传单，警告大湾区居民不要对英军进行抵抗。

六月二日，英国远征军总司令乔治·懿律率舰队从英国本土抵达珠江口外。此时，侵华英军的力量计有大小舰只48艘，载炮540门，陆海官兵4000余人。不久，又有两艘英船从南美开到，加入侵华舰队序列。懿律到达广东海面后，遵照巴麦尊的训令，率舰队主力沿海北犯，于七月九日顺利闯入直隶省天津大沽口海面。道光帝慌忙派琦善为钦差大臣向英求和，并于九月三日下旨，以"误国病民"之罪，把林则徐、邓廷桢撤职，交刑部严加议处。九月初八日，钦差大臣兼署两广总督琦善奉命赴广州与英谈判。琦善拟同意英方所要求的赔偿烟价、军费，增开通商口岸等无理要求，道光帝"愤恨之至"，令终止谈判。十二月十五日，英军对虎门要塞前沿阵地大角、沙角炮台发动突然袭击。据守沙角炮台的600名中国守军在70多岁的三江协副将陈连升率领下，进行英勇抵抗，炮击来犯之敌，杀伤英军多人。外围工事被英军攻破后，中国守军撤入炮台内坚持战斗。英军攻入炮台后，官兵们又把自己锁在炮台内的房间和周围屋子里，向敌人射击，战斗至全部壮烈牺牲。陈连升在指挥官兵进行反击时,胸部中弹殉职。陈连升之子陈举鹏奋力抵抗,不愿被俘,投海而死。沙角炮台经10小时的战斗,终被英军所占。据守大角炮台的千总黎志安率领中国守军奋力抵抗,英舰炮击火药库,中弹爆炸,兵营被焚。随后,英军从大角炮台南侧和北端先后登陆,在敌人夹攻下,中国守军只得把14门大炮推下海,撤出大角炮台,大角遂为英军所占。

沙角、大角之战后,义律再次迫使琦善重开谈判。道光二十年(1840)十二月,义律要求由英军占有沙角作为英商贸易"寄寓之所",还要求广州即行开港贸易。几天后,义律照会琦善,要把"寄寓之所"由沙角改为香港、尖沙咀。随后,义律照会琦善正式提出,英国要拥有香港、尖沙咀两地的主权,中方要无条件答应道光二十一年一月初在广州开港贸易。琦善同意英方关于广州开港贸易的要求,但在割让香港、尖沙咀问题上,他两次上书,请求道光帝准许"仿照西洋夷人在澳门寄居之例,准其在粤东外洋之香港泊舟寄居"[1]。

道光二十年(1840)十二月二十八日,义律下令驻沙角的英军"移驻"香港。同一天,义律向在华英商发出通知,单方宣布了所谓他本人与中国钦差大臣琦善达成的协议内容:中国政府把香港岛及港口割让给英国;中国政府向英国赔偿600万元;两国在所谓平等的基础上进行官方直接交往;广东当局在中国元旦后10天内开放广州口岸贸易。道光二十一年正月初四日,英舰"硫磺"号驶达香港,英军在香港登陆,对香港实行武力侵占。但在次日,义律和琦善在狮子洋边莲花城谈判中,双方未能就香港问题达成协议。义律坚持要完全拥有香港主权,而琦善则只答应在香港为英商及其家属提供一个适当的居住地方。[2]

正月初六日,英军司令伯麦要求中国驻香港军队全部撤出,并禁

---

[1] 琦善:《钦差大臣琦善奏报英人愿还定海并求在香港定居等情折》,载中国第一历史档案馆《鸦片战争档案史料》,第2册,天津古籍出版社1992年版,第769页。

[2] 佐佐木正哉:《鸦片战争的研究,从英军进攻广州到义律免职》,载《国外中国近代史研究》第10辑,中国社会科学出版社1988年版,第6页。

止中国水师在香港水域巡弋。琦善马上令中国军队离开香港。随后,义律又照会琦善,要求中方拆除尖沙咀炮台的炮械并撤走守军。琦善也马上应允。当中国守军全部从香港和尖沙咀撤走后,义律于正月初十日在香港贴出告示,宣布所谓英方与中国钦差大臣达成协议,中国政府"将香港等处全岛地方让给英国寄居主掌","是以香港等处居民,现系归属大英国主之子民,故自应恭顺乐服国主派来之官,其官亦必保护尔等安堵"①。

英军占领香港后,义律再次以开战要挟琦善进行谈判。正月二十一日,双方在虎门重开谈判。在长达12小时的讨价还价中,琦善终于被迫接受了英方草拟和修订的全部条款,这就是后来史称的《穿鼻草约》。其主要内容有:割让香港,赔偿烟价600万元,中英之间平等处理外交,道光二十一年(1841)正月初六日恢复在广州的中英贸易等。② 琦善虽在口头上认可了《穿鼻草约》条款,但拒绝当场签字,只答应在10天后再加盖关防。正月二十八日,琦善递交了使义律"完全不能接受的修改意见",义律当场"撕破了文件",并指责琦善背信弃义。

道光二十一年(1841)正月初五日,道光皇帝得知英国攻陷大角、沙角炮台后,下令对英宣战,并将琦善交刑部严加惩处。接着,调令四川、湖南、贵州、江西四省清军驰赴广东,任命御前大臣皇室成员奕山为靖逆将军,主持对英战事。二月五日,英军对虎门要塞发起进攻。英舰利用中午涨潮机会,集中火力轰击威远、靖远炮台。当时60岁高龄的广东水师提督关天培坐镇靖远炮台,他为稳定军心,典当衣物,把银钱散发给众兵。他还把脱落的牙齿和旧衣物托人带回老家淮安,以表死战决心。面对敌人的猛烈进攻,关天培沉着指挥反击,并亲自燃炮。不久,英军300多人从武山背后登陆,进攻镇远炮

---

① 《义律伯麦在香港地方所出伪示》,载中国第一历史档案馆《鸦片战争档案史料》,第3册,天津古籍出版社1992年版,第93页。
② 条约全文,参见《中国钦差大臣琦善与英国女王陛下全权大臣义律海军上校之间商定的条约草案》,载《英国档案有关鸦片战争资料选译》下册,中华书局1993年版,第920页。

台。炮台守军闻风逃窜。英军占领镇远炮台，对威远、靖远炮台实行南北夹攻。关天培率领中国守军顽强抵抗，与冲上炮台的敌军展开肉搏战，他虽负伤数十处，仍继续与敌搏斗，不幸胸部中弹牺牲。与关天培一起殉难的还有游击麦廷章等将官。威远、靖远两炮台随即为英军所占。虎门之战历时仅一天，以清军失败告终。

四月一日，广州被围，奕山投降，被迫签订《广州条约》：奕山与全部外省军队撤至广州200里外驻扎，清朝赔款600万元，赔偿英商商馆损失，待中方如期付清赔款后，英军退出虎门，但广州不得重新设防。《广州条约》的签订，使英国获得了巨额赔偿，为进一步扩大对华战争提供了军费。同时，条约用禁止广州一带重新设防的办法遏制广东当局的备战，解除了北犯英军主力的后顾之忧。

三　广州三元里人民抗英斗争

林则徐被道光帝罢黜后，粤港澳大湾区士人义愤填膺，大力揭露和批判琦善的倒行逆施，并多次给林则徐送上颂牌，表彰他"公忠体国""威慑重洋"的爱国精神和反侵略功勋，表达了大湾区人民坚决反侵略、反投降的决心。而抗英运动的高潮，则是广州三元里人民抗英斗争。

道光二十一年（1841）四月初九日上午，盘踞四方炮台的英军士兵闯进广州北郊三元里村抢掠。对英军暴行已忍无可忍的村民奋起反抗，围攻英军士兵，英军夺路而逃。当天下午，三元里村民在村北三元古庙商议抗敌大计，决定将村中妇孺老弱疏散到石井一带，而16—60岁的男丁全部留守村中，准备参加战斗。他们高举三元古庙的"三星旗"，举行祭旗宣誓，高喊誓词："旗进人进，旗退人退，打死无怨。"当天下午，三元里村派代表四出联络，呼吁城郊各乡联合抗敌。三元里村民的义举，立刻得到八方响应。萧岗举人何玉成，以怀清社学首领身份，向南海、番禺、增城等地发出"飞柬"，约请各处派出团练参加抗英斗争。园下田监生王韶光号召广州东郊六社客家村的民众投入战斗。

当晚，在三元里附近的牛栏岗、三元里一带103个乡的爱国士绅和村民代表举行会议，商讨抗敌作战方案。香山水勇首领林福祥亦从石井赶来赴会。会上决定，各乡15—50岁的男子一律参加战斗，并自选一领队。又决定采用诱敌深入的办法，在丛林密布、山冈起伏、阡陌纵横的牛栏岗一带聚歼四方炮台的英军。会后，义军很快行动起来，按作战计划进入预定阵地埋伏。四月初十日清晨，三元里村民的一支数千人的队伍，手执大刀、长矛、锄头以及石锤等武器，向四方炮台进发，对炮台发动佯攻。炮台上的英军司令卧乌古慌忙集合英军1000余人冲出炮台。他们携带最先进的武器来复枪、火箭炮、野战炮等，朝着手执原始武器的中国农民义军猛扑过去。三元里农民义军佯装边战边退，引诱敌军来追。当敌军进入牛栏岗一带时，英军司令卧乌古发现中计。当他正要下令英军后撤时，突然四处锣声大作，杀声冲天，埋伏在牛栏岗丛林中的农民义军7000余人，从四面八方杀来，将敌人团团围住。一场激烈的短兵相接后，英军少将毕霞（Beecher）被刺死。英军司令卧乌古眼看无法招架，只好下令突围，向四方炮台撤退。农民义军乃尾随紧追。临近中午，当英军退至三元里村一带时，农民义军再次发动冲击，把英军的主力和后卫部队分割包围。这时，天色突变，顷刻暴雨如注。在狂风暴雨之中，手执大刀长矛的农民义军向敌人猛冲猛打。英军火炮湿水而无法射击，皮靴淋雨而举步艰难，完全丧失反击能力，英军被歼100多人。当晚，三元里农民义军乘胜将四方炮台团团包围。

十一日清晨，为牛栏岗战役胜利所鼓舞的爱国民众，纷纷派出团练义勇进军四方炮台，参加围歼英军的战斗。他们当中除了来自广州四郊的群众外，还有来自番禺、花县、佛山、南海、增城等粤港澳大湾区其他各地的群众。中午，云集在四方炮台的团练义勇已达数万人之多。在统一指挥下，义军逐步紧缩包围圈，待机发动最后攻击。卧乌古派汉奸混出重围，要求奕山驱散义军。于是，广州知府余保纯等赶往四方炮台，下令义军解散队伍、撤离现场。在官府压力下，众士绅终于被迫解散队伍，被围困的英军获救。

广州三元里人民抗英斗争，是整个鸦片战争中重创英军的唯一战役。虽然由于清政府的腐败无能，广州三元里人民抗英斗争没有对战局产生大的影响，但这次运动使大湾区民众反侵略的信心倍增，当时"人心思奋，翘首企足"①，推动了大湾区人民武装自卫斗争的继续发展。同时，这场斗争完全是大湾区人民自发组织的，体现出大湾区人民不畏强暴、反抗外侮的爱国主义精神，永远值得我们学习。

第二节 鸦片战争后粤港澳大湾区的社会与思想

道光二十一年（1841）七月五日，英军舰队主力离开珠江口外海北上，于七月七日攻陷厦门。八月中旬，连续攻陷了定海、镇海、宁波。次年七月，英舰队抵南京江面。在坚船利炮的威胁下，二十四日，清政府派出耆英与英国政府代表璞鼎查在南京江面的英舰上签订了中国近代史上第一个不平等条约——中英《南京条约》，要求中国政府割让香港给英国，开放广州等沿海五市为通商口岸，废除广州公行制度，英商可自由在中国进行贸易。道光二十三年（1843）七月，耆英与璞鼎查在香港公布《五口通商章程及海关税则》；八月，在虎门签订了《虎门条约》，又称《善后事宜清册附粘和约》，或称《五口通商附粘善后条约》。《五口通商章程及海关税则》和《虎门条约》，作为《南京条约》的附件，使英国攫取了在中国行使司法的领事裁判权。

鸦片战争和《南京条约》的签订，使列强看清了清政府的腐败无能。此后，他们纷至沓来，与清政府签订了一系列不平等条约。如道光二十四年（1844）正月，美国众议院外交委员会顾盛派军舰驶入黄埔，鸣炮示威，要求与中国钦差大臣签约，五月十八日，顾盛与两广总督耆英在澳门望厦村签订中美《望厦条约》。同年九月，法国专使剌萼尼与耆英在广州黄埔的一艘法国军舰上，签订了中法《黄埔条

---

① 梁廷枏：《夷氛闻记》卷三，中华书局1959年版，第79页。

约》。道光二十五年六月,比利时驻印度支那总领事兰瓦到广州与耆英交涉,取得了英、美、法在不平等条约中所规定的在华特权。二十七年二月,瑞典、挪威等五国派公使到广州与耆英签订中瑞、中挪《五口通商章程》和《海关税则》,从而又获得了与其他列强同等的在华特权。

中国近代史上第一批不平等条约的签订和实施,使中国主权开始受到严重损害,中国从此走上了半殖民地化的历史进程。粤港澳大湾区身处这一社会巨变的第一线,给当地的社会和思想都带来了深刻影响。

一 粤港澳大湾区人民反殖民斗争

《南京条约》签订的消息传到广州后,舆论哗然,人们群情激愤,反对屈辱求和的民间告示、揭帖在城内到处张贴和散发。如揭帖《粤东义民布告》,痛斥参与签订《南京条约》的"世袭封侯""帝家宗室"是"通夷误国";《告谕英商大略》告示,号召人们坚决反对割让香港。更有告示主张全粤民众总动员,捐金出力,与英国侵略者重开战,"一而战胜,国家之福也,一战不胜再战,誓以百战,务期灭尽妖氛而后已"[①]。道光二十二年(1842)十月,寓居广州的爱国人士钱江、何大庚和卞江殷撰写《全粤义士义民公檄》,并张贴在广州府学明伦堂,该公檄历数英国侵略者在中国贩卖鸦片、发动侵华战争的种种罪行,痛斥清政府妥协投降,激烈反对《南京条约》各条款,指出开放五口岸是"开关揖盗,启户迎狼";割让香港是"裂土与人",号召民众"共引团练",共雪国耻。[②] 在公檄的激发下,十一月初一日,2000多名士绅和士子生员在广州明伦堂集会,愤怒声讨英国侵略者的罪行,一致赞成团练乡勇,武力抵抗侵略,保卫家园。这次大规模的爱国集会引起了广东当局的惊慌,竟将爱国义士钱江等人逮捕判罪。

[①] 佐佐木正哉:《鸦片战争的研究》,日本近代中国研究会1964年版,第311页。

[②] 何大庚等:《全粤义士义民公檄》,载广东省文史馆《三元里人民抗英斗争史料》,中华书局1978年版,第93—98页。

◈◈ 中编 近现代的粤港澳大湾区

广东当局对钱江等人的镇压，并未抑制大湾区民众反侵略的斗志。英国殖民者利用特权，在广州"沿街攫掠市店货物，买物论值未成，径携而去"，或"挟流娼招摇过市上，遇平民，辄喝令急避，否则鞭朴陈之"①，或凌辱妇女，随意役使中国百姓。英国等殖民分子在广州横行霸道，进一步激起民众的义愤和反抗，接连爆发了火烧洋馆事件、金顿事件、黄竹岐事件以及系列反租地斗争。

道光二十二年（1842）十一月，在广州十三行，一名英人强抢水果并刺伤中国小贩，遭到中国市民指责。该暴徒折回商馆，纠集一批英人持鸟枪向密集人群射击，当场杀伤百姓多人。广州市民盛怒之下，放火焚烧英商馆，上万市民包围现场，一面齐声高喊杀贼，一面"万手飞石"，阻止前来救火的官员，使英商馆终被焚烧一空。二十六年闰五月，英商金顿途经广州十三行街市，故意踢翻中国小贩的摊档，并殴打维持秩序的中国兵弁，十五日下午，又有一名英商在十三行街市殴打中国小贩，当市民数人合力缉拿该英商时，金顿见状冲出，殴打中国市民，并将一名市民拉入商馆内捆缚毒打。金顿等人的暴行当即引起周围市民极大愤慨，他们进攻英商馆，拆毁了英商馆的大门和院墙，砸烂铁栏窗户。

道光二十三年（1843）三月，英公使璞鼎查要求在广州黄埔租地建市场和楼馆。广东当局派出官员前往黄埔丈量租地地界，遭到当地士绅民众的反对。英国驻广州领事马礼逊竟贴出告示进行威胁，强令百姓拆迁，否则"即发大队兵船扫台据省，虽孩童少女，寸草不饶"②。黄埔民众不怕威吓，宣布"断不肯被其建筑，必定与其交仗"③。在广州民众的压力下，英人在黄埔租地一事遂未成。二十七年二月，英国公使德庇时要求在十三行租地建教堂，在黄埔租地建坟场，在河南（今广东广州市海珠区）租地建屋宇等。大湾区民众自发组织起来，"南（海）番（禺）两县每县招募民壮一千名，升平、

---

① 梁廷枏：《夷氛闻记》卷五，中华书局1959年版，第137页。
② 中国史学会主编：《鸦片战争（4）》，上海人民出版社1958年版，第6页。
③ 中国史学会主编：《鸦片战争（4）》，上海人民出版社1958年版，第9页。

东平、南平、隆平各社学，每团练乡勇五千名，另附城各街铺户，每街三四十名，或七八十名……统共得有万余人之多"①，共誓保卫家园。英国侵略者对广州民众的警告置之不理，派员在广州河南北起秀珠桥（今广东广州市海珠区南华中路），南至上下龙田（今海珠区龙田街），西起洲头咀（今海珠区洪德街洲头咀），东至沙地（今海珠区小港街一带）的范围内，进行大规模土地丈量，企图把这一带纵横25华里的居民区强占为租界。广州民众决定组织武装自卫，英国公使德庇时不得不取消租地计划。

二　粤港澳大湾区士人开眼看世界

鸦片战争及其带来的社会巨变，使粤港澳大湾区的开明人士思想发生了显著变化。他们开始关注西方的政治制度和科学文化，研究西方的军事技术、船舰武器，促进了士人学术思想的近代化转变。

（一）林则徐的西学观

由于清政府长期实行闭关锁国政策，林则徐在赴广东之前，与绝大多数官僚一样，对西方世界知之甚少。到广东后，他认识到欲查禁鸦片应首先对西方国家有所了解。于是，他不断派人到澳门调查"夷情"，收集和翻译西方出版的报刊，如《广州周报》《广州纪事报》《新加坡自由报》《孟买新闻纸》《兰顿（伦敦）新闻纸》等。他组成翻译班子，对上述英文报刊进行翻译，将有价值的资料装订成册，名曰《澳门新闻纸》，分送两广总督邓廷桢、广东巡抚怡良、广东水师提督关天培等参阅。林则徐还把众多新闻资料分类整理，编纂成《澳门月报》一册。其内容分5辑：一论中国；二论茶叶；三论禁烟；四论用兵；五论各国夷情。这表明林则徐力求系统地研究西方和中西关系等有关问题。

为获得更多的世界各地知识，林则徐想方设法向各方面中外人士询问、求教，"凡是以海洋事进者，无不纳之，所得夷书，就地翻译，

---

① 佐佐木正哉：《鸦片战争后的中英抗争》，日本近代中国研究会1964年版，第288页。

于是海外图说毕集"[1]。初到广州时，林则徐即广泛接触熟悉"夷情"的学者，"访悉近年事与夷商轻藐所由来"[2]。林则徐还从旅英的广东归侨容林、旅印归侨温文伯那里，详细了解英国在亚洲的扩张和在印度种植加工鸦片的情况。他不顾清政府有关政府官员不准与"夷人"直接接触的规定，多次与英美等国人员面谈。如接见美国传教士裨治文（E. C. Bridgman）、美国奥立芬洋行股东经（C. W. King）和商船"马礼逊"号船长宾松（CartBenson）等，了解有关英国海军、新式汽船等知识。

在研究外国情况的过程中，林则徐开始认识到，英国对华鸦片贸易实际上是英国政府"但知利己，不顾害人"的国策，英国武力侵华是"早蓄逆谋"和"早已包藏祸心"的。[3] 他研究西方国家"船坚炮利"的先进军事技术，主张引进西方军事装备，提高军队战斗力，尤其是提高水师出洋作战能力。他仿欧洲双桅战船的式样，制造新式水师战船2艘；另设计新式战舰8种，筹划组建广东水师外海作战舰队。

林则徐成为粤港澳大湾区开眼看世界的第一人，在他的带领下，当时粤港澳大湾区拥有了一批学习西方先进文化技术的开明人士，如香山水勇首领林福祥购买了洋枪洋炮武装水勇，并仿法国船舰的火箭推动器，制成"神火飞将军"，使水勇船艇"其去更速"；行商潘世荣聘欧洲工匠制成小火轮，举人潘仕成自筹资金，聘请美国军官制成了水雷。一时间，粤港澳大湾区成为全国研究西方和世界的中心，了解西方、放眼世界的进步思潮勃然兴起。

（二）梁廷枏的西学成就

梁廷枏（1796—1861），字章冉，广东顺德伦教人。道光五年

---

[1] 姚莹：《康輶纪行·东槎纪略》卷一六《附〈中外四海地图〉说》，黄山书社2014年版，第499页。

[2] 梁廷枏：《夷氛闻记》卷一，中华书局1959年版，第18页。

[3] 林则徐：《奏陈英占定海系前有预谋宜依靠定海军民诛灭敌军片》，见中国第一历史档案馆编《鸦片战争档案史料》，第3册，天津古籍出版社1992年版，第245页；《密陈办理禁烟不能歇手片》，见《林则徐集·奏稿》，中华书局1965年版，第884页。

(1825),梁廷枏受聘于广东海防书局,主持《广东海防汇览》《粤海关志》的编撰。同时,他还致力于广东海防问题的研究和西方国家资料的收集。鸦片战争时期,他以"夷务"顾问的身份充当林则徐的幕僚,全力支持禁烟运动和抗英民族自卫战争。鸦片战争后,他积极参与粤港澳大湾区人民的抗英战斗,成为反对英人入城斗争的主要组织者和领导者。同时他努力著述,先后撰写《海国四说》和《夷氛闻记》两书。

《海国四说》是一本关于外国的政治、经济、历史、地理的综合性著述,包括《耶稣教难入中国说》《合省国说》《兰仑偶说》《粤道贡国说》"四说"。该书突破了所谓中国以外各为九洲的传统世界地理观念,详尽地介绍了除澳洲以外的四大洲即亚洲、非洲、欧洲、南北美洲的情况,而以西方国家为重点。其中,《耶稣教难入中国说》是有关西方基督教问题的专门著述。《合省国说》介绍了美国的建国历史、政治与经济制度、科技、生活等。《兰仑偶说》是对英国历史、政治制度、社会经济、文化教育以及社会风俗的介绍。《粤道贡国说》共6卷,是有关欧洲国家对外贸易情况的介绍。

《夷氛闻记》共5卷,是一部有关鸦片战争历史的专著。卷一叙述鸦片战争前,英国对华扩张和从事鸦片贸易的过程,接着记叙了林则徐领导的广东禁烟运动和抗击英国武装挑衅的始末。卷二始于英国政府决定出兵中国,止于英国占领香港。卷三记载广州战役,英军对福建、浙江的进犯。卷四记载了鸦片战争后期的战事以及《南京条约》的签订。卷五详尽叙述了鸦片战争后粤港澳大湾区人民反对英国侵略者强行租地和入城斗争。

梁廷枏的《海国四说》和《夷氛闻记》是中国近代早期重要的思想启蒙著作,为当时人们观察世界、认识西方提供了比较可靠的资料,并大力讴歌了中国人民,特别是大湾区人民的爱国主义精神和坚持反侵略斗争的决心,对中国近代早期民族意识的觉醒起了积极作用。

中编　近现代的粤港澳大湾区

第三节　西方列强对粤港澳大湾区的进一步侵略

咸丰四年（1854）正月，英国政府训令新任驻华公使包令向中国提出修约要求，两广总督叶名琛不予理会。咸丰六年正月二十四日，违反条约潜入广西西林县传教的法国天主教神父马赖被署理知县张鸣凤拿获，拷打致死。法国政府获悉后，欲与英、美两国联合派遣一支远征军到中国，并为此而另外制造了一个侵略口实——所谓"亚罗"号事件。

一　第二次鸦片战争中的粤港澳大湾区

咸丰四年（1854），中国人苏亚成制造了一艘载重100吨的划艇，取名"亚罗"号。咸丰五年，这艘船在香港注册，雇用英国人托马斯·肯尼迪为挂名船长。因此，"亚罗"号虽领有香港执照，但并非英国船，仍受中国法律管辖。咸丰六年八月，海盗李明太、梁建富受雇于"亚罗"号，广州水师千总梁国定率官兵40余人登船捕匪。英国驻广州领事巴夏礼声称"亚罗"号是英国船，要求释放疑犯遭拒后，决定乘机扩大对华侵略。

九月二十四日，英国舰队越过虎门，翌日进犯广州。叶名琛奉行不抵抗政策，仅消极防御。十一月，英法联军占据海珠炮台，开炮攻城，广州陷落，俘虏两广总督叶名琛、广东巡抚柏贵，随后侵略军在广州城内大肆烧杀抢掠。英法联军决定扶植巡抚柏贵建立傀儡政权。咸丰帝收到广州失陷奏报后，于十二月十三日降旨："将叶名琛革职，穆克德讷、柏贵等，加恩改为交部议处，并命黄宗汉补授两广总督，驰驿前往，其未到任之前，两广总督着柏贵署理。"还说："惟该夷与穆克德讷、柏贵等尚无宿怨，此时柏贵署理总督，着即以情理开导，看其有无悔祸之心。如果该夷退出省城，仍乞通商，该将军署督等，即可相机筹办，以示羁縻。……若竟不肯退出省城，……柏贵等当联络绅民，……将该夷逐出内河，再与讲理。该将军署督等，办理此事，固不可失之太刚，如叶名琛之激成事变，亦不可失之太柔，致生该夷轻视中国之心，是为至要。"① 这份谕旨实际上承认了广州傀儡政权的合法性，试图以此缓和与英国侵略军的关系，早日实现和解。但是，英国侵略军通过控制柏贵向清廷大肆恐吓，咸丰帝还不想完全屈服，遂在咸丰八年（1858）正月初二日的上谕中痛骂柏贵："今柏贵等既不能抽身出城，带兵决战，尚不思激励绅团，助威致讨，自取坐困，毫无措施，其畏葸无能，殊出意外"，并提出"倘粤东绅民激于义愤，集团讨罪，柏贵等毋许禁止。若能借绅民之力，加以惩创，将该夷退出省城，使知众怒难犯，敛其凶锋。然后柏贵等出为调停。庶可就我范围，不致诛求无厌"②。同时，又谕令罗、龙、苏三绅"着即传谕各绅民，纠集团练数万人，计其背约攻城之罪，将该夷逐出省城"③。试图借助百姓力量，给英国侵略军施压，这就使粤港澳大湾区人民的抗英运动合法化。

三绅接奉谕旨，即在顺德县城（今广东佛山市顺德区）设立广东团练总局，不久迁往花县（今广东广州市花都区）。三绅受命"督办夷务"，团练总局暂时成了清政府在粤港澳大湾区的实际权力中心。军费从大湾区绅士富户筹款，向广州附近各县分派；兵员，则以石井各乡团练居首，其次为在镇压佛山洪兵起义时十分出力的南海大沥九十六乡壮勇，以及香山绅士林福盛所带林勇，东莞举人何仁山所带何勇，新安主事陈桂籍所带陈勇，加上花县护卫各勇，共不满七八千人。

三月，总局三绅发布告示，宣布"封港"，断绝英法侵略者的贸易接济，凡敢与敌人私自买卖的，拿获治罪。为洋人服役及驾船者，限十日回家，违者缉获治罪。于是，在香港工作的中国人，十之七八逃回内地；广州城内外，商民迁徙一空，杳无人迹。英军食物供应被

---

① 中国史学会主编：《第二次鸦片战争（3）》，上海人民出版社1979年版，第135—137页。
② 中国史学会主编：《第二次鸦片战争（3）》，上海人民出版社1979年版，第146—147页。
③ 中国史学会主编：《第二次鸦片战争（3）》，上海人民出版社1979年版，第270页。

截断，物价急剧飞涨。从四月开始，团练总局的军事活动日益活跃。"故英人在省（广州城），不能十分安全。有一日，佛（法）官食时，见饭中置有毒药。又天竺（印度）黑兵被人潜擒至乡间。又香港亦屡受其害，又放火以烧英人所居之屋。"① 特别是榕树头一战，更予敌军沉重打击，是役"枪毙红衣骑马执旗持剑夷目二名，夷兵一百余名，受伤夷兵五十六名。……是日我勇仅阵亡六名，受伤十余名"②。榕树头一战鼓舞了大湾区人民的斗志。1858年7月5日的英文《中国邮报》报道："广州的局势一天比一天糟糕。每天晚上都有火箭射到联军的阵地上。城郊充塞着乡勇……至于城内，即使是在几条大街上，甚至在光天化日之下，只要不成群结队地武装外出，那么对外国人来说也很少有安全可言。就在上星期一，德国传教士洛威先生在沿着东北大街走的时候，竟然遭到攻击，他头部负伤，只有狂奔才得以脱险。前天晚上，由六名警察组成的英国巡逻队刚一走出东门就遭到攻击。有两包火药和一个燃着的火罐向他们投来，不过他们都没有受伤，而乡勇也都立即逃散。在黄埔附近被捉去的三个外国人中的两个人的无头尸体……到处充满着敌意的标语，使用着反对番鬼的最激烈的语言，它们继续在到处张贴着……有好几个士兵被杀或劫走；甚至在城内也免不了暗杀事件。"③ 可见，侵略军已在粤港澳大湾区深陷泥淖，惶惶不可终日。

二 葡萄牙对澳门主权的侵占

葡萄牙于道光二十九年（1849）强占澳门后，不断扩大澳门侵占地。咸丰年间，葡萄牙强占澳门南面的潭仔岛（今氹仔岛）；同治二年（1863），将三巴门至水坑尾门一带的围墙拆毁，企图消除租地界限的证据，并强占了塔石、沙冈、新桥、沙犁头（今沙梨头）、石墙

---

① 中国史学会主编：《第二次鸦片战争（2）》，上海人民出版社1979年版，第359页。
② 中国史学会主编：《第二次鸦片战争（3）》，上海人民出版社1979年版，第390—391页。
③ 中国史学会主编：《第二次鸦片战争（2）》，上海人民出版社1979年版，第360页。

街等村；同治三年强占潭仔岛南面的过路环岛（今路环岛）；同治十三年，拆毁关闸汛墙，竟将三巴门至关闸地方称为葡界；光绪五年（1879）占龙田村；光绪九年占望厦村。经过多年蚕食，葡萄牙虽强占了关闸以南澳门半岛的全部及潭仔、过路环两岛，但澳门在法律上仍属中国，所以，葡萄牙早就想迫使清朝政府签订条约，将其对澳门的强占合法化。

同治元年（1862），葡萄牙派遣特使基玛良士到北京谈判缔约，由法国公使哥士耆代葡洽谈。清廷提出要在澳门恢复设官并收租税；葡方则要求先解决道光二十九年（1849）澳门总督阿马勒被杀问题。最后达成协议：清政府仍可在澳门设官，但不提收租，并议定中葡《和好贸易条约》54款，于同治元年七月十八日签字。条约第9款规定：清政府可"设立官员，驻扎澳门"，但其职任事权"与英法美诸国领事等官驻扎澳门、香港等处各员，办理自己公务，悬挂本国国旗无异"，把中国派驻澳门官员等同于外国派驻香港、澳门的领事。可是，昏庸的总理衙门官员对这条款的真正含义及对中国的危害却并不清楚。当时，主持这次谈判缔约的奕䜣还沾沾自喜上奏称："澳门仍言明由中国设官"意味着"海外弹丸之地，尚为中国治理之区"[①]。该草约规定，两年后在天津互换两国政府批准的条约文本后才生效。同治三年，葡使阿穆恩按期前来换约。这时，清廷官员已发现原条约关于中国在澳门设官及其职权的条款对中国十分不利，要求修改。葡使坚决不同意并返回澳门。因此，该条约最终未被批准和互换而无效。

同治六年（1867）冬，赫德从扩大海关税收以加强自己对清政府的影响出发，屡次向总理衙门建议赎回澳门。而总理衙门也认为葡占澳门"偷漏税课，招纳叛亡，拐骗丁口，作奸犯科"[②]，危害很大，并担心列强会抢先从葡手中购得澳门，作为泊船驻兵之所，故很赞同

[①] 文庆、贾桢、宝鋆等编修：《筹办夷务始末（同治朝）》第8卷《总理衙门奕䜣等奏》，《近代中国史料丛刊》第62辑，文海出版社1966年版，第766—767页。

[②] 文庆、贾桢、宝鋆等编修：《筹办夷务始末（同治朝）》第58卷《总理各国事务恭亲王奕䜣等奏》，《近代中国史料丛刊》第62辑，文海出版社1966年版，第5405—5407页。

赫德的建议。同治六年六月,赫德致电李鸿章,向总理衙门提出与葡萄牙的交换条件:"中国与大西洋(葡萄牙)国订约,照各国一律;即将澳门地方永租于该国。惟该国必须允准澳门悉照香港所定章程无异。"[1] 总理衙门因急于增加鸦片税收,乃不顾澳门主权,同意此意见。光绪十二年(1886)六月下旬,赫德奉派去澳门和葡萄牙总督罗沙进行谈判。谈判中,罗沙提出协助中国查禁鸦片,征收洋药税厘的3个交换条件:第一,不要用"永租"澳门字样,要改为"中国允从葡萄牙国居用澳门地方","永远驻扎管理";第二,撤销澳外厘卡;第三,准葡国驻扎管理对面山(拱北)。[2] 总理衙门答应葡萄牙"永驻"澳门,但坚决拒绝后两条要求。赫德建议清政府派海关驻伦敦税务司金登干前往里斯本和葡萄牙直接谈判。七月十一日他和罗沙达成条约摘要底稿,其主要内容有:中国"现允葡萄牙国永远驻扎管理"澳门;"葡萄牙国允照此约续订之专条,会同中国在澳门设法相助中国征收洋药税项事宜"[3]。这是谈判正式条约的基础。十一月上旬,金登干被清政府派往里斯本,与葡外交大臣巴罗果美进行秘密谈判。谈判过程中,葡方放弃了对拱北的要求,而总理衙门对澳门外围的常关税厂也作了让步,提出折中办法,即澳门周围"关卡继续保留,但改归总税务司管辖"。结果,双方议定中葡《里斯本草约》。总理衙门以"澳门久为彼(葡)国盘踞,今纵不准永远居住,亦属虚文,徒于税务多添窒碍,并无收回该地之实据"[4] 为理由,奏准草约。光绪十三年三月初二日中葡《里斯本草约》签字,其主要内容有:"定准在中国北京或天津即议互换修好通商条约,此约亦有'一

---

[1] 《李鸿章致译署电》(光绪十二年六月初十日申刻),载《李鸿章全集》电稿(1),上海人民出版社1985年版,第687—688页。
[2] 《直督李鸿章致总署据赫德电澳督欲中国允从葡人居用澳门电》,载王彦威辑《清季外交史料》第67卷,《近代中国史料丛刊三编》第二辑,文海出版社1985年版,第1264页。
[3] 对外贸易部海关总署研究室编:《中国海关与中葡里斯本草约》,科学出版社1959年版,第9页。
[4] 《总署奏澳门屡经议约未成,拟办洋药以一事权折》,载王彦威辑《清季外交史料》第70卷,《近代中国史料丛刊三编》第二辑,文海出版社1985年版,第1319页。

体均沾之一条'；定准由中国坚准葡国永驻管理澳门以及属澳之地；定准由葡国坚允，若未经中国肯首，则葡国永不得将澳地让与他国；定准由葡国坚允，洋药征税事宜应如何会同各节，凡英国在香港施办之件，则葡国在澳类推办理。"①

光绪十三年（1887）十月，在中葡《里斯本草约》的基础上，签订了中葡《和好通商条约》，并于光绪十四年四月换约。条约主要内容规定：葡萄牙"在澳门协助中国征收由澳出口运往中国海口洋药之税厘"；葡萄牙国"永居管理澳门"；未经清政府同意，葡萄牙"永不得将澳门让与他国"；"俟两国派员妥为会订界址再行特立专约，其未经定界以前，一切事宜俱照依现时情形勿动，彼此均不得有增减改变之事"②。这样，清政府为了在自己的领土澳门征收鸦片税厘，竟不惜出卖主权，使葡萄牙取得"永居管理澳门"的特权。

三　对粤港澳大湾区华工的野蛮奴役

鸦片战争前，清廷多次诏令，禁止人民出洋，"逗留外洋之人，不准回籍"③。但实际上禁令已成一纸空文，据估算，嘉庆六年至道光三十年（1801—1850）间出国华工有32万人。其中，广东籍占大部分，且主要是从粤港澳大湾区内的广州、澳门、香港出发走出国门的。

鸦片战争后，西方侵略者倚仗不平等条约，在广东大肆掠运华工。咸丰年间，广州29个行业商业团体曾联名向英国领事投递禀帖，要求严禁拐掠人口。然而，番禺、南海知县于咸丰九年（1859）三月四日，署广东巡抚柏贵于同月七日先后发出告示，名为重申严禁拐

---

① 对外贸易部海关总署研究室编：《中国海关与中葡里斯本草约》，科学出版社1959年版，第74页。
② 王铁崖编：《中外旧约章汇编》，第1册，生活·读书·新知三联书店1957年版，第523页。
③ 《清世宗实录》卷五八，雍正五年六月丁未，中华书局1985年版，第892页。

掠人口，实为解除出洋禁令，宣告民人"设若实属情甘自愿，自可毋庸禁阻，令其任便与外人立约出洋"①，使掳掠华工合法化。同年十月初二日，两广总督劳崇光同意英属西印度派来的招工专员奥斯丁所拟的招工出洋章程，允许英国在广州设招工所公开合法招工，并于次日出告示称："自愿出洋之人，即可无所顾虑径行投入公所，照章立约"，"并饬令本省藩臬两司，将英国招工之事各向所属传谕周知"②，昏庸的清政府为侵略者掳掠华工提供了合法根据。

1860年2月，劳崇光公布了《外国招工章程十二条》。此章程强调华工出洋必须"自愿"，由中国官方派出委员及海关税务司进行监督，逐个询问在招工所和华工船上的华工是否自愿，然后放行，但对华工在出国途中的安全及出国后的承工期、劳动时间、回国船票款及日常生活待遇等问题，毫无保护性的规定，更无监督，名曰"自愿"，实则拐卖。在这种情况下，大量华工被送出国，据统计，从咸丰元年至光绪元年（1851—1875）间，有128万人出洋；光绪二年至光绪二十六年（1876—1900）间，又有至少75万华工出国。③ 他们在国外被迫接受高强度劳动，过着奴隶般的生活，很多华工不堪重负最后自杀。

四　对粤港澳大湾区的文化侵略

鸦片战争前，清政府一再重申禁止西方传教士进入中国传教。战后，道光二十四年（1844）签订中美《望厦条约》，允许美国在广州等贸易五口租地，建设礼拜堂；同年签订中法《黄埔条约》规定在广州等通商口岸，法国人亦一体可以建造礼拜堂、医人院、周急院、学房、坟地，并要求官员负责保护。道光二十五年，清廷被迫同意将

---

① 《署广东巡抚柏贵告示》，载《华工出国史料汇编》第2辑，中华书局1980年版，第177—179页。

② 《两广总督劳崇光告示》，载《华工出国史料汇编》第2辑，中华书局1980年版，第361页。

③ 《十九世纪盛行的契约华工制》，载《华工出国史料汇编》第4辑，中华书局1985年版，第169—171页。

弛禁天主教的谕旨出示张挂。咸丰八年（1858）签订的《天津条约》，更规定各国传教士可到内地自由传教。从此，西方天主教、新教的传教士纷纷来到粤港澳大湾区城乡各地，并很快在大湾区拥有了不少信众。

鸦片战争后，基督教新教、天主教在粤港澳大湾区之所以有如此快的发展，究其原因在于：其一，传教士有西方列强做后盾，争得了传教自由，实际上是强加于中国人民的文化渗透。其二，西方传教士被帝国主义用作侵略工具，企图通过传播所谓基督福音，从思想上控制、奴化中国人民。他们总是要人们做到忍耐、顺从、听话，不反抗，用宗教的语言来做殖民主义奴化中国人民的政治宣传。正如同治八年（1869）美国长老会传教士倪维思十分露骨地说："基督的福音在进行工作时，……它的崇高任务在于征服人心，使人们全部思想成为基督的俘虏，然后征服他们的国家。"[①]

近代早期入教的华民绝大多数是下层民众，主要分为两类，一是生活困难的"吃教者"，为生存而入教，教会发给贫民金钱财物，施以小恩小惠，故不少贫民为得到教会的施舍而入教，甚至全家入教。二是寻求政治庇护的"恃教者"。由于入教可受到教会保护，所以不少违法者和地方劣绅、恶棍、衙吏、地痞、流氓纷纷入教。他们倚仗教会势力，不服从地方官和法律约束，横行乡里，欺压群众，与官民对抗。而传教士为发展壮大教会势力，也尽量网罗这些人入教，引为心腹。同治三年（1864）两广总督毛鸿宾便指出："安分良民多不习教，其甘心习教者多系素不安分之人，……而外国人又不分良歹，不问曲直，但习其教，一概指为善人，从中袒庇。竟使奸民恃传教为护身之符，且以习教为挟制之计"[②]，这是华民入教的重要原因之一。

教会还在粤港澳大湾区兴办了许多医院，如广州金利埠惠爱医馆、广州惠爱医院、广州柔济医院、佛山循道医院、东莞普济医院

[①] 倪维思：《中国与中国人》，转引自何桂春《试论近代中国教案发生的根本原因》，《福建师范大学学报》1990年第4期。

[②] 《教务教案档》第1辑，台北"中研院"近代研究所1974年编印，第1351页。

中编　近现代的粤港澳大湾区

等；创办了多所学校，如同治十一年（1872）美长老会那夏理女士在金利埠（今广东广州六二三路）创办真光书院，光绪五年（1879）又在广州沙基创办西式学堂安和堂。同年，美国浸信会容懿美女士在广州五仙门创办培道女学等。教会积极创办医院、学校，其目的是以此作为传教工具，正如光绪三年一个传教士所说："我们医生的工作和目的，……既不是为了介绍医学，也不是为了慈善，……他们只是用治病为传教的手段。"① 光绪十六年另一传教士在在华传教士大会上也说："因为医生每天与病人接触，他很容易把基督教的真谛灌输到病人的脑子里去。"② 但是，不可否认的是，他们在兴办医院、开办学校的过程中，翻译出版了如《全体新论》《西医略论》《内科新论》《妇婴新说》《家用良药》等一批西方书籍，培训出一批西医和护士，在客观上把西方的医学、近代医院制度、医学教育、护理教育、近代科学等知识，引入了粤港澳大湾区。此外，中国学子们在教会学校读书时，不同程度接触了西方资产阶级政治学说和自然科学，一定程度上启发了他们对中国前途、命运的思考，开始了对救国救民真理的探索，从而走上爱国和革命的道路。

第四节　英、葡对港、澳的殖民统治

英占香港后，在港建立起总督制政治体制，后来又根据形势，对这一体制多次进行调整，但总督集权的基本特征始终未变。在英国统治早期，占全港人口绝大多数的华人处境很是艰难。19世纪50年代后，华商在香港崛起，对香港整体经济的发展起到了积极作用。到60年代，香港作为一个转口贸易港已初具规模。第二次鸦片战争后，香港获得了全部维多利亚港，其转口贸易更有长足发展。

在鸦片战争前，澳门一直处于中国主权管理下，只是拥有有限的

---

① 《基督教在华传教士大会记录，1877年》，上海1878年，第119页。
② 《基督教在华传教士大会记录，1890年》，上海1890年，第276—278页。

自治权。鸦片战争后，葡萄牙人趁中国内外交困之际，取得了在澳门的管理权，并逐步将葡国法律全面推行于澳门。但在香港、上海等地开埠的冲击下，澳门传统优势不再，经济陷入困境。在澳葡当局支持下，博彩等非正当经济活动在澳门泛滥。1887年，中葡《和好通商条约》签订，葡萄牙取得了"永居管理澳门"的特权，但澳葡当局仍不满足，始终在筹谋新一轮的对外扩张。

一　英国对香港的殖民统治

《南京条约》签订后，英国政府开始筹划管治香港。道光二十三年（1843），英王签署《英王制诰》，正式宣布成立"香港殖民地"，设总督为最高军政首长，并委任璞鼎查（Pottinger, Henry）为首任香港总督兼武装部队统帅。次日，又签署发给璞鼎查的《皇室训令》，对香港政府的组织作出更具体的规定。五月，中英双方在香港举行交换《南京条约》批准书仪式，完成了交割香港手续。换约一结束，璞鼎查立即宣读《英王制诰》，宣布新任香港总督，并于当天正式任命了一批重要官员与太平绅士。《英王制诰》等重要文件的颁发和璞鼎查的走马上任，标志着香港正式进入了英国管治时期。

根据《英王制诰》，香港总督是英女王在香港的唯一最高代表，他享有管理及处理香港事务的广泛权力。在总督之下，设立行政、立法两局，但两局并非独立的行政或立法机关，它们只是总督的咨询机构，其意见对总督毫无约束力。

除了立法和主持行政局会议外，港督还享有执掌和使用香港公章的权力；代表英王授予私人或团体土地的权力；委任法官和太平绅士的权力；将香港官员停职的权力；赦免罪犯或宣布缓刑的权力。

当然，港督在行使权力时也受到一定的限制：他名义上是驻港英军总司令，但他并不能真正对驻港英军发号施令；他制定的法律不能同英廷的指示相抵触；他所提名的官员最终仍须英廷认可。然而，总的来说，港督已是集行政和立法大权于一身，在司法方面也拥有一定的权力。总督集权，是这一时期香港政制最基本的特征。

◈◈　中编　近现代的粤港澳大湾区

1843—1898 年，香港先后经历了 11 任总督，头四任即璞鼎查（Henry Pottinger）、德庇时（John F. Davis）、文翰（George Bonham）、包令（John Bowring），在担任港督的同时，都身兼英国在华商务总监和驻华全权代表。英国占领香港的本来目的，就是为了加强英国在中国乃至整个远东的战略地位，使香港成为它在这一地区进一步扩张的据点。早在道光二十三年（1843）五月，英国殖民地部大臣斯坦利在给璞鼎查的训令中就曾指出："香港的占领不是为了殖民，而是为了外交、商业及军事目的。负责管制此地的官员，必须同时负责同中国的接触和谈判，管治在中国境内的英人，处理与中国的贸易。"[①]直到咸丰九年（1859），中英《天津条约》签订后，英国已获驻使北京和深入中国内地的特权，以往由港督兼任商务总监和全权代表的惯例，显然已不再适应新形势的需要。再加上港督所任各职分别隶属于英内阁的不同部门，即作为总督须向殖民地部负责，作为对华商务总监和驻华全权代表则归外交部管辖。这样，无论在行政还是人事上都易生纠葛，难以协调。于是，从第 5 任总督罗便臣（Hercules Robinson）（1859—1865 年在任）起，港督专任香港的最高首长，对华商务总监和驻华全权代表则由英政府另委他人。

香港总督集权政制的确立，保证了英国政府对香港的绝对统治权，从而也就保证了香港作为英国在远东的军事、外交及贸易基地，能充分发挥作用。因此，一百多年来，香港政制的基本模式与基本特征未变。但是，随着香港经济和社会的发展，香港居民对政制改革呼声不断，香港政制也进行了局部调整。到光绪二十四年（1898）前，这些调整主要有：

第一，非官守议席的设立。道光二十三年（1843）七月，香港首届行政局和立法局正式成立。首届两局实际上是一套人马、两块招牌，行政局议员同时也就是立法局议员，且都是政府官员，即所谓官守议员。由于 1843 年颁布的《英王制诰》和《皇室训令》并未规定

[①] 徐克恩：《香港：独特的政制架构》，中国人民大学出版社 1994 年版，第 35 页。

被委任的两局议员必须是政府官员,这就引起了当时在港英商的强烈不满。此后数年里,在港英商和香港政府为此曾发生过严重争执。经济实力正在迅速增长的英商势力毕竟是香港政府所不能不正视的。在文翰任港督时期(1848—1854),他向英国殖民地部建议,在行政、立法两局内各增设非官守议员两名,使英商代表得以进入,以保证英商的意见及时上达官方,缓和香港官商之间的关系。然而英政府只同意在立法局增设两名非官守议员。道光三十年五月,英商戴维·加迪(DavidJardine 怡和洋行股东)和詹姆斯·埃德加(James Edger 哲美森洋行老板)被正式委任为立法局议员。此后,立法局非官守议员的席位逐渐有所增加,到光绪二十年(1894)已增至6席。至于行政局非官守议员的设立则要晚得多。由于英国政府长期坚持认为行政局应维持由少数最高位的政府官员组成,以避免在这一重要机构内出现分裂,因此,直到1896年,英国殖民地部才同意在行政局设非官守议员两名,但必须从资深的立法局议员中委任产生。

第二,立法局权力的扩大。咸丰五年(1855),香港基本实现了财政独立,不再需要英国政府拨款支持。为适应香港经济的发展和更有效地维护英国在香港的统治,英国政府逐步放宽了在立法局组成和议员权力方面的一些限制。咸丰七年,立法局增设非官守议员1名,次年又增设官守议员1名。咸丰八年,立法局会议的议事开始向社会公开,政府财政开支预算必须经立法局辩论后方可通过。同治四年(1865),规定凡在政府内担任特定职务者即为立法局官守议员,不必再经港督挑选。同治十一年,规定除财政问题外的任何提案,只要获两名议员动议及和议,便可在立法局进行辩论,打破了立法局议题仅限于港督提出的旧规定。然而,上述变化只是局部的,它并没有改变立法局作为咨询机构的基本地位和港督控制立法局的基本原则。

第三,华人代表进入立法局。19世纪50年代后,由于中国国内战乱,一批两广和福建的富户携带资产进入香港,其中相当部分在港购置产业、经营商业,故华人在港投资有了明显增加。同治七年(1868)华商团体"南北行公会"的成立,正是此时期华商经济实力增长的例证。在这种情况下，香港政府机构内仍然没有华人代表，显然已不适应形势的发展。光绪三年（1877）轩尼诗（John Pope Hennessy）出任港督。他对华人比较开明，在任内曾力主废除惩治华人的笞刑，并支持华商成立保良局。光绪六年，立法局非官守议员盖普（H. B. Gibb）任期未满因事离港，该职出现空缺，轩尼诗便委任华人伍廷芳暂补，伍廷芳便成为香港立法局内第一位华人代表。但随后当轩尼诗再向英国政府提出为华人议员设一永久性议席的建议时竟被拒绝，致使光绪八年伍廷芳离港后，其遗缺未能由华人补上。次年，宝云（George F. Bowen）出任港督，向英国政府提出在立法局非官守议员中至少设1人为华人的建议被采纳。从此，立法局内的华人席位被永久确定。

第四，对广大华人的管治。华人占香港人口的绝大部分，是香港居民的主体。如何管治华人，是摆在港英当局面前的一个严峻问题。早在道光二十一年（1841）正月，英军刚刚登陆香港岛，港英政府便发表文告，宣称全港居民已为归属大英国主之子民，一切礼仪，乡约律例及私有财产等，概准如旧。而官厅治民，悉依中国法律和风俗习惯办理，但废除拷讯。英人及其他外国人则按英国现行法规办理。此即所谓"以华律治华人"。此政策的推行，使香港华人居民仍能继续使用自己的语言，保留自己的风俗习惯，多少化解了一些华人对英国殖民主义者的敌对情绪；拷讯的废除也反映出资本主义司法制度相对于封建司法制度的进步。但是，华人社会的某些落后习俗，如纳妾和休妻；清政府用以惩罚罪犯的某些肉刑，如笞刑和戴木枷等，也因此得以保留。尤其是后者，竟成为港英当局对付华人的重要惩罚和威慑手段。

英占香港后，大批来自广东各地的贫民陆续上岛谋生，到道光二十四年（1844）六月，人数已有两万。这些人大都单身一人而来，在岛内流动性大，管理不易。时值鸦片战争结束不久，华人中依然蕴藏着对英人的强烈不满和反抗情绪。港英当局便以严刑峻法作为其管理华人的第一手段。而早期港英司法、警队人员素质低劣更加剧了残酷性。为防范华人的反抗，港英当局还制定了许多专门针对华人的"条例"。早在道光二十二年九月，香港巡理府就发出通告，规定除更夫外，一切华人夜晚11时以后均不准在街上行走，违者由警察拘捕，送官究治。次年，巡理府进一步规定：每晚8时至10时，华人上街必须手提灯笼，10时以后任何华人均不准外出，有事上街必须持有当局发给的临时夜间通行证。[①] 这一宵禁制度直到光绪二十三年（1897）才被废除。道光二十五年十一月，港英立法局通过的《治安法例》规定，警察有权随时搜查一切华人住宅并逮捕他们认为不良的华人；华人无事而扣他人门户或按门铃、夜间无事云集多人以及仆役不服从雇主命令等，警察均可将其捉拿治罪。40多年后，港英当局对华人的限制仍未见放松，光绪十四年第13号《华人管理法例》依然明文规定：抚华道可随时传讯任何华人房主和房客；华人除婚丧大事外不得在市区吹奏乐器或列队行走；华人未经批准不得公演任何中国戏剧或张贴海报；华人未经港督许可不得举行或参加任何公共集会，等等。[②] 处处体现着对在港华人的压制和防范。

二 葡萄牙对澳门的殖民统治

鸦片战争前，中国对澳门完全行使主权，葡萄牙人在中国默许下在澳门居住地内实行有限的自治。鸦片战争后，葡萄牙殖民主义者采取多种措施攫取中国在澳门的主权，特别是光绪十三年（1887）中葡《和好通商条约》在北京签订。条约规定由葡萄牙"永居管理澳门"。从此，葡萄牙正式开始对澳门实行全面的殖民管治。

鸦片战争后，葡人在澳门的殖民管治中，总督权力明显加强。道光二十四年（1844），葡萄牙女王唐娜·玛丽亚二世（Dona Mariall）擅自颁布法令，宣布设立由澳门、帝汶和梭罗组成的"海外省"，省府设于澳门。澳门从此不再受果阿葡印总督的管辖，澳门总督的地位

[①] 余绳武、刘存宽：《十九世纪的香港》，中华书局1994年版，第233页。
[②] 余绳武、刘存宽：《十九世纪的香港》，中华书局1994年版，第202页。

也随之提高，由葡国王直接任命，直属里斯本政府，并握有行政、军事、财政以及有限的立法权。在总督之下，一个由4名厅长、市政委员会主席和检察长组成的政务委员会作为总督的咨询机构而设立，这就是后来立法会和咨询会的前身。

总督加政务委员会的政治体制一直延续到20世纪20年代。这期间，总督的地位日益巩固，政务委员会的组成也随着形势的变化时有调整。根据民国六年（1917）《澳门省组织章程》的规定，澳门的行政权力主要集中于总督和政务委员会，总督由葡萄牙政府授予其在澳门的最高权威，拥有立法、行政、军事和财政权。政务委员会为"继总督之后的首要和主要管治机构"，由公务员委员和非公务员委员组成。前者由总督、总督秘书、检察官和5位厅长组成，负责提供技术性意见；后者则由市政议员和总督挑选的两位能读写葡文的华人组成，以便反映民意，维护居民的合法权益。在总督提议下，葡萄牙政府可解散政务委员会的非公务员委员部分。[①] 很明显，鸦片战争后的澳门政制中，总督占据着主导地位。鸦片战争后的第一位澳门总督是彼亚度（Jose Gregono Pegado），他于道光二十三年（1843）八月左右到任。从1843年10月直到19世纪结束，澳门共经历了约20任总督。

随着总督体制的确立，葡国法律被强制推行于整个澳门地区，成为葡人对澳门实行殖民管制的一个重要手段。尤其是19世纪内，澳门本身基本上没有立法，因此，葡国法律乃是当时澳门的主要法律。根据1863年皇室训令，这些葡国本土法例必须在《澳门宪报》上颁布后才有效。《澳门宪报》刊印于道光二十六年（1846）。在此后的半个多世纪中，延伸至澳门使用的葡国法律主要有《葡萄牙宪法》，它规定了澳门的法律地位，确定了澳门政治体制的结构和组成，构成了澳门政治和法律制度的基础；《葡萄牙民事法典》主要规范了公民的权益、家庭、婚姻、契约、财产、租务、遗产等问题；《葡萄牙刑

[①] 吴志良：《澳门政制》，澳门基金会1995年版，第50页。

法典》规定的刑事罪行主要包括渎犯宗教罪、危害国家安全罪、危害公共秩序与安全罪、侵犯人权罪、侵犯财产罪等；《葡萄牙商业法典》对各种商业行为作出了明确的法律界定。①

此外，由葡萄牙王室颁布的有关澳门的各种训令，在澳门也有至高的法律地位。值得一提的是，在葡萄牙法律全面施用于澳门的同时，大清法律中的部分律令，尤其是其中有关婚姻继承、风俗习惯等部分，仍适用于在澳华人群体。

中葡《和好通商条约》给予葡萄牙"永居管理澳门"的权力，同时葡方承诺将遵守对界址"不得有增减改变之事的规定"。然而，签订条约的墨迹未干，他们便开始了新一轮的扩张。

按照计划，澳葡向北扩张的目标是出关闸，占领关闸以北地区，直至前山脚后山寨。光绪二十五年（1899）初，他们在关闸以北设置了第一盏路灯，以试探中方的反应。后因当时两广总督张之洞态度强硬，坚持关闸以北为中国独管之地，关闸以南也并非尽为葡界，越界所设路灯必须立即撤去，清廷对张的态度也表示支持，葡萄牙人才不得不撤去路灯。同年秋，澳葡又从海路向北扩张，称青洲岛以北的海面均为澳门水域，并派船驱逐驻青洲北面的前山营拖船，企图侵占澳门以北的水面，进而蚕食前山地区。由于当时代理澳门同知蔡国桢毫不退让，澳葡向北扩张的计划终未实现。但澳葡后来利用两广总督李瀚章轻视澳门界务的机会，迅速筑成连接青洲与澳门半岛的路堤，使青洲成为澳门半岛的一个组成部分，以便寻机进一步控制青洲。在南面，澳葡的目标是占领大、小横琴岛。光绪十四年，当中国官兵在大、小横琴岛上施工筑屋时，澳葡称小横琴岛系由他们管治，当即遭到张之洞的严厉驳斥。甲午战争后，澳葡又借口大、小横琴岛常有海盗出没，需由他们保护，在两岛上建造兵房、设置官吏。后经两广总督谭钟麟的交涉，在中国方面偿还建筑费用的条件下，葡人将兵船拆去。在西面，澳葡的最终目标是将对面山岛的东部地区，即湾仔、银

---

① 参见杨贤绅主编《澳门法律概论》，中山大学出版社1994年版，第1—43页。

坑等地以及澳门半岛与对面山岛之间的全部海面占为己有。为此，他们在中葡条约订立的当年——光绪十三年已开始了扩张行动，声称澳门以西的海面皆为葡属，对于停泊在湾仔一带的中国船只编查、收税。

此外，在关闸以南望厦村村民因不服澳葡管治，坚持数十年抗缴地租。光绪二十四年（1898），澳葡乘德、法等国强租中国沿海港湾之际，终于迫使望厦村村民向他们缴纳地租。这样，到19世纪结束，澳葡实际侵占的地域与光绪十三年时相比，有了明显扩大。

鸦片战争后，澳门产业出现了一个明显变化，即博彩业兴起。英国占领香港及上海、宁波等通商口岸的开放，使澳门的经济地位迅速下降，其直接后果是海关税收和房屋租金锐减，无论是澳葡当局还是葡居民都陷入了经济困境。在这种情况下，一些非正当的经济活动如鸦片走私、贩卖华工、护航等乘时泛滥，而博彩业也是在这一时期兴起的。据郑观应所述："大西洋人鹊巢鸠居，划疆分治，复创陋规，设猪仔馆，大开赌场。其招工之馆则何止百有余间也。其番摊之馆则已有二百余号矣。以致盗贼之流风日炽，猪仔之流害弥深。"[①] 澳葡当局向赌场征收"赌饷"，以此增加财政收入，摆脱困境。

第五节　清末粤港澳大湾区人民的反侵略斗争

光绪二十年（1894）甲午战争后，列强掀起瓜分中国的狂潮，对粤港澳大湾区的侵略也进一步扩大，九龙半岛（新界）、广州湾相继被强行划为租界。列强的侵略，遭到粤港澳大湾区人民的顽强反抗，掀起了一场场反侵略斗争。

---

① 郑观应：《盛世危言·澳门窝匪论》，载夏东元编《郑观应集》，上海人民出版社1982年版，第17页。

第五章　列强的侵略与粤港澳大湾区人民的抗争

一　反抗英国强租新界斗争

经过两次鸦片战争，英国割占了香港岛和南九龙半岛。但侵略者贪得无厌，此后一直图谋扩大侵占范围。光绪十四年（1888），一批侵华急先锋在伦敦组织"英商中华社会"，光绪十八年，在香港、上海成立分会。这一组织是密谋拓展香港界址的主要筹划者。

甲午战争爆发后，香港总督威廉·罗便臣（William Robinson）以保护香港安全为由，向英国殖民地部建议侵占北九龙半岛，要求取得从大鹏湾到深圳湾的陆地及附近一些海岛，并提出具体方案。此方案成为后来香港"扩界"的蓝图。光绪二十一年（1895）八月，"英商中华社会"香港分会要求英国政府向清政府提出"扩展香港界址"的交涉，把香港界址扩大到全九龙半岛。次年，英国政府委派窦纳乐（Claude Macdonald）出任驻华公使。当时，中法正在谈判租借广州湾，窦纳乐借此威胁总理衙门：如果法国租借广州湾，英国随时要求拓展香港界址。

光绪二十四年（1898）三月，中法关于租借广州湾谈判结束。谈判结束的次日，窦纳乐以法国租借广州湾威胁香港安全为借口，正式向总理衙门提出展拓香港界址的要求。根据英国政府授权，他亲自拟定了《展拓香港界址专条》（以下简称《专条》），强迫清政府签字。《专条》声称："香港一处，非展拓界址不足以资保护。今英中两国政府议定大略，按照黏附地图，展扩英界，作为新租之地。其所定详细界线，应俟两国派员勘明后，再行划定，以九十九年为期。"[①] 同时规定，中国保留对九龙城的管辖，中国兵船有权使用大鹏湾、深圳湾。根据《专条》，英国新租地界包括界限街以北，深圳河以南地区，以及大鹏湾和深圳湾，并包括大屿山在内的附近大小200多个岛屿，总面积97.1平方公里。通过"扩界"，陆地面积比以前扩大了十多倍，水

[①] 《总署奏英国拟拓展香港界址议定租章折》，载王彦威、王亮编纂《清季外交史料》卷一三一，书目文献出版社1987年版，第18页。

面扩展了四五十倍。同年十二月英方强行接管"新界"。次年二月，中英再订《新界北线定界备忘录》，载明各个界桩的位置。至此，总面积1068平方公里的大香港纳入英国的殖民统治之下。

《专条》是个彻头彻尾的不平等条约，名义上是"租借"，却只字不提租金问题，实质是为英国割占九龙半岛提供"合法"的外衣。英国侵略者的蛮横无理激起大湾区人民的强烈反抗。光绪二十五年（1899）二月，中英双方重新勘定"新界"，划入"新界"的几万户中国居民"闻租与英国管辖，咸怀义愤，不愿归英管"[①]。新安县锦田、元朗、粉岭等地群众纷纷展开反抗英国武力接管"新界"的斗争。群众推举爱国乡绅邓石仪领导抗英斗争，集资购买武器，筑隘寨，毁道路，布设障碍物，组织壮丁，随时准备反抗侵略者的占领。

香港总督和两广总督商定三月初八日交接"新界"租借地，而英方迫不及待地提前行动。二月十三日，港英警察司梅伊擅自进入"新界"，在大埔墟择地建造警棚。二十三日，梅伊一行前来检查枷屋，当地居民闻讯赶来，向他们投掷石块，要求拆除棚屋。梅伊命令士兵用武力镇压。当晚，愤怒的群众向英军盘踞的山头发起进攻，火烧英军棚屋。梅伊一行逃回香港搬取救兵。英军司令盖斯科因立即派兵开进大埔墟镇压。三月初一日，"新界"各村代表建立"太平公局"，作为抗击侵略的领导机构。初六日，英军千余人在大埔墟强行登陆。"新界"居民1200余人聚集山坡，挖掘坑堑，利用各个山头向英军猛烈开火，使英军陷入重围。次日，盖斯科因率兵前往增援。在海军火力支援下，英军冲出包围，乘势进占元朗、锦田、大埔等地，升起英国国旗，宣布"接收"。

英军武力接管"新界"，使当地居民掀起更大规模的反抗。临近"新界"的东莞、新安县居民，深感唇亡齿寒，纷纷组织民军开赴大埔前线。三月初九日，这支几千人的抗英武装用大炮轰击英军军营，

[①] 《粤督抚谭钟麟鹿传霖奏报九龙关租界办理情形折》，王彦威、王亮编纂《清季外交史料》卷一三八，书目文献出版社1987年版，第28页。

使英军遭受伤亡。民军三路出击,把英军压至海滩坐船撤退。二十六日,英军卷土重来,以重兵向抗英斗争的中心锦田村发起猛烈进攻。锦田村居民利用坚固的围墙抗击敌军,英军野蛮地向村民居住地发炮轰击。激烈的战斗持续数天,终因双方力量悬殊,民军弹尽援绝,被迫退出大埔、锦田、元朗等地。四月初八日,香港总督宣布:"奉本国政府谕,派兵将深圳、九龙城等处扼守。"接着,英军用武力夺占九龙城,将"城内官弁兵厂一并逐出,军械号衣悉行褫夺"。英军还企图进一步扩大"新界",越过深圳河,侵占深圳沙角及附近乡村,北进布吉,扬言要扩到石龙。面对英军的凶焰,清政府谕令广东当局"与之婉商"。粤督谭钟麟照会香港总督,仅提出质问:"两国交涉事件,是否仍照条约办理?"既不作抵抗的准备,甚至打算放弃九龙城和深圳两处,"不与英争"。深圳、沙角一线的清兵300余名,尽为英军缴械驱逐。英军丕强令当地绅士"具禀",表示"愿归英国管辖"①。在此危急之际,新安人民不惧"抗旨之罪",毅然拿起武器,联络附近各乡群众共同抗英。东莞各地共组成3000人的志愿民军,开赴雁田前线,与新安人民并肩战斗,在这里修筑起10多千米的山头防线,架设了100多门从虎门调来的大炮,不断袭击英军。

在各地人民的英勇抗击下,英军害怕陷入泥潭。新任香港总督卜力认为:"以(深圳)河到东江一带是中国最动乱的地方,它是三合会总部所在地。……统治这样一个地区(甚至只及深圳山头),需要加派军队,大量增加警察,要增加很大花费。我以为,现在以河南为界最好……没有必要再拓展。"② 新安、东莞人民的英勇斗争,终于迫使英国侵略者退回深圳河以南。

二 教案和反洋教斗争

葡萄牙人占领澳门后,天主教传教士开始在澳门及广东内地传

---

① 《粤督抚谭钟麟鹿传霖奏英人占据九龙城法人图占吴川遂溪两县请饬筹办法折》,载王彦斌、王亮编纂《清季外交史料》卷一三九,书目文献出版社1987年版,第3—4页。

② 姜秉正:《香港问题始末》,陕西人民出版社1987年版,第173页。

◈◈　中编　近现代的粤港澳大湾区

教。道光二十四年（1844）签订中法《黄埔条约》规定，传教士可以在广州等通商口岸传教，建立教堂，使传教合法化。咸丰八年（1858）签订的《天津条约》规定，传教士可以在内地自由传教。从此，各国传教士一批批进入粤港澳大湾区从事传教活动。在传教过程中，外国传教士与大湾区群众发生了多起冲突，主要有三种类型：

一是因土地纠纷发生的教案。传教士为建教堂、医院、学校等，必须占有土地。各地群众多不愿在本村附近兴建教堂，教会往往很难买到土地。因此，传教士便串通教徒，采用盗买、骗买等手段取得土地，引发教会与当地群众的矛盾，终酿成教案。如光绪二十四年（1898）九月，惠州博罗县柏塘聂姓教民与当地朱姓群众争夺坟地，引起众怒。群众包围法国传教士住地，毙伤五人，并用煤油火烧传教士住地，烧死法国传教士绅德辉及教民四十多人。

二是教会欺压群众而引发的教案。教民在教会袒护下欺压百姓，一旦发生民教互讼案件，地方官多迁就教民，甚至外国传教士包揽词讼，干涉中国司法行政。如广州城内天主教堂的法国邵主教，"专事广收教民，包揽词讼"。仅光绪二十四年（1898）三月下旬就包揽多起诉讼，大至"命盗奸拐"，小到"户婚田土钱债"，无一不管。这些诉讼均与教堂教务无涉。他"詈辱州县，恫吓华官，迭经驳复，晓渎如常"①。

三是受北方义和团运动影响而发生的教案。如深圳4000余名武装群众皆身穿义和团式样的服装，攻击教堂，驱逐清军。光绪二十六年（1900）间，顺德县（今广东佛山市顺德区）到处散播"谓必杀尽教民而后已"，群众受鼓动，频频攻击教堂。知县王崧没有派兵弹压，反而"发差到乡，勒令教士点要各物，从速离境"，致使四乡遍传"官长已有明文逐教士出境，将教堂封闭入官，教民房屋物产均凭

---

①　台北"中研院"近代史研究所编：《教务教案档》第6辑（三），台北"中研院"近代史研究所1980年版，第1561页。

民人抢毁,定无追究之理"①。因此,顺德闹教事件迅速扩大化,该县所属龙江、龙山、甘竹里、海黄连、简家围、大邑、大晚等乡,以及南海县属余村、沙头、北村等地,番禺县属平发,东莞县属石龙等处皆爆发针对教民的暴力事件,迫使教民纷纷逃匿省城避祸。

粤港澳大湾区之所以爆发诸多教案和反洋教斗争,其根本原因在于外国的宗教侵略,传教士恃仗大炮和不平等条约为后盾,以不正当方式强占土地,欺压百姓,横行霸道,不尊重大湾区群众的风俗、信仰,因而激起广大民众的反抗。

---

① 李杕:《拳祸记》下篇,上海土山湾印书馆1923年版,第470页。

第六章　粤港澳大湾区洋务运动与新阶级的出现

经过两次鸦片战争和太平天国农民战争的双重打击,清政府已出现严重封建统治危机,统治阶级内部也发生分化。一部分当权的官僚,主张引进西方的船炮和枪械弹药、机器生产及科学技术,以挽救垂危的清王朝,这些活动从19世纪60年代开始,持续到90年代中期,史称洋务运动,有此主张者被称为洋务派。

洋务派的主要代表人物,在朝廷是主持总理衙门事务的奕䜣和文祥,在地方上是有实权的督抚,如曾国藩、李鸿章、左宗棠、张之洞等人。最初,在"自强"的口号下,以练兵、制器、筹设海防、建立新式海军与培养洋务人才为主要内容。洋务派创办的军事工业,全系官办,虽已具有一定的资本主义因素,但也有浓厚的封建性和对外国资本主义的依赖性,因而并没有达到"自强"的目的。它引进近代化大机器生产和科学技术,以军事工业为起步,然后开办民用工业。这对中国近代工业的产生、技术力量的培养、科学技术知识的传播等方面起了一定作用。19世纪70年代以后,洋务派又在"求富"口号下,陆续兴办了工矿、轮船、电报、铁路和纺织等20多家民用企业。这些企业大多数采用官督商办的形式,即由商人出资,政府派员管理,对近代资本主义企业的兴办起了推动作用。

相较于沪、津等地,粤港澳大湾区的洋务运动因经费短缺,进展缓慢,到张之洞任两广总督期间,洋务活动较有声势,大湾区内已办成或筹办的洋务项目也较多,其后在练兵、制器与筹设海防,兴办民用企业，创办新式学堂方面，粤港澳大湾区都获得了显著发展。而社会、经济层面的变化，又催生出了粤港澳大湾区内民族资产阶级和无产阶级的产生，从而为此后反帝、反封建、反殖民运动培植了新生力量。

第一节　粤港澳大湾区的洋务运动

总体来看，粤港澳大湾区内的洋务运动发展相对缓慢、规模较小，是由多方面原因造成的：其一，清廷为拱卫京师，决定优先建设北洋海军，还决定每年从粤海关等海关、广东等省厘金项目划拨数百万两给北洋作为海防经费。其二，上海、南京、福州是湘淮系将领曾国藩、李鸿章、左宗棠长期经营之地，得到清廷大额拨款支持，而广东则非湘、淮系地盘，兴办军工有所局限。其三，张之洞之前广东历届督抚对洋务运动的态度相对消极，思想保守，加上受财政困难所制约，多力不从心。张之洞继任总督后，倾心于洋务运动，在任内多方筹措经费，兴办兵工厂，才使粤港澳大湾区内的洋务运动开展得较有声势。

一　练兵、制器与海防建设

同治年间，粤港澳大湾区已采用西法训练洋枪队，在枪炮西方化的同时，他们还注意筹建军火厂。同治十二年（1873），两广总督瑞麟、广东巡抚张兆栋决定在广州文明门外聚贤坊，创建军装机器局。该局购有车床、刨床等，仿造外洋枪炮、火药及修理、制造轮船。因机器局设于省城之中，地方狭窄，生产项目多，不能顾及火药生产，光绪元年（1875）张兆栋兼署两广总督期间，乃在西门外增步地方购地设立军火厂1所，生产洋枪、洋炮所需火药。光绪二年，两广总督刘坤一购买英商黄埔船坞及其设备，作为扩充机器局及开设西学馆之用。当时人所说的广州机器三局就是由上述三部分组成。光绪十一年，两广总督奉旨整顿机器局，于次年将聚贤坊的机器局合并于增步军火厂,称为制造东局,又在省城大北门外石井购地31亩多,创建枪弹厂,称为制造西局,专门制造洋枪枪弹,以解决广东筹办海防所需大量的后膛枪弹,免得"依藉外洋"。

自鸦片战争以来,列强屡次恃强从海上入侵内地,中国士大夫们越发注意到海防建设的重要性,粤港澳大湾区最早受西方军舰蹂躏,也开始重视海防建设,包括筑台置炮,购制新式兵船、军舰,编练新式海军。

首先,筑台购炮。广东全省旧设炮台160余座,绝大多数设置于粤港澳大湾区。在两次鸦片战争中,大部被毁,幸存极少数亦因太过落后而废置不用。广东督抚认为:海防当以省城广州为根本,而广州以虎门为门户。所以,历任督抚都以虎门、省河为海防建设的重点。而长洲、黄埔一带为进省的第二重门户,宜以全力防守,故亦多筑炮台。张之洞督粤后,加速了炮台建设。筑台采用西法,以灰沙砖石洋泥层层舂筑,并以砖石作拱以避敌弹,内设药库兵房,先后在大湾区沿海要地,修筑了数十座炮台。到甲午战争前,从虎门到广州省河沿岸,形成三重炮台群,共安设洋炮116尊,新炮台较旧炮台更为坚固,新式洋炮也比旧土炮威力更大,粤港澳大湾区的海防有了较大提升。

其次,建设舰队。舰队建设,也是海防建设的重要内容。光绪十一年(1885)张之洞上《筹议海防要策折》,提出海防急务:第一是"储人材",拟在博学馆基础上设水陆师学堂;第二是"制器械",包括铁舰、快枪、巨炮、水雷;第三是开山泽之利,包括煤铁等矿。他认为"斯三者相济为用,有人才而后器械精;有煤铁而后器械足;有煤铁器械而后人才得以尽其用。得之则权利操诸我,失之则取予仰于人"[①]。故在任期间,他按上述三方面加强粤港澳大湾区的防务,到甲午战争前,广州水师已初具规模。

[①] 张之洞:《筹议海防要策折》,载《张文襄公全集》第11卷,中国书店1990年版,第16—24页。

广州机器局所造军器及广东购制新式舰船、筑台购炮，虽有御外侮的目的，但所筑炮台未经实战检验，机器局的产品和新式舰船在中法战争、甲午战争中皆作用不大，并没有实现洋务派"自强"的目的。尽管如此，广州机器局的创办毕竟是粤港澳大湾区近代机器制造业的开始，是迈向近代国防建设的重要一步。此外，还培养了一批技术工人，为后来大湾区民族轮船制造业及机器制造的发展，奠定了技工基础。

二　民用工业与新式学堂的创办

洋务派在继续举办军事工业的同时，还在"求富"的口号下先后创办了轮船、电报、铁路、煤矿、金矿、纺织等20多个民用企业。洋务派在粤港澳大湾区创办的民用工业较少，影响力也较弱，比较有代表性的企业是轮船招商局广州及汕头分局、电报分局、钱局、机器织布局等。

同治十二月（1873），李鸿章主持创办轮船招商公局，后改名为轮船招商局，总部设于上海。光绪四年（1878）以后，招商局轮船开设多条通往大湾区的航线，如上海—汕头—香港—广州，广州—海口—越南等，并设广州及汕头分局。光绪六年，李鸿章奏准架设从天津至上海电线，并在天津设立电报总局，光绪八年改为官督商办，在广州设立分局，其最早架设的电报线是广州至香港线，第二条电报干线是苏、浙、闽、粤线，敷设广州、厦门、宁波、上海等多个城市。

随着外交事务日繁及洋务军事、民用工业的发展，清政府急需外交、翻译和各种专门技术人才。因此，从19世纪60年代到90年代，洋务派创办了一批新式学堂。同治三年（1864）五月，广州同文馆在广州大北门内朝天街开馆，名额20人，学习英文，充翻译官。光绪五年（1879），在原有英文班的基础上，又增设法文、德文班，培养多语种翻译人才。

光绪六年（1880）四月，清廷谕两广总督张树声"设立西学馆，讲究机轮驾驶及一切西学与洋务交涉事宜"①，后改名实学馆。光绪十年（1884），张之洞接任两广总督后，将实学馆改为博学馆；十三年，又改为水陆师学堂，并扩建堂舍及机器厂、铸铁厂、码头等。水师学堂学英语，分设管轮、驾驶2个专业。管轮专业学习机轮、理法、制造，驾驶专业学天文、海道、驾驶、攻战之法。陆师学堂学德语，分设马步、枪炮、营造3个专业。张之洞比较重视课堂教学与实践相结合，规定学生每年9个月在课堂学习，3个月在船上或军营练习，水师学成后，要拨入练船实习枪炮、帆缆、测算等课程1年。十五年，张之洞又在水陆师学堂增设洋务五学，即矿学、化学、电学、植物学、公法（国际法），把洋务教育扩展到理、工、农、法等自然科学的基础学科和社会科学的法科。

从同治十一年（1872）秋至光绪元年（1875），清政府先后4批共选送120名幼童到美国学习。因广东和西方接触较早，因而广东籍的有84人被选入，占了总数三分之二强。其中，又以粤港澳大湾区籍占了绝大多数：香山（今广东中山市、珠海市、澳门特别行政区及广州市、佛山市部分地区）39人，南海（今广东佛山市南海区）16人，番禺（今广东广州市番禺区）6人，顺德（今广东佛山市顺德区）5人，新宁（今广东台山市）、新会（今广东江门市新会区）各4人，四会（今广东肇庆四会市）3人，鹤山（今广东江门市所辖鹤山市）、新安（今广东深圳市）、开平（今广东开平市）、博罗（今广东惠州市博罗县）各1人。②

粤港澳大湾区籍的幼童，学有所成者，并在铁路、电报、矿务、文化、外交等方面，发挥了重要作用。如中国自行设计建造铁路第一人、曾任中国铁路总工程师的南海人詹天佑，曾任沪宁铁路管理局局长兼沪杭甬铁路管理局局长的香山人钟文耀，曾任浙江省铁路总工程

---

① 张树声：《筹议设立西学馆事宜折》，载《张靖达公奏议》第5卷，文海出版社1968年版，第11页。
② 梅嘉：《广东留美幼童简况》，载《广东文史资料》第48期，广东人民出版社1986年版。

师的博罗人罗国瑞，曾任津浦铁路总办的番禺人黄仲良，曾任京张铁路总工程师的南海人邝景扬，曾任江西电报局局长的香山人梁金荣，曾任湖北电报局局长的南海人陶廷康，曾任开平矿务局副局长兼主任验矿师的四会人吴仰曾，曾任北洋大学堂总办的香山人蔡绍基，筹建并任清华学堂副监督的香山人唐国安，曾任北洋医学院院长的南海人林联辉，清末及北洋政府时期曾任外交部长的顺德人梁敦彦，曾任外交部长的香山人梁如浩，任外交总长的香山人蔡廷干，清末及民国时曾任驻英公使的香山人刘玉龄，曾任出使德国大臣的番禺人梁丕旭，曾任驻外国领事或代办的博罗人欧阳康，香山人张康仁、陆永泉、容揆，四会人吴仲贤，南海人苏锐利等。此外，还有辛亥革命后，湖北军政府委为海军总司令的香山人宋文翔，委为海军副总司令的四会人吴应科，1918年曾任北洋政府海军部次长的香山人徐振鹏，清末及1915年在北洋政府中曾任海军部次长的顺德人曹嘉祥，中法战争马尾海战为国捐躯的南海人杨兆南、邝咏钟，番禺人黄季良，曾任国务总理的香山人唐绍仪。

第二节　粤港澳大湾区近代民族工业的产生

19世纪70年代初，粤港澳大湾区开始出现近代民族资本工业，是继上海之后中国近代民族资本工业发展较早的地区。到光绪二十年（1894），已有近代民族资本工业115家，大都由地主、官僚、商人、买办、华侨创办。早期近代民族工业，主要是轻工业，其中机器缫丝厂多达96家，其余为火柴厂、豆饼厂、印刷厂、纸厂、电灯厂、小型机器修造厂、小型船厂等。

一　粤港澳大湾区内的民族工业

珠江三角洲地区手工缫丝业较为发达，这为机器缫丝业的兴盛提供了必要条件。首先，鸦片战争后，粤港澳大湾区出口生丝迅速增加，生丝市场扩大，需求增加，必然推动缫丝业采用机器生产。其次，手工缫丝在缫丝技术上已积累了丰富的经验，为机器缫丝培养了众多技术工人。

华侨在商办企业的兴起中，起了重要先导作用。广东华侨众多，旅居欧美、日本、南洋群岛各地的华侨中，一部分人经商致富，了解机器生产的优越性，熟悉近代资本主义的经营方式。全国第一家民族资本机器缫丝厂——继昌隆机器缫丝厂，是安南（今越南）华侨陈启沅、陈启枢兄弟投资并从国外引进技术，亲自设计创办的。全国第一家民族资本的发电厂——广州电灯厂是美国华侨黄秉常等在美国集资并从美国引进技术设备创办的。广东第一家火柴厂——佛山巧明火柴厂是日本华侨卫省轩投资并从日本引进技术创办的。这一时期华侨投资金额虽不多，但他们开风气之先，有力推动了粤港澳大湾区民族资本工业的产生和发展。

陈启沅（1834—1903），广东省南海县（今广东佛山市南海区）西樵简村人。咸丰四年（1854）经商安南（今越南），"然未尝忘农桑之业"[①]。他遍游南洋各地，考求汽机之学，"见该处丝厂用法国式之器械制丝，产品精良，羡慕之余，思欲仿效"[②]。同治十一年（1872）回国，翌年在南海县简村百豫坊陈氏本宅创办继昌隆机器缫丝厂，十三年建成投产。在中国民族资本近代工业发生时期，一般皆将工厂设在通商口岸的大城市，而陈启沅则不然，他把工厂办在农村，其原因有三：一是南海、顺德一带农村盛产桑蚕，收购原料方便，可减少运输成本；二是在农村有大量廉价劳动力，招收缫丝女工容易；三是可避开城市中势力强大的手工业行会的反对和官吏的需索。这种在农村设厂的布局，为以后珠江三角洲机器缫丝厂所沿袭，成为粤港澳大湾区近代缫丝工业的一大特点。

该厂开办时最初有丝釜几十部，后来扩建发展到800部。用蒸汽

[①] 陈蒲轩：《蚕业指南·自序》，载彭泽益编《中国近代手工业史资料　第2卷1840—1949》，生活·读书·新知三联书店1957年版，第44页。

[②] 饶信梅：《广东蚕丝业之过去与现在》，载孙毓棠编《中国近代工业史资料》第1辑，科学出版社1957年版，第958页。

第六章　粤港澳大湾区洋务运动与新阶级的出现

作为缫丝车的动力，缫丝粗细均匀，丝色洁净，弹性也大，因此售价比手工缫丝高出三分之一；劳动效率高，一个女工可抵手缫女工十余人的工作量。于是其余工厂纷纷效仿，发展迅速。如南海县（今广东佛山市南海区），光绪七年（1881）已有机器缫丝厂11家，工人4400人。到光绪三十年（1904）调查，全县有35个厂。顺德县（今广东佛山市顺德区），同治十三年（1874）在龙山乡建设了第一家机器缫丝厂，至光绪十三年（1887）已有42家，至光绪二十年，顺德先后办机器缫丝厂68家。当时，整个粤港澳大湾区有四万余工人从事缫丝产业。

伴随着机器缫丝业的兴盛，机器修造业也发展起来。其中，陈联泰机器厂是鸦片战争后粤港澳地区第一家民族资本创办的机器修造厂。19世纪30年代，南海县西樵良登村人陈淡浦在广州十三行新豆栏上街开设陈联泰号，以制造缝衣针及修理各式金属器械等为业。初时不过是一间家庭手工作坊，工具简陋。鸦片战争后，外国船只往来香港、广州日益频繁，轮机发生故障时，需就地修理，乃利用陈联泰号的工场和工人，由轮船司机指导进行修理。陈淡浦从中学会了修理和安装轮船的技术，因而该店又增加了修理轮船的业务。招收了一些工人和学徒，把家庭作坊发展为手工工场。

同治十一年（1872）陈启沅建机器缫丝厂，陈联泰负责缫丝机器的改造和安装工作，陈启沅亲自负责技术指导。陈联泰通过这一工程，技术、设备又有进一步的发展，掌握了制造和安装缫丝机器的技术。此后，顺德、南海一带机器缫丝厂发展很快，其所需机器多由陈联泰制造。光绪初年，陈淡浦病逝，次子陈濂川以新豆栏的铺位狭小，无法发展，乃迁至十八甫。新址有两间铺位，并从香港购回洋式车床3台，刨床、钻床各1台及其他工具，改为陈联泰机器厂，由手工工场发展为近代工厂。

陈联泰规模扩大之后，为发展业务，陈濂川又派其次子陈子卿往福建马尾船厂学习机械工程。陈子卿学习期满后，回厂负责工程技术。19世纪90年代，该厂开始仿造蒸汽发动的小火轮。最先试制的

191

是一艘7英寸汽缸的火轮船"江波"号,以后陆续生产有"江飞""江电""江明"等,汽缸由7英寸到10英寸不等,质量不断改进和提高,航商纷纷定造。由于业务不断扩大,十八甫厂房尚嫌太小,又在南关购地新建一大工厂为东栈,作为制造装配车间,增添各式机床十四五部,车、刨、钻、打磨、打铁、木样等工种样样齐全,工人百余人;又在河南洗涌地方开设南栈,作为制造蒸汽炉车间,有工人数十人。

光绪十四年(1888),陈淡浦的第六子陈桃川在广州十三行附近晋源街设立均和安机器厂。最初只是生产缫丝机器,后来也开始制造轮船。最初,陈联泰、均和安都只生产吃水深的实底轮船。这种船只适用于珠江下游,不适用于河道浅窄的珠江上游。陈子卿仿英籍"西南"号、"南宁"号明车平底轮船,制成第一艘明车浅水单行客船,能航行于东、西、北各江上游。此后,船舶修造厂坞在广州如雨后春笋般出现,并衍生出其他机械产品,如广昌隆、艺兴等在制造船舶之余,还仿制出碾米机、花生磨、抽水机和煤气机。

火柴厂也是粤港澳大湾区的特色产业。光绪五年(1879),高要县(今广东肇庆市高要区)人卫省轩从日本回国,独资在佛山创办巧明火柴厂,这是我国民族资本创办的第一家火柴厂。十五年,广州出现文明阁火柴局,厂址在彩虹桥。十九年,在九龙又创办隆起火柴厂、在广州石围塘创办义和公司,年产火柴六万箱。到光绪二十年,粤港澳大湾区共有火柴厂四家,占当时全国火柴厂的三分之一。

总之,早期粤港澳大湾区民族近代工业既有全国同行业的特点,如以轻工业为主,兼及小型机器修造业,投资少、规模小、技术落后。同时又体现了大湾区的特点,如华侨投资较多,占工厂绝大多数的机器缫丝厂不在大城市而在农村。

二 与封建主义及外国资本主义的关系

粤港澳大湾区的民族资本家,与封建官僚和外国资本主义既有依附、结合的一面,又有因受压迫而产生对立的一面。

第六章 粤港澳大湾区洋务运动与新阶级的出现

早期民族资本所创办的电力、造纸业等所用机器全靠外国进口,技术人员亦从外国高薪聘请。如火柴工业的原料柴枝、盒片、白药、黄磷全靠外国进口。机器缫丝业的机器虽可在省内制造,原料亦可自给,但其产品只能迎合外国资本主义市场的需要,容易受外商控制。轮船航运为逃避封建官府的需索及税厘,用诡寄洋商和挂外国旗的办法经营,这些都体现出民族资本对外国资本主义依附的一面。至于对封建主义的依附,则主要表现为仰仗官府鼻息,官府认可则存,不认可则亡。如黄秉常办电厂,要先得到驻美大臣张荫桓的推荐和两广总督张之洞的批准才能办成;宏远堂机器造纸公司,为求得官府认可,以每年缴纳官府1000元为代价,才取得10年专利。因此,民族资本的发展,离不开封建官僚和外国资本主义的支持。

早期粤港澳大湾区民族资本的发展还深受封建传统意识的束缚,如机器缫丝厂遭到封建传统势力的反对,他们抱怨男女同厂同工有伤风化、指责高烟囱有伤风水,甚至把丝厂看作不祥之物,咒为鬼钉、鬼澧。另外,由于丝厂劳动生产率高,其女工1人可抵手缫女工十余人的工作,原有手工缫丝工人面临失业威胁,故遭到手工行会的反对。光绪七年(1881),值"蚕茧歉收,土庄丝愈寡,至市上无丝可买,机工为之停歇,咸归于丝偈之网利,群起而攻之"①。因此,手工丝织业工人行会锦纶行便领导两三千丝织手工业工人,于是年八月齐集大冈墟先锋庙举行反对机器缫丝厂的暴动,持械捣毁裕昌厚丝厂。再有,民族资本的发展还受到封建官府的压制。捣毁裕昌厚丝厂的案件发生后,南海知县徐赓陛立即颁布了《禁止丝偈晓谕机工示》,总结机械缫丝之"罪状",如"男女混杂,易生果李之嫌";"一家射利而使千百穷黎失其恒业"。以此为由,查封县内各缫丝厂的全部机器,勒令厂方"永不复开"②。至此,以继昌隆为开端的机

---

① 张凤喈等修,桂坫等纂:《(宣统)南海县志》卷二六《杂录》,上海书店出版社2003年版,第516—517页。
② 徐康陛:《禁止丝偈晓谕机工示》《办理学堂乡情形第二禀》,载《清代诗文集汇编》第751册《不慊斋漫存》卷七,上海古籍出版社2010年版,第539、543页。

械缫丝在县内被强制禁止，迫使南海县丝厂或停或迁，压制了早期民族资本工业的发展。不过，对丝厂的压制只限于南海，未波及邻县，因而未受这种压制的顺德县后来居上，其机器缫丝厂的发展远超南海。

此外，民族资本企业还要负担繁重的税厘。宏远堂机器造纸公司成立后，因繁重的税厘，一直亏本。如该厂以1100斤纸运至三水，需交厘金、太平关税3.96两，运至梧州需交各种税厘19.274两，运到南宁需37.53两，比进口纸所纳税金多十余倍，造成该厂产品在广西、西江一带滞销。[1] 巧明火柴厂创办后，多年来受日本、瑞典火柴倾销的严重打击，被迫将厂招顶。广东机器缫丝厂生产的生丝主要靠出口，而出口贸易完全操纵在外商洋行手中。外商在收购生丝时，从中压级压价，丝厂亦无可奈何。

总之，就粤港澳大湾区民族资本主义而言，他们对本国封建主义和外国资本主义既有依附关系，又有对立关系，这又决定了他们对封建官僚和外国列强既有反抗斗争的一面，又有软弱妥协的一面。

第三节　粤港澳大湾区工人阶级与民族资产阶级的产生

随着外国企业、洋务企业及近代民族资本工业的兴起，产生了第一批产业工人。到甲午战争前，粤港澳大湾区已有四万多产业工人，还有更多的店员、农村雇农和城乡无产者。无产阶级深受帝国主义、封建势力、资产阶级的三重压迫，工资低、劳动时间长、劳动条件恶劣，因而其革命性比其他阶级更坚决和彻底。在此期间，民族资产阶级也初步形成。早期的民族资产阶级由工、矿等产业资本家和航运、商业资本家、手工业工场主构成。民族资产阶级是一个带两重性的阶

---

[1] 陈真编：《中国近代工业史资料》第3辑《清政府、北洋政府和国民党控制官僚资本创办和垄断的工业》，生活·读书·新知三联书店1961年版，第302—308页。

级：一方面具有反帝反封建的革命性；另一方面又因缺乏彻底反帝反封建的勇气而具有妥协性。

一　粤港澳大湾区无产阶级的诞生

粤港澳大湾区最早出现的一批近代产业工人，是随着外国航运势力的入侵而产生的，如黄埔码头工人、外国轮船海员、广州洋行部分雇工等。19世纪50年代至60年代，外国人在黄埔设立船舶修造厂，又产生了一批工厂工人。70年代以后，伴随着民族资本近代企业的发展，以及洋务派兴办的机器局等，产生了第二批、第三批产业工人。到甲午战争前，广州地区船舶修造厂有2000多工人，在洋务企业广州机器局、广东钱局工人约500人，在珠江三角洲一带机器缫丝厂的工人有43200人，在其他民族资本企业的工人有1840人，整个粤港澳大湾区总计有工人47000余人，约占全国同类产业工人的34%。此外，广州、香港等通商口岸的码头工人，中外轮船上的海员为数亦不少，大湾区内城市建筑工人及手工业工场、作坊工人，店员、农村中雇农和其他城乡无产者，其人数比产业工人更多。

从全国来说，光绪二十年（1894）前，中国无产阶级主要集中在通商口岸的大城市。但粤港澳大湾区却恰好相反，该地区占民族资本企业三分之二的机器缫丝厂并不在广州，而分布在珠江三角洲的农村，因此使4万多机器缫丝工人也分散在了珠江三角洲的乡村地区。另外，在4万多机器缫丝工人中，女工约有3万多人，产业女工在工人阶级中占多数，这是粤港澳大湾区的又一特点。

粤港澳大湾区无产阶级和全国无产阶级一样，不但具有无产阶级的基本优点，"即与最先进的经济形式相联系，富于组织性、纪律性，没有私人占有的生产资料"[①]，而且还有它自身许多突出的优点：

首先，它受帝国主义、封建势力和资产阶级的三重压迫。而这些

[①] 毛泽东：《中国革命和中国共产党》，《毛泽东选集》第2卷，人民出版社1968年版，第607页。

压迫的严重性和残酷性，是其他地区少见的，因而使其革命性比其他地区的无产阶级更坚决和彻底。光绪二十年以前，粤港澳大湾区无产阶级所受压迫的严重性和残酷性表现在如下几方面：首先，工资低。广州黄埔各船坞工人的工资大致为每人每日 0.15—0.20 元。当时为数最多的机器缫丝厂的工人系计件工资，每工每日缫丝 2 两余—3 两余，工资约 0.10 元—0.30 元余不等。工人收入仅够两三口之家勉强糊口。其次，劳动时间长，工作日多。当时，小工场、作坊大都沿旧习，没有严格规定劳动时间，工人每日工作 12—14 小时，忙时增加夜班。新式工厂企业虽规定工时，但普遍工时较长，如缫丝厂的工作时间，每日连续 11—13 小时，中午只有半小时让工人吃饭。火柴厂虽规定每日工作 10 小时，但资本家和管工经常在工人开工后把工厂的时钟拨慢，欺骗工人多干活；又常常以赶交货为名，要求工人加班 3—4 小时。工人敢怒不敢言，背后骂资本家和管工："拨慢钟，骗女工，一工做两工，死咗无仔送终。"① 再次，劳动条件恶劣。大多数工厂厂房狭小，空气污浊，设备简陋，没有安全生产设备。因而，伤亡事故频繁，职业病频发。如缫丝工厂东间皆场地狭窄，温度高，女工整天面对温度达华氏 180 度至 200 度的绿汤，头上是烘丝的蒸汽管。东间内没有降温设备，夏天工人常常因过于闷热而昏倒。头晕、贫血、手指溃烂是缫丝女工常见的职业病。复次，近代的产业工人多出身于破产的农民，和广大农民有一种天然的联系，便于他们与农民结成紧密的联系。最后，分布集中。在地域上，基本集中在广州及其周围的珠江三角洲地区；在行业上，主要集中在机器缫丝、机器制造、火柴、航运业，有利于把他们团结和组织起来进行斗争。

当然，早期无产阶级也有弱点。由于工人刚从破产农民和手工业者转化而来，因此，他们身上还往往保存着许多小生产者的习气。他们还受封建行会、地方帮派和秘密结社等封建组织的影响。如光绪七

---

① 黄福山：《解放前广东火柴工业概貌》，载《广东文史资料》第 28 辑，广东人民出版社 1983 年版，第 182 页。

年（1881）南海县学堂乡丝织工人捣毁机器缫丝厂的事件，就是在丝织业的封建行会锦纶堂（锦纶行会之锦纶会馆）领导下进行的。这些都不同程度上妨碍了无产阶级的团结和阶级觉悟的提高。

二 粤港澳大湾区民族资产阶级的诞生

随着民族资本近代工厂、交通运输业的产生、民族资本主义商业的出现、资本主义手工业工场的发展，19世纪90年代，在粤港澳大湾区，民族资产阶级初步形成。当时民族资产阶级以机器生产的新式工厂资本家为主体，包括部分商业资本家、资本主义手工工场主，他们大都是由地主、绅士、旧式商人、华侨商人投资近代企业转化而来。

首先是由地主士绅转化而来。光绪二十年（1894）前，粤港澳大湾区先后创办的近代民族资本企业有一百余家，机器缫丝厂占了96家，"其资本由殷实绅士合股开设"[1]。所谓"殷实绅士"，即比较富有的封建地主和卸任在籍的官员及具有科举功名身份或具有爵衔的各个阶层。他们投资近代企业后，在较长时间内都与原有封建生产关系保持密切联系，既具有地主（或士绅）、官僚身份，又具有资本家的身份。

其次是由旧式商人转化而来。如光绪二十年（1894）前，广州地区有旧式航运商人合股投资轮拖舸渡30艘，后来他们转化为近代资本家。另外，投资宏远堂机器造纸公司的钟星溪，投资于大艳山铜矿的张廷钧，投资汕揭潮轮船公司的华商肖鸣琴，原来都是旧式商人。

最后是华侨商人的转化。如创办继昌隆机器缫丝厂的陈启沅，创办广州电灯厂的黄秉常，创办佛山巧明火柴厂的卫省轩等都是华侨商人。

除上述近代产业资本家外，还有部分带有资本主义性质的手工业

---

[1] 《光绪十三年六月广东厘务局详复两广总督查明器缫丝各缘由》，载陈锦笎编《广东蚕桑谱》，广州奇和堂药局，光绪三十四年（1908），第1—4页。

工场主。鸦片战争后，粤港澳大湾区资本主义性质的手工业工场发展迅速。到光绪七年（1881），仅南海县丝织机工就有1万多人，足见当时手工工场已为数不少。

由于民族资产阶级对外国资本势力和本国封建主义既依附又对立，再加之力量弱小，因此，它一方面具有反帝反封建的革命性；另一方面又有对帝国主义和封建势力的软弱性和妥协性。

第七章　粤港澳大湾区旧民主主义革命

民主主义革命分为旧民主主义革命和新民主主义革命两个阶段。旧民主主义革命是由资产阶级领导的，以建立资本主义社会和资产阶级专政的国家为目的、反对外国侵略和本国封建统治的革命。这段时期大致可分为：以太平天国和义和团运动为代表的农民革命；以洋务运动、戊戌变法运动、辛亥革命为代表的资产阶级民主革命。

第一节　维新思想在粤港澳大湾区的传播

随着民族资产阶级的初步形成和国内外形势的发展，出现了代表新兴民族资产阶级的早期维新思想。粤港澳大湾区内早期维新思想的代表人物有郑观应、容闳、何启、胡礼垣。

一　郑观应等人的早期维新思想

郑观应（1842—1922），本名官应，字正翔，广东香山县人。咸丰十年（1860）任宝顺洋行买办。同治六年（1867），与唐廷枢共同投资公正轮船公司，被推为董事。同治九年（1870），他开始写《易言》一书，于光绪六年（1880）出版。该书揭露了外国资本主义侵略中国的种种罪行，提出抵御外国资本主义侵略、发展民族资本主义工商业、实行君民共主制度的主张，已初步形成早期维新思想体系。

光绪六年（1880），郑观应被委派参与筹建上海机器织布局，认股5万两；光绪七年（1881），设立津沪电线，郑观应亦有参股；同年，被委为上海电报总局总办，后被各商公举为中国电报局总董。光绪八年，他脱离太古洋行，被委为轮船招商局帮办、上海机器局总办。在此前他还投资入股锦州煤矿公司、烟台采矿公司、开平金矿公司、上海乳牛公司、同文书局、玻璃公司。因此，郑观应逐渐从买办转化为民族资本家。他先后报捐员外郎、郎中、道员衔。光绪十年，由督办粤防务大臣彭玉麟奏调赴粤差委。中法战争时，曾往暹罗、西贡、新加坡等地调查了解敌情。后途经香港，被太古轮船公司借故控追"赔款"而遭拘禁，经年始得解脱。后隐居澳门六年，集中精力将《易言》扩写，辑著成《盛世危言》，于光绪二十年付印。

《盛世危言》集中体现了他成熟而完整的维新思想体系，为世人提供了一个全面系统地学习西方社会的纲领。书中首次要求清廷"立宪法""开议会"，实行立宪政治，在中国首次使用"宪法"一词，由此开启了中国最高法意义上的宪法理念时代。书中还主张习商战、兴学校，对政治、经济、军事、外交、文化诸方面的改革提出了切实可行的方案，是以富强救国为核心的变法大典。

容闳（1828—1912），原名光照，广东香山南屏镇（今属广东珠海市）人。他出生在一个贫民家庭。道光二十一年（1841）入澳门马礼逊学堂，次年，随校迁香港。道光二十七年赴美留学，三十年入耶鲁大学，咸丰四年（1854）毕业。他是中国留美又在一流大学毕业的第一人。

由于容闳从小学到大学都受资本主义教育，不仅接受了西方的科学思想，而且接受了西方的民主思想。大学毕业后，立志要"以西方之学术，灌输于中国，使中国日趋于文明富强之境"[1]，他放弃在美谋求优越职业、地位的机会，于咸丰五年（1855）回国。先后在广州美国公使馆、香港高等审判厅、上海海关等处任职，又为上海宝顺洋行经营丝茶生意。咸丰十年，曾到太平天国天京（今江苏南京）访问考察，向洪仁玕提出七条改革建议：依正当之军事制度，组织一

---

[1] 容闳：《西学东渐记》（《走向世界丛书》），岳麓书社1995年版，第62页。

支良好军队；设立武备学校，以养成多数有学识之军官；建设海军学校；建设善良政府，聘用富有经验之人才，为各部行政顾问；创立银行制度及厘订度量衡标准；颁定各级学校制度，以耶稣教《圣经》为主课；设立各种实业学校。他是中国近代史上继洪仁玕提出《资政新篇》之后，提出涉及政治、军事、经济、教育等方面资本主义改革的第二人。他曾希望通过太平天国来实现他的理想，把中国引向资本主义，但其建议未被采纳。同时，他对太平天国是否能成功也有怀疑，"未敢信其必成"①，因而未接受洪仁玕对他的封爵，离开天京。

同治二年（1863），入曾国藩幕府。为筹建江南制造局，于同治二年冬至次年曾被委派赴美采购机器。同治七年，通过江苏巡抚丁日昌向清政府条陈四条建议，即："组织一合资汽船公司"；"选派颖秀青年，送之出洋留学"；"设法开采矿产以尽地利"；"禁止教会干涉人民词讼以防外力之侵入"。② 同治九年，他再次通过曾国藩等向清廷奏请实行派遣留学生的计划，得到批准，并奉命主持选派幼童赴美留学工作，任留美学生副监督，旋任清政府驻美、西班牙、秘鲁副公使。晚年参加过戊戌维新变法及唐常才主持的张园会议即"中国国会"，被举为会长。事败后出逃，在日本结识孙中山，从此支持革命。其维新思想主要表现在向洪仁玕的建议及向清廷的条陈中，著有《西学东渐记》。

何启（1859—1914），字沃生，广东南海县人。生于香港，留学英国多年，后在香港任大律师，光绪十六年（1890）任香港立法局华人议员。何启很早就接触了西方国家的政治与科学，深感清朝政治腐败、经济落后，主张学习西方科学技术，大力改革、推行新政。早在1872年，他就与人创办了《华字日报》《篁日报》等报纸，向人们报道世界大事。他本人也发表了《中国之改革新政论议》《中国改革之进步论》等有关革新、救国的论述。光绪二十一年（1895）被

---

① 容闳：《西学东渐记》（《走向世界丛书》），岳麓书社1995年版，第95页。
② 容闳：《西学东渐记》，（《走向世界丛书》），岳麓书社1995年版，第121—122页。

香港兴中会邀请参加讨论广州起义的秘密会议，负责草拟起义的对外宣言，并写文章从舆论上扩大孙中山革命活动的影响。

胡礼垣（1847—1916），字荣懋，广东三水（今广东佛山市三水区）人。道光二十七年（1847）生于香港，曾回粤参加科举考试，屡试不中，后入香港皇仁书院，专研经史和西学。光绪二十年（1894）游日本，被侨商推举为中国驻神户代理领事。甲午战后回香港，任文学会译员，晚年退隐专事著述。著有《胡翼南先生全集》。何启、胡礼垣一向交好，都积极主张维新变法。光绪十三年，两人合撰《曾论书后》，批评洋务派的政治主张；光绪二十一年合著《新政议论》，阐述改革中国政治、经济、文化的"新政"纲领，表达了他们的维新思想。此后，又合著多篇关于改革的政论，汇编为《新政真铨》一书。

早期资产阶级维新思想代表人物的出身和政治经历尽管不同，但他们都是具有初步资产阶级意识的、爱国的知识分子。他们对"洋务"的理解虽与洋务派不同，但由于两者在师夷长技以求强、振兴商务以求富、兴学校以求才等方面有较多共识，因而郑观应、容闳等都曾参加过洋务活动，但后来他们与洋务派分道扬镳，形成了早期维新思想，即政治上，反对封建专制制度，主张设立议院，实行君民共主，改革内政；经济上，反对洋务派的"官督商办"，主张在工矿、商、农、交通运输、金融等各个领域，全面发展资本主义，把中国改革成近代化的资本主义国家；文化上，提倡西学（包括天学、地学、人学），兴办学校，培养新式人才。

应该指出，早期维新思想只是对具体问题提出具体主张，尚未在哲学、政治学等方面形成理论体系。他们都未触及封建土地制度问题，尚未完全摆脱封建伦理的影响。何启、胡礼垣都因为长期受英氏教育，并一直在英占香港当立法局议员或士绅，对帝国主义又存在不少错误的认识和幻想。他们只是停留在理论上和思想上的宣传维新，未有行动。当康有为、梁启超发起维新运动时，除容闳参加外，何启、胡礼垣在香港未曾参与，郑观应则采取不合作的消极、观望态度，甚至认为"事速则不达"①，这体现出早期维新派不成熟的一面。尽管如此，他们主张向西方学习，效法西方资本主义改革中国的政治、经济、文化，实现富国强兵以御外侮的思想，符合社会发展潮流和趋势，颇有启发意义，激起了国人救亡图存的爱国热情，成为后来维新变法运动的前导。

二 康有为维新思想及维新活动

康有为（1858—1927），南海县银塘乡苏村（今广东佛山市南海区银河苏村）人。从8岁开始，长期在祖父康赞修身边读书，接受了严格的封建正统教育，深受以三纲五常为核心的封建伦理道德之影响。然而，当时清王朝日趋衰败，帝国主义侵略步步深入，人民反抗斗争风起云涌，特别是在欧风美雨的冲击下，南海地处粤港澳大湾区，得风气之先，这就为康有为接受新事物提供了客观环境。同治十三年（1874），康有为第一次看到《海国图志》《瀛环志略》，此后又读到一些利玛窦、徐光启等人所译的西方著作，视野大为开阔。

光绪二年（1876），康有为拜名儒朱次琦为师。朱次琦的学术思想、治学方法和教学宗旨，尤其是"经世致用"之学对康有为影响很大。随着学识的增长，康有为深感远离现实的旧学无法解决当前的实际问题。从此，他决心舍弃考据之学，努力寻求救国救民之道。1879年，康有为游历香港，他"览西人官室之瑰丽，道路之整洁，巡捕之严密，乃始知西人治国有法度，不得以古旧之夷狄视之"②，思想观念发生巨大变化。光绪八年（1882），康有为赴京应试后南归途经上海，专程游历租界，再次"益知西人治术之有本"，"自是大讲西学"③。他购买了大量江南制造局翻译的西书，还订了一份《万国公报》，满载而归。回到南海，康有为研读西书和报刊，希望从中

---

① 郑观应：《致经君莲珊书》，载夏东元编《郑观应集》（下册），上海人民出版社1982年版，第1165页。
② 康有为：《康南海自编年谱》，中华书局1992年版，第9、10页。
③ 康有为：《康南海自编年谱》，中华书局1992年版，第11页。

寻求救国救民真理。这些西学知识为他日后的政治改革主张奠定了理论基础。到光绪十三年前后，康有为的救国方案和维新变法理论已初步形成，即要救中国，只有维新；要维新，只有学外国。

光绪十四年（1888）四月，康有为以荫监生身份赴北京参加顺天乡试。旅京期间，他时刻关注京师的政治气候，并结交开明官员，不知疲倦地宣传自己的维新变法主张。他还写信给军机大臣潘祖荫、帝师翁同龢、大学士徐桐，大胆陈计，一时京师哗然。十一月，北京地震，清朝祖陵崩塌十余丈，康有为借此写了一篇5000余言的《上皇帝书》，请求变法维新，挽救时局。在《上皇帝书》中，康有为痛陈中国外患内忧之危状，朝廷上下却畏惮讳忌，不闻一言。他急切希望朝廷改弦更张，提出"变成法，通下情，慎左右"三项具体建议。"变成法"，就是摒弃祖宗之法不可改变的传统观念，适应时势的变化，参酌古今中外，革除弊政，推行新法治理国家。"通下情"，就是要求清廷最高统治者改变"下情不得上达"的局面，使大小臣工人人能说话，人人能施展才干。"慎左右"，就是要求清廷最高统治者辨明忠佞，罢斥专事承颜顺意的佞臣，重用直言敢谏的忠臣。

康有为以巨大的热情和迫切的使命感，第一次提出了他的改革主张，但守旧官僚为康有为这些闻所未闻的大胆倡议所震惊，不敢代为呈送。此次上书虽未能到达光绪皇帝手中，但在爱国官绅中广为传抄，康有为因此名噪京师。康有为以上书不达，于光绪十五年（1889）八月怏怏南归。他认定："欲任天下之事，开中国之新世界，莫亟于教育。"[①] 此后几年，康有为聚徒讲学，著书立说，为发动维新运动培育骨干力量，建立变法理论体系。

光绪十六年（1890）春，康有为全家移居广州云衢书屋。不久，陈千秋、梁启超慕名拜师求学，是年底，学生已增至20余人，云衢书屋容纳不下，而慕名前来求学者仍络绎不绝。光绪十七年春，康有

---

① 中国史学会编：《戊戌变法（四）》，上海人民出版社1957年版，第9页。

为租赁广州长兴里邱氏书屋（今广东广州市越秀区中山四路长兴里3号）正式开堂讲学，称"长兴学舍"。康有为在广州开堂讲学，他倡导教学改革，突破旧教学体制，广招天下有志之士，一时俊彦济济一堂。由于来学者不断增加，学舍一再易址。光绪十八年，康有为将学舍迁到卫边街邝氏祠（今广东广州市广卫路附近），学生达40余人。曾任四川知县的广西人龙泽厚也慕名入学受业。光绪十九年冬，学舍再迁府学东街仰高祠（今广东广州市文明路第一工人文化宫内），学舍正式题名"万木草堂"，在学学生达百余人。到光绪二十三年夏，随着维新风气日趋浓厚，万木草堂进入全盛时期，"学者大集，乃昼夜会讲"[1]。万木草堂既是一个教学实体，也是一个政治团体，康有为授徒讲学，实际上是为维新运动做准备。

以康有为、梁启超为核心的维新派除重视办学宣讲外，还将办报、开学会作为维新宣传的重点。维新派在岭南创办的报刊，主要有《知新报》《岭学报》《岭海报》《广智报》等。这些报刊大力宣传救亡图存、维新变法主张，及时报道各地维新派的活动和全国推行新政的情况，对开通风气、制造舆论起了重要作用。维新派十分重视组织学会和成立维新团体，团聚骨干力量，为维新变法做组织上的准备，他们在粤港澳大湾区不遗余力地倡设学会。其学会"布于各州县中，其势力之雄，羽翼之众，实十倍于孙文"[2]。

按照康有为的设想，学会宜首开北京，光绪二十一年（1895）七月，维新派的第一个学会——强学会在北京成立，但由于顽固派的反对，年底被勒令解散，但"自此以往，风气渐开"，各地纷纷效尤开设学会。在粤港澳大湾区成立的维新团体有不缠足会、圣学会广州分会、农学会、公理学会、群学会、显学会、东文学社、戒鸦片烟会等。

康梁维新派在粤港澳大湾区的活动卓有成效，推动了全国维新变

---

[1] 中国史学会编：《戊戌变法（四）》，上海人民出版社1957年版，第137页。
[2] 《再论康有为大逆不道事》，《申报》1898年10月31日。

法运动的发展,以广州为中心的粤港澳大湾区被誉为"实可为改革之原动力"①。

第二节 孙中山革命思想与早期革命活动

孙中山先生是伟大的民族英雄、伟大的爱国主义者、中国民主革命的伟大先驱。孙中山出生时,中国正遭受帝国主义列强的野蛮侵略和封建专制制度的腐朽统治,战乱频发,民生凋敝。青年时代的孙中山急切想救中国于危亡,光绪二十年(1894),28岁的孙中山在香山县(今广东中山市)翠亨村的老房子里草就了一篇长达8000言的长文《上李鸿章书》。在此文中,孙中山陈述了自己的富强观,认为"欧洲富强之本,不尽在船坚炮利、垒固兵强,而在于人能尽其才,地能尽其利,物能尽其用,货能畅其流。此四事者,富强之大经,治国之大本也"②。他提出要学习西方发展资本主义制度,办学校、育人才,开矿山、修铁路,发展农业、创办工业、保护工商业等。在上书李鸿章失败后,他开始高扬反对封建专制统治的旗帜,毅然投身民主革命事业,创立兴中会、同盟会,提出民族、民权、民生的三民主义,积极传播革命思想,广泛联合革命力量,连续发动武装起义,为推进民主革命四处奔走、大声疾呼,并在粤港澳大湾区开展了一系列革命活动。

一 孙中山革命思想的形成

孙中山(1866—1925),名文,字载之,号逸仙,广东省香山县翠亨村人(今广东中山市南朗镇翠亨村)。光绪五年(1879)五月,随母赴檀香山投奔兄长孙眉,在当地学校寄读。光绪九年六月,离檀回乡后,孙中山向乡民讲述夏威夷见闻,抨击清政府的腐败,主张仿效外国,改良乡政,宣传破除迷信。次年转入香港中央书院,学习文

---

① 中国史学会编:《戊戌变法(四)》,上海人民出版社1957年版,第396页。
② 《孙中山全集》第一卷,中华书局1981年版,第8页。

学、世界史、英国史、地理、几何、代数等。从此，孙中山逐步了解西方资本主义国家的政治制度以及法国大革命、英国人民与王权斗争的历史，受益匪浅。光绪十二年、十三年，孙中山先后入广州南华医学堂（现为中山大学孙逸仙纪念医院）、香港西医书院学医。光绪十八年，孙中山以优异成绩毕业，在澳门、广州行医。

早在光绪十六年（1890），孙中山便曾上书郑藻如，提出救亡图存的改革建议。郑藻如为广东香山濠头乡人，得曾国藩、李鸿章赏识，罗致为幕僚，办理洋务、外交等事务，光绪十二年病休居乡。孙中山在上书中提出振兴农桑、倡议禁烟的建议，尚未谈及政治改革问题，其当时的主张仍属维新范畴。光绪二十年，孙中山上书李鸿章，想以一种非革命的方式改革中国。然李鸿章拒见孙中山，上书不成，孙中山慨然长叹，决心以革命手段推翻清廷，改造中国。

二 兴中会在粤港澳大湾区的革命活动

光绪二十年（1894）秋，孙中山再赴檀香山。十月二十七日，组建了第一个资产阶级革命团体兴中会，提出"振兴中华，挽救危局"的口号，以"驱除鞑虏，恢复中华，创立合众政府"为秘密誓词。兴中会建立后，孙中山加紧活动，在华侨中组织兵操队，为日后归国起义做准备。光绪二十年十二月下旬，孙中山回到香港，广招旧友，与陆皓东、郑士良、陈少白、尤列、杨鹤龄扩大兴中会组织，建立香港兴中会总部。次年正月，香港兴中会总部在中环士丹顿街13号正式成立。孙中山在檀香山兴中会章程的基础上起草了香港兴中会章程。与前者相较，香港兴中会章程旗帜鲜明，激烈抨击清政府"政治不修，纲纪败坏，朝廷则鬻爵卖官，公行贿赂；官府则剥民刮地，暴过虎狼"[1]，明确指出清王朝是导致中国积贫积弱的总根源。同时，还对政治纲领、干部选举、吸收会员、财务经费的征集管理办法以及分会成立规则和活动原则等作了具体规定。

---

[1]《孙中山全集》第一卷，中华书局1981年版，第21页。

香港兴中会总部成立，形成了革命派第一个战斗核心。革命派当即决定筹备乙未广州武装起义。光绪二十一年（1895）三月初，孙中山与郑士良、陆皓东等赴广州建立分会，积极发展会员，很快会员人数超过香港总部。九月，在准备起义的紧要关头，粤督谭钟麟得到密报，立刻搜捕革命党人，陆皓东等人英勇就义，后被孙中山称为"中国有史以来为共和革命而牺牲之第一人"①。

乙未广州起义虽以流产告终，但它是兴中会发动的第一次武装起义，是孙中山反清革命的一次尝试。此后，他不得不亡命海外，继续宣传革命。孙中山一贯主张利用和改造民间会党武装，进行反清革命。大中华观念也使他一开始就以建立全国性的组织为目标，以拯救中华民族为己任。不久，孙中山便在哥老会首领毕永年的支持下，创建了兴汉会，并以兴中会纲领"驱除鞑虏，恢复中华，创立合众政府"为兴汉会纲领，以粤港澳大湾区为基地，积极从事革命活动。

乙未广州起义后，孙中山一直在策划第二次武装起义。新的起义地点仍选定在兴中会活动较有基础的粤港澳大湾区。光绪二十六年（1900）春，义和团运动在北方蓬勃发展，列强一再强硬要求清政府迅速扑灭义和团，而清政府已失去控制局势的能力。革命党遂乘时而动，加紧起义筹备。五月，孙中山一行10余人在香港海面一小舟上部署起义准备工作。会后，孙中山乘船前往越南西贡，寻求法国援助。然而，就在起义前夕，在三洲田集结准备攻打惠州的起义军，突然遭到清军围堵，遂于光绪二十六年闰八月十三日晚起事。由黄福率领敢死队80人从三洲田进攻沙湾，杀敌40人，俘敌30余人，初战告捷。此后，起义军又四战告捷，革命军军威为之大振。但经过多次战斗，起义军的枪支弹药无法获得补给，队伍大部分就地解散，惠州起义失败。

惠州起义是辛亥革命时期的一次重要武装起义。此次起义虽然失败，但兴中会以有限的力量，在全国尚未形成反清革命高潮的形势

---

① 《孙中山全集》第六卷，中华书局1981年版，第230页。

下，利用会党发动武装起义，在粤港澳地区产生了巨大影响。

第三节 立宪运动在粤港澳大湾区

光绪二十七年（1901），清廷宣布推行"新政"，全国立宪呼声渐趋高涨。地方督抚希望借助立宪加强自身实权，故总体上赞成立宪。光绪三十一年六月，两广总督岑春煊电奏朝廷："为今之计，惟有举行立宪，方可救亡。"① 在全国上下的呼声中，光绪三十二年七月，清廷终于宣布"预备仿行宪政"，规定预备立宪期限为9年，从改革官制、整顿法律、广兴教育、清厘财政开始，待成熟后，再行君主立宪。其意在消弭革命，抚慰立宪派，挽救清朝统治。

清廷宣布"预备立宪"后，刚到任的两广总督周馥即决定在广州地区试办地方自治，并派员到各地宣讲、推广，鼓励士绅出版报刊。张人骏任粤督期间，同意成立广东地方自治研究社、粤商自治会等立宪团体，支持自治会组织领导的一系列反帝斗争。他顶住压力，拒绝外务部和澳葡当局解散自治会的无理要求。袁树勋接任两广总督后，广东的预备立宪活动有较大的推进，司法、监狱改良次第实行，各州县的自治机构先后成立，谘议局如期筹办和召集。张鸣岐出任两广总督后，同意谘议局作出的定期禁绝广东一切赌博的决定。此外，历任两广总督在编练新军、创办巡警、改良农业、兴办工矿企业、创办新式学堂等方面，花费了很大的物力、财力，取得了一定的成绩。

但是，地方督抚赞成、支持立宪，主要目的是假此来加强自己的地位和权力，并不希望自己受制于立宪派控制的谘议局等宪政机构。而立宪派追求的是实行君主立宪制，实行三权分立，倡导从中央到地方参政、议政、分享权力。因此，广东谘议局成立后，所通过的决议案大多数得不到两广总督的批准公布施行。但即便如此，粤港澳大湾

---

① 《中外日报》1905年8月3日。

区的绅商们还是纷纷行动起来,成立了各类立宪团体,推动立宪运动走向高潮。

一 粤港澳大湾区的立宪团体

粤港澳大湾区立宪团体,主要是由当地绅商组建的。随着经济实力的增强、思想观念的转变,他们在政治上有了更多诉求,要求参政议政,分享权力。

清末,在新的经济和政治因素的刺激下,一些绅商纷纷投资近代企业,使大湾区民族资本主义的发展在全国居领先水平。光绪六年(1880),粤港澳地区全年进出口货值为2800万海关两,光绪三十一年后,每年超过1.5亿海关两,个别年份达到2亿海关两,约占全国进出口货值的四分之一。宣统元年(1909)据谘议局统计,广州城区有商铺27524家,对外贸易额迅速增长。随着经济的发展,一些老行业的经营范围扩大,经营方式发生变化,部分商人转化为新式商人。一些新行业不断涌现。金融业方面,旧式的金融机构钱庄、票号、银号继续存在。宣统年间,广州有银号百多家。其制度及经营方式,都有很大的变化和发展。新式金融机构也开始跻身金融业,崭露头角。

民族工商业的发展,使绅商界的实力增强,在政治生活方面显示出自己的力量,参政议政的愿望日趋强烈。在清末历次反帝运动中,大湾区绅商能量得到充分表现,如在抵制美货运动中,广东绅商的组织、领导工作十分得力。在收回粤汉路权的斗争中,广东绅商先是力争废约自办,继之与当局抗争,终于将粤汉铁路收归商办。广东绅商的思想文化观念发生很大变化,他们纷纷走进新式学堂或出洋留学,了解西方资本主义社会制度。

经济实力的增强,思想文化观念的变化,政治经济性结社的日趋普遍,使绅商敢于把维护自身经济利益与提高政治地位联系起来,要求在政治上分享权力。因此,越来越多的人在政治上主张君主立宪,广东立宪派随之产生。光绪三十三年(1907)底,在广州成立了粤商自治会和广东自治研究社两个立宪团体。前者代表立宪派的中上层，后者代表立宪派的中下层。次年春，又成立中国改良会，会员发展到300多人。立宪派还在粤港澳大湾区各地成立各级自治会，培植势力；又创办报刊，讲解立宪政治知识，积极参加谘议局的筹备、选举活动。

粤港澳大湾区立宪派把鼓吹君主立宪作为第一要务，强烈要求参政。他们认为君主立宪是外抗强权、内革弊端、振兴国家、修明政治、发展实业的唯一途径，而要实现君主立宪，宜采用和平手段谋求参政机会。并认为当前中国政治亟待要做的是开国会、行宪政。大湾区立宪派支持"预备立宪"，反对暴力革命，但他们并不满足已有的胜利成果。不少人对清廷的立宪诚意持怀疑态度，故立宪派在筹备立宪过程中，始终对清廷持请求、批评与督促的态度。他们要求速开国会，缩短预备立宪的期限，并为此发动和参加了一次又一次的请愿运动。

随着"新政"的推行和民族工商业的发展，粤港澳大湾区成立商会成为普遍现象。广东最初成立的商会主要是经济性团体，不能表达和满足商人参与政治的要求。光绪三十三年（1907）十月，陈惠普、李戒欺等人成立粤商自治会。自治会骨干以商人为主，也有少数知识分子，经常出面维持商人的利益。同年，新安（今广东深圳市宝安区）增设厘卡，逢物便抽，商民莫敢与较。当地商民请求自治会为他们主持公道。宣统元年（1909）七月，广州沙基巡防营兵勇拘捕、殴打商店店员，抢劫商店财物。自治会为此召开大会，揭露巡防营依仗沙面租界洋人之势力的恶行，要求惩办作恶的营勇。同时，自治会又是一个立宪团体，积极投入立宪运动。自治会成立后，制定章程，规定自治会可以议决、执行有关地方官办理之事，如巡警、商务、建造、教育、卫生、交通等事项，反映了立宪派要求参与管理地方政事的要求。因粤商自治会要求参与立宪政治的行动，故为清政府及外务部尚书袁世凯所忌，袁多次致电粤督张人骏，给自治会加上一些"莫须有"的罪名，压制自治会。因此，其在社会上的影响大受限制。

自治研究社是清廷宣布"预备立宪"后，在粤港澳大湾区成立的又一个立宪团体,由梁庆桂倡议发起,于光绪三十三年(1907)十月在广州文园成立,时有社员172人,至宣统元年(1909)六月,已有社员584人,是清末广东立宪团体中人数较多的一个。自治研究社成立之初,以研习宪政、传播法政知识为宗旨。光绪三十三年十一月,自治研究社编辑出版了《广东地方自治研究录》,鼓吹君主立宪和地方自治。他们还经常联络各府州县地方士绅,派员分赴城乡演说,普及宪政知识。随着全国政治形势的变化,研究社更多地关注和参与政治活动,如光绪三十四年,研究社领导广东士绅上书请愿速开国会。但是,研究社也存在鲜明的缺点:一是,政治上深受旧观念和封建纲常名教的影响。研究社经常把孔孟之道与君主立宪牵强比附,有的社员甚至建议在社内特设采访部,专门调查孝子贤孙、义夫节妇,维持风化,与立宪宗旨大相径庭。二是,与地方当局关系密切。研究社对官府的态度十分谨慎,在大政方针上,紧跟清政府的"预备立宪"步骤,亦步亦趋;在地方自治具体事务上,努力与官方密切合作,避免与地方官吏发生冲突。这些都体现出其政治上保守,缺乏进取精神、缺乏革命性的一面。

二 广东谘议局的成立

光绪三十四年(1908)八月,清廷颁布《钦定宪法大纲》后,各省立宪派闻风而动。宣统元年(1909)一月,广东谘议局筹办处成立,大权操诸广东当局手中,立宪派仅处于从属、协助的地位。

筹办处成立后,向全省各地士绅发出通告,希望能官绅合力,劝告士绅们不要观望延迟。但士绅们大多反应冷漠,粤港澳大湾区选民的投票热情也不高。以广州府为例,城区享有选民资格的有1600余人,投票的仅399人。广州府各属设有89个投票点,其中仅1处有16人投票,60处各有1票,其他3票5票不等。[①] 南海县有合格选民

[①] 张朋园:《立宪派与辛亥革命》,台北"中国学术著作奖助委员会"1969年版,第18页。

11024人，投票者4000—5000人；香山县有选民1634人，投票者940人。① 大湾区投票率不高，说明相当一部分士绅对选举没有兴趣。从整体上说，谘议局议员大多为了切身利益，要求分享政治权力、保护工商业，不主张用激烈手段破坏现存的统治秩序。为了保护自身的政治地位和经济利益，他们自觉地维护清王朝的统治，害怕暴力革命或剧烈的社会动荡。

根据《谘议局章程》规定，谘议局权力不小，但实际上督抚操纵了谘议局的生杀大权。因此，在朝廷和督抚眼中，谘议局无非是个咨询机构。产生了一批与当局矛盾较大，难以得到批准实施的议案，如广东谘议局纠劾州县地方官吏的议案共37件，约占议案总数的四分之一。对这些议案，两广总督极力回护属僚，百般开脱，落实处理的极少。谘议局无法行使监督地方行政的权力，绝大多数决议案遂成一纸空文，双方矛盾加剧，加大了社会中上层人士对广东当局的离心力，客观上有利于革命形势的发展。

三 粤港澳大湾区国会请愿运动

清廷宣布"预备立宪"后，全国各地的立宪派欣喜若狂，但又感到清政府"立宪"步子太慢，远没有满足自己的期望和要求，所以他们准备联合起来请愿。首开请愿的是以杨度为首的宪政讲习会。光绪三十四年（1908），粤商自治会讨论联络各省和海外华侨要求速开国会。广东自治研究社也刊布传单，分发各地签名，召集各界人士开会，讲解国会的意义。

光绪三十四年（1908）十月，宣统即位。次年九月，各省谘议局成立。各省立宪派相约齐集上海，共同讨论速开国会问题。沈秉仁、陈寿崇代表广东参加会议，沈秉仁还被推为进京请愿代表，他们到京后再三请愿，清政府迟迟不愿召开国会。这次请愿活动充分暴露了清

---

① 路康乐：《中国共和革命（1895—1913）：广东个案》，剑桥大学出版社1975年版，第157页。

政府虚伪的一面，使部分立宪派改变对革命的态度。宣统二年（1910）正月，广州新军起义失败后，清军搜捕百余人，一些同盟会员要求粤商自治会营救参加起义的士兵，自治会"不但满口答应，还热心协助。这样，失败的党人得到救援的不少"①。自治会还派人到四乡收容新军士兵，出钱遣送回乡。甚至为此召开专门会议，维护新军，"由各行商登台演说"，赞扬起义士兵"对商民从未骚扰"，坚决反对当局追究起义士兵。②谘议局也接受各界的陈请书和建议书，向粤督呈送，主张将遣散者招回。

在黄花岗起义中，革命党人表现出来的严明纪律和不怕牺牲的崇高革命精神，也深深打动了立宪派人士。他们目睹起义者无抢劫滋扰商人者，而镇压起义的清军官兵却到处勒索抢劫，商民深受其害。在这种比对中，部分立宪派开始倾向革命。粤商自治会的骨干人物，如谭民三等人加入同盟会，一些会员借办善事暗中从事反清活动，帮助革命党人传递信息、资助旅费、印刷传单等。宣统三年（1911），清政府宣布"铁路国有"政策，广东立宪派群起反对，对清廷更加失望，态度渐趋激进，更多人转向了革命。

第四节　粤港澳大湾区与辛亥革命

光绪三十一年（1905），中国同盟会成立后，在粤港澳大湾区大力发展革命组织，创办革命报刊，与康梁派展开论战。先后在大湾区发动了惠州七女湖起义、庚戌广州新军起义、广州辛亥"三二九"起义，沉重打击了清朝的反动统治，推动革命向前发展。

武昌起义后，同盟会南方支部在各地发动军民起义，粤港澳大湾区各界人士积极响应，省城及外府州县迅速反正，全省光复。革命党人成立军政府，控制了新政权，随即出师北伐，在全省范围内进行政

---

① 邹鲁：《回顾录》，第1册，独立出版社1947年，第30页。
② 《中国大事记补遗》，《东方杂志》第7卷第3期，第3—4页。

权建设，组织临时省议会，调整、革新内外政策，稳定社会秩序，对后来的广东政局产生重大影响。

一 黄花岗起义及其影响

光绪三十一年（1905）七月，中国同盟会在日本东京成立。会后，孙中山立即派党员冯自由、李自重两人到香港，联络广东、香港、澳门等地革命志士，筹建同盟会香港分会。

同盟会香港分会发展较为顺利，他们在香港普庆坊、兰桂坊、坚道、摩礼臣山道等地设立招待所，作为革命党人在南方的避难所和联系中转站。革命党人黄兴、胡汉民、汪精卫、孙眉、廖仲恺等百余人到香港，均由分会提供食宿、情报，然后送往各地。

香港分会的工作重点是军务和党务。光绪三十四年（1908）以前侧重军事，先后策划、发动了潮州黄冈起义、惠州七女湖起义、防城起义、钦州马笃山起义等。起义失败后，工作重点由军事转向党务。宣统元年二月（1909年3月），分会迁至香港上环德辅道之先施公司对面，以"民生书报社"为掩护，广收同志，由隐蔽转向半公开。

根据《中国同盟会章程》，国内分设东、南、西、北、中五大支部。随着革命形势的迅猛发展，设立南方支部的时机已经成熟。宣统元年（1909）九月，同盟会南方支部在香港黄泥涌道成立，胡汉民任支部长，汪精卫为书记，统理广东、广西、云南、福建四省的党务、军务。香港分会隶属南方支部，专任香港党务。宣统二年十月，孙中山电召黄兴、胡汉民等人赴南洋开会，筹划更大规模的广州起义。十二月，同盟会在香港成立起义总机关统筹部，黄兴任部长，赵声副之。统筹部制定严格的纪律，严防泄密。另在香港摆花街设实行部，负责制造炸弹和暗杀清吏工作，由方声洞负责。统筹部还挑选"选锋敢死之士"800人组成选锋队（敢死队），作为起义首发的中坚力量。

统筹部是全国性武装起义的领导机关，为更具体有效地组织指挥广州起义，另设指挥部，举赵声为总指挥，黄兴为副总指挥。因赵声曾任新军标统，为清吏严密防范之人，不宜在广州露面，便由黄兴代行总指挥职务。广州起义指挥部设越华街小东营5号，另在城内外设秘密据点37处。统筹部成立后，各处紧锣密鼓地进行准备工作。随后，选锋队云集香港。武器弹药以佯装嫁娶妆奁秘密运入广州。起义准备基本就绪。三月初十日，黄兴在香港统筹部主持会议，决定于十五日起义，并制订了十路进攻计划。但在起义前夕，革命党人温生才刺杀广州将军孚琦，引起清朝高度警觉。随后广州戒严，使起义弹械不能全部如期到位，原定三月十五日起义之期不得已改为三月二十八日。

黄兴为部署和主持起义工作，于三月二十五日从香港秘密到达广州。当时广州情势复杂而险恶，清军在城内到处搜捕党人，风声日紧。计划中的起义需用枪械亦未全部到位，原定二十八日起义已不可能。为保存实力，统筹部决定由赵声率选锋队300余人撤离广州，返回香港暂避。恰在这时，黄兴得到情报，获悉粤督张鸣岐和水师提督李准正在调动巡防二营入卫广州城，并准备将不可靠的新军二标士兵提前退伍。面对突如其来的情况，黄兴等人决定于三月二十九日下午起义。于是急电香港党人速赴广州参加战斗，对起义部署也作了相应变动，由原定10路会攻改为4路进攻：黄兴率军攻两广总督署；姚雨平率军攻小北门占飞来庙，并迎接响应起义的防营及新军进城；陈炯明率军攻巡警教练所；胡毅生守南大门。

二十九日下午五时半，起义开始。黄兴率领130名先锋队员，以臂缠白带、脚着黑布胶鞋为标志，冲出小东营，枪杀沿途巡警，直奔两广总督署。但陈炯明、胡毅生两路均未发动，姚雨平因领不到枪械也无法行动，实际上只有黄兴一路孤军奋战。黄兴指挥的起义军攻入督署，枪杀卫队管带金振邦，直入内堂。总督张鸣岐已闻声走避，黄兴等焚烧督署，从东辕门杀出，冲至大南门，与李准调来的清兵发生遭遇战。黄兴受伤，断两指，血流如注，仍奋力指挥，最后易服化装出城，潜赴香港，起义失败。

"三二九"广州起义仍然是一次单纯的军事冒险行动。此役阵亡和被捕牺牲的烈士共104人,都是革命精英和骨干。其中72人的遗骸由同盟会员潘达微通过善堂出面,收葬于广州城郊黄花岗,故又称"黄花岗起义"。黄花岗起义虽告失败,但它造成了极为深远的影响:首先,起义猛烈冲击了清王朝的反动统治,使清朝官吏们谈虎色变,胆战心惊。朝廷亲贵和各省官吏深居简出,寝食不安,派兵日夜巡逻,整个统治集团已成惊弓之鸟。其次,革命党的牺牲精神极大地鼓舞了海内外革命志士,促进了辛亥革命高潮的到来。

二 广东独立与广州革命政权的建立

宣统三年八月十九日,阳历1911年10月10日,武昌起义爆发。湖北率先独立,各省纷纷响应。立宪派闻风而动,积极筹划应变对策。10月25日,广州各大团体在文澜书院集会讨论维持广东治安事,会议通过《决议保全广东大局议案》,规定:"所有乱事省份,遇有电来调兵、拨饷、拨械,三者断不能应命;至各协饷均一律暂行截留,以为保守之用。"[①] 立宪派上层士绅企图借机向当局施压,实行改良政治,实现"独立""自治",并借此排拒革命,实行"自保"。粤督张鸣岐欲借绅商"自保"来维持现状。因此,会后他立即复函表示赞同"截兵截饷"之法。与此同时,革命党也加紧部署,做两手准备:一方面派邓慕韩与立宪派巨绅江孔殷等人联系,争取"和平光复";另一方面发动绿林、会党及各地群众,准备起事。10月24日,化州同盟会员彭瑞海发动武装起义,建立广东第一个革命政权。30日,革命党人王兴中、叶玉山等人在新安(今广东深圳市)起义。11月1日,陈炯明、邓仲元在惠州起义,组织"循军",王和顺亦在东江组织"惠军"起义。在此前后,同盟会员任鹤年在香山(今广东中山市)发动起义。广州附近地区,张禄等人在近郊石井起义,谭瀛等人在广九路(今广东广州市越秀区白云街道)起义;陆

[①] 《广东独立记》,载《广东辛亥革命史料》,广东人民出版社1981年版,第112—114页。

领等人起义于顺德（今广东佛山顺德区）；陆兰清等人起义于南海（今广东佛山南海区）、三水（今广东佛山三水区）；李福林等人起义于番禺（今广东广州市番禺区）；谭义等人起义于江门、新会（今广东江门市新会区）；石锦泉等人起义于惠州、东莞；郑昭杰等人起义于石龙（今广东东莞市石龙镇）、增城（今广东广州市增城区）。

一时间，整个粤港澳大湾区几乎都爆发了革命党人的起义活动。他们先在当地建立革命政权，然后长驱直逼广州。广州附近的番禺、南海、顺德等县及东江、北江民军，更是在短时间内逼近广州，对广州形成包围之势，大大增强了革命派的力量，加速革命形势的发展，有力促进了省城的和平光复。

武昌起义前，粤督张鸣岐与水师提督李准的矛盾已深。武昌起义后，张鸣岐欲作垂死挣扎。李准却派人与香港革命党人取得联系，得以反正，使张鸣岐及立宪派陷于孤立。此时，南海、番禺、顺德民军已逼近广州。于是，11月9日，谘议局副议长丘逢甲和巨绅江孔殷等人召集各团体代表200余人在总商会开会，次日宣布广东"共和独立"。推举胡汉民为广东都督，消息传出，群情欢跃，大书"中华民国万岁"字样。

1911年11月10日，胡汉民就任都督之职，宣布广东军政府正式成立。11月17日，各界代表增选陈炯明为副都督，黄士龙为参都督。随后军政府委任各级政府官员，军政府初具规模，成为辛亥革命后广东建立的第一个资产阶级革命政府。至12月16日，广州城内共有民军五六十支，人数达10余万人，革命派实力雄厚。粤港澳大湾区各地方政府也随即光复，如驻肇庆清军管带李耀汉率部于11月9日反正，肇庆光复。16日，黄明堂等人率众起义，进据江门，占领新会。粤港澳大湾区全部处于广州军政府统治下。

三 粤港澳大湾区对革命成果的维护

广东光复后，省城的清朝官吏逃避一空，革命党人在无政府状态下掌政权，得以基本按照自己的意志组织军政府，成立临时省议会。

革命党利用原有的同盟会组织基础，组建国民党广东支部，控制广东省议会。军政府制定和实施新的政策、措施，革新法政、警政，调整对外政策，解散民军，实行清乡，建设各级地方政权。

首先，建立完善的广东军政府组织。革命党人按照同盟会规定的组织原则确定新政权体制，"取三权独立之制，分为立法、行法（政）、司法三大纲"。"立法机关以临时省议会主之"，"正式省议会也须即时进行组织"；"行政首长由省议会选举"，"行政机关以临时政府组织之"，"行政长以都督任之"；"司法机关设有审判厅主之"，"速定临时法律"，"交省议会议决，由省审判厅执行"。[①] 都督是全省最高军政首脑。都督府下属机构大体维持9司、2厅、2署、5处、1院和若干局的行政体制格局，如民政司、财政司、陆军司、海军司、司法司、外交司、实业司、教育司、交通司、警察厅、水上警察厅、广东护军使署等机构，既采用外国新制，又继承传统建制。

其次，建立广东临时省议会。广东"独立"之初，省城的"各界代表大会"部分代行立法监督机关的职能。但该会为耆绅巨商所左右，与军政府多有分歧。为改变这种局面，军政府决定成立临时省议会。1911年12月，都督胡汉民颁布《临时省议会选举法》，规定：凡年满21周岁，有广东籍或本国人在广东居住满5年以上，秉性良好，不担任军、警公职，不反对革命或民国，不吸食鸦片，不从事如烟馆、赌馆、妓馆等不正当行业，不患精神病等，皆有被选举权。议员定额120名，其中同盟会20名，省城商界17名，学院教师6名，华侨2名，女界10名，工团5名，其他社团20名，其余为各地区代表。这些议员具有相当的广泛性和代表性。

12月24日，广东临时省议会正式开幕。作为全省最高的民意机关，临时省议会有权监督和纠举都督府及都督本人，其独立权不受都督干预。临时省议会通过的决议案交付都督公布执行，都督如有异议，须在3日内交议会重议；如议会出席议员的三分之二多数维持原

[①] 《陈炯明宣布治粤纲领》，《申报》1911年12月12日。

议，都督必须公布施行。都督提交议案被议会否决后，如无新的理由，都督不得再将原案提交省议会重议。都督如对议会决议案不执行或执行不力，省议会有权对此纠问原因和情形，都督须作说明。都督若有违法或失职情形，议会如有四分之三议员出席并获三分之二多数赞成，得以向大总统弹劾。作为全省的立法机关，临时省议会有权讨论租税案、预决算核计案、法案、庶政兴革案、军政府交议案、人民陈请案、增加人民义务案等。

临时省议会拥有较大的职权，与谘议局有本质的不同，具有西方地方议会的性质。袁世凯当上正式大总统后，明令解散各省议会，议会民主荡然无存。

再次，地方政权建制。广东光复后，对地方政权建制有计划、有步骤地进行了较大改革。广州市由省直辖，组建广州市政机构。废除了原来的府、直隶州及州、厅建制，仍保留道。其中，粤港澳大湾区内共设置1道：粤海道，辖原广州府、肇庆府、罗定州，属下30县，番禺为道治所在地；潮循道，辖原潮州府、惠州府、嘉应州，属下25县，道治先设潮州，后迁汕头。军政府取消府、直隶州及州、厅建制，规定各道以下一律设县。县行政长官称"知事"，行政机关称县知事公署，分置2科或4科。每县立一议事会，设议长、副议长各1人，议员若干。议事会为咨议机构，没有实权。地方政权建制的改革，使省城市区和各县直隶于省管辖，简化了地方行政机构。

最后，广东北伐军北上。广东光复后，大局初定，但全国形势仍然十分严峻，特别是北洋军阀袁世凯正疯狂地进攻革命军，抢占革命成果。因此，对革命成果的维护至关重要。1911年11月27日，革命军重镇汉阳失守。12月5日，黄兴致电胡汉民，请其调兵数营参加北伐。军政府星夜筹备，以最快的速度组成北伐军。12月8日，广东北伐军第一批约8000人在广州誓师出发。1912年2月12日，南北议和告成，清帝退位。3月，孙中山被迫辞职，袁世凯窃取临时大总统职位。广东北伐军中的香、惠两军表示反对，坚持北伐，南京临时政府急电北伐军司令姚雨平等迅予劝阻。此时，继任粤督陈炯明对北伐军多方掣肘，不能如期接济饷械，广东北伐军被迫解散。

第五节　民国初年粤港澳大湾区反军阀斗争

袁世凯窃取临时大总统职位后，欲铲除南方革命势力，视广东军政府为眼中钉，必欲除之而后快。而粤港澳大湾区人民则在革命政府的领导下，持续展开了反对军阀、捍卫共和的斗争。

一　"二次革命"中的粤港澳大湾区

广东革命党人对袁世凯存有幻想，但始终没有放弃民主共和的理想。"南北议和"后，北方基本上为袁世凯军阀势力所控制，南方以革命党占优势。粤港澳大湾区在南北对峙中是革命党人的后方重镇，也是袁世凯的"心腹大患"。

袁世凯刺杀宋教仁事件，以及未经国会同意即与五国银行团签订了条件极为苛刻的"善后大借款"，激起了广东军政府和粤港澳大湾区革命党人的强烈反对。但广东军政府内部，都督胡汉民与掌握兵权的副都督陈炯明矛盾重重，孙中山先电告胡汉民，要求广东宣布独立，后又密电陈炯明请其做好出兵准备，但两人都未执行。

1913年6月9日，袁世凯下令罢免李烈钧江西都督之职。14日，免去胡汉民广东都督之职，改任陈炯明为广东都督。7月12日，李烈钧奉孙中山之命在江西湖口宣布独立讨袁，"二次革命"爆发。15日，江苏都督程德全宣布江苏独立，黄兴任讨袁军总司令。18日，广东省议会选举陈炯明为广东大都督兼讨袁军总司令，通电讨袁。

陈炯明宣布广东独立讨袁，但其将领钟鼎基、苏慎初、张我权等人被袁世凯贿买。袁世凯任命龙济光为广东宣抚使，龙济光率其"济军"由梧州顺流东下，陈炯明下令封锁封川江口，调兵迎拒。肇庆统领李耀汉、德庆县长梁迈等人叛附龙氏，"安南""瑞和"等军舰又倒戈拥袁。"济军"抵达肇庆。陈炯明只得收缩防线，改在广州外围布防，然而部队将领多不愿听命，8月3日，龙济光部进占三水县城。8月4日,苏慎初炮轰都督府,公然叛变。陈炯明见大势已去,乘法舰逃往香港,苏慎初通电取消广东独立。11日,龙济光军队开进广州。至此,广东"二次革命"完全失败。

龙济光入据广州,下令重赏缉拿陈炯明、邓铿、朱执信、廖仲恺等国民党军政要人,疯狂镇压和屠杀革命党人、反袁将士及各界进步人士,成为袁世凯在粤港澳大湾区的代理人。龙济光统治广东三年期间,倒行逆施,在广东推行封建文化,实行专制独裁统治。其军队欺压人民,滥杀无辜,无恶不作。英国领事向本国政府报告中也称:"龙济光治下的粤省情势是革命以来最坏的。"①

二 "护国运动"中的粤港澳大湾区

民国四年(1915)12月中旬,袁世凯宣布即帝位,12月25日,蔡锷、唐继尧等人在云南通电讨袁,"护国战争"爆发。以孙中山为首的中华革命党,也旗帜鲜明地举起反袁讨龙的革命大旗。民国五年初,中华革命军各支队在增城、新安(今广东深圳宝安)、惠阳、博罗、曲江、英德、花县、佛山、顺德、新会、香山、开平、肇庆、新兴、恩平、江门等地,进行大小数十战,军队在粤港澳大湾区发展到1.7万余人。

陈炯明也从海外潜回东江,联络旧部,召集民军,准备起事。1915年12月30日,陈炯明正式打出广东共和军(又称广东护国军)的旗号,下令通缉龙济光。次年1月6日,陈炯明在惠州淡水誓师讨袁。其后,各地纷纷起义响应,大湾区内博罗、新安、番禺、澳头(今广东惠州市惠阳区澳头街道)、顺德、南海等地,均发动起义响应,围攻惠州,因龙济光派兵增援,未能攻克。3月22日,袁世凯在全国讨伐声中取消帝制。24日,陈炯明发出《告父老书》《通告广东各团体书》,指斥龙济光入粤以来助纣为虐,声称将追随唐继尧、

---

① 《广东军阀大事记》,载广东省政协文史资料委员会编《广东文史资料》第43辑,广东人民出版社1984年版,第37页。

蔡锷、李烈钧等护国军，共同讨袁。4月5日，护国军攻城司令魏邦平率舰进入广州白鹅潭，声言开炮攻城。同日，桂、粤、滇、黔四省"军警同盟会"向龙济光发出最后通牒。4月6日，龙济光发布《文告》，宣布脱离袁世凯独立，并邀请护国军代表到广州协商善后。结果在12日善后会议上，龙济光警卫军队枪杀护国军代表数人，酿成"海珠凶杀事件"。

"海珠凶杀事件"后，护国军及广东各路民军纷纷声讨罪魁祸首龙济光，坚决要求以武力驱逐之。龙济光急派张鸣岐赴梧州向陆荣廷、梁启超解释。5月1日，两广护国军都司令部在肇庆成立，岑春煊出任都司令，梁启超为都参谋。5月8日，中华民国军务院在肇庆成立。

中华民国肇庆军务院是以"中华民国军政府"名义成立的。它坚持恢复《中华民国临时约法》，维持共和制，否认袁世凯政府的合法性，肯定护国军的合法性和正义性。它是各派讨袁力量的联合，对促进全国反袁护国运动的发展，瓦解袁世凯的反动统治及其支柱北洋军，加速袁世凯政权的崩溃，起了积极作用。但是，从两广都司令到军务院，实权均操诸滇桂军阀手中，他们排斥以孙中山为首的革命派。由于内部矛盾重重，各省都督和护国军我行我素，各自为政，使两广都司令部和军务院成为松散的联合体。

军务院坚持讨袁，决定三路北伐。以云南护国军第二军李烈钧部为军务院直属部队，拟由肇庆出发，经广州坐火车北上，直趋武汉。出发前，曾多次电商龙济光，要求其所属部队予以配合协助。但龙济光违背诺言，不仅不出一兵一卒北伐，反以种种借口阻挠和破坏。5月12日，李烈钧率部从肇庆出发，准备至广州，遭龙济光拒绝。李部只得绕开广州，经三水、清远，直趋粤北。龙济光还以镇压"土匪"为名，在北伐军经过的三水、佛山等地设置重兵，加修炮台，严阵以待。6月，李烈钧部抵达粤北韶关。韶关镇守使朱福全奉龙济光之命闭城坚拒，拆毁铁路，企图切断护国军的运输线路。18日，朱福全部队枪杀护国军数人，并炮击护国军。护国军发炮还击，于19

日占领韶关。龙济光借机通电诬蔑护国军"沿途骚扰","勒饷不遂而攻城",要求北京政府申令护国军早日离开广东。段祺瑞继承袁世凯衣钵,偏袒龙济光。21日,任命龙为广东都督兼巡按使,下令取消所有护国军名号,龙济光更加肆无忌惮。7月下旬,护国军决定驱逐龙济光出广东。26日,李烈钧部护国军挥师南下,与谭浩明、莫荣新桂军及李耀汉肇军配合,在源潭(今广东清远市清城区源潭镇)击败济军,进逼广州,10月5日,龙济光率残部离开广州前往海南岛,结束了在粤港澳大湾区的残暴统治。

7月6日,段祺瑞任命陆荣廷为广东督军,陆荣廷下令桂军移师广东。8月15日,陆荣廷率军抵达肇庆。不久,桂军1.5万人分批进入粤港澳大湾区诸地。10月2日,陆荣廷自佛山率军进驻广州,宣布就任广东督军。桂系治粤由此开始。

三 "护法运动"中的粤港澳大湾区

桂系奉陆荣廷为首,从1916年至1920年,共统治粤港澳大湾区5年时间。在此期间,陆荣廷等桂系军阀大力扩展在粤势力,党同伐异,对大湾区内实行军阀专制统治。

民国六年(1917)黎元洪、段祺瑞"府院之争"日趋激烈。6月1日,黎调北洋军阀、安徽督军张勋入京共商国是。张勋先在徐州召开"督军团"会议,策划复辟。7月1日,张勋公然导演了复辟清朝帝制的丑剧。20日,广东督军陈炳焜、广西督军谭浩明在陆荣廷授意下,宣布"两广自主",这样,桂系在国内地方实力派中率先摆开了声讨北洋叛督的阵势,借此对抗段祺瑞的"武力统一"政策。随后,陆荣廷通电"护法讨逆"。陈炳焜、李烈钧等联名通电,宣布联合滇、黔、川、桂、粤、湘六省兴师讨逆,推陆荣廷为盟主。

桂系打着"护法"旗帜,宣布"两广自主",对抗北洋军阀势力,以壮大自己的力量。但对是否接受以孙中山为首的革命党人南下护法,却犹豫不决。桂系十分担心孙中山等人入粤,会借此开展革命活动,动摇其在粤港澳大湾区立足未稳的统治。但是,桂系是以"拥护约法"和"尊重国会"为幌子推行"两广自主"的,所以不便拒绝倡导护法的孙中山南下入粤。几经权衡利弊得失后,桂系于民国六年(1917)7月中旬,决定接纳孙中山南下。

7月17日,孙中山一行乘军舰抵达黄埔。陈炳焜、朱庆澜等军政要人及各界人士远道出城欢迎。孙中山到达广州后,电促海军总长程璧光令海军赴粤,广东省议会和桂系当局也迭电表示欢迎海军南下。7月21日,程璧光偕唐绍仪等人率海军主力第一舰队南下。同日,汪精卫受托在上海以海军总长程璧光、第一舰队司令林葆怿及各舰长暨全体将士名义发表文告,痛斥北洋政府毁弃约法,表示要维护国法。南下参加护法的海军舰艇,大小舰艇共11艘,总吨位近16000吨,超过全国战舰总吨位的三分之一,作战实力已在北洋军阀控制的海军之上。8月5日,南下海军舰队抵达黄埔,受到孙中山及广东各界人士的热烈欢迎。

孙中山立即电召国会议员迅速来粤,重开国会,另组护法政府。8月下旬,大部分在沪国会议员相继到达广州,人数已达130多人,但远不足法定所需的开会人数。于是,孙中山决定召开"非常国会"。8月25日,国会非常会议开幕式在广东省议会举行,到会议员120余人。29日,"非常国会"议决通过《国会非常会议组织大纲》,规定国会非常会议由现任国会议员组成,以参、众两院议员联合形式议事,直到内乱戡定,《临时约法》效力完全恢复为止。大纲还规定了国会非常会议的议事权限,其中包括制定与宣布"军政府组织大纲",确定护法政权的组建等。8月31日通过《中华民国军政府组织大纲》,规定军政府的目的是"戡定叛乱,恢复《临时约法》"。在目的未达到以前,"大元帅对外代表中华民国"。军政府没有完全采纳《临时约法》规定的内阁制,而是采用了孙中山《革命方略》中提出的党、政、军权合一的大元帅制方案,实行军事、内政、外交合一的元首制。9月1日,国会非常会议选举孙中山为军政府大元帅。唐继尧、陆荣廷为元帅。10日,孙中山正式就任中华民国军政府海陆军大元帅。同日,国会非常会议通过孙中山提出的军政府组成名单,唐

◈◈ 中编 近现代的粤港澳大湾区

绍仪、伍廷芳、孙洪伊、张开儒、程璧光、胡汉民等人分任财政、外交、内政、陆军、海军、交通各部总长。随后，选定大元帅府（今广东广州市海珠区纺织路东沙街18号）。

桂系视两广为己有，极力排斥在这一地区的异己势力，桂系与孙中山的矛盾冲突迅速扩大并公开化。桂系军阀四处散布谣言，攻击孙中山和军政府，拒绝为军政府和非常国会提供经费，军政府入不敷出，财政十分拮据。桂系还通过改组军政府，排斥孙中山的领导地位。5月4日，孙中山向国会提交大元帅辞呈，离开广州，护法运动以失败告终。粤港澳大湾区仍在桂系军阀之手。

第六节 广州中华民国政府的成立与北伐

孙中山领导的护法运动失败后，于1918年5月离开广州，退居上海，一面潜心著述，一面继续策划革命。桂系军阀拥兵割据，控制了粤港澳大湾区的实际权力。他们强化封建军事专政，残酷镇压大湾区人民反帝反封建的群众运动，压制舆论，设置各种苛捐杂税，对人民进行巧取豪夺。桂系军阀据粤期间，大湾区人民生活于水深火热之中。

一 桂系军阀在粤港澳大湾区统治的崩溃

孙中山离粤之后，200多名国会议员亦相继离粤，故国会不足法定人数开会，只得召集参、众两院联合的非常会议。1919年8月，孙中山自上海致电广州国会两院，历数军政府"祸粤殃民"的种种罪行，决定打倒桂系军阀，夺回广东作为继续护法、北伐的根据地，进而推翻北洋军阀的统治。他当即命令援闽粤军总司令陈炯明回师广东。

在第一次护法运动中，孙中山看到依靠西南军阀来讨伐北洋军阀、实现护法并不可靠，于是越来越希望建立一支由自己直接统辖的军队。当时北洋军队从福建南下，广东告急，桂系只得于1917年11月拨出20营警卫军给陈炯明，组建"援闽粤军"。12月2日，孙中山以大元帅名义任命陈炯明为援闽粤军总司令。3日,陈炯明正式就职,在广州越秀南路的惠州会馆(今中华全国总工会旧址纪念馆)设立总司令部,主持援闽粤军组编工作。12日,粤军在广州东郊举行援闽誓师大会。1918年6月,援闽战争开始。经过10个多月苦战,粤军以少胜多,占领了闽西南20多个县,并在漳州建立了"闽南护法区"。陈炯明在漳州整军经武,刷新政治,一时声名大振,成为具有全国性影响的人物。

1920年初,滇、桂军阀为争夺驻粤滇军兵权发生内讧,两军大战于粤北。孙中山致电陈炯明,希望他借此时机率军回粤。8月16日,粤军兵分三路,对桂军发动全面进攻,粤军势如破竹,10月22日攻占惠州城。此后粤港澳大湾区处处掀起了驱桂战争,三水、东莞、宝安、新丰、开平、虎门等地民军随之蜂起,形成星火燎原之势。29日,在各界群众的支持下,粤军一举攻克广州。桂军西退,粤军乘胜追击,水陆两面夹击,清远、四会、肇庆先后为粤军占领。11月21日,陆荣廷发出通电,表示桂军将全部撤出广东,桂系军阀结束了在粤港澳大湾区的统治。

二 广州中华民国政府的成立

桂系军阀被驱逐后,孙中山任命陈炯明为广东省长兼粤军总司令,管理全省军务。11月10日,陈炯明通电就任广东省长。20日,陈炯明提出改造广东,如颁布《广东赌博治罪暂行章程》,严厉禁止赌博;查禁鸦片,规定种、贩、吸烟者同罪,都将处以死刑;宣传新思想新文化,创办《广东群报》,请陈独秀来粤任教育委员长,对广东的教育进行改革,培养出一大批具有先进思想的人才;制定《广州市暂行条例》,开展市政建设;组织制定《广东自治条例》《广东暂行县自治条例》《广东暂行县长选举条例》《广东暂行县议会议员选举条例》等,并公布施行,实行县长民选。此外,陈炯明在整顿吏治、发展实业等方面也做了一些努力,对大湾区各项建设做出了一定贡献。但是,随着权势膨胀,其割据野心也不断显露。

1920年11月28日，孙中山重返广州主持政局。第二天，军政府重新恢复，举行第一次政务会议，建立政府机构。孙中山根据形势变化，指出要根本解决中国的问题，就必须以革命手段建立一个真正民主的国家，仅仅以"护法"还不能达此目的。因此认为，广东此时很有必要建立正式的政府。12月12日，孙中山召集200余名议员举行谈话会。会上，多数与会者主张建立全国性正式政府并选举总统。1921年4月，国会非常会议参众两院联合会在广州举行，出席会议的议员223人，会议通过了《中华民国政府组织大纲》，孙中山以218票当选为非常大总统。

实际上，孙中山当选非常大总统前后，受到多方面反对。3月5日，蒋介石上书孙中山，主张暂缓选举总统。陈炯明也认为目前选举总统时机未成熟。然孙中山排除异议，于5月5日在广州正式就任非常大总统，设总统府于广州观音山（今越秀山）南麓，任命政府各部人选：外交部长伍廷芳、次长伍朝枢，财政部长唐绍仪、次长廖仲恺（代理部长），陆军部长兼内政部长陈炯明，海军部长汤庭光，参谋长李烈钧，秘书长马君武（后任广西省长，由谢持继任），总参议兼文官长胡汉民。广州中华民国政府建立，获得了粤港澳大湾区各界人士的欢迎和支持，广州数十万市民隆重集会，张灯结彩，热烈庆祝新政府的诞生。

三 整军北伐与陈炯明叛变

广州中华民国政府成立后，北洋军阀不予承认，且准备向南方用兵，并竭力利用桂系军阀充当其急先锋。早在1920年12月，北京政府就任命陆荣廷为粤桂边防督办，以防范孙中山北伐。

桂系军阀退回广西后，一直没有放弃重新夺回广东地区的企图。1921年5月20日，北京政府下达讨伐孙中山令，命陆荣廷出兵攻粤。6月13日，陆荣廷正式兵分三路攻粤，孙中山决定西征，直捣桂系老巢。20日，孙中山任命陈炯明为讨桂军司令，陈炯明即日进抵肇庆，督师讨桂。开战后，粤军势如破竹，长驱直入；桂军一再溃败，军心涣散。8

月4日，顺利攻下南宁，13日攻占桂林。此时，粤军基本控制了桂东北地区。在粤军强大攻势面前，桂军纷纷投降。陆荣廷见大势已去，宣布辞职，历时3个多月的粤军西征之役以桂军的溃败告终。

这次战役使两广得以统一，并为孙中山北伐创造了有利条件。1921年10月8日，他向国会提交北伐出师案，经国会非常会议讨论通过。孙中山北伐铲除军阀割据，建立民主共和国的目标，与陈炯明巩固广东地盘，推行"联省自治"的矛盾不可调和。北伐计划，一开始就遭到陈炯明的极力反对和阻挠。

在北伐誓师前，孙中山曾反复劝告陈炯明支持北伐，但陈明确表示反对。因此，北伐部队中，除了大本营警卫团（由第一军第一师邓铿所率的3个营组成）外，陈炯明的部队均未参加。1922年2月3日，孙中山在桂林下令北伐出师，以李烈钧为参谋长，率滇、黔、赣各军为第一路，进攻赣南和鄂东；许崇智率粤军为第二路，联合湘军，出湖南直攻武汉。

在北伐军进军过程中，陈炯明勾结云南的唐继尧、湖南的赵恒惕进行干扰。3月，唐继尧不顾孙中山劝阻，擅自率部回滇，从而使北伐滇军被肢解，当北伐军进入湖南边境时，陈炯明暗中勾结赵恒惕，拒绝北伐军取道湖南，致使入湘的北伐军寸步难行。3月21日，坚定支持孙中山北伐的粤军参谋长兼第一师师长邓铿，在广州被陈炯明亲信暗杀，使孙中山率领的北伐军失去了可靠支持。为保证北伐顺利进行，孙中山于21日决定免去陈炯明广东省长、粤军总司令、内政部长等职，仅保留陆军部长一职，同时委任伍廷芳为广东省长。陈、孙矛盾已进一步加深并公开化。

于是，陈炯明于4月21日离开广州，返回惠州。其部队也撤出广州，布防于石龙、虎门一带。与此同时，陈炯明还密令在南宁的粤军前敌总指挥叶举率部迅速回师广东，以对抗孙中山。对陈炯明，孙中山也一再表示"只要对于北伐大计不生异词，必当倚任如前"[1]，

---

[1] 李剑农：《中国近百年政治史》，商务印书馆2011年版，第538页。

并委任陈炯明为北伐第一军总司令。但陈炯明力辞该职，仍逗留惠州。

北伐军出师江西，节节胜利，迅速攻克了江西南部的南康、赣州、吉安、遂川等地，威震全国。正当北伐军准备乘胜前进，直捣南昌之际，陈炯明在广州举兵叛变。5月18日，叶举等部违抗孙中山的命令，以"补充给养"为名开进广州，并完成对广州的军事控制。6月13日，陈炯明秘密下达攻击孙中山的命令，孙中山离开总统府，到达海珠海军司令部，登上"永丰"舰。16日3时许，叶举以"粤军总指挥"的名义命令洪兆麟部4000余人围攻广州观音山总统府，对总统府狂轰乱射，焚烧山上粤秀楼通向山下总统府的栈桥，妄图置孙中山及总统府人员于死地。

陈炯明谋害孙中山的阴谋未能得逞，为掩人耳目，17日返回惠州。同日，叶举、洪兆麟、吴国雄、李炳荣等联名请孙中山通电下野。对陈炯明的叛变，孙中山十分愤慨。他一方面致电在粤北和江西的北伐军回师靖乱；另一方面对叛军进行反击。17日下午，孙中山亲率"永丰""永翔"等七舰，向叛军据点发炮射击，并令广州卫戍司令魏邦平在陆上策应，削平叛军。但魏邦平以"中立""调停"自居，平叛计划无法实现，孙中山只好率舰返回黄埔。

在孙中山率部分海军舰艇游弋珠江等待北伐军回师期间，陈炯明一面致信孙中山，虚伪地表示"万难辞咎"；另一面多次攻击永丰舰，还使用各种手段分化拥孙海军力量。7月4日，海军司令温树德宣布海军中立，随后率"海圻""海琛""肇和"三舰离开黄埔，使孙中山座舰完全暴露在炮台火力下。在"永丰"舰上坚守55天后，孙中山决定离粤赴沪。第二次护法运动再遭失败。

8月15日，陈炯明由惠州返回广州，自任粤军总司令。陈炯明在广东推行文化专制统治，摧残新闻出版业。他为缓和财政危机，先后向香港联华公司签订货币借款、市政借款和路政借款，并以广东烟酒税、广三铁路及电话、自来水公司等公产做抵押。消息传开，大湾区民众对陈炯明断送主权的行为极为愤慨。10月18日，孙中山下令改编入闽北伐粤军为讨贼东路军，以许崇智为总司令，蒋介石为总司令部参谋长。陈炯明军队军心动摇，不断有军官派人与东路军联络，准备作为内应配合讨陈。10月下旬，各军集结兵力总计3万余人，准备讨陈。

与此同时，对陈炯明控制下的粤军第一师策反活动，也在秘密开展。第一师师长梁鸿楷、参谋长李济深被陈炯明派驻肇庆一带。李济深受孙中山之托，团结第一师中拥孙反陈势力。第一师中下层军官中也有一批拥护孙中山的青年军官，如邓演达、叶挺、陈铭枢、蒋光鼐、蔡廷锴、陈诚等。10月，梁鸿楷、李济深派邓演达秘密赴上海谒见孙中山。孙中山要求第一师做好内应准备，以迎接讨陈西路军东进。12月31日，滇、桂、粤联军在梧州誓师东下讨陈，粤军第一师等在封开（今广东肇庆市封开县）阵前起义，与讨陈联军会合，对陈炯明形成了夹攻之势。

1923年1月4日，孙中山通电伐陈，历数陈炯明叛国祸粤之罪，陈炯明部下纷纷倒戈。16日，滇桂联军攻入广州，陈炯明率叶举、熊略等残部向惠州逃遁。孙中山任胡汉民为广东省长，许崇智为粤军总司令。至此，陈炯明在广州建立的军阀政权宣告垮台。1923年3月，孙中山建陆海军大元帅大本营（今广东东莞市石龙镇境内），第三次在粤港澳大湾区建立革命政权。

第八章　粤港澳大湾区早期新民主主义革命活动

新民主主义革命是无产阶级领导的、人民大众的，反对帝国主义、封建主义、官僚资本主义的革命。它的目标是无产阶级（通过中国共产党）牢牢掌握革命领导权，彻底完成革命任务，并及时实现由新民主主义向社会主义的过渡。1919 年爆发的五四运动是中国从旧民主主义革命走向新民主主义革命的转折点，而 1949 年中华人民共和国的成立标志着中国新民主主义革命的基本结束和社会主义革命的开始。

第一节　马克思主义在粤港澳大湾区的传播

1919 年的五四运动揭开了中国历史新的一页，中国从此进入新民主主义革命时期。五四运动既是一场伟大的爱国救亡运动，也是一次伟大的思想解放运动。在五四精神的感召下，学生运动、工人运动、社会主义学说的传播在粤港澳大湾区先后出现，由此大湾区进入一个新的时期。

一　五四运动中的粤港澳大湾区

1919 年 1 月，第一次世界大战战胜国在法国巴黎召开所谓"和平会议"，中国作为第一次世界大战协约国之一，参加了会议。中国代表在和会上提出废除外国在中国的势力范围、撤退外国在中国的军队和取消"二十一条"等正义要求，但巴黎和会不但拒绝了中国代表提出的要求，而且决定将德国在中国山东的权益转让给日本。此消息传回国内，北京学生群情激愤。1919年5月4日下午，北京三所高校的3000多名学生代表冲破军警阻挠，云集天安门，北京高等师范学校学生最早到达天安门。他们打出"废除二十一条""抵制日货""外争主权，内除国贼"等口号，要求惩办交通总长曹汝霖、币制局总裁陆宗舆、驻日公使章宗祥。这就是轰动全国的五四运动。

五四运动爆发后，广州《国华报》《广州共和报》《广州英文时报》等，都以显著的标题大篇幅报道北京学生运动的情况，从而使五四运动的消息迅速传遍粤港澳大湾区。同时，中华国难同志会广东总部、广东国民外交后援会、广东善后协会、广东省会学生联合会、广东中华国民策进永久和平会等团体纷纷发出通电，声援北京学生的爱国行动。

5月11日，以林森为主席的广州国民外交后援会联合各界民众，在东堤东园广场举行10万多人参加的国民大会。各界群众代表、国会议员先后登台演说，抗议巴黎和会对中国山东问题的无理决定。大会推选广东国民外交后援会副会长、国民党人宋汝梅为代表，组成万人请愿团。会后，即由宋汝梅率领请愿团列队游行，前往军政府请愿，向总裁岑春煊、外交部长伍廷芳提出三点要求：取消日本强迫签订的"二十一条"及一切不平等条约，收回青岛；依法严惩卖国贼；要求北京政府释放被捕学生。岑春煊、伍廷芳接见群众代表时，对各界群众的要求表示"尽力与争"[①]。这次规模空前的国民大会，被视为广东五四运动开始的标志。

会后，粤港澳大湾区各地学生组织起来，如佛山、顺德、三水、肇庆、东莞、台山、新会、香山等地的青年学生先后成立了学生联合会，采取一致行动，扩大声威。5月25日，广州50多所学校的学生

---

① 中国科学院历史研究所第三所近代史资料编辑组编辑：《五四爱国运动资料》，科学出版社1959年版，第143页。

代表聚集在广东高等师范学校开会，经过讨论，一致通过决议：致电巴黎和会，力争收回青岛及取消各种密约；请北京政府对日本侮辱一事严重交涉；联合全国律师公会，对卖国贼提出起诉；组织学生义勇队等。会后，通电全国。

5月26日，广东学界为五四运动中牺牲的北京大学学生郭钦光举行追悼仪式，"适有微雨，赴会者仍甚踊跃。人心一致愤日，崇拜烈士，可见一斑。"[①] 29日，广州学生举行联合大巡游，由天字码头出发，走长堤、十三行、第十八甫、十二甫、惠爱街、双门底。这次学生大巡游，在民众中引起强烈反响。

在风起云涌的学生运动推动下，各种学生爱国反帝组织相继成立。6月5日，在广州发起成立了广东省会学生联合会，广东高师、岭南大学、南武中学等23所学校加入，推举李朴生为会长，宣布以"联络各校以提倡优良学风、振发爱国精神"为宗旨，组织师生下乡演讲，向民众宣传救国主张，并创办《旬报》作宣传。17日，广东公立法政学校、广东第一甲种工业学校、广东光华医药专门学校等30余所学校的学生参加，成立广东中等以上学生联合会，张启荣为会长，编辑《雪耻周刊》在学生中宣传。11月26日，在各地学生组织的基础上，广东省学生联合会宣告成立。12月12日，由广东社会各界代表谢英伯（老同盟会员，时任国会众议员）、张启荣（广东中等以上学生联合会会长）、黄焕庭（广东机器工会负责人）等7人组成的广东各界联合会成立，以"联合各界促进社会、护卫国家"为宗旨，并宣布接受设在上海的全国各界联合会的指导。

随着抗议活动的扩大，广州学界又发动了抵制日货、提倡国货运动。他们为帮助市民识别国货，专门设立了一间"国货陈列所"，展出许多日用品、副食品，分别标明产地和商标，开放给市民参观。在学界、教育界的宣传鼓动下，广东各界民众纷纷行动起来，抵制日货。当时，广州三家最大的百货公司，即长堤的先施公司、西堤的大新公

[①] 上海《民国日报》1919年5月27日。

司和十八甫的真光公司，不理睬学生警告，照样经营日货，被群众憎恨地称为"三大亡国公司"。5月29日，广州青年学生和各界群众3万余人集会，举行示威游行，宣传抵制日货。当队伍游行到长堤先施公司时，大呼"打倒亡国公司""抵制日货"等口号，部分学生冲入公司收缴了一批日货当众焚毁。然后，游行队伍又继续向西堤大新公司进发，当学生欲冲入该公司收缴日货时，公司门卫竟鸣枪恐吓，愤怒的学生便将陈列日货的橱窗击碎打烂，又继续游行至十八甫真光公司。这时，大批武装警察前来镇压，当场殴伤学生多人，并逮捕7名学生。[①]

面对青年学生、各界群众日益炽烈的反日情绪，侨居广州的日本人惊恐不已，纷纷撤往沙面租界或香港，并要求日本驻粤总领事派兵保护。5月31日，日本驻广州总领事太田喜平会见广东督军莫荣新，要求取缔广东民众抵制日货的行动。同日，广东督军莫荣新、省长翟汪、省会警察厅长魏邦平分别发出《督军省长布告》《省长公署布告》和《警察厅布告》，均指群众的排斥日货行动是"借端滋扰""为法外之举动"，并令警察及省内各镇守使、道尹、督办、总办严加制止。尽管如此，粤港澳大湾区人民抵制日货的情绪并未被压制住，反而进一步高涨。

6月9日，广州学生联络广州总商会拟订"抵制日货书"，主要内容有：不收已订之日货；所存日货一律标明减价出售；售罄以后不再进日货等。7月2日，广州部分商人再次集会，讨论抵制日货的具体办法。经过反复磋商，广州总商会于17日将"抵制日货书"送各行商会签名通过，宣布自9月1日起各商家不得再进日货销售。由于各界民众共同努力，广东抵制日货运动风起云涌，逐渐形成高潮。

广州空前的爱国热潮在港澳地区也产生了很大影响。五四运动爆发初期，香港中文报纸一致登载关于青岛问题的愤慨和反日言论，纷纷报道包括广东在内的全国各地爱国运动的消息。5月下旬开始，香

[①] 上海《申报》1919年8月26日、27日。

港的排日运动日趋激烈，到处张贴着抵制日货的传单。一些居民将屋内陈设的日本镜画和瓷器撤去不用。居住在湾仔的爱国群众蜂拥至日本商店门前举行示威，高呼"还我青岛""保我国权""废除廿一条""抵制日货"等口号，警察不得已劝日人暂停营业。各私立学校的国文老师在讲台上愤慨痛言国耻，又以"提倡国货，抵制日货"为作文命题，启发学生的爱国心。一些学生将家里的日货搬到街上，当众销毁。家庭主妇拒用日本火柴。华商则在会所集会，决议提倡国货，并欢迎各界人士到公司检查有无"仇货"。当时的太古洋行副买办蔡功谱呼吁"国人齐心协力，三年内都不吃日本海味"，以抵制日本的侵略。在澳门，崇实、德华、铸民等10余所学校的师生，分赴香山的翠微、前山、白石等地宣传抵制日货，号召同胞奋起救国。[①]

在广东五四爱国运动不断高涨的同时，反对桂系军阀统治的斗争也逐渐兴起。当时在广州军政中把持实权的桂系军阀集团，多次发出布告，抑制广东民众爱国运动的发展，并派军警阻挠学生上街游行示威，镇压群众的爱国行动。大湾区民众对桂系军阀的统治早已不满，此时，他们开始直接与桂系军阀发生冲突，将爱国运动与反桂系军阀的斗争结合起来。

7月11日，广州各界向军政府请愿，要求下令声讨卖国贼，坚持废除一切中日密约，由伍廷芳兼任广东省长。军政府对此置之不理，以致群情愤激，即日全城罢市。13日午前，机器总工会决定，电灯局及各机器厂工人一律罢工。14日，广三、广九、粤汉铁路工人亦相继罢工。同日，工商学界数千人前往省议会请愿，广东督军莫荣新竟派军警数百人，携带机枪射击，伤十余人，50余人被拘拿。15日中午，各界群众数千人于东园召开国民大会，又遭军警殴打，机器总工会会长黄焕廷等多人被捕。桂系军阀镇压群众运动的暴行进一步激起了大湾区民众的义愤，他们纷纷向全国发出通电，揭露桂系军阀的罪行。

罢市、罢工、罢课形成的社会影响极大。电灯局工人罢工后，

[①] 《广州日报五四纪念特刊》1999年5月4日。

"局长及司理人四出觅人做工，竟无应者"，"以致 14 日尚无电灯放明。省会地方仍是黑暗世界"①。后来粤当局被迫以每日 50 元的高薪在香港聘 5 名法国电器机师发电。

当时，孙中山在上海得知广东民众运动的情况以及桂系军阀的暴行后，急电广东当局，要求立即释放各界被捕群众。该电云："闻警厅因国民大会拘捕工学界代表，将加以殊刑……我粤为护法政府所在之地，岂宜有此等举动？尚冀所闻之不实。万一有之，请即予省释。盖民气以愈激而愈烈，若专恃威力，横事摧残，不惟粤人之所公愤，亦即全国之所不容也！"② 鉴于桂系集团顽固坚持反动行为，孙中山毅然辞去了军政府总裁一职。

"三罢"运动将广东五四运动推向高潮，并迅速由广州发展至粤港澳各地，形成了广泛影响。这场运动后期，将斗争矛头指向了在军政府中执掌实权的桂系军阀，使广东五四运动形成了既反帝爱国又反对军阀统治的特点。大湾区五四运动是粤港澳人民反帝反封建革命运动的一个新开端。

二 马克思主义在粤港澳大湾区的传播

19 世纪末 20 世纪初，流亡海外的广东革命派和维新派代表人物，最早接触了马克思学说。如我国民主革命的先行者孙中山，早在 1896 年至 1899 年流亡欧洲时就知道马克思、恩格斯、列宁以及他们的活动。1903 年秋，他在东京与《共产党宣言》的日文译者幸德秋水讨论过有关社会主义的问题。③ 1912 年 10 月，已经辞去民国临时大总统的孙中山在上海中国社会党总部，以"社会主义及其派别"为题，连续演讲了 3 天，盛赞马克思的《资本论》，认为其要义"实得社会主义之真髓"④。

---

① 上海《民国日报》1919 年 7 月 20 日。
② 《孙中山全集》第 5 卷，中华书局 1981 年版，第 84 页。
③ 《孙中山选集》，中华书局 1981 年版，第 99 页。
④ 《孙中山全集》第 2 卷，中华书局 1981 年版，第 518 页。

◈◈　中编　近现代的粤港澳大湾区

　　最早向中国人民介绍马克思及其学说的，是出生于广州的民主革命家、政论家朱执信。1906年1月，他在日本以"蛰伸"为笔名，在《民报》第2期发表《德意志社会革命家小传》一文，概略地介绍了马克思、恩格斯的生平和他们编写的《共产党宣言》的主要观点，摘译了书中第二章的"十大纲领"，对《资本论》的主要观点也做了介绍。他在文中对马克思的政治主张给予高度赞扬："马尔克（马克思）之谓资本基于掠夺，以论今之资本，真无毫发之不当也。"《民报》虽在日本出版，但当时在广东颇为流行。1912年，朱执信又在《新世界》杂志第2期发表《社会主义大家马尔克之学说》，称马尔克（马克思）为"全世界之造时势者"，"《共产党宣言》又不啻20世纪社会革命之引导线，大同太平新世界之原动力"，期望国人对马克思的学说有所借鉴。他的文章，使粤港澳大湾区士人对马克思的政治主张有了初步了解。当时，另一位民主革命家、归善县陈江镇窑前村人（今广东惠州市仲恺高新区陈江街道幸福村）廖仲恺也在《民报》第7号和第9号发表了《社会主义史大纲》等数篇介绍马克思主义的文章和译文。此外，"五四"以前最早译介马克思学说的学者，还有在广州出生的赵必振。他早年留学日本，从1903年起，先后翻译了日本学者福井准造的《近世社会主义》、幸德秋水的《二十世纪之怪物——帝国主义》等书。其中，福井准造的《近世社会主义》是我国最早翻译的介绍马克思学说的书籍之一。

　　1917年11月7日，俄国爆发"十月革命"，建立了苏维埃政权。11月23日，在广州出版的《广东中华新报》以《俄国京都大乱》为题，报道了俄国工人、士兵在俄首都彼得堡举行武装夺取政权的消息，并于26日发表短评，预言俄国革命对中国的影响，将"较他国为尤甚"。同年12月28日，该报又刊登了《李宁（列宁）胜利之原因》一文，指出："其所主张之共产主义，最得平民劳动者之欢心。"这篇文章使当时大湾区士人知悉俄国布尔什维克党的主张，意识到其胜利的根本原因在于获得了劳动者的广泛支持。

　　到1919年，五四运动爆发后，粤港澳地区出现了一个宣传马克思主义的高潮。其中，在粤港澳大湾区最早系统地传播马克思主义的重要人物是杨匏安。

杨匏安（1896—1931），广东香山县北山村（今属广东珠海市）人。早年游学日本，1915—1916年间接触西方各种流派的新学说和社会主义思想。1916年回国。1918年初担任广州时敏中学教员和《广东中华新报》记者。"五四"时期，杨匏安在爱国运动和新文化运动的影响下，从1919年6月至12月底，在《广东中华新报》副刊《通俗大学校》的"世界学说"专栏，先后发表了《马克思主义》《国家社会主义》《讲坛社会主义》《社会主义》《共产主义》《集产主义》《社会民主主义》《唯心论》《唯物论》《实证论》《实用主义》等41篇文章，广泛介绍了西方哲学、社会学各种流派，阐释了哲学上的唯心论、唯物论、实证论、一元论、二元论、多元论以及社会主义、共产主义、社会民主主义、国家社会主义、马克思主义等。他系统地介绍了马克思主义的基本原理，对马克思主义的广泛传播作出了重要贡献。

在杨匏安的这些文章中，最长也是最重要的一篇，是他在1919年11月发表的《马克思主义称科学的社会主义》，从11月11日起，连载19天。他在文章中以主要篇幅介绍了马克思的唯物史观、阶级斗争理论和剩余价值学说，指出资本家掠夺工人的"余工余值"，是近代社会发生阶级冲突的根源，解决这一矛盾的唯一方法，是工人阶级团结起来夺取国家政权，改一切生产工具为国有。杨匏安对马克思主义的系统介绍，使大湾区有识之士对马克思主义有了进一步的理解和认识，也使大湾区成为继北京之后另一个系统传播马克思主义的重要地区。

另外，这一时期，陈独秀、李大钊创办的《新青年》《每周评论》《星期评论》等刊物在五四运动前后大量传入粤港澳大湾区，在知识界产生了很大影响。1920年12月，陈独秀应陈炯明邀请，由上海来广州担任广东省教育委员会委员长，直到1921年9月离穗。至1923年6月，他又曾两度来广州。这期间，陈独秀撰写了《社会主义批评》《我们相信何种社会主义?》等文章,并先后在广东公立法政学院、广东高等师范学校、广东省立第一中学、广东省立甲种工业学校、女界联合会、广州理发工会、广东省教育会等单位发表演说,宣传马克思的科学社会主义。

五四运动后,马克思主义在粤港澳大湾区广泛传播,为中共广东党组织的建立准备了必要条件,也为大湾区不断壮大的工人阶级进一步斗争和革命指明了方向。

第二节 粤港澳大湾区中共党组织的建立

粤港澳大湾区的中共党组织,是在党、团各级组织的基础上建立的。1921年春,广州共产主义小组成立,使广东成为国内最早建立中共党组织的六个地区之一。从此,大湾区成为中国共产党重要的革命策源地。

一 粤港澳大湾区党团组织的建立

1920年,在北京大学学习并参加了五四运动的广东青年谭平山、陈公博、谭植棠毕业后回到广州。他们深受陈独秀、李大钊思想影响,又经历了五四运动的洗礼,认识到中国必须革命,必须按照马克思主义原理解决社会问题。他们一方面在广州青年学生中积极宣传马克思主义和五四新文化精神;另一方面与杨匏安等人联系,创办宣传新文化、新思想的《广东群报》,由陈公博任总编辑,成为在大湾区宣传马克思主义的思想阵地。

1920年10月底,粤军陈炯明打败了盘踞在广东的桂系军阀陆荣廷,孙中山重返广州主持政局。11月初,陈炯明邀请陈独秀来广东担任教育委员会委员长,主持新文化教育工作。陈独秀认为可以借此机会将新文化和社会主义的新思想带到广东去,在那里发动共产主义者的组织。陈独秀到广州后,与谭平山、陈公博、谭植棠等人取得联系,并向他们了解广东的社会政治情况,开始酝酿建党工作。1921

年3月,共产党广东支部成立,成员包括陈独秀、谭平山、陈公博、谭植棠等9人,由陈独秀任书记,他离粤后由谭平山继任,并决定把《广东群报》作为党组织的机关报。广东共产党正式成为中国共产党的一个基层组织,称中共广东支部。

1921年11月,中共中央局向全党发出通告,要求加快发展党员,成立区执行委员会。1922年3月,陈独秀再次抵粤,协助中共广东支部工作。至同年6月,广东党员发展到32人,占全国党员总数的16.4%,仅次于上海。按照中共中央局的要求,成立了中国共产党广东区委员会,谭平山任书记,负责领导广东、广西、闽南、香港、南洋等地党组织的工作,中国共产党广东组织的建立,是广东现代历史上的一个重要事件。随着党组织的发展、壮大,广东人民反帝反封建斗争有了新的组织者、领导者。广东党组织建立后,围绕以下事项开展了工作:

第一,进一步宣传马克思主义。中共广东支部首先在机关报《广东群报》上开辟了"马克思研究""俄国研究""莫斯科通信""工人消息"及"评论""译论"等专栏,先后发表了《共产主义与无政府主义及议会派之比较》《阶级竞争》《第三国际党大会的缘起》《俄国波尔色维克(布尔什维克)主义的批评》《俄国共产党政府成立三周年纪念》《马克思的一生及其事业》《列宁传》《第三国际共产党第二次大会宣言》《马克斯(思)诞日之纪念会》等文章,介绍马克思主义的产生、发展及其主要内容,介绍社会主义,批评无政府主义和其他资产阶级流派。《广东群报》还推广新文化教育运动,反映社会现实,介绍国内外新闻及各地工人运动,内容十分广泛。

第二,发展党团组织。中共一大召开后,中共中央鉴于各地党员人数少的情况,要求基层组织在各地成立社会主义青年团,从团员中选拔进步分子入党,以扩大党的组织。1922年1月,广东社会主义青年团在万人集会上公开宣传建团的宗旨,号召青年加入。同月,举行第一次筹备会,与会者58人。到2月中旬召开第二次筹备会时,人数达到140人。会后,团组织的各种工作部门迅速建立起来。2月

26日，广东社会主义青年团机关刊物《青年周刊》创刊并公开发行。这个刊物对当时马克思主义的传播和团组织的思想建设和组织建设起着重要作用。

在党组织的帮助下，广东的团组织迅速发展。至1922年3月，广东的团员达500多人，绝大部分都在粤港澳大湾区，仅广州一地就占了400多人。另外在佛山、肇庆、新会、东莞等地组织了6个分团，亦皆在大湾区内。1922年3月14日，广东社会主义青年团在广州东园正式召开成立大会。谭平山在会上报告社会主义青年团的筹备经过，3月19日在广州素波巷19号召开第一次全体团员会议，通过了《广东社会主义青年团修正章程》。4月6日，广东社会主义青年团选举谭平山为书记。同年5月5日，中国社会主义青年团第一次全国代表大会在广州召开，各地代表蔡和森、邓中夏、张太雷等25人及中国共产党中央总书记陈独秀、少年共产国际代表达林出席大会。会议通过了《中国社会主义青年团章程》等文件，中国社会主义青年团正式成立，并宣布加入少年共产国际。

由此，在粤港澳大湾区党、团各级组织相继建立起来，为蓬勃发展的革命运动不断注入新鲜动力。

二 工农组织的建立和工农运动的勃兴

1921年8月，中国共产党在上海成立了中国劳动组合书记部，由张国焘任书记。广州成立了南方分部，由谭平山任书记，负责领导包括大湾区在内的广东工人运动。

1919年前后，部分参加过五四运动的青年学生，将注意力转向工人，着手组织工会。同年，广东共成立了26个工会，次年增加到130个。随着工会的出现，从1920年下半年至1922年，广州的罢工运动此起彼伏。据《香港华字日报》1921年6月至1922年6月统计，广州在一年之中罢工达30余次，涉及陶瓷、织席、裁缝、革履、白铁、酒楼茶居、造纸、伐木、理发、洗衣、酿酒、榨油、织袜、轮渡等数十个以手工业为主的行业，参加罢工的人数从百余人到数千人

第八章 粤港澳大湾区早期新民主主义革命活动

不等。在罢工中,先后成立了缝纫业工会、革履工会、白铁工会、纸业工会、酒楼茶居总工会、理发工会、织袜女工工会、汽车驾驶工人总会等大小工会20余个。除广州以外,手工业比较发达的佛山、南海、顺德一带也频频发生工人罢工行动。

国民党人也十分重视对大湾区工人运动的领导。1912年,由广东机器研究会改组的广东机器总会,成为国民党策动广东工人运动的据点。1917年下半年,孙中山南下广东举行第一次护法,建立广东军政府,国民党人领导的广东早期工人运动也开始兴起。同年底,由广东机器工人总会发起,东南亚和中国香港、上海、广西、福建等地机器工人团体大力捐助的"全国机器工人总会"大楼在广州河南筹建。1919年夏,在广东掀起的"粤人治粤"运动中,一些国民党人通过广东机器工人总会发动了部分机器工人参与。同时,广东机器工人总会联合广东各界联合会、广东学生联合会、广州总商会等团体向桂系政权施压,配合了粤军的军事行动。

1920年4月,香港发生了中国机器工人要求增加工资、反对无理解雇工人的罢工事件,得到广东机器工人的支持。在此期间,广东机器工人总会改称为广东全省机器工人维持会,下辖广州协同和机器厂、石井兵工厂、自来水公司、电灯公司、电话局等企业的工人组织,并在佛山建立支会。因省港两地机器工人彼此呼应,相互配合,最后使香港机器工人的要求基本得到实现。同年11月,孙中山回粤第二次建立护法政府,广东全省机器工人维持会得到政府支持,影响不断扩大,并改名为广东机器工会。

当时,广东海员工人运动也蓬勃发展起来。香港海员受帝国主义、外国轮船主和包工头的重重剥削和奴役,为争取和保障自身的权利,他们在1921年初开始筹建海员工会。孙中山亲自为其命名为"中华海员工业联合总会"。1922年1月12日,在该组织的领导下,香港海员工人举行大罢工,要求提高工资,改善生活待遇。19日起,1万余名罢工工人陆续返回广州,使香港航运交通陷于瘫痪。月底,香港海员罢工总办事处在广州成立,并先后在汕头、香山等地成立分会。由于港英政府对罢工工人采取强硬态度，下令解散海员工会，致使罢工事态扩大。3月1日，香港各行业工人为了支援海员大罢工，实行总同盟罢工，罢工工人达10万人。香港社会和经济活动顿时大乱。3月4日，2000多名罢工工人经沙田回广州时，遭埋伏在该处的英国军警袭击，罢工工人死伤多人，酿成"沙田惨案"。这更激起全体罢工工人的义愤，全国各地工会组织亦纷纷声讨英国当局，支援香港工人的斗争，3月8日，历时56天的香港海员大罢工胜利结束，工人的要求大部分得到解决，被港英政府封闭的海员工会也得以恢复。

中国劳动组合书记部大力支持这次海员大罢工，并在上海等地成立了香港海员罢工后援会，劝阻内地工人去香港做工。2月9日，中国共产党广东支部发表《敬告罢工海员》书，号召大家"坚持到底，团结一致"。此外，中国共产党广东组织还注意在海员中发现和培养工人运动的领导人。领导香港海员大罢工的工人林伟民（广东香山三灶岛人，今属珠海市）、苏兆征（广东香山淇澳村人，今属珠海市），都在这一时期开始接受共产主义学说，后来成为中国共产党著名的工人运动领袖。

为了在工人中扩大影响，中国共产党广东地区领导人谭平山等人深入受国民党人控制的广东机器工会中，动员工人们建立工会组织。1921年10月，广东机器工会开设工人补习学校。中共广东支部的陈独秀、谭平山、陈公博与国民党人汪兆铭、许崇清等人一起作为发起人，谭平山还担任了该校的兼职义务教师。工人补习学校把宣传寓于办学之中，因此中国共产党在广东机器工人中的影响不断扩大。1922年5月，中共以中国劳动组合书记部的名义，在广州召开第一次全国劳动大会。大会得到了孙中山和国民党的支持，与会人员173名，代表12个城市110多个工会、34万有组织的工人。他们中既有共产党员、国民党员，也有无政府主义者和无党派人士。大会举行了庆祝五一国际劳动节活动，通过了《八小时工作制》《罢工援助案》和《全国总工会组织原则》等10个决议案，并确立了劳动组合书记部对全国工人运动的领导地位。

在农民运动方面，中共广东支部的认识还处于起步阶段。谭平山于1920年曾发表《我之改造农村的主张》，指出农村问题对于中国革命的重要性。当时马克思主义小组曾创办一份《新农村》杂志，向农民进行宣传教育。《广东群报》也发表了《我们万不可忘记了劳农》等文章，以引起对农民问题的注意。粤港澳大湾区农村地区，虽然没有掀起轰轰烈烈的农民改造运动，但彭湃却于临近的海陆丰地区组织起农会组织，领导农民开展减租、反地主剥削运动。后来，又进入粤港澳大湾区惠州农村地区，并建立了惠州农民联合会。1923年7月，将其改组为广东省农会，彭湃任执行委员长，正式将农民运动向粤港澳大湾区腹地推进，为日后广东地区农民运动的高涨打下基础。

第三节　第一次国共合作期间的粤港澳大湾区

经历两次护法战争的失败以及陈炯明的叛变，孙中山受到沉重打击，革命事业陷入低谷。而正在此时，中共中央负责人陈独秀很快就向上海的中国国民党总部负责人张继表示："陈炯明现既已背叛革命，中共即与之断绝一切关系并一致声讨。"他还声明："中共将不因孙中山先生所受到的暂时的挫折而改变其与孙合作的原有立场。中共将更积极地反对一切支持陈炯明的反动言论和行动。对于广东方面个别中共同志支持陈炯明那种错误态度，已在设法纠正。"[1] 孙中山由粤抵沪后不久，中共中央负责人陈独秀、李大钊便先后去探访，向他表示慰问和支持，帮助他总结过去的经验和教训，探讨今后革命的新道路，刚刚到达上海的马林也以苏俄特使越飞的代表身份于8月25日访问孙中山，同他讨论了中俄关系问题，并研究了国共合作的具体方式。所有的这一切都促使孙中山思想发生了重大转变。

一　联俄联共政策与中国国民党的改组

俄国十月革命后，苏俄政府建立了世界上第一个共产主义政权，

---

[1]　张国焘：《我的回忆》，东方出版社2004年版，上册，第237—238页。

但受到资本主义列强的围攻,共产国际运动在欧洲处于低潮,苏俄希望通过支持亚洲各国民族解放运动,以打击资本主义列强。为此,苏俄政府先后于1919年7月和1920年9月,两次发表《俄罗斯苏维埃联邦社会主义共和国对中国人民和中国南北政府的宣言》,主动声明废除帝俄与中国签订的一切不平等条约,建议恢复两国人民间的友谊。1920—1922年间,孙中山会见了共产国际派到中国的数名工作人员,双方互有了解。1923年1月26日,孙中山在上海与苏俄政府特使越飞联名发表了《孙文越飞联合宣言》(以下简称《宣言》),《宣言》指出:"中国当得俄国国民最挚热之同情,且可以俄国援助为依赖也。"[1] 公开揭示孙中山的联俄政策,表明国民党政策发生了重大转变,成为国民党改组的先声。

联俄政策又促进了联共政策的形成。1922年1月,共产国际在莫斯科召开远东各国共产党及民族革命团体第一次代表大会,邀请了包括中国共产党人、国民党人在内的30余名中国代表,明确指出当前中国革命的任务是反帝反封建,通过关于共产党与革命民主派合作问题的决议。7月,中国共产党第二次全国代表大会提出了彻底的反帝反封建民主革命纲领和民主联合战线等政策。8月,中共中央在杭州西湖举行特别会议,同意共产国际的意见,讨论并决定在保持共产党组织独立的前提下,共产党员可以个人名义加入国民党。会后,陈独秀、李大钊以及马林到上海拜会孙中山,说明了中国共产党关于实行国共两党合作、建立民主革命统一战线的主张。孙中山立即赞成国共合作。

1923年10月,孙中山在广州召开国民党恳亲大会,商讨党务兴革,决定"以俄为师",着手改组国民党。会后组建临时中央执行委员会,负责国民党改组事宜。同时决定次年1月在广州召开国民党第一次全国代表大会。1923年底,应孙中山邀请,李大钊到达广州,参与大会筹备工作。

---

[1] 孙中山:《三民主义》,中国长安出版社2011年版,第294页。

1924年1月20日,中国国民党第一次全国代表大会在广东国立高等师范学校礼堂(今广东广州市文明路广东省博物馆)召开。孙中山以中国国民党中央总理身份担任大会主席,并致开幕词,指出召开这次大会,一是要改组国民党,把国民党组织成一个有力量的政党;二是用政党的力量去改造国家。大会通过了《中国国民党第一次全国代表大会宣言》,接受共产党员和社会主义青年团团员以个人身份加入国民党。这样,就使国民党改组成为工人、农民、小资产阶级和民族资产阶级的革命联盟。共产党人李大钊、毛泽东、林伯渠、瞿秋白等出席了大会,参加了领导工作,被选为中国国民党第一届中央执行委员或候补中央执行委员。

国民党一大从实质上确立了联俄、联共、扶助农工的三大政策,标志着以国共合作为基础的革命统一战线的正式形成,促进了中国革命的发展。国民党一大在广州召开,使粤港澳大湾区革命形势日益高涨。粤港澳大湾区作为国民革命的中心和大后方,有力推动了轰轰烈烈的大革命高潮的到来。

二 中国共产党革命统一战线政策的确立

1921年7月,中国共产党第一次全国代表大会在上海召开,通过了党的第一个纲领和决议,规定:"坚决同黄色知识分子阶层及其他类似党派断绝一切联系。""不同其他党派建立任何关系。"[1] 中共一大的历史功绩不可磨灭,但提出"断绝一切联系"的观点也反映了关于在中国如何进行无产阶级革命,中国共产党尚缺乏经验和理论准备。

1922年4月末,中国社会主义青年团第一次代表大会和第一次全国劳动大会在广州召开,共产国际派达林参加。达林建议陈独秀召集参加会议的领导干部讨论同国民党建立联合战线的问题。经过认真讨论,与会者对党的民主革命纲领和统一战线策略有了新的认识,对国

---

[1] 李忠杰、段东升主编:《中国共产党第一次全国代表大会档案文献选编》,中共党史出版社2015年版,第5、8页。

民党的态度有了变化，认识到无产阶级应当支持孙中山领导的广东政权。1922年6月15日，中共中央发表《中国共产党第一次对时局的主张》，明确提出了联合国民党等革命民主派及革命的社会各团体建立民主主义联合战线。至此，中国共产党在是否联合国民党的问题上发生了根本性的战略转变。

1922年7月，中国共产党第二次全国代表大会召开。会议作出了关于建立民主联合战线的决议，决议规定了民主联合战线的任务是扫清封建军阀，推翻帝国主义的压迫，建设真正民主的独立国家。此时中国共产党所设想的民主联合战线是以党外合作的方式进行，而以孙中山为首的国民党拒绝接受党外合作的方式，只允许中共党员及社会主义青年团团员加入国民党。共产国际驻中国代表马林提出中国共产党员和社会主义青年团团员以个人身份加入国民党，同国民党实行"党内合作"的建议。11月，中国共产党同意共产党员以个人名义参加国民党。此后，中共领导人陈独秀、李大钊等人接连对党内合作的必要性、客观条件和策略问题作了深入阐述，为中共三大的召开做了思想上、政治上的准备。

1923年6月12日至20日，中国共产党第三次全国代表大会在广州召开，具体会址是今广州市越秀区恤孤院路3号。大会的中心议题是讨论国共合作、建立革命统一战线问题。通过了《关于国民运动及国民党问题的议决案》《中国共产党第三次全国代表大会宣言》等十余项文件。会议讨论了建立革命统一战线的必要性和把国民党改造成为工、农、小资产阶级与民族资产阶级革命联盟的可能性。经过激烈的讨论，最终通过了《关于国民运动及国民党问题的议决案》，由此确立了实行国共合作，建立革命统一战线的方针，为第一次国内革命战争做了必要准备。会上还反对了两种错误倾向，一种倾向是以陈独秀为代表的投降主义倾向，认为资产阶级民主革命应当由资产阶级来领导；另一种倾向是以张国焘为代表的关门主义倾向，认为共产党不应与国民党合作，只有工人阶级才能革命，国民党是不能进行民主革命的，反对共产党员和工人、农民加入国民党。毛泽东同志出席这次大会，坚持了正确意见，反对了错误意见，当选为中央委员。

1923年11月24日至25日，中国共产党三届一中全会在上海召开。全会按照共产国际执行委员会给党的三大指示信的精神和当时国共两党的实际状况，决定进一步促进国民党改组，在全国扩大国民党组织。革命事业屡屡受挫的孙中山逐渐认识到中国共产党是一种新型的、生机勃勃的革命力量，表示愿意与中国共产党合作，积极推进国民党改组步伐。1924年1月，国民党第一次全国代表大会的召开，标志着第一次国共合作的正式形成。统一战线的建立，开创了中国民主革命的新局面，促进了国民革命高潮的到来，使中华民族迈出了民族复兴的重要一步。

在第一次国共合作的历程中，作为革命策源地和根据地的粤港澳大湾区占据重要历史地位。基于对当时革命形势的分析，中共中央接受了共产国际代表马林关于把中共中央机关从上海迁移到广州的建议，于1923年5月将机关迁到广州办公，广州于是成为中共中央所在地。中共广东区委负责人谭平山、冯菊坡等为接待中央领导同志和筹备中共三大做了大量工作，保证了大会的顺利进行。同时，国民党第一次全国代表大会也在广州召开，粤港澳大湾区成为当时国民革命的中心地区。

第九章　大革命时期的粤港澳大湾区

1924年1月至1927年7月是第一次国内革命战争时期，在此期间，中国人民在中国共产党和中国国民党合作领导下，进行了一系列反对帝国主义、北洋军阀的战争，亦称"国民革命"或"大革命"。这场大革命始于1924年1月在广州召开的中国国民党第一次全国代表大会，不久在中国共产党的积极参与和努力下，大革命风暴迅速席卷全国。1927年蒋介石和汪精卫先后"清共"，第一次国共合作破裂。

第一节　广州革命政府的成立与两次东征

国共统一战线确立后，粤港澳大湾区敌对势力暗流涌动，阴谋策划武装叛乱。1924年10月，在英帝国主义怂恿下，广州商人发动反革命武装叛乱，试图推翻新生的广州革命政权，史称商团叛乱。在平定叛乱后，1925年7月1日，广东革命政府在广州成立，随后组建国民革命军。1926年7月9日，国民革命军在广州誓师，以推翻帝国主义支持的北洋军阀的反动统治，实现中华民族的独立、自由、民主和统一为目的的北伐战争正式开始。

一　平定广州商团叛乱

广州商团原是广州商人自卫组织，成立于清末民初。因当时大湾区社会秩序混乱，兵匪横行，商人为自保，于1912年组织成立商团。

团址设在广州珠玖巷,后迁西瓜园。商团建立之初,共有40人,配有枪支弹药和统一的服装、标记。随后,在佛山、江门、石岐、九江等县镇也相继组建了商团军。20世纪20年代,商团以英国汇丰银行买办陈廉伯和佛山大地主陈恭受为首领,代表地主买办阶级的利益。

第一次国共合作之后,广东革命形势的发展引起了帝国主义的仇视,英帝国主义企图勾结商团,建立一个"商人政府",颠覆广东革命政权。在英帝国主义的多方支持下,商团领导陈廉伯加紧扩充商团军,至1924年10月,商团军已发展到10个团4000余人。1924年5月27日,陈廉伯纠集广州及附近城乡等98个商团代表召开"商团乡团会议",炮制《广州商团联合章程》,宣布要在8月13日成立"全省商团联防总部",以陈廉伯为团长。与此同时,陈廉伯委托香港南利洋行在欧洲买办了大批的枪械,枪械运至广州时被国民政府截获并扣押。陈廉伯受到政府通缉并逃往香港。8月12日,邓介石组织1000多名商民到大元帅府请愿,要求发还被扣枪械,并以罢市相威胁。20日,商团将联防总部移往佛山,在佛山大地主陈恭受的主持下,召开紧急会议,决定集中全省商团,实行总罢市。22日,罢市由佛山开始,蔓延至20多个市镇。商团向政府提出要求:无条件发还被扣全数枪械;允许商团成立全省联防总部;取消对陈廉伯的通缉令。陈恭受还在石湾集中佛山、南海的14埠商团以及各城镇郊乡团共3000多人,准备攻打政府,发动武装叛乱。他们还散发反动传单,并通电各县镇商团,煽动他们驱逐县长,宣布独立。

面对商团的反革命举动,广州革命政府在孙中山和廖仲恺的领导下,陆续调派部分滇、桂、湘军和黄埔学生军开进广州维持社会秩序。英帝国主义见状,于8月28日调集9艘炮舰驶往白鹅潭,并将炮口指向中国军舰,进行武力威吓。在处理商团问题中,国民党右派与商团妥协。在右派压力下,廖仲恺辞去广东省长职务,由胡汉民继任。胡汉民加紧与商团妥协,9月20日,下令取消陈廉伯、陈恭受的通缉令,发还其私产,并发还被扣的部分商团枪械。然而商团并不满足,10月4日,又在佛山集会,决定以罢市、停纳税等手段,逼迫政府发还全部被扣枪械。9日，商团发出第二次罢市的通牒。胡汉民慌忙答应发还部分所扣枪械。10日，广州各界群众在第一公园（今人民公园）举行纪念武昌起义13周年大会。会后举行群众示威游行，途中与全副武装的商团军相遇。商团蓄意寻衅，竟向群众开枪，当场打死打伤100余人，捕去100多人，这就是"双十惨案"。孙中山电令胡汉民、许崇智和蒋介石，对商团叛乱"严行查办"。在广州成立革命委员会，作为平定商团叛乱的最高指挥机关，以廖仲恺、许崇智、汪精卫、蒋介石、谭平山、陈友仁等任全权委员，鲍罗廷为顾问。10月14日，孙中山发布平定商团手令，次日兵分五路，包围商团根据地西关（今广东广州市荔湾区），勒令缴械。商团军凭借街垒木栅、负隅顽抗。经过数小时激战，商团叛乱被迅速平定。陈廉伯逃上英舰，陈恭受逃往香港，其他各地商团亦很快被击败。

商团叛乱的平定，使英帝国主义对粤港澳大湾的觊觎破灭，沉重打击了大湾区买办、地主豪绅等反动势力，保卫了广州革命根据地，为以后国民革命军两次东征陈炯明，平定杨希闵、刘震寰叛乱，讨平邓本殷割据势力，并以粤港澳大湾区为基地统一广东全省，创造了必要前提。

二 广州革命政府的成立与两次东征

1924年10月，孙中山平定商团叛乱，但当时政局仍不稳定。广东省大部分地区仍被各派拥兵自重的军阀所盘踞。在广州外部，有盘踞在东江一带的陈炯明，南部有割据在海南岛的邓本殷。他们在帝国主义和北洋军阀的支持下，伺机推翻广州革命政府。在广州内部，粤军、滇军、桂军、湘军、豫军、赣军各派军队交错驻扎，除了粤军许崇智、湘军谭延闿、程潜部、滇军朱培德部等少数武装忠于孙中山外，其他部队如滇军杨希闵、桂军刘震寰等都是暂时依附广州革命政府，表面上"拥护"革命，暗地里另有所谋。他们都成为威胁革命政府的隐患。

（一）第一次东征和平定杨刘叛乱

陈炯明部自1922年冬退踞东江一带后，在帝国主义和北洋军阀的支持下，凭借潮州、汕头的富源和惠州天险，一直和广州革命政府相对抗。孙中山曾多次督师征讨，但因所依靠的仍为其他军阀部队，均未成功。1924年9月，孙中山应冯玉祥邀请北上共商国是。陈炯明以为有机可乘，便与粤南军阀邓本殷勾结，暗中联络广州附近的滇、桂军作内应，于1925年1月7日，自称"救粤军总司令"，决定分三路入寇广州。面对陈炯明威胁，广州革命政府决定东征讨伐。以粤军许崇智部、滇军杨希闵部、桂军刘震寰部、湘军谭延闿部和黄埔军校学生军组成东征军，任命杨希闵为总司令，兵分三路：黄埔军校学生军和粤军许崇智部为右路，约1.3万人，从南面沿海东进，经广九线向淡水、海陆丰前进，直趋潮州、汕头；中路由桂军组成，约6000人，围攻惠州，并策应两翼；左路由滇军组成，约3万人，从北面东进，向增城、河源、老隆（今广东河源市龙川县）、兴宁、五华一线进攻。右路军是这次东征的主力，蒋介石率领黄埔军校学生军兼粤军参谋长指挥作战，周恩来作为黄埔军校政治部主任，随军东征，负责军中政治工作。2月1日，右路军出师东征，在广大人民群众特别是彭湃领导的海陆丰农民的支持下，英勇作战，实现了预期作战计划。这时，左、中两路的滇、桂军却按兵不动，右路军鉴于形势紧迫，乃于19日挥戈急进，大破叛军洪兆麟主力，相继攻克平山（今广东惠州市惠东县平山街道）、海丰、潮安、汕头。至3月24日，攻克兴宁、梅县等地。残敌向闽、赣边境溃退。东征取得重大胜利。

1925年3月12日，孙中山病逝。此后领导左、中路作战的滇军杨希闵和桂军刘震寰暗中与陈炯明、唐继尧、段祺瑞勾结，不仅向广州政府勒索军饷，迟不进兵，让右路军孤军作战，而且将滇、桂军从东江撤回，威迫广州。因此，广州革命政府决定武装讨伐。6月6日，令东征的主力黄埔军校的学生军等部回师平叛。10日，东征军回师抵达广州市郊，广九、广三、粤汉铁路工人举行总罢工，断绝叛军运输，在广州附近工人、农民密切配合下，叛军陷入四面楚歌。11日，革命军发起总攻击，经过一昼夜激战，歼灭叛军2万多人，迅速平定了杨、刘叛乱，杨希闵、刘震寰逃往沙面租界。

第一次东征和平定杨、刘叛乱的胜利，使广州革命政权更进一步巩固，建立统一的国民政府已经成熟。

（二）广州革命政府的成立

1923年2月，孙中山在广州东郊设立陆海军大元帅府大本营，孙中山任大元帅，总揽军政大权。下设内政部、财政部、军政部、建设部、外交部、海军部、参谋部、大理院等机构。1924年1月4日，大元帅府大本营召开政务特别大会，讨论正式成立国民政府的问题，不久，国民党一大通过孙中山草拟的《国民政府建国大纲》和林森署名的《组织国民政府之必要案》。但由于当时忙于东征和北伐，成立国民政府事宜暂时耽搁。

后来，随着东征的胜利，改组国民政府被提上日程。在平定杨刘叛乱的第二天，国民党中央政治委员会召开第14次会议，商讨组建国民政府事宜，6月15日，国民党中央执行委员会举行全体会议，决定改组大元帅府为国民政府，21日，国民党中央执行委员汪精卫、廖仲恺、胡汉民、许崇智、蒋介石商议改组国民政府和政府人选问题，决定国民政府实行委员制，推定汪精卫等16人为广州国民政府委员。27日，胡汉民发布《改组政府训令》，正式宣告将大元帅府改组为国民政府。7月1日，中国国民党执行委员会公布《国民政府组织法》和《国民政府成立宣言》，发布了对国民政府各委员及财政、外交、军事三部部长以及大理院院长等的任命，随即在广州市第一公园内举行广州国民政府成立大会。

广州国民政府的成立，初步实现了孙中山的夙愿，落实了国民党一大提出的"以党治国"的原则，广州国民政府在"以党治国"原则下，实践了五权宪法，立法、司法、行政、监察、考试五权分立，这种国家体制是中国历史上从未有过的民主政体，先在广州创出一个模型，成为后来的武汉国民政府和南京国民政府的基础模式。然而，随着国共分裂，以党治国为国民党"一党专政"利用，委员和议制遭到破坏，最终导致南京国民政府成为专制政府。

（三）第二次东征及粤港澳大湾区的稳固

在国民革命军平叛杨、刘叛乱时，陈炯明残部趁东江地区防务空虚，重新占据潮梅乃至整个东江地区，大肆进行反革命报复。9月，重新占领潮州、汕头，并向广州进攻。

为彻底肃清广东境内的军阀势力，统一全省，广州国民政府决定举行第二次东征。任命蒋介石为东征军总指挥，周恩来为东征军总政治部主任。10月1日，东征军总指挥部发布东征命令。14日，攻占惠州城。11月初，收复东江地区，全歼陈炯明残部1万余人，第二次东征取得决定性胜利。随后，派周恩来担任东江行政专员，设行政公署于汕头，负责潮州、惠州、梅县等地的行政领导，开展农民运动和东江一带国民党改组工作。

在国民革命军第二次东征的同时，广州国民政府又进行了南征，任命朱培德为南征军总指挥对盘踞商州、雷州等地的邓本殷进行讨伐。12月初，先后攻克阳江、肇庆等地。1926年2月攻克海南岛，全歼邓本殷部，南征胜利结束。至此，以粤港澳大湾区为基地的国民政府，已彻底铲除了粤东和粤西反革命势力，完全统一了广东全境。

第二节 粤港澳大湾区国民革命运动的高潮

辛亥革命以来的失败教训，使孙中山认识到军阀和旧军队并不可靠。俄国十月革命的胜利，特别是列宁领导的革命军队在十月革命中发挥了重大作用，使孙中山深刻意识到建立一支革命军队的重要性。于是，在苏联和中国共产党帮助下，孙中山为培养革命军事干部建立起一所新式军事政治学校，即黄埔军校。

一 广州黄埔军校的建立

1924年1月，在国民党第一次全国代表大会期间，孙中山决定成立"陆军军官学校筹备委员会"，委任蒋介石为委员长，王柏龄、邓演达为委员，选定黄埔长洲岛原水师学堂和陆军小学旧址为校址，命名为"中国国民党陆军军官学校"（简称"黄埔军校"）。

由于当时全国大多数省份处于军阀割据之下，黄埔军校的招生只

◈◈ 中编 近现代的粤港澳大湾区

能依靠国民党一大的各地代表和地方党组织物色人选,中国共产党十分重视革命军事干部的培养,广东党组织选派了许多优秀党员、团员和工农运动的积极分子投考军校。5月5日,第一期学员作为入伍生入校接受新兵训练,录取的470名学生中,共产党员、共青团员有50—60人。6月16日,举行了盛大的开学典礼,孙中山亲临训话,制定了训词:"三民主义,吾党所宗,以建民国,以进大同,咨尔多士,为民前锋。夙夜匪懈,主义是从,矢勤矢勇,必信必忠,一心一德,贯彻始终。"① 后来成为国民党党歌和国民政府国歌的歌词。

黄埔军校直属于国民党中央执行委员会,最高领导机构为总理领导下的校长和党代表组成的校本部,下设政治、教授、教练、管理、军需、军医等6部以及教官室、教育长、参谋处、军法处、军械处。孙中山担任军校总理,蒋介石为校长,廖仲恺为党代表。

周恩来任政治部主任期间,改革了军校的课程设置,当时军队思想政治教育的唯一教材是曾国藩胡林翼治军语录,周恩来推行苏联红军政治思想教育的经验,大量开设了政治理论和社会科学知识的课程,邀请国共两党的重要人物来校演讲,孙中山、廖仲恺、彭湃、邓中夏、恽代英、肖楚女、张太雷等人均受邀演讲。利用课余时间,组织学员开展革命文艺活动,周恩来直接领导的"血花剧社"于1925年1月18日成立,共产党员陈赓既是负责人又是主要演员。

1926年3月,黄埔军校改组为中央军事政治学校,增设了政治科,聘请的政治教官多为共产党员,主要有聂荣臻、恽代英、肖楚女、张秋人、于树德等。为了壮大中国共产党在黄埔军校的力量,发挥更大的作用,周恩来领导军校内的共产党员成立了中共黄埔支部,蒋先云任书记。支部成立初期,共产党员多为第一期学员,以后每期都会增加人数。随着革命形势的发展,中共黄埔支部改为中共黄埔特别支部。

---

① 罗进主编:《广州文史》第55辑《孙中山在广州》,广东人民出版社1996年版,第156页。

两次东征之后，黄埔军校声威大震，学生军得到了革命的洗礼，1925年12月成立潮汕分校，此后在南宁、长沙、武昌等地建立分校。

二 粤港澳大湾区工农运动蓬勃发展

革命统一战线建立后，国共两党一起推动工农运动的蓬勃发展，在粤港澳大湾区掀起了国民革命运动的高潮。

国民党中央设立了工人部，廖仲恺任部长，中共广州地委负责人冯菊坡为秘书。1924年5月1日，召开广州工人第一次代表大会，孙中山出席并发表演讲，他号召中国工人阶级"做国民的先锋，在最前的阵地上去奋斗"，有力推动了广东工人运动的蓬勃开展。7月15日，广州沙面数千工人为反对英帝国主义限制中国人民自由进出沙面租界的"新警律"举行罢工，中共广州地委和国民党广东省党部发动各界组织了"各界反对沙面苛例罢工委员会"，领导支持罢工工人的反帝斗争，罢工最终取得了胜利，这一胜利，成为中国工人运动自"二七"惨案后由低潮转向高潮的起点。1925年5月1日，第二次全国劳动大会在广州召开，这次会议得到了中共广东区委和国民党的支持，会上成立了中华全国总工会。不久，中华全国总工会和中共广东区委共同领导了声势浩大的省港大罢工，罢工得到国民党精神上和物质上的支援，坚持16个月之久，给英帝国主义以沉重打击，在中国工人运动史上留下了光辉的一页。

在北伐战争前，粤港澳大湾区是全国农民运动的中心。1922年至1923年间，受彭湃领导的海丰农民运动的影响，粤港澳大湾区也兴起了农民运动。广宁县（今广东肇庆市广宁县）农民联合广州油工组织江屯区（今广东肇庆市广宁县江屯镇）农民协会，高要县（今广东肇庆市高要区）端源乡2000多名农民自发成立端源乡农民工会，顺德（今广东佛山市顺德区）农民为反抗苛捐杂税，组织了顺德第一区云路乡农团，揭开了近南路农民运动的序幕。

在大湾区早期农民运动中，由于农民对组织农会还缺乏充分认

中编　近现代的粤港澳大湾区

识,也未意识到要与地主阶级展开武装斗争。因此,在地主豪绅的摧残破坏下,很快遭到挫折,被迫转入秘密活动。1924年国共合作建立后,中国共产党通过国共合作的组织形式,加强了对农民运动的领导。国民党中央设立了农民部,由共产党员林祖涵担任部长,彭湃任秘书,颁布了孙中山审定的《农民协会章程》,对各级农民协会的组织程序和职能作了详细规定。中共广东区委设立农民运动委员会,开办农民运动讲习所。广州农民运动讲习所位于今广州市越秀区中山四路42号,从1924年到1926年9月,广州农民运动讲习所共办了6届,毛泽东同志于1926年5月至9月间任所长,主办了第六届讲习所。在大湾区西江地区,1924年3月5日,中共广东区委指示共产党员周其鉴、罗国杰等人,召集旅省同学、同乡在广州开会研究成立广宁农会有关事宜,拟定了《广宁农会章程》,这不仅是共产党人参与广宁农民运动,而且形成了共产党人组织领导西江地区农民运动的宗旨。4月10日,周其鉴带领30多名共产党员、青年团员和觉悟工人回到广宁(今广东肇庆市广宁县),组织荷木咀、折石、江屯、潭布、螺岗等乡的农民成立农民协会,这是广宁成立最早的5个乡农会。农会引来了地方劣绅的仇视,6月10日,在广宁县长李济源的唆使下,地主劣绅分两路攻打江屯农会,打伤农会会员,掠夺农会的银两什物,这就是"广宁风潮"事件。"广宁风潮"发生之后,中共广东区委立刻组织农运骨干进行反击,大力揭露地主劣绅的罪行,恢复和发展农会组织,并成立了8个区农会,把"广宁风潮"变为农民和农会会员反抗地主劣绅的声势浩大的革命浪潮,史称"广宁农潮"。10月10日,广宁县农民协会正式成立,同时成立农民自卫军,这是西江地区第一个县级农会组织和第一支县级农民自卫军。在广宁县农民协会的指导下,展开了三个多月的减租运动,经过激烈的斗争,地主劣绅被迫接受了农会提出的减租条件,终于赢得了全县范围减租的圆满成功,开创了粤港澳大湾区乃至全国大规模减租运动成功的先例。

在广宁轰轰烈烈的农运中,1924年11月,中共广宁支部成立,书记为周其鉴,这是西江地区第一个中共支部组织,也是全国最早的中共农村基层支部之一。随后,四会(今广东肇庆市四会市)、高明(今广东佛山市高明区)、怀集(今广东肇庆市怀集县)等地的党支部也纷纷建立起来。1926年1月,中共广东区委决定成立中共西江地方执行委员会,由周其鉴任书记,这是西江地区第一个全区性的中共组织。中共西江地委及各县党组织的建立,大大地加速了粤港澳大湾区西部地区群众运动尤其是农民运动的发展。

第三节 粤港澳大湾区与国共合作统一战线的破裂

1924年国共两党以"党内合作"的形式实现了第一次合作。但是,就在以粤港澳大湾区为基地的广州国民政府越发稳固、农民运动蓬勃发展之际,国民党右派却突然叛变革命,疯狂屠杀共产党员和国民党左派。维持了三年半时间的第一次国共合作宣告破裂,轰轰烈烈的国民大革命也就此失败了。

一 统一战线的内部矛盾与冲突

国共两党虽然实现了第一次合作,建立了革命统一战线,但由于孙中山倡导的三民主义与共产主义理论之间存在根本差别,造成了国共两党在政权建设、革命路线、土地政策、工农运动等诸多方面都有矛盾,这为日后的冲突埋下了伏笔。

苏联支持孙中山革命,是希望在中国推广自己的模式,以打击西方资本主义列强,取得革命的胜利。然而,孙中山主要想利用苏联打击陈炯明集团。这种不同期望,使共产国际代表马林与孙中山产生冲突。比如,关于国民党改组方案,孙中山不能接受马林提出的用苏俄的建党模式和经验改组国民党。1923年2月,孙中山在对香港大学师生和香港工界代表发表演说时提到,他要的革命不是苏式"极端主义"革命,而是争取建立一个"良好稳健之政府",甚至还强调:

"吾人必须以英国为模范,以英国式之良政治传播于中国全国"①。这个言论让马林很生气。在马林带领下,中共张太雷撰文批评国民党过去的政策与方法"和一切混蛋的政团如安福系、交通系、直系、奉系的无什差别"②。由此,加深了国民党同共产党和共产国际的隔阂。

关于第一次国共合作、成立革命统一战线的问题,国共两党内部均有不同声音。在共产党方面,1922年的西湖会议虽然通过了与国民党实行党内合作的决定,但张国焘、蔡和森等仍明确反对,认为国民党属资产阶级政党,党内合作会使共产党丧失独立性,混淆自身的阶级组织与政策。张国焘还认为国民党成分复杂,组织混乱,中共党员加入后难以有所作为,中国工人阶级虽数量不多,但精干团结,必将成为国民革命的领导力量。③ 在国民党方面,国民党改组时就已形成反共右派,他们对苏联、共产国际派来的代表很警惕,对共产党员时时防范,不甚信任。

国共两党虽然实现了第一次合作,但双方对合作性质的理解与认知有差别,孙中山和国民党认为是"容共",共产国际和共产党认为是平等的"联共"。正是这种认知上的差异为统一战线内部的矛盾与冲突埋下了伏笔。

国民党一大之后,中央部分职位为共产党人掌握,各地新成立的省党部中,有相当部分实际上为共产党人所控制。这一切引发了国民党老党员的不满和抗议,进而引发各项反共活动。1924年,时任国民党临时中央执行委员、常务委员的冯自由带领五十多名国民党党员,私自在广州太平沙开会,警告李大钊等不得利用跨党机会以攘窃国民党党统。可见,国民党内部有相当强的反共声音。而接下来发生的党团事件,更加剧了国共双方矛盾。

20世纪20年代,孙中山提出了"世界民族主义革命"道路,与共产国际提出的"世界无产阶级革命"完全是两条路。共产党、国

---

① 《孙中山全集》第7卷,中华书局1981年版,第110页。
② 转引自李玉贞《马林传》,中央编译出版社2001年版,第228页。
③ 张国焘:《我的回忆》上册,东方出版社2004年版,第280—290页。

民党宣传各自的道路与理念,并很快就影响到了青年学生,一批党团成立。1923年6月17日成立的"广东新学生社",以宣传共产主义为主要内容,兼宣传国民革命,为此创办了机关刊物《新学生》。该社的一些活跃分子如阮啸仙、刘尔崧、张善铭等积极参加了国民党改组,被选为各区党部、区分部负责人。该社很快与中共关系越来越密切,成为中共吸引青年党员最重要的渠道之一。随着广东新学生社的成立,各种党团、商团纷纷成立。这引起了国民党的警觉,国民党人邹鲁认定共产党人的活动已是"法外",便秘密组织团体与新学生社对抗。这种对抗性社团也发生在黄埔军校内的,主要是青年军人联合会与孙文主义学会。

青年军人联合会是以中共和倾向中共的青年军队组成的组织,成立于1925年2月,成员除黄埔学校学员外,还有粤军讲武学校、桂军军官学校、滇军干部学校、铁甲车队、福安军舰等学员。联合会社会影响较大,成立当天,参加大会者就有600余人。甚至省政府、中央党部、工会、农民运动讲习所等都有代表参加,且举行的游行人数竟达5000多人。[1]

青年军人联合会向共产党靠拢、发动工农群众的做法,很快引发国民党人士的担忧。随即军校内出现了与该联合会公开对立的组织——孙文主义学会,拉开了军校内的党团之争。[2] 在孙文主义学会中,戴季陶是核心成员,其理论对青年学生影响颇深。曾在1923年随蒋介石访苏的邵元冲就紧随戴季陶,提出中国社会应以戴季陶的理论"作为指路牌"。[3] 后来还出现了中山主义研究社等类似的组织,这些组织均统一为孙文主义学会。党团之争为随之而来的弹劾案埋下了伏笔,成为国民党反共的借口。

---

[1] 《中国青年军人联合会组织缘起》,载《黄埔军校史料》,广东人民出版社1982年版,第330,331—334页。

[2] 王柏龄:《孙文主义学会的成立》,载《黄埔军校史料》,广东人民出版社1982年版,第337页。

[3] 李云汉:《介绍孙文主义学会及其有关文件》,台北"中研院"《近代史研究所集刊》第四集,1974年,第497—500页。

1924年6月18日，国民党中央监察委员邓泽如、张继、谢持向孙中山提交弹劾书，借口共产党员在国民党内设有"党团"，声称共产党员加入国民党"于本党之生存发展，有重大妨害"，"绝对不宜党中有党"①。此后，谢持等还把中央监委立案弹劾共产党的消息四散传播出去，致使事态扩大化、严重化，激起了各地国民党人对共产党人的敌视情绪。不满共产党人跨党的国民党人纷纷集会，一时间联名提交检控信和弹劾案的国民党人就有2000人之多。② 面对国民党右派的进攻，中共中央于7月1日发出党内通告，要求各级党组织坚决揭露国民党右派的反动活动。陈独秀、恽代英、瞿秋白、蔡和森等连续发表文章，痛斥国民党右派违背国民党一大政纲、破坏革命队伍内部团结的反动言行。

为尽快平息事态，国民党中央执行委员会委托汪精卫和邵元冲起草宣言，以表明态度。1924年7月7日，中央执行委员会执行第41次会议上通过该宣言，明确规定了党员标准，"不问其平日属何别，惟以其言论行动能否一依本党之主义政纲及党章为断"③。宣言不仅没有直接批评共产党，反而重申了"容共"政策。该宣言反映了孙中山当时的态度。8月底，国民党一届二中执会召开，通过《中国国民党中央执委会颁发有关容纳共产分子问题之训令》及《关于在国民党内之共产派问题的决议案》，决定设立国际联络处，解决两党争端。"弹劾共党案"虽未通过，但党内反共声浪明显反弹，两党矛盾日益加剧。

二 廖仲恺遇刺案

基于对国共合作的态度，国民党左右两派矛盾日深。而廖仲恺遇刺案，便是国民党左右派斗争尖锐化的表现之一。

---

① 罗家伦编：《革命文献》第9辑，台北：中正书局1955年版，第1283页。
② 《冯自由致孙中山先生函稿》，《档案与历史》1986年第1期。
③ 《中国国民党关于党务宣言》，载《中共党史参考资料》第3册，人民出版社1979年版，第330页。

第九章 大革命时期的粤港澳大湾区

廖仲恺（1877—1925），广东惠阳人。美国华侨家庭出身，父亲去世后，跟随母亲回国，后来在叔父安排之下，与香港地产商之女何香凝结婚。廖仲恺思想开放，戊戌变法后萌生去日本留学的念头，后来考入早稻田大学。在日本读书期间结识孙中山，1905年参加同盟会，是同盟会最早的成员之一。辛亥革命后，任广东都督府总参议，兼理财政。1921年担任广东财政厅厅长。1922年积极协助孙中山确定联俄、联共、扶助农工的三大政策，1924年国民党改组后被选为中央执行委员会常务委员，并先后担任工人部部长、农民部部长、黄埔军官学校党代表、广东省长、财政部长、军需总监等职务。孙中山逝世后，廖仲恺坚决拥护孙中山的革命主张，竭力推行维护军事、财政统一的重大措施，并为国民革命军和省港罢工工人提供了有力支持。这对割据广东各地鱼肉人民的军阀、官僚及国民党右派势力是一个沉重打击，于是他们决定收买刺客谋杀廖仲恺。1925年8月20日上午，廖仲恺偕夫人何香凝乘车参加国民党中央执行委员会会议，途中冲出七八个凶徒，举枪对廖仲恺等人猛烈射击，廖仲恺立即被送往医院抢救，终因伤重而不幸去世。

廖仲恺被害，是左派一大损失。但因此而逼走了右派领袖胡汉民和在军事上根深蒂固的许崇智，解除了一部分右派军官的军权，"广东政权完全递入左派之手。此一时期，可说是左派执政。"① 处理廖案也出现了另一个结果，即蒋介石地位和权力上升。廖案发生前，广东国民政府中掌握实权的四巨头是国民政府主席兼军事委员会主席汪精卫、财政部长廖仲恺、外交部长胡汉民、军事部长许崇智。而此时，一个被杀害，两个被逼走，"四巨头"只剩下了一个汪精卫。许崇智离粤后，他的军队便落到蒋介石手中。从此，蒋介石以国民革命军第一军军长兼广州卫戍司令的身份，成为掌握广东实权的显要人物之一。

---

① 陈旭麓主编：《五四后三十年》，上海人民出版社2019年版，第90页。

三 中山舰事件和整理党务案

蒋介石担任国民革命军第一军军长兼广州卫戍司令后，积极策划排挤共产党人，进一步篡夺军权。1926 年 3 月 18 日，蒋介石指使亲信以黄埔军校驻省办事处的名义，向海军局代理局长兼中山舰舰长共产党员李之龙传令，调中山舰到黄埔候用。当中山舰依令到达黄埔后，蒋派人散布谣言，称中山舰擅入黄埔，乃共产党人阴谋暴动，并以此为借口，于 20 日清晨派兵包围省港大罢工委员会，拘捕李之龙，随后又强行逼迫在第一军中工作的以周恩来为首的全体共产党员退出第一军。该阴谋事件，史称中山舰事件。

当时吴佩孚正对南方国民政府虎视眈眈，妄图联合闽、赣、湘、滇四省势力以及香港的陈炯明，包围广东革命根据地，颠覆国民政府。因此，蒋介石在这种情况下贸然发动中山舰事件，遭到国民党内部相当一部分人士的反对。蒋介石怕自己陷入被动局面，不敢与中共和苏联完全决裂，遂采取措施掩饰自己的阴谋。他释放被捕的共产党员，撤走戒严部队，公开表示不反俄反共。

中山舰事件之后，苏联顾问季山嘉认为左派力量不足以对抗蒋介石，不赞成反击。彼时在广州的苏联视察团团长布勃诺夫也不主张反击，担心反击会导致中苏关系破裂，从而使苏联失去东方反帝盟友。中国共产党对中山舰事件的态度受到陈独秀和苏联的影响。陈独秀误认为事变与广州同志工作上的错误有关，不是"当进攻而没有进攻"，而是"当退让而没有退让"[①]，并从消极立场出发，主张退出国民党，由党内合作改为党外联盟，但其退党决定遭到共产国际批评。

在陈独秀等人右倾机会主义错误思想影响下，中共领导层未能采取果断措施反制蒋介石和国民党右派，致使以周恩来为首的 250 多名中共党员被迫退出第一军，党代表制度取消，以季嘉山为首的 10 多

---

① 李立三：《一九二五年至一九二七年中国大革命的教训》，载《中共党史参考资料》第 13 册，人民出版社 1985 年版，第 624 页。

名苏联顾问也被解聘回国。蒋介石还利用中山舰事件打击了汪精卫、邓演达。汪精卫不愿当傀儡主席，称病就医，远赴法国。4月16日，国民党中央和国民政府召开联席会议，由谭延闿和蒋介石分别担任中央政治委员会主席和军事委员会主席，蒋介石不但夺取了国民党的军权和人权，还利用共产党人右倾错误，从党务方面向中共发动进攻，试图夺取国民党党权。

整理党务案是继中山舰事件之后蒋介石制造的另一起排挤共产党人、篡夺革命领导权的阴谋事件。蒋介石在1926年5月举行的国民党二届二中全会上提出所谓的"整理党务案"，规定共产党员在国民党各高级党部中任执行委员的人数不得占委员的三分之一以上，不得任国民党中央部长，必须全部交出加入国民党的共产党员名单等。鲍罗廷根据联共（布）中央政治局要求中共党员继续留在国民党内的方针，对蒋介石采取退让的态度，同意了蒋介石的要求。该案的通过，表明蒋介石已经从根本上破坏了孙中山和国民党一大、二大确立的联共政策。原本共产党员担任的国民党中央部长被国民党右派代替，蒋介石趁机当上了国民党中央执行委员会常委会主席、组织部部长和军人部部长。至此，蒋介石已篡夺国民党的领导权。

对于蒋介石限制和打击共产党的整理党务案，以陈独秀为首的中共中央继续采取妥协退让政策，6月4日，中共中央发出《中国共产党致中国国民党书》，表示接受整理党务案。消息传出后，粤港澳大湾区共产党人和革命群众十分愤慨，但由于共产国际和中共中央的妥协，广东区委也只好执行退让政策。

由于共产国际和中共中央的一再退让，担任国民党中央部长的一批共产党员被迫辞职，组织部长谭平山由蒋介石取代，农民部长林祖涵由甘乃光取代，宣传部长毛泽东被顾孟余取代，秘书长刘芬由叶楚伧取代。在北伐出师前，蒋介石又当上了军人部部长、国民革命军总司令，控制了国民党、国民政府、国民革命军的大权，为以后"清党"反共、建立独裁统治创造了条件。

四 国民党对粤港澳大湾区的白色统治

中山舰事件、整理党务案发生后，以蒋介石为首的国民党右派逐渐控制了国民党中央大权，粤港澳大湾区的政局也开始随之发生变化。

1926年5月，北伐开始后，反动势力趁机加紧压制工农运动。蒋介石指使党徒收买黄色工会（被资产阶级或其政府收买的工会，称"黄色工会"）为己用，利用土匪、民团攻击农会。1926年10月以后，随着北伐相继攻克武汉、南昌等重镇，国民政府"迁都"提上议事日程，决定迁都武汉，在广州设立国民党中央政治分会，分管粤桂闽三省政务，李济深等7人为委员。同时，对原来的广东省政府进行改组，改组后的广东省政府以陈树人等11人为委员，陈树人、李济深、孙科、甘乃光、宋子文等5人为常务委员。省政府不设主席，只设常务会议主席。下辖9个厅。其中，李济深为军事厅厅长，由于其军权大握，实际上左右着粤港澳大湾区的政局。随着国民政府北迁，粤港澳大湾区已不再是国民革命的中心，而进入了新军阀统治时期。

1927年4月15日，反动军队搜查和封闭了中华全国总工会广州办事处、省港罢工委员会、广东省农民协会、广东妇女解放协会等革命团体，解除了罢工工人纠察队武装，收缴黄埔军校学生500余人的枪械。当天下午，广东当局成立由李济深、古应芬、李福林、陈孚木、邓彦华组成的特别委员会，主持广东"清党"政务。尔后，国民党反动派继续进行大捕杀，7日内逮捕共产党员和革命群众2100人，其中共产党员约600人，包括萧楚女、刘尔崧、李森、何耀全、邓培、熊雄、张瑞成、李亦愚等100多名优秀共产党员，都牺牲在敌人的屠刀下。面对敌人的屠杀，罢工纠察队员和粤汉铁路工人等奋起同反动军警激战，但因寡不敌众，终被镇压。这次事件即震惊中外的"四一五"反革命事变。

6月，广东当局继"四一五"事变后进行第二次"清党"，他们以有共党分子潜入广州市企图袭击政府机关为借口，在广州市内和近郊突然实行全面戒严，中止全市各主要街道交通。逮捕进步人士，搜查市区，围搜工会，派军队包围广州市太平路嘉南堂省港罢工工人公共食堂，逮捕了 200 余名工人。

为彻底摧毁中共党组织，广东当局进一步加强对工人组织的控制。7 月 20 日，广州市公安局命令各分局，禁止工会领导人在劳资双方发生纠纷时强迫工会会员罢工。在各处设立"密告箱""特别密告箱"，大行检举诬告之勾当，同时利用工贼组织"改组委员会""革命工人联合会""广东总工会""机器总工会"等组织，大力阻压革命群众的斗争。一时间，粤港澳大湾区再次陷于腥风血雨中。佛山、肇庆、江门、东莞、惠州、中山等地区的国民党地方当局皆大肆逮捕中共党员，捣毁本地工会及农会组织。如时任佛山市市长蔡鹤鹏便派出自卫队和黄色工会的打手，查封佛山工人代表大会，搜捕共产党员张云峰、陈应刚、梁敬熙、黄江等人，送交广州后，被国民党当局杀害。

在国民党高压政策下，共产党成为"非法"组织，粤港澳大湾区许多革命工会被迫解散，工人纠察队被强制缴械，一大批工人领袖和工运骨干惨遭杀害，大湾区处于一片白色恐怖中，国共合作统一战线破裂。

第十章　国民党在粤港澳大湾区的统治与共产党武装斗争

"四一二""四一五"反革命事变后，蒋介石在南京建立国民政府，后与汪精卫武汉国民政府合并，称"宁汉合流"，继续对共产党人进行"清共"和屠杀。中国共产党人没有被国民党反动派的屠杀行为吓倒，他们吸取教训，纠正了陈独秀的右倾投降主义错误，并先后发动了南昌起义、秋收起义、广州起义，创建红军，开辟农村根据地，进行土地革命，开辟了一条"农村包围城市，武装夺取政权"的道路。

第一节　广州张黄事变与大湾区局势

广州张黄事变是指在1927年11月17日凌晨，国民政府和中国国民党内部派系之一的张发奎、黄琪翔等人在广州发动政变，改组国民党广东省党部、广东省政府的事件，体现了国民党内各派系在粤港澳大湾区的相互矛盾和斗争。

一　国民党派系斗争中的大湾区

蒋介石、汪精卫集团相继发动反共事变后，国民党内形成控制南京政府的蒋介石集团、控制武汉政府的汪精卫集团和在上海的国民党元老集团西山会议派三大派系。1927年8月1日南昌起义爆发后，为共同对付中国共产党的武装斗争，宁、汉双方以蒋介石下台为条件，实现"宁汉合流"。

第十章　国民党在粤港澳大湾区的统治与共产党武装斗争

1927年7月前后,武汉政府的张发奎统率第二方面军及辖下第四军、第十一军和第二十军,以"讨伐南京"为由离开汉口,直指九江。8月1日,当部队途经南昌时,第四军和第二十军的一部,在共产党人叶挺、贺龙率领下发动起义,第二方面军土崩瓦解,张发奎进退两难。在此情况下,南昌起义军撤出南昌,朝广东潮汕方向挺进,张发奎即以追击起义军为名,命令第四军军长黄琪翔率部向广东进军,途中却与起义军分道而驰,由江西吉安、赣州进入粤北。张发奎本人则离开队伍赴香港活动。

当时控制整个广东地区的李济深正调集军队,布防于揭阳、潮安一带,以阻击叶、贺起义军队进入粤港澳大湾区。因此,当黄琪翔统率的第四军回抵粤北一带时,李济深虽知其回粤威胁甚大,但已无力应敌,唯有做出姿态,欢迎张军回粤。张发奎见军队顺利返粤,即从香港返回广州,并两次致电武汉,请汪精卫回广州主持大计,公开打出"拥汪护党"旗号,与南京政府对立。汪精卫闻讯后,立即行抵广州,并试图以粤港澳大湾区为基地,利用各派势力矛盾,在广州另立中央。这样,宁、汉对立遂演变成宁、粤对立。

1927年11月1日,汪精卫在国民党广东党部及广州市党部的欢迎宴上发表演说,重提在广州召开第四次中央全体会议及成立中央党部之事。同日,谭延闿、孙科等通电各方委员,坚持四中全会的地点必须在南京。为此,各派围绕四中全会召开的地点展开新一轮的纷争。下野避居日本的蒋介石认为宁、粤对立,是重组南京、打击桂系的大好时机,便打算同汪精卫联手。11月2日,蒋介石安排宋子文前往广州做说客,与汪派密谋把桂系势力驱逐出广东,把广东变成蒋、汪联合反对南京特委会的基地等事宜,双方达成一致意见。

蒋介石与粤方达成一致后,于1927年11月10日从日本返回上海。到沪伊始,蒋介石即电告粤方,表示要互相谅解,从速恢复中央执行委员会。在粤的汪精卫也马上对蒋的表态做出积极回应。蒋介石与汪精卫达成默契后,即与国民党各派协商,决定在国民党四中全会开幕前,在上海召开中央委员会预备会议。15日,蒋介石电邀汪精卫、李济深等往上海参加于 20 日召开的预备会议，共商召开四中全会以及停止特委会等各项问题。16 日，汪精卫、李济深等粤方一行离开广州，赴沪参加四中全会预备会议。正当宁、粤双方紧锣密鼓准备召开国民党四中全会之际，广州却发生了粤、桂军阀内讧的张黄事变。

二 广州张黄事变

1927 年 4 月 15 日，李济深追随蒋介石在广州发动"四一五"事变后，时在武汉的张发奎第四军公开宣布脱离李济深指挥，自成独立体系，并扩编为第二方面军，自任总指挥，隶属武汉国民政府，下辖第四军（军长黄琪翔）、第十一军（军长朱晖日）、第二十军（军长贺龙）。与此同时，广州的第四军亦扩编，成立第八路军总指挥部，由李济深任总指挥，隶属于南京国民党政府。这样，原来统一的第四军便分裂成各不相属、互相对立的两支队伍。

张发奎回粤后，在宁、粤对立的政治大背景下，与李济深的历史芥蒂非但未消除，反而在新的利益冲突下，双方矛盾日益深化。一方面，李济深企图利用回粤的张发奎部消灭南下的南昌起义军；另一方面，欲借蒋介石和桂系军阀的力量，限制张、汪势力在广东的扩张。而在张发奎和汪精卫方面，却企图从李济深手中夺取广东地盘，将以广州为中心的大湾区作为重新起家的基地。因此，在广东出现两派势力明争暗斗的局面。

1927 年 11 月 17 日，汪精卫、李济深等离开广州，赴沪参加预备会议。当日凌晨，张发奎所部第四军军长黄琪翔会同粤系第五军军长李福林、新编第二师师长薛岳等在广州长堤第四军司令部召开军事会议，决定发动兵变。3 时起，兵变各部队分头行动，并占据广州军械库和第一弹药厂、虎门要塞和石井兵工厂等军事要地，牢固控制广州市区。18 日，驻粤的国民党中央委员召开政治会议，任命张发奎暂代临时军委主席，张发奎、黄琪翔等控制了广州的党、政、军大权。

张发奎、黄琪翔以大湾区为基地控制广东党政军大权后，为取得国民党中央对这次政变的认可,即向国民党中央电告粤变原因。"张黄事变"使国民党内部矛盾出现了分化。已到上海参加预备会议的李济深要求国民党政府讨伐张发奎、黄琪翔,汪精卫则替张、黄辩解。而国民党的元老派及其他中委如胡汉民、吴稚晖等大多认同李济深的观点,吴稚晖甚至把粤变矛头直指汪精卫。在各方争论时,蒋介石得以收渔翁之利,重获国民党的控制权。

正当国民党内各派系为"张黄事变"内讧之时,广州的共产党人乘张发奎的大部分军队外出征讨李济深及桂系部队、城内兵力空虚之际,于1927年12月11日发动起义,建立苏维埃政府。虽然广州起义很快被镇压下去,但汪精卫、张发奎、黄琪翔却因"纵容"共产党暴动而成为国民党各派的攻击目标,12月14日,国民政府下令解除张发奎、黄琪翔等人职务。李济深重返广州,掌握广东军政。

第二节 中国共产党领导的反抗国民党武装斗争

"四一五"事变后,中共广东区委领导粤港澳大湾区人民掀起反抗国民党镇压的武装斗争。为响应南昌起义和配合南昌起义军入粤作战,中共广东区(省)委做出广州起义的决策。广州起义爆发后取得局部胜利,建立了广州苏维埃工农民主政权,颁布了革命纲领,但在坚持3天后失败。广州起义是中国共产党领导粤港澳大湾区人民进行的一场反对国民党反动派武装镇压的伟大尝试。

一 粤港澳大湾区反对国民党的武装斗争

早在第一次国共合作时期,由于粤港澳大湾区处于军事斗争和国共矛盾较为激烈的地区,中共广东区委便已认识到武装斗争的重要性,并开始尝试建立和掌握革命军队。1924年冬,成立了专门的军事领导机构——军事运动委员会(又叫军事部),建立了"建国陆海军大元帅府铁甲车队",后改为第四军独立团,由共产党员叶挺任团长。此外,中共广东区委属下的工人运动委员会、农民运动委员会等部门，积极从事建立工农武装、开展武装斗争的活动。

自1924年至1927年间，在中共广东区委领导下，粤港澳大湾区工农革命力量迅速壮大。如广州的省港罢工工人纠察队，发展到5000多人，佛山、江门、惠州等地也建立起工人武装团体。此外，珠江三角洲地区各县农民武装队伍亦纷纷建立，有的人数达几百人，有的数量更超千人，如中山县（今广东中山市）的农军发展到3000多人。

"四一五"反共事变前夕，中共广东区委对蒋介石为首的国民党新右派，在思想上有一定警惕。1927年4月上旬，中共广东区委得悉国民党右派在上海召开反共秘密会议的消息后，分析了国民党右派背叛革命的可能性，及时做出组织武装起义、反抗国民党屠杀政策的部署，下令各地党组织做好武装起义的准备，决定于5月初举行全省总暴动。为此，区委及时制定了武装起义的方针，并决定由特派员分赴广东各地组织和指挥斗争，其中粤港澳大湾区内惠州一带，由何友逖前往负责，而广州和中路地区，则由区委直接指挥。

"四一五"反共事变发生后，中共广东区委在广州西堤路糖捐公司三楼召开紧急会议，研究了当时的严峻态势，讨论了关于重建和巩固党的地下组织、领导工会斗争、反抗国民党屠杀、救济被捕革命同志、广东区委迁港等问题。会议做出成立广州市委、区委暂时迁港办公、发展赤卫队秘密组织、发动农民开展武装斗争、及时抽调一批干部到武装斗争的第一线等决定。1927年4月21日，中共广东区委以全总广州办事处、省港罢工委员会、广州工人代表大会、广东省农民协会的名义，向全省人民发表了《反抗国民党反动派残暴大屠杀宣言》，号召全省工农革命群众联合起来，打倒国民党反动军阀。4月22日，新的中共广州市委正式成立，由吴毅任市委书记，周文雍任工委书记。5月，中共广东区委常委会讨论了广东党的工作和组织问题，决定原广东区委书记陈延年不再回广东工作，由彭湃、穆青、黄平、赖先声、阮啸仙等组成新的广东省委。新的广东省委成立后，坚持武装反抗国民党镇压的方针，在省内掀起新一轮武装斗争的浪潮。

但是，由于党处于幼年时期，又受共产国际的支配，没有直接掌握对革命武装的领导权，加之对国民党右派的叛变准备不足，所以在"四一五"事变发生后，粤港澳大湾区党组织和革命力量仍然遭到严重破坏。

二 共产党人领导的广州起义

为挽救革命，中国共产党继南昌起义、秋收起义之后，又发动和领导了震惊中外的广州起义。

1927年8月7日，中共中央在湖北汉口召开紧急会议，即八七会议。在会上，任命张太雷担任广东省委书记。8月20日，张太雷在香港召开省委会议传达八七会议精神。中共广东省委根据中央的指示，作出在全省举行武装暴动的决定，发出《关于暴动后各县市工作大纲（决议案）》，并决定成立广州、西江和北江暴动委员会，以配合南昌起义入粤部队一举夺取广州政权。9月底至10月上旬，由于叶挺、贺龙部队在潮汕失利，中央指示广东省委停止广州暴动计划。然而，在党的领导下，粤港澳大湾区内工农群众反抗国民党反动统治的斗争连绵不断，同时粤、桂两派军阀为争夺广东统治权矛盾尖锐。10月15日，张太雷与阮啸仙、杨殷等人分析当时的政治形势，认为广州起义的计划应继续实现。

11月中旬，广东、广西两派军阀之间的战争爆发。张发奎、黄琪翔赶走李济深势力，夺取广东政权。张发奎为防御桂系军队，命黄琪翔率部开赴西江，而广州兵力空虚，后防事务由第四军参谋长叶剑英（共产党员）代行管理，为广州起义提供了一个极好时机。张太雷等人成立起义最高领导机关——革命军事委员会，由张太雷、黄平、周文雍三人组成，决定12月12日起义，为加强起义的军事指挥，广东省委任命南昌起义的主要指挥者之一叶挺担任广州起义的总指挥。由于汪精卫、张发奎等人有所察觉，遂决定12月11日凌晨发动起义。

是日凌晨2时，张太雷、叶挺等起义领导人同到北较场四标营第

4军教导团驻地，部署起义具体工作。全团集合誓师，宣布教导团官兵一致接受中国共产党领导，坚决参加武装起义，为推翻国民党反动统治和建立广州苏维埃政府而战斗。3时30分，教导团营地发出3声炮响，揭开了广州起义的序幕。经过两个多小时的英勇战斗，起义军民占领了除第四军军部、中央银行等少数据点外广州珠江北岸的大部分市区。12日上午，被称为"东方巴黎公社"的广州苏维埃政府宣告成立，中国第一个城市工农民主政府诞生。

广州苏维埃工农民主政权成立后，起义军继续扩大和巩固武装起义的胜利成果。为宣传发动群众，工农民主政府出版了机关报《红旗日报》，组建宣传队，在全市巡街宣讲、散发传单。起义军攻占国民党各个据点后，把收缴的大批枪支弹药集中起来，配发给工人赤卫队和自愿参战的学生。肃反委员会也派人到处搜捕反革命分子和工贼头目，继续把广州市的革命形势推向高峰。

广州起义震惊了国内外反动势力，他们勾结起来共同镇压起义。美、英、法、日驻粤领事团调兵进驻沙面，派出军舰封锁珠江，掩护国民党军队渡江，向起义军反扑。12月13日中午，敌军从四面八方进入广州，起义军民坚守街垒，浴血奋战。在孤立无援的情况下血战三天三夜，广东省委书记、广州起义总指挥张太雷亲赴前线指挥作战，不幸殉职。工人赤卫队大队长石喜身负重伤，仍率部坚守观音山（今越秀山），最终与敌人同归于尽。教导团女兵班班长游曦，率领全班女战士，在天字码头英勇狙击敌人，全班除一人派回总部联络外，其余全部壮烈牺牲。敌我力量严重悬殊，起义军于13日被迫撤出广州，散布于粤港澳大湾区乡村诸地继续进行革命斗争。

广州起义是中国共产党领导工人、农民和革命士兵对国民党反动派发起的又一次英勇反击，沉重打击了国民党新军阀在粤港澳大湾区的统治，显示了中国共产党和中国工人阶级的伟大力量。另外，广州起义尝试在城市中建立苏维埃政权，在国内外引起了很大震动。这次起义虽然失败了，但起义军民无比英勇的战斗精神，给了中国人民以极大鼓舞。起义中保留下来的武装力量,为后来中国革命的胜利保留了火种。

第三节 陈济棠在大湾区的统治

1928年初,李济深平息"张黄事变"得以复职。次年在调解蒋桂矛盾中,李济深被蒋介石扣押在南京汤山,原为李济深下属的陈济棠因支持蒋介石而乘机崛起,取代李济深的地位,执掌广东实权。由此,粤港澳大湾区进入了陈济棠统治时期。由于以陈济棠为首的地方割据势力和以蒋介石为首的中央势力矛盾日益尖锐,最终引发了反蒋的两广事变。两广事变的失败,终结了陈济棠在粤港澳大湾区的统治。

一 粤港澳大湾区与两次粤桂战争

因蒋、桂矛盾十分尖锐,1929年李济深前往南京调解,却被蒋介石扣留,以陈济棠代掌广东兵权。李济深被囚后,广东将领群情激愤,多数人力主对蒋一战,而陈济棠却电令广东部队不得妄动,并表示服从中央命令。因此,在蒋介石的支持下,陈济棠顺利接掌广东军权。

1929年3月下旬,国民党三中全会在南京召开,大会授权蒋介石处理南京与武汉的争端。26日,蒋介石突然罢免李宗仁、李济深、白崇禧本兼各职,下令讨伐桂军,蒋、桂战争爆发。4月,李宗仁、白崇禧决定集中兵力攻打广东陈济棠部。5月,陈济棠调兵遣将,发表"讨逆宣言",以蒋光鼐为前敌总指挥,集大湾区主力挥师西上迎敌,第一次粤桂战争爆发。

战争爆发后,桂军取道怀集(今广东肇庆市怀集县)、广宁(今广东肇庆市广宁县)、四会(今广东肇庆市四会市)等地直趋花县(今广东广州市花都区)、广州,遭粤军顽强阻击。在桂军进攻四会的关键时刻,陈济棠的部将余汉谋被诬告串通敌人谋反,陈济棠即以

◈◈ 中编　近现代的粤港澳大湾区

通敌等罪将其拘禁，并带回广州候审。扣余事件引起第一旅全体官兵的愤慨，极大削弱了军队的战斗力。5月14日，桂军向花县白泥、军田一带挺进，广州危在旦夕。陈济棠释放余汉谋，令到前方督战，余汉谋重返花县军田前线后，立即部署反击，桂军不支。粤军兵分两路，一路东击惠州的徐景唐部，一路西进追击桂军。第一次粤桂战争结束，粤港澳大湾区至是保全。

为嘉奖陈济棠打败桂军，蒋介石批准陈济棠扩军计划。陈即把所部扩编为5个师，以余汉谋、蔡廷锴、蒋光鼐、香翰屏、李扬敬分任第五十九、六十、六十一、六十二、六十三师师长，每师下辖6个团，总兵力达5万人，集中分布在粤港澳大湾区周边。1929年9月，李宗仁再次发表讨蒋通电，决定先挥戈东取广州，再统师北上，配合冯玉祥、阎锡山倒蒋战役。11月22日，陈济棠向桂军宣战，第二次粤桂战争正式爆发。

1929年12月，桂军迅速越过广宁、四会，顺利向粤港澳大湾区腹地挺进，前锋迫近广州近郊的人和墟（今属广东广州市白云区），广州危殆。在此紧要关头，陈济棠出动预备部队，并派空军轰炸敌军阵地。激战数日，终于扭转战局，桂军被迫向清远方向败退。次年3月，双方在三和墟（今属广东惠州市惠东县）的开阔地带激战，桂军再败，第二次粤桂战争结束。两次粤桂战争的胜利，进一步增强了陈济棠的实力，为其以粤港澳大湾区为基地割据广东奠定了基础。

二　陈济棠在粤港澳大湾区的统治

蒋介石与立法院院长胡汉民因围绕约法之争矛盾尖锐，1931年2月底，蒋介石扣留胡汉民。3月初，省港各报纷纷披露胡汉民被扣留的消息，顿时广州人心浮动，时局紧张。正在广州休养的胡汉民好友、国民政府文官长古应芬，决定"反蒋救胡"。因陈济棠对古应芬有知遇之恩，蒋介石为防止古、陈联手，电调陈济棠部入赣"剿共"，这无疑是逼陈济棠摊牌。于是，在广东便产生了以古应芬为政治核心、以陈济棠为实力后盾的反蒋同盟。

276

第十章 国民党在粤港澳大湾区的统治与共产党武装斗争

为扩大反蒋势力,古应芬提出应将军政各界反蒋人士汇聚广州,在粤港澳大湾区结成反蒋联盟,建立与南京政府分庭抗礼的军政权力机构。在其号召下,全国各地的"胡派"分子及反蒋分子纷纷来穗,之后,汪精卫改组派、邹鲁西山会议派、铁道部部长孙科、新任立法院院长林森、李宗仁和张发奎代表等陆续抵穗,5月3日,以陈济棠为首的广东军队将领通电,要求蒋介石下野。一时,粤港澳大湾区成为国民党内反蒋的重要基地。5月26日,广州"非常会议"第一次会议召开。会议决定成立广州国民政府,由16人组成国府委员会。28日,广州国民政府发表成立宣言,宁、粤再次分裂。广州"非常会议"和国民政府的成立,是国民党内反蒋势力大联合的结果,标志着以珠江三角洲地区为中心,以两广为势力范围,以陈济棠作武力后盾的反蒋局面正式形成。

6月12日,广州民国政府举行"北伐"讨蒋誓师大会。9月1日,广州国民政府下达入湘动员令。然而,因"九一八"事变爆发,在"团结御侮,共赴国难"的口号下,广州取消"非常会议"和国民政府,实现宁粤和解。此后,陈济棠建立一支效忠于己的雄厚军队,陆军扩大至15万人,在大湾区各地建立起一支庞大的警卫队,兼并广东海、空军;控制将官任免权,创办军校,培植私人势力;以军权操纵党权和政权。这样,他便以广州为中心,在广东建立起个人军事独裁统治。

陈济棠治粤时期,提出建设新广东的"三年施政计划",该计划主要分为"整理"和"建设"两部分。所谓"整理"即整顿,包括吏治和财政两方面;所谓"建设",包括乡村建设、城市建设和交通建设三方面,其中头两项再划分为政治、经济、教育和建设四大类。陈济棠施政期间,大力整饬吏治、改革税制、整顿金融、广纳人才、引进外国技术和设备,使大湾区经济、文化、教育建设取得前所未有的发展,其在广东的统治也借此得以巩固。

第四节　陈济棠在粤港澳大湾区"剿共"与两广事变

作为地方军阀，陈济棠无论"拥蒋""反蒋"，还是"剿共"，都是以维护地方割据，称雄岭南为最终目的。因此，其对外态度往往会随其利弊而不断变动。"九一八"事变后，蒋介石任军事委员会委员长，提出"攘外必先安内"原则，把"剿共"列为重点。南京政府正式委任陈济棠为粤桂闽赣滇黔六省绥靖主任，以促其"剿共"。

一　粤港澳大湾区中共党组织的破坏

为"剿共"，广东当局决定将全省划分出东、南、西、北、中5个绥靖区，每区派一名高级将领兼任绥靖委员，实行分区"剿匪"。其中，中区以广州为中心，辖珠江三角洲和西江各县，由第二军军长香翰屏兼任委员；东区以汕头为中心，辖惠州、潮州、梅州所属各县，由第三军军长李扬敬兼任委员。粤港澳大湾区大都在这两个辖区内。

陈济棠政权从维护自身利益出发，对省内省外的"剿共"采取了不同策略。对于省外红军，陈济棠以"防"为主，尽量避免与红军接触，这引起蒋介石的不满，两人再生间隙，毛泽东、朱德等人便充分利用陈对蒋的不满，暗地与陈达成停战协定，使长征的红军得以顺利通过陈济棠粤军防区，向西突围而去。但对省内，特别是其统治核心粤港澳大湾区的革命根据地，陈济棠则展开了大规模"围剿"。1932年3月，陈济棠命令张瑞贵独立二师4000多兵力进驻惠州，向东江地区的大南山革命根据地展开"围剿"，迫使革命根据地红军和赤卫队撤出粤港澳大湾区，开展游击战争。

在广东当局"剿共"的大背景下，中共广东党组织的工作亦遭受重大挫折。1931年1月，王明（陈绍禹）等人在中共六届四中全会上取得中共中央的领导地位，开始了中共中央长达4年的"左"倾机会主义路线的统治。在"左"倾路线指使下,中共广东各级组织采取了盲目进攻策略,经常在大湾区城市中组织罢工、游行示威和集会,使党组织暴露无遗。与此同时,广东当局加强了对大湾区中共党组织及共产党人的镇压,设置"特别侦缉队""警务处",专事侦查共产党组织,杀害共产党人及进步人士,使中共广东党组织工作遭受重大损失。其间,如在广州担任中共两广省委书记的蔡和森被捕,遭广东当局杀害。1932年初,中共中央任命陆更夫为省委书记。3月6日,省委交通员廖亦通被捕,省委机关又一次遭到破坏,陆更夫、省委秘书长黄文灿等被捕。9月,任命潘洪波为书记,但不久潘洪波被捕叛变,牵连两广省委机关20多人被捕,省委工作再次陷于瘫痪。中共广东省委经历几次挫折后,到1934年秋被迫转入地下进行秘密活动。粤港澳大湾区其他市县党组织的情况也大抵如此。如从1929年11月至1932年8月,广州市委经过了5次重组,市委机关3次被敌人侦知,10个市委委员被捕,市委书记杜式哲、中共广州市特别支部书记杨泓章、广州市委宣传部部长陈复被捕牺牲。在国民党当局的镇压屠杀下,到1932年5月,广州的基层党组织几乎全遭破坏,仅剩下一个知识分子特别支部、五名党员。香港的基层党组织也只剩下40多名党员,原有的市委被撤销,改设香港、九龙两个区委。

在陈济棠广东当局的大规模"围剿"和党内"左"倾冒险主义路线干扰下,粤港澳大湾区各地革命根据地相继丧失,中共广东革命力量遭受重大挫折,大湾区革命斗争事业进入低潮。

二 两广事变与粤港澳大湾区政局

陈济棠与蒋介石的矛盾日益加深,再加之广西李宗仁、白崇禧极力拉拢,双方遂结成同盟,决定共同反蒋。1936年6月1日,陈济棠、李宗仁、白崇禧等公开举起反蒋大旗,发动两广事变。粤系第一集团军和桂系第四集团军改称为"中华民国国民革命抗日救国军",准备"北上抗日"。次日,通电全国,呼吁国民党中央以抗日为先。同日,广州各团体组织群众列队游行,要求"出兵抗日,以救危亡"。3日，陈济棠发表谈话，欢迎各方爱国党派、团体及各界人士来到广州，共商抗日反蒋大事。一时间，以广州为中心的粤港澳大湾区再次成为一个公开反蒋抗日的重要基地。随后，陈、蒋双方在郴州、祁阳一线形成对峙状态。

陈济棠虽然标榜"抗日反蒋"，但"抗日"只是旗号，"反蒋"才是其主要目标。因此，陈济棠暗地与日本积极接触，甚至接纳100余名日本军官，计划将他们派到陆、海、空军部队担任顾问，协助指挥作战。这引起粤港澳地区大部分官兵的极大不满，为两广事变的失败埋下了伏笔。1936年7月，第一军军长余汉谋由广州返回大庾驻地，打出拥蒋反陈的旗帜，随即粤系将领纷纷效仿，特别是大湾区将领倒戈，使广州成为孤城，陈济棠见大势已去，于7月18日宣告下野。7月24日，余汉谋进入广州，接管粤军防务。29日，南京政府任命黄慕松为广东省政府主席。次日，又任命曾养甫为广州市长。至此，南京中央政府正式接管并统一广东，粤港澳大湾区结束了陈济棠军阀统治时期。

第十一章　抗日战争时期的粤港澳大湾区

从 1931 年"九一八"事变发生到 1935 年"一二·九"运动，粤港澳大湾区民众的抗日救亡运动不断高涨。在抗日救亡运动中，中共广东各级组织相继恢复和建立，并加强了对粤港澳大湾区抗日救亡群众组织的领导。抗日战争全面爆发后，日本为封锁中国南大门，对粤港澳大湾区进行了疯狂的轰炸，并准备进犯。在此危亡之际，粤港澳大湾区中共各级组织积极与国民党当局联络，推动了广东抗日统一战线的建立，为大湾区抗日战争的最后胜利奠定基础。

抗日战争胜利后，大湾区人民在中国共产党的领导下，积极配合全国解放战争形势，以不同方式反抗国民党的黑暗统治。1949 年秋，中国人民解放军第四野战军一部自赣南挥戈南下，在大湾区各边区纵队的配合下，发起广东战役，歼灭了余汉谋集团主力，取得了广东战役的伟大胜利。从此，粤港澳大湾区历史翻开了新的篇章。

第一节　"七七事变"后大湾区抗日活动

抗日战争爆发后，粤港澳大湾区人民在国共两党领导下，高举抗日民族统一战线的旗帜，利用与港澳毗邻华侨众多的特殊环境和条件，发扬爱国主义精神，以高度的民族责任感，积极开展抗日救亡运动，为抗日斗争的胜利做出了重要贡献。

◈◈ 中编 近现代的粤港澳大湾区

一 粤港澳大湾区各界人士的抗日宣传活动

1937年7月7日,日本侵略军在北平卢沟桥附近以"军事演习"为名,向驻守卢沟桥一带的中国第二十九军发起攻击,抗日战争全面爆发。"七七事变"的消息传到广东后,粤港澳大湾区人民群情激奋,各界民众纷纷开展了声援第二十九军的活动。

1937年7月15日,中山大学、广雅中学、市立一中等大湾区主要大中学校爱国师生发出通电,声援卢沟桥中国驻军的抗战。同时,各大中学校代表联席会议决议发起广州学生华北抗敌后援会,组织广州学生华北前线服务团等。17日,广东各界联合举行广东民众御侮救亡大会。会后,广州市各民众团体以及壮丁队、妇女队、少年先锋队、市民自卫队等7万多人游行。7月中旬,广州市各职业工会,省、市商会以及广州市郊区农会等也发电慰问前方抗敌将士。25日,广州各界群众15万人举行御侮救亡示威大游行,群众性抗日救亡运动开始掀起新的高潮。

在文艺界,如八和粤剧协进会积极进行义演,筹款慰劳前线抗日将士。锋社话剧团深入到工厂、学校、农村以及城镇街头,上演抗日救亡话剧。艺协剧团、蓝白剧社、广州儿童剧团等义演筹款也十分活跃。广州艺术工作者协会以诗歌、小说、绘画等艺术形式进行抗日救亡宣传活动。广州有影响的新闻媒介如《中山日报》《珠江日报》《广州日报》等大力宣扬抗日救亡活动。中山大学尚仲衣教授开设抗战课目,参加选修的学生非常踊跃,使整个课堂洋溢着同仇敌忾的爱国热情。1937年11月,在尚仲衣教授的主持下,组织"抗战教育实践社",创办新启蒙班,中高级自修班和特种训练班,讲授"抗战理论与实践""战时民众组织与训练"等课目。

粤港澳大湾区各界妇女也纷纷行动起来,积极开展抗日宣传活动。其中各大中学女学生组织宣传队、戏剧队、演讲队、美术队等,在大街小巷唱抗日救亡的歌曲、演抗日救亡的戏剧、画抗日救亡的漫画、做抗日救亡的演讲,以多种方式宣传抗日救国的道理。广州妇女会、广州基督教女青年会多次举办妇女识字班和妇女夜校，进行抗日救亡宣传教育，征集劳军物品，开展文艺义演和社会募捐活动。佛山镇（今广东佛山市区）有位老妇人，把一生中省吃俭用的积蓄全部捐献出来，支援抗战。

粤港澳大湾区工农群众也积极行动起来。如广州市配盐工会、屠猪肉业职业工会、石印业产业工会、鞋业职业工会等，发电慰问前方抗敌将士。省民船工会拒绝起卸日货，省航业工会及汽车业工会宣布，如战时政府需要交通运输，全体工人集中待命。广州市郊农民在"七七事变"后发电慰问前方将士，表示百粤民众，誓为后盾。大湾区各县农民努力生产，加紧储粮，支援前线。广州南郊还组织十三乡救亡工作者协会，农民踊跃参加。中山大学一批师生则深入农村，举办农民夜校和农民识字班，借此组织农民参加抗日斗争。

二 粤港澳大湾区国民党当局的抗日主张

"七七事变"后，广东国民党当局一致要求从反共内战转变到联共抗日。1937年7月12日，第四路军总司令、广东绥靖公署主任余汉谋报告华北形势和国难严重情形，并做抗日动员。14日，他又在广州发表《告将士书》，激发广大官兵加紧抗日准备。17日，广东国民党党政当局在广州主持召开"广东民众御侮救亡会"成立大会，誓引百粤民众同赴艰危。许多共产党人和爱国进步人士纷纷加入，使之成为一个广泛的抗日救国的统一战线组织。其后，粤港澳大湾区各县、市纷纷建立御侮救亡组织，开展轰轰烈烈的抗日救亡运动。

在广东党政军当局的支持下，大湾区各县还积极组织成立民众抗日自卫团。7月28日，广东民众御侮救亡会致电国民党中央，研究发动工农群众参加抗日救亡的工作。31日，国民党中常委兼国立中山大学校长邹鲁在《中山日报》上发表致南京电文，敦请蒋介石对日宣战。8月2日，广东各界在中山纪念堂举行联合纪念周，余汉谋要求大家齐心协力，实行自卫。粤港澳大湾区处处弥漫着抗战气氛。

奉国民党中央训令，余汉谋撤销省救亡会，建立本省"党政军联席会议",为非常时期广东最高权力机关。会议每周开会一次,由余汉谋、吴铁城担任主席。12月初,省党政军联会民运部制定工作纲领,粤港澳大湾区各县、市救亡会亦归该会议统辖。7日,国民党广东省、广州市党部发表《告民众书》,策动民众救国。12月中旬,省当局组织成立包括粤港澳大湾区在内的全省抗战自卫团,20日又决定推动农村总动员。

国民党当局还在粤港澳大湾区全力搜捕汉奸,仅1937年8月中旬至10月,便在广州捕获汉奸数十名。此外,还发行救国公债以在粤港澳大湾区修筑国防工事,在日军来犯前,已在广九铁路、虎门要塞、大亚湾沿海、惠阳(今广东惠州市惠阳区)、淡水(今广东惠州市惠阳区淡水街道)、博罗(今广东惠州市博罗县)、增城(今广东广州市增城区)、从化(今广东广州市从化区)及广州郊区,构筑好永久性与半永久性的防御工事,加强了虎门要冲及其他口岸的军备等。

总的来说,从1937年"七七事变"以来,广东国民党党政军当局在外敌进犯、国难当头之际,对团结一致、共同对敌的抗日态度是鲜明坚决的,也有实际行动,应充分肯定。但也应该指出,他们讲得多、落到实处少,以致日军来犯时,仍未做好充分准备,粤港澳大湾区迅速沦陷。

三 粤港澳大湾区共产党领导的抗日活动

抗日战争爆发后,1937年9月,中共中央派张文彬(张纯清)来广东。中共中央指示张文彬迅速恢复和发展广东党组织,建立各阶层各界人民群众的抗日团体,推动国共合作进行抗日战争。张文彬到广东后,立即开展党员审查、组织整顿。同年10月,成立了中共南方工作委员会(简称"南委")。南委机关初设香港,1938年2月迁至广州,直属中共中央领导。1937年12月后改由中共中央长江局(简称"长江局")领导,张文彬任书记。受南委管辖的粤港澳大湾区内中共组织有中共广州市委、中共香港市工作委员会(简称"香港市工委")、中共香港海员工作委员会（简称"香港海员工委"，也称"海委"）三个中共组织。

在南委领导下，粤港澳大湾区着手迅速恢复和发展各级中共党组织，加强党员的教育和培训工作。1937年10月，中共广州市委改组为广州市工委，由罗范群任代理书记。到同年12月，广州市内已建立了中共支部16个，有党员96人，广州以外的珠江地区各县党组织，包括东莞、宝安、台山、顺德、新会、高要、惠阳、开平、南海等县建立中共支部14个，有党员150名。香港、澳门地区建立了中共支部18个，有党员100人。香港海员工委建立了中共支部4个，发展党员92人。随着抗日战争形势发展的需要，4月18日，在广州召集南委成员和广州市委、香港市工委、香港海员工委的负责人召开扩大会议，会议总结了南委建立以来的工作，并根据中共中央、长江局的指示精神，撤销南委，成立中共广东省委员会（简称"中共广东省委"）。省委机关驻广州，仍以张文彬任书记。4月底，中共广东省委决定撤销香港市工委，成立中共香港市委员会，吴有恒任书记。同月，选举产生新一届中共广州市委委员，李大林任书记。

由于中共广东省委正确地把中共中央、长江局的决定和广东的具体实际结合起来，因而，在其指导下，粤港澳大湾区各级党组织发展很快。至8月，除广州、香港党组织外，还先后建立了中共中山县委、南（海）顺（德）工委、东莞中心县委、四邑工委（开平、台山、新会、恩平）等支部，党员人数有了显著增加。

在大力发展共产党员的同时，各级党组织还注意把武装斗争工作放在首位。1937年8月，中共广东省委组织部长李大林、省委军委书记林平在广州召开珠江三角洲地区军事工作会议，东莞、增城、南海、顺德、从化、花县、三水（今广东佛山市下辖区）等县的负责人参加会议。会议要求各地党组织的军事工作要以地方群众自卫队工作为中心组织抗日武装，要积极派共产党员参加国民党当局成立的各种自卫队，为进行抗日斗争做好准备。

第二节　粤港澳大湾区的沦陷与国共抗日统一战线的建立

1937年8月31日，6架日机首袭广州，在白云机场投下大量炸弹，日军正式入侵粤港澳大湾区。面对日军的野蛮侵袭，国共两党实现第二次合作，建立抗日民族统一战线，无论是在粤港澳大湾区的城市抑或是乡村，皆同日军展开了殊死搏斗。

一　日军对粤港澳大湾区的侵占

日军对大湾区的进犯是从轰炸广州开始的。日军凭借空中优势，对大湾区核心广州以及珠江三角洲地区，进行了持续、大规模的空袭。特别是1938年5月之后，几乎天天空袭广州，对市区实行地毯式轰炸，大学、公园、酒店、医院和市场均成轰炸目标，连珠江上的船只也未能幸免。仅6月4日、6日，日机便出动100多架战机，投弹200多枚，炸死炸伤市民4000多人，炸毁房屋900多间。9月，日机开始对粤港澳大湾区外围地区实施轰炸，如佛山市所属南海、顺德、三水、高明，江门市所属新会、开平，肇庆所属高要、封开、四会以及惠州等地，都遭到狂轰滥炸，居民死伤众多、房屋被毁无数。

日军不仅从空中侵扰大湾区，还倚仗其海军优势，将舰队开至珠江口，对沿海的虎门、宝安（今广东深圳市宝安区）、赤溪（今广东江门市台山市赤溪镇）、唐家湾（今广东珠海市香洲区唐家湾镇）、崖口（今广东中山市南朗镇崖口村）、中山等地开炮轰击。10月21日，日军3000人机械化部队击溃了国民党守军，占领广州城，随后广州外围地区亦被日军占领。1938年11月22日，日军第18师团登陆蛇口半岛，另有东莞、惠州、淡水（从大亚湾登陆）日军向深圳分进合击。日本海军封锁深圳东西海岸及珠江口，南头、罗湖、龙岗等地失陷，约10万难民逃往香港新界。1939年12月和1940年5月，日军分别向大湾区内陆地区发动了两次大规模战斗,以中国军队全面胜利告终。1941年9月,日本御前会议批准南方(包括香港)作战计划。12月8日凌晨,日军主力在炮兵、空军、海军的配合下,向香港发起了猛烈进攻。九龙被日军轻易攻占,英军被迫转守香港岛。26日,日军占领香港。1944年11月,日军又集中兵力向大湾区腹地进发。至此,除澳门外的粤港澳大湾区几乎都被日本占领。[1]

二 国共抗日统一战线的建立

面对中华民族危亡关头,中国共产党高举抗日旗帜,提出"停止内战、一致抗日"的口号,得到全国人民的拥护。1935年七八月间,共产国际在莫斯科召开第七次代表会议,重点讨论了建立反法西斯统一战线的问题,同年8月1日,中共驻共产国际代表团王明等人根据共产国际会议精神的要求,以中华苏维埃政府和中共中央的名义发表了《为抗日救国告全体同胞书》(《八一宣言》),第一次比较完整地提出了建立抗日民族统一战线的战略思想。12月12日,发生了震惊中外的"西安事变"。在中国共产党努力下,蒋介石接受"停止内战、联共抗日"等六项主张,结束了长达十年的内战,国共两党实现第二次合作,抗日民族统一战线建立。

中共广东各级组织在抗日民族统一战线的方针政策指引下,积极对国民党广东当局和军队开展统战工作,实现国共两党在粤港澳大湾区的再次合作。1938年1月,广州八路军办事处成立,由云广英任办事处主任。同月,八路军驻香港办事处成立,对外称"粤华公司",由廖承志任总负责人。八路军驻广州办事处和驻香港办事处以公开合法的名义,协助中共广东地方组织对国民党广东当局进行统战工作,积极开展抗日救亡运动。由于日军轰炸,广州等地区军民伤亡很大。中共广东省委和八路军驻广州办事处力促余汉谋同意成立"第

---

[1] 参考《近代史资料》编辑部、中国人民抗日战争纪念馆编《日军侵华暴行实录》第4册,北京出版社1997年版,第526—603页。

四路军看护干部训练班",并动员一大批党员干部、青年学生到护士班参加训练,在大湾区各县建立农村救护网。广州办事处还积极发动青年,组织抗日团体,如成立广东抗日青年先锋队,并邀请国民党广东省党部书记长谌小岑任指导,成为中国共产党抗日民族统一战线政策在广东青年运动中成功的范例。

第三节 港澳同胞对抗日救亡运动的支援

在抗日民族统一战线的引领下,港澳同胞始终与祖国同呼吸、共命运,积极响应中国共产党提出的团结抗日、共御外侮的正确主张,纷纷捐款捐物,组织各种服务团、工作团,回到家乡参加抗战,掀起了支援祖国、支援大湾区抗战的热潮。

一 香港同胞对抗日救亡运动的支援

"七七事变"之后,香港纷纷成立赈济家乡难民组织。1937年9月,由香港大学学生会发起成立了一个全港性的香港学生赈济会(简称"学赈会"),先后有10万多学生参加。学赈会以"扶危救灾"为宗旨,积极进行抗日救亡运动。各青年团体还在香港各报刊撰写文章,揭露日本帝国主义加紧进攻华北、华南,妄图灭我中华民族的狼子野心,宣传祖国抗日军民英勇抗日的英雄事迹等。学赈会主编的《学生呼声》,为青年学生宣传抗日救国提供了阵地,有力支援了祖国、家乡的抗日斗争。在此前后,香港还建立了惠阳青年会、恩平同乡会、宝安青年会、台山青年会等粤港澳大湾区乡谊组织,共同抗日。

中共香港市委还发动党员和爱国青年组织抗日救亡回乡工作团,开展抗日救亡工作。1937年8月,在中共香港市委的领导下,香港惠阳青年会组织的"惠阳青年回乡救亡工作团"首批12人回到惠阳淡水开展抗日救亡工作。这是中国共产党在香港组织的第一个回乡服务团。随后,在四会(今广东肇庆市四会市)、广宁(今广东肇庆市广宁县)、台山(今广东江门市台山市)等地,都有青年组成救亡服务团回乡开展工作。为了创建抗日武装,1938年7月工作团在惠阳(今广东惠州市惠阳区)举办为期两个月的惠阳沿海青年武装干部训练班,共有150多人参加军事训练。他们还成立训练班临时党支部,发展了一批党员。学员毕业后,参加抗日自卫队,不少后来成为东江游击队的骨干。工作团还派了一批成员到东莞、宝安、增城三县活动,在各县建立群众抗日救亡团体如抗敌后援会、救国会,建立人民抗日武装,大力开展对国民党党政机关的统战工作。

香港工人也大力支持抗日救亡运动。香港海员工会以抗日救国为中心任务,联合余闲乐社等团体,发动反日罢运斗争,要求在日本船上做工的中国海员自动离船;在其他国家船上做工的,拒绝载运任何军用物资给日本;对原来航经日本的船只,要求公司改变航线。香港海员工会还加强与广州等地区海员的联系,并致信美国等国的海员,共同制止对日交通,抵制运载物资赴日,香港海员的罢运斗争,不仅得到中国内地海员的响应,而且得到外国海员的支持,日本轮船公司的中国海员3500人全部离船回国。据不完全统计,从"七七事变"至1937年底的5个多月中,参加反日罢运斗争的中国海员就有5479人。香港海员工会发动的罢运斗争,直接干扰和破坏了日本在海上的运输线,给资源缺乏的日本侵略者以有力的打击,以实际行动反抗日本帝国主义对祖国、家乡的侵略。

1941年12月8日,太平洋战争爆发后,日军占领香港和九龙半岛,枪杀无辜群众,搜捕在香港的爱国民主人士、文化界人士。为营救爱国民主人士、文化界人士,保护人民群众,保卫香港,广东人民抗日游击队按照中共中央"敌进我进"的指示精神,决定由第三大队和第五大队各派出精干人员组成武工队进入香港开展活动。至1942年1月,进入港九地区的队伍达百余人。2月3日,港九独立大队正式成立,蔡国梁任大队长,陈达明任政治委员,黄高阳任政训室主任,统一领导港九地区武装斗争。这支队伍后来发展到数千人,包括港九地区的工人、农民和热血知识青年,下属6个中队。有长枪队、短枪队、海上武装队、城区地下武装队和情报系统等。港九大队在广大群众的支持下，惩处了一批民愤极大的汉奸、土匪，开辟了交通运输线，为后来的斗争建立了交通联络网；收集英军溃逃时丢弃的武器弹药以及军用物资。这批武器装备全部运回大岭山和阳台山抗日根据地，解决了广东人民抗日游击队的部分补给。

此外，他们还对爱国人士开展秘密大营救，从1942年1月开始至6月间，港九大队在广东、香港、东江中共党组织的领导下，从日军严密封锁的港九地区营救了宋庆龄、何香凝、柳亚子等爱国民主人士和文化界人士共300多人，连同其他人士共800多人。[1]另营救英国人42名，印度人54名，丹麦人3名，挪威人2名，俄罗斯人1名，菲律宾人1名，共103人。[2] 出色完成了党组织交给的重大任务。1944年，为牵制扫荡的日军，港九大队派出短枪队，袭击启德机场，炸毁机场油库和飞机，袭击日军运输船，袭击伪军据点和日军小分队，缴获枪支弹药发报机，扩大了游击区。从1941年12月至1945年8月，港九大队剿匪除奸，袭击日伪军，完成了营救爱国民主人士、文化人士和国际友人的任务，保卫了人民群众的生命财产安全，受到了香港市民、被营救人士和国际友人的拥护和敬重。

二 澳门同胞对抗日救亡运动的支援

抗战爆发后，澳门同胞抗日热情高涨，纷纷成立爱国团体，用各种方式开展抗日救亡运动。工商界成立了"澳门各界救灾会"，在妇女界成立了"妇女慰劳会""妇女互助社"，在澳门青年、教师、店员、工人中成立了澳门青年回国乡村服务团，在澳门学术界、音乐界、体育界、戏剧界联合组成救灾会（澳门四界救灾会）。这些爱国团体冲破澳葡当局限制，倾其所有，踊跃捐输。以表演、体育比赛、

---

[1] 中共惠州市委党史研究室：《中国共产党东江地方史》，广东人民出版社2001年版，第330页。

[2] 中共惠州市委党史研究室：《中国共产党东江地方史》，广东人民出版社2001年版，第552页。

售物、服务、捐输等多种形式进行募捐筹款。从1937—1940年，持续三年多，共进行大小募捐活动100多次。

"二战"中葡萄牙是中立国家，但是日军多次挑衅澳葡当局，致使澳葡当局与日本关系日益恶化，中山人民抗日游击大队抓住这一矛盾，对澳葡当局开展了统战工作。经过努力，双方达成合作协议，抗日游击队一方面配合维护澳门外围治安，打击骚扰澳门的伪军、土匪，同时又从澳门购买大量药品、枪械、电台等军事物资运回根据地，根据地的伤病员也被秘密送到澳门治疗，有力支援了大湾区抗日事业。

第四节 粤港澳大湾区沦丧期间的统治

日军占领广州后，为巩固战果，加紧扶植伪政权，成立了由彭东原任会长的伪广东"治安维持会"，汪精卫也积极到大湾区活动，争夺日伪控制权。1940年5月10日，以陈耀祖为主的伪广东省政府和以彭东原为主的伪广州市政府正式成立。日军在大湾区烧杀、强奸、贩毒、劫掠，加强特务统治，推行"奴化"教育，还秘密进行惨无人道的细菌战与毒气战，肆意对大湾区人民以及香港难民蹂躏。面对日军的侵略，大湾区民众进行了各种形式的反抗斗争。

一 日伪政权在粤港澳大湾区的建立及其统治

日军攻占广州后，在军事上，一方面在广州外围的顺德、黄埔、增城、佛山、三水及西江、北江、东江沿岸各要点设置重兵，构筑工事，加强守卫；另一方面又北犯从化、花县，并集中力量企图消灭活跃在珠江三角洲一带的抗日武装，巩固其对广州的占领。在政治上，日军则积极扶植汉奸建立傀儡政权，实行所谓"以华治华"的政策。1938年12月，在日军扶植下，成立了伪广东"治安维持会"，作为粤港澳大湾区的临时最高行政机构，由汉奸彭东原、吕春荣分任正、副会长。

在广东"治安维持会"成立的第 8 天,汪精卫为建立叛国投敌基地,到广州与时任日本华南派遣军司令官的安藤利吉密谈,乞求日军支持成立伪中央政府,并策划在广州建立伪政府为回报日军,汪精卫承诺对大湾区国民党军队进行诱降。1939 年 9 月,伪国民党中央执行委员会改组为伪广东省党部执委会,汪精卫以其妻弟陈耀祖出任主任委员,令其为自己在粤港澳大湾区建立基地。彭东原虽对此不满,然知自己难以抗衡,于是先将广州市据为己有,成立伪广州市公署,自任市长。

为加强对粤港澳大湾区的控制,汪伪政府无所不用其极:成立伪广东省保安司令部、伪广东省江防司令部,并建立特务总队,实行恐怖统治;面对广州市郊及各地抗日游击队的反抗,1943 年底任命伪广州绥靖公署参谋长黄克明为伪广州清乡事务局长,随后在东莞、宝安、中山、新会、南海、顺德等地开展以掠夺战略物资为主要目的的"清乡"运动。1944 年 6 月,日伪当局又成立伪省市保甲委员会,在粤港澳大湾区实行保甲制度,并对广州市户口进行清查。

此外,日伪还配合日军,在文化、教育、宗教等方面对大湾区民众推行"奴化"政策,以麻醉占领区的民众,妄图维持长期统治。1939 年 8 月,伪广东治安维持会成立"华南文化协会",发起召开所谓"中日文化恳谈会",蒙骗大湾区人民。1940 年 1 月,日伪在广州召集"民众团体",并成立"华南各界促进和平联合会",打着"中日两国共存共荣"的招牌。当年 9 月,又设立所谓"民众教育馆",强迫中小学生唱"和平运动"歌曲,开办日语学校,推行"奴化"教育。

日伪政府的不齿行为,遭到了粤港澳大湾区百姓的强烈敌视。1944 年 4 月 4 日,陈耀祖在广州市文德路被国民党军统特工暗杀身死。

二 日军对粤港澳大湾区的残暴统治

日军占领广州及其附近地区后,又于 1939 年 2 月至 6 月攻占了琼崖、潮汕等沿海地区。日军所到之处，杀人放火，无恶不作，对广东沦陷区人民实行残暴统治。

1938年10月21日下午，日军占领广州。从22日下午始，日军伙同汉奸开始在城内进行大规模劫掠，所有大商店门窗悉被击破，大批商品被掠走。23日始，广州市内浪人、汉奸四处纵火，城西繁华区域，几有一半被焚，往日繁华的商业区顿成一片瓦砾。为对付广州郊区的抗日游击队，日军晚上戒严，严禁市民通行，并经常在市内突击搜查，稍有可疑者即被日军逮捕杀害。在黄埔港附近，日军设立宪兵大本营，每日均有大批同胞被日军押解至此审讯，酷刑拷打之声及惨叫声日夜不绝。刑讯之后日军便将人运至黄埔牛山脚下枪杀，将尸体扔进废旧的炮坑，仅此处被残害者就有万人以上。日军进犯城北时，沿途捉住南村、园下村村民15人，全部拉往水塘边枪杀；后又抓住其他村民20多人，在被迫为日军拉回大炮后，残忍地被日军用长剑斩断头颅。在广州东郊，日军采用斩头、打活靶、活埋、电击、集体枪杀等手段，杀害了大量无辜群众。日军侵入增城缸瓦村，用刀劈枪刺杀害村民128人，烧毁房屋110多间。日军所到之处，兽性大发，奸淫抢劫，无恶不作，甚至肆意拘捕良家妇女充当军妓，不从者即予杀害。

从1937年9月至1945年7月，日军对粤港澳大湾区，尤其是广州附近地区数十次使用细菌弹。相关报道比比皆是，如1937年9月27日，6架日机飞至虎门要塞附近之东莞县城厢外投弹，居民顿觉恶性气味，旋即昏眩瘫软。同年10月8日，日机在广州附近江村投放毒气弹。10月12日，日机飞江门撒毒粉。1938年5月28日，敌机飞花县放毒丝。6月3日下午，日机飞临广州上空时在沙面投放毒物。1939年，日军在广州组建专门研究细菌战的机构——波字第8604部队，对外称"华南防疫给水部"，大本营设在广州现称中山二路的原中山大学医学院内。该部主要从事细菌及各种传染病的研究实施，采取食物撒菌、人体注射和带菌蚊虫、跳蚤、老鼠传播等手段，秘密杀害广东和香港军民。

此外，日本还在粤港澳大湾区进行疯狂的贩毒活动。广州被占后，在日本人的蛊惑和汉奸的利诱下，鸦片烟馆和赌馆在市内林立，甚至街道上的走廊、人行道都可随意设立海洛因摊、红丸摊、牌九色仔赌摊，引诱路人前来吸毒赌博。鸦片烟馆也成为伪广东"治安维持会"的经济来源之一。1939年3月，与华南日军特务机关关系密切的日籍台人陈思齐在广州设立福民堂，垄断广州的鸦片专卖权，并在广州附近的南海、番禺、顺德、新会、三水等地设专卖分处。①

在日军的残暴统治下，粤港澳大湾区犹如人间地狱，广大民众挣扎在死亡线上，被掠杀、毒杀、饿死者随处可见，大湾区人口锐减。如顺德、南海的人口在抗战结束时不及战前的三分之一；广州在1940年5月大约有90万人，到1943年8月，仅有120361户，按一家3口算，仅有36万人。②

第五节　粤港澳大湾区沦陷期间的抗日斗争

面对日军的侵略，国民党、共产党率领粤港澳大湾区人民进行了各种形式的反抗斗争。他们或建立和收编地方团队和游击部队，或潜入敌区建立据点，不断袭扰进犯日军，打击日伪，策反伪军等，以不同形式坚持抗日。

一　粤港澳大湾区国民党领导的抗日斗争

粤港澳大湾区沦陷后，国民党成立了广东省民众抗日自卫团统率委员会，收编地方团队和游击部队进行抗日斗争，其中伍观淇、汤平化、吴勤、彭秋平等领导的斗争较为有名。

1937年，原黄埔军校第四期毕业生汤平化成立广州市自卫团，

---

① 参考《近代史资料》编辑部、中国人民抗日战争纪念馆编《日军侵华暴行实录》第4册，北京出版社1997年版，第526—603页。
② 广东省委党史研究室编：《广东省抗日战争时期人口伤亡和财产损失》，中共党史出版社2018年版，第6页。

汤平化兼任第一团团长。当日军侵占广州后,汤平化率所部帮助难民10余万人向东郊、西郊、白鹤洞一带疏散。汤平化又派队潜入河北区阻击敌人,与日军300余人在晓港路激战。敌人以海、空军围攻,最后该队粮尽援绝,乃奋力突围后改为广州区游击别动队,在广州市区和平洲、三山、龙眼洞、容奇、江门、佛山一带,从事游击战。

广州沦陷后,伍观淇担任第二游击区司令。他率领的由广州城北及花县民众组成的第二区民众抗日自卫团,是当时大湾区抵抗日军的又一支重要力量。这支由数千人组成的武装部队,在流溪河沿岸英勇抗击日军,打死打伤敌人200多人,击沉敌汽艇、橡皮艇20多艘,俘获日军军曹久保田等3人。1939年12月,第二游击区第二纵队番禺集结队第一大队在番禺鱼窝头迎战前来扫荡的日伪军,毙伤日伪军150余人,缴获机枪2挺及一大批弹药。第四支队二大队在大队长叶湘指挥下,在番禺良田村袭击伪军绥靖大队据点,毙敌少佐顾问川田定月、军官深町为勇等10余人。

曾在西北抗日同盟军当过师长的彭秋平,在广州沦陷后被开平(今广东江门市开平市)家乡父老推为"堤海镇13乡抗日自卫委员会"主任委员,自1939年1月起,先后轮训民兵逾万人次,不久组建"第五游击区开平自卫集结大队"。1939年12月,彭秋平率自卫队700多人开赴新会大泽,击毙日军500多名,争取伪军联队长钟炎如、政工主任关定宇、陈碧泉等率部起义。1940年,彭秋平所属部队改属第七战区挺进第七纵队,与以马景泉为队长的台山自卫大队,以谭国贤、谭卓天为队长的开平自卫大队,以熊华为队长的恩平自卫大队,以何德胜为队长的新会自卫大队,以何二柏为队长的鹤山(今广东江门市鹤山市)自卫大队协同作战。1941年3月3日,江门新会一带日军5000多人向台山、开平一带扫荡,占领台城,各部协同迎敌,给日军以重大杀伤,并迫使日军撤出台城。

但是,应该指出,国民党在粤港澳大湾区抗战中表现出了两面性。既有爱国抗日的一面,又有排斥、打击共产党,限制和统制工农及其他群众的一面。特别是1939年冬至1940年春,国民党掀起了第一次反共高潮期间，粤港澳地区国民党组织不顾抗日大局，限制和打击抗日群众团体，逮捕、杀害共产党员，强行解散大湾区各地华侨、港澳同胞回国服务团等抗日救亡团体。1941年1月，国民党制造"皖南事变"，掀起第二次反共高潮，粤港澳大湾区中共抗日组织再次遭到国民党反戈，如将澳门四界救灾会回乡服务团团长、第十二集团军政工总队中共总支书记廖锦涛迫害致死。国民党反动派的倒行逆施，给粤港澳大湾区的抗日斗争和抗日民族统一战线建设都造成了极大损害。

二 粤港澳大湾区共产党领导的抗日斗争

1938年10月，在广州沦陷前夕，中共广东省委会同广州市委在八路军驻广州办事处召开紧急会议，决定将多数干部撤离广州，分散各地，省委机关撤往粤北，成立中共西南特委、东南特委和东江特委。10月24日，东南特委在香港成立，下辖中山、番禺、南海、顺德、惠阳、东莞、宝安、广州、香港、澳门等地党组织。广州沦陷后，中共中央组织部于11月1日致电广东省委，要求在广州及其他敌占区进行秘密工作；在广州及其他敌占区组织游击队，开展游击战争，广泛组织自卫军。

遵照中共中央指示，粤港澳大湾区各地党组织纷纷建立抗日武装队，反击日本侵略军。1938年10月22日，中共党员吴勤在佛山市郊成立有五六十人的义勇队。义勇队在南海县平洲伏击日军运输船，袭击小塘火车站，破坏日军交通线。不久，抗日义勇队编为广州市区游击第二支队，吴勤为司令。游击队很快增加到200多人，枪100多支。第二支队成立前后，吴勤亲赴韶关和香港，分别与张文彬、廖承志会面，要求共产党派干部去他的游击队并接受中共领导。中共广东省委决定，把吴勤游击队改造成为中国共产党领导的抗日武装，为在珠江三角洲开展敌后游击战争打下基础。1938年10月下旬，中共南顺工委委员林锵云、黄云耀等带领部分党员，在顺德（今广东佛山市顺德区）龙眼、众涌开展抗日活动，并在顺德西海、路尾围、大洲等地，筹建抗日武装。11月，中共中山县委召开武装工作会议，决定举办训练班培养骨干，建立由县委领导的抗日武装。会后，县委着手组织县别动队，部分区委着手建立区、乡别动队。至1939年1月，县别动队有300多人，其中共产党员有100多人。

中共党组织还率部深入敌占区，建立据点。1940年6月，中共南（海）番（禺）区委派员至广州，先后在中华中路（今广东广州市解放中路）、云台里、惠福路、广东大学等处建立秘密据点。1941年初，中共北江特委派王磊为广州特派员和一批党员干部潜入广州，以洪门小学、省立二中、广东大学为据点发展党组织。随后，中共粤南省委、粤北省委、珠江抗日游击队、东江抗日游击队等先后在广州市内或市郊设立联络站或工作组，有党员60余人。1943年12月，广东省临时工委负责城市党组织工作的梁广也进入广州，在十三行路以开华昌京果药材行做掩护，设立领导机关，开展抗日活动。

此外，日军在粤港澳大湾区沦陷区设立"维持会""绥靖军"等傀儡组织，作为日本进行残酷统治的重要帮手，因此他们也成为中共党组织的打击对象。1939年6月，共产党员严尚民与吴勤、何福海等在番禺县大石乡组织成立抗日俊杰同志社（简称"俊杰社"），该社以禺南（今属广东广州市番禺区）为支点，向南海、顺德、三水和广州市郊发展，逐渐扩展至52个分社、数千社员的规模。7月，俊杰社奔袭广州市郊东朗和南海盐步伪军据点，攻打禺南员岗乡伪维持会，消灭了经常欺压百姓的地税队。9月，俊杰社芳村分社在三山至大石间河面伏击日寇，缴获日军汽船两艘，毙伤、俘虏敌数十名。俊杰社积极活跃于沦陷区，与广游二支队密切配合，给日伪以很大威胁。

三　粤港澳大湾区群众自发抗日斗争

粤港澳大湾区人民素来具有爱国反帝精神，面对日军的残暴侵略，大湾区人民自发组织起来，以各种形式参加抗日斗争。

日军当初在惠阳（今广东惠州市惠阳区）登陆时，霞涌（今霞

◈◈ 中编 近现代的粤港澳大湾区

涌镇）附近一个村有七八十名壮丁奋起抵抗，全部战死，东莞的袁华照部众有1000多人，刘发愚部众有约600人，他们都曾向日军发起进攻。中山的吴发仔以20余人泅水30余里到三灶岛袭击敌营，杀死40余人。在南海、顺德、禺南等地，各乡都有联防，十几个或几十个村子组织起自卫团，立下栅闸，日夜站岗放哨。这些自卫团时常杀死敌伪收税、稽查人员。

广州沦陷前，广州工商航业无限公司董事长朱克勤即以公司所属"模范""平等""自由"3艘拖轮及船上护舰武装，组成"抗日护市团"，志愿青年踊跃参加。广州沦陷后，该团先撤至江门，江门沦陷，又掩护江门各线轮渡疏散，撤退至台山、开平三埠。1939年，3艘轮船改装成炮艇，成立了江防义勇游击司令部，兵员、枪械、经费全部自筹自给。1939年的一个月夜，在新会银洲湖面，正在湖上巡弋的"模范"艇与敌5艘汽艇遭遇，撞沉敌艇1艘，击沉1艘，其余3艘负伤逃走。1940年三埠陷敌，朱克勤遂将所属船只全部沉埋，遣散所部。至此，原工商航业无限公司资产，全部奉献给了抗战事业。

1943年初，中山县第九区农民1000余人和番禺八沙农民300余人，先后奋起，武装反抗征收所谓护沙捐；1944年5月，日军由增城向龙门（今广东惠州市龙门县）进犯，龙门县江厦群众组织老幼上山躲避，青壮年60多人组成战斗队，拿起武器于中途伏击，打死打伤日军多人；1945年5月，日军进犯到龙门县茅岗乡石墩村，该村村民奋起守卫村庄，他们以20多支长短枪、1万多发子弹与敌激战，打死日军多名，村民大都壮烈牺牲。

日伪政权建立后，群众以各种方式与之斗争。伪东莞县维持会会长搜罗流氓充当间谍，逼迫民众服军役，强征乡民参加伪自卫队、联防队、便衣队、绥靖军，并向石龙、莞城、太平征收治安费，激起公愤。东莞厚街、赤岭附近各乡村的群众奋起反抗，杀死日伪军多名。

综上，虽然粤港澳大湾区被日军占领，但留在大湾区的国共两党基层组织并未瘫痪，大湾区的百姓更未丧失斗志。他们在没有主力部队的情况下，仍能根据自身环境，积极开展敌后抗日游击战争，有力牵制了部分日军，为全国抗战形势的扭转，起到了重要战略配合作用。

第六节 粤港澳大湾区抗日战争的胜利

1943年7月至1945年9月，是中国抗日战争战略反攻阶段。在此形势下，粤港澳大湾区的抗日武装也开始全力反攻，彻底将日本侵略军逐出大湾区。

一 粤港澳大湾区中共抗日武装力量的发展

从1943年开始，世界反法西斯战争发生根本变化，盟军开始战略反攻。根据中共中央指示，广东各人民抗日武装陆续改称番号，成立抗日游击纵队，公开以中国共产党领导的人民抗日军队的面貌出现。其中，东江纵队、珠江纵队是活跃于粤港澳大湾区的重要力量，他们坚持敌后游击战争，创建抗日根据地，建立抗日民主政权，成为敌后重要战场。

1943年12月2日，遵照中共中央的指示，成立广东人民抗日游击队东江纵队（简称"东江纵队"）。司令员曾生，政治委员林平，下辖7个大队，共3000余人，建立了东江、北江以及惠阳（今广东惠州市惠阳区）等广大解放区。在八年抗战中，东江纵队和琼崖纵队、珠江纵队等互相配合，给日伪军以沉重打击，牵制了在华南的日军约4个半师团8万多人，使之进退两难。

广州沦陷后，吴勤在广州市郊和南海、顺德、番禺等县宣传抗日，并在南海县山紫村建立农民自卫团。1938年10月，吴勤在广州市郊崇文二十四乡组织广东人民抗日义勇队，11月，驻广宁县的广州市长兼西江"八属"总指挥曾养甫为扩充实力，将吴勤领导的广东人民抗日义勇队编为广州市区游击第二支队（简称"广游二支队"），吴勤为广游二支队司令，队伍很快发展到10多个大队、数千人规模，在番禺大谷围一带活动。1939年夏，吴勤在番禺、顺德、南海等县和广州南郊组织抗日俊杰同志社（简称"俊杰社"），吴勤为社长。俊杰社的总部设在番禺县大石留春园，下有52个分社，社员两三千人。至1939年底，该部队已在禺南大谷围大部分地区初步建立起敌后抗日游击区。此外，珠江三角洲地区还有顺德抗日游击队、中山县抗日游击队、东莞抗日游击队等。

为加强对珠江三角洲武装斗争的领导，1940年6月，中共广东省委决定成立中共南番中顺中心县委，罗范群任书记，统一领导南海、番禺、中山、顺德四县人民抗日武装。1944年8月，广东省临委和东江军政委员会考虑到南番中顺游击区方面难以归东江纵队统一指挥，决定成立中区纵队。10月1日，宣布撤销南番中顺指挥部，成立广东省人民抗日游击队中区纵队（简称"中区纵队"），次年1月，改称珠江纵队。珠江纵队直属省临委和东江军政委员会领导，统辖珠江三角洲地区南海、顺德、番禺、中山、三水五县及广州地区的人民抗日武装，以林锵云任司令员，下辖2个支队和1个独立大队，共1700多人。第一支队在中山县活动，第二支队在番禺、顺德活动，独立第三大队在南海、三水活动。珠江纵队是中国共产党在珠江地区创建和领导的一支人民抗日武装，在敌后抗日游击战争中成长壮大，成为广东抗战的一支重要力量。

1945年春，华南抗日武装在斗争中不断发展壮大。东江纵队发展到9200余人，拥有197万人口的根据地；珠江纵队发展到1500余人，在中山、番顺和南三地区建立了一批抗日民主政权，拥有140万人口的根据地和游击区；在粤中，广东人民抗日解放军有1100余人，发展扩大了抗日游击区，建立了一批区级抗日民主政权。至此，人民抗日武装力量已遍布粤港澳大湾区各地，具备执行战略反攻能力，日本侵略军已陷入人民战争的汪洋大海之中。

二　国民党军事反攻与日本在粤港澳大湾区投降

1944年末，国民政府最高统帅部为配合盟军作战，成立中国陆军总司令部，策划对日军反攻作战。1945年3月，张发奎第四战区所部编为第二方面军，开始制订反攻广州的计划。7月下旬，陆军总司令部下达了向广州进攻的命令,第二方面军计划先收复雷州半岛,再进攻广州。8月15日,日本宣布投降,战斗停止。24日,为监视和接受各地日军投降,第二方面军指挥官张发奎命新一军军长孙立人指挥该军及第十八军之第八十九师等部队开赴广州、三水、顺德;令第十三军主力开赴并配置于广九铁路沿线,以一部推进香港;指示第六十四军从合浦、廉江、化县向开平、台山和新会推进。9月15日,张发奎接受侵华日军华南派遣军司令田中久一的投降书,标志着大湾区抗战胜利结束。

在抗日战争中,粤港澳大湾区人民表现出不畏强暴、绝不屈服,敢于与敌人血战到底的英雄气概,他们的英勇斗争精神和献身精神成为中华民族宝贵的精神财富。

第十二章　解放战争时期的粤港澳大湾区

抗战胜利后，国民党广东省政府迁回广州，恢复和重建各级军政机构，重新确立对广东的统治。在两年多的时间里，广东军政当局一方面遵照国民党最高当局的旨意，接收大湾区日伪财产、编遣伪军、救济和安置灾民等善后工作；另一方面对中共领导的抗日武装和各种进步势力进行"围剿"和镇压，以便恢复和巩固其对广东的统治。在此过程中，国民党当局的反动、贪婪、腐朽、无能的本性暴露无遗。这种倒行逆施的行径，遭到了粤港澳大湾区人民的普遍反对，终于在人民解放军的军号声中，仓皇败逃。粤港澳大湾区在历经苦难后，终于掀开了新篇章。

第一节　国民党对粤港澳大湾区的黑暗统治

日本投降后，以张发奎、罗卓英为首的国民党广东军政首脑人物回到广州，建立国民政府军事委员会委员长广州行营和广东省政府。前者主管军事，后者主管行政。在主政期间，国民党当局对粤港澳大湾区进行了黑暗统治。

首先，吏治败坏，贪污成风。战后大湾区粮荒严重，大量难民亟待救济。然而救济总署人员营私舞弊，中饱私囊，将救济粮和物资交给商店售卖，互相勾结，套扣救济粮和物资，趁机倒卖，发国难财，无端扣压救济粮和物资。种种行径导致难民得不到应有的救济。

国民党大员将接收日军物资财产看作发财之机，将本应上缴的财物变成个人财产。工厂被接收后立即停工，机器被分离、盗卖，药物粮食等任意搁在仓库腐烂，而马路上屡屡有冻死者。国民党新一军一度开进广州大肆抢掠，军纪败坏，与日本侵略军当年攻陷广州时无异，被百姓鄙视为"新日军"。在恢复统治不到一年的时间里，仅粤港澳大湾区内群众控告县长贪污案件便有几十件。这些控告信被送达广东省参议会后，大多被以"查无实据"不予处理。此外，国民党大湾区当局还卖官鬻爵，各级官员明码标价，港穗两地成了买官卖官的交易场所，各方政客集中省港两地进行幕后交易，炒买炒卖，到1947年，一个三等县的县长炒到国币1亿元以上。

在惩治汉奸、收编伪军方面，工作陷入混乱。对汉奸队伍不加区别，导致打击面过宽，而应当受到严惩的真正汉奸却逃之夭夭。比如，将驻粤伪军改编为"先遣军"，原伪师长陈孝强等摇身一变，成为粤港澳大湾区的新司令，继续在当地维持社会治安。另外，国民党当局还借"肃奸"之名进行敲诈勒索，随意将富裕之家定为汉奸，从而强行没收霸占其财产。

在文教方面，教育经费短缺。根据当时国民党中央政府规定，教育经费应占财政总预算的15%—20%，而即便富余的广州地区也只有5.6%，远远低于国民党中央规定。由于经费短缺，出现教育商品化，有些学校随意招收学生，借此牟利。不能按时发放师生基本费用，1946年起广州地区发生了多起中等以上学校师生罢教罢课事件。部分校舍被侵占，比如省立仲恺农业职校被用作集中营，关押战俘。执信女中被用作后方医院。

摧残进步文化，实行思想专制。对民主进步媒体实行打砸抢封。1946年5月4日，国民党当局以三青团特务分子为骨干组织了"反苏大游行"，强迫学生参加。当游行队伍经过《华商报》正报广州分社和兄弟图书公司门口时，一批暴徒手持凶器闯进，打破大门，见人便打，见书便毁，一顿打砸抢。6月5日再次派出特务闯入广州西关光明书店，焚烧图书。6月29日，一批宣传民主进步思想的书店、报社、印刷厂、出版社等被查封。随即指使文化特务主办和出版了十几种反共小报，散播封建法西斯思想。剥夺青年学生的言论、集会、出版自由。严格统制新闻界，实行公务人员联保制。

擅自撕毁国共两党重庆谈判中达成的协议，竭力围剿人民武装。1945年10月，张发奎在广州行营召开"粤桂两省绥靖会议"，中心内容是研究如何贯彻执行蒋介石下达的2—3个月内肃清共产党武装力量的命令。该会议之后，大湾区的内战随即开始。国民党驻大湾区的总兵力绝大多数用于内战，用于内战的总兵力有正规军6个军11个师，加上地方武装及伪军59个团。企图倚仗其处于绝对优势的军事力量，彻底消灭人民武装，摧毁根据地政权。以"剿匪"为名，公开向广东省内共产党领导的部队发动军事进攻。1945年9月16日，中共广东区委作出坚持长期斗争的工作部署，一方面坚持自卫斗争，保存武装力量，保存干部；另一方面作长期打算，隐蔽分散。这期间，国民党政府和共产党武装发生过多次冲突。

1946年4月2日，国共双方又签订了关于东江纵队北撤问题联合会议决议，中共同意将东江纵队撤至陇海路以北。然而，在北撤过程中，国民党当局多次出尔反尔，阻止东江纵队北撤。到抗战结束时，中国共产党领导的广东人民武装已有1万多人，由于国民党当局的再三阻挠，只有2500余人北撤到山东烟台，大部分仍然留在广东。

东江纵队北撤后，国民党广东当局对共产党领导的原根据地实行"清乡"，主要针对未参加北撤的人员、共产党员和其他民主分子、一切曾经和共产党合作过或支持过抗日的人民群众。迫害中共复员人员，设立集中营，把已经复员或尚未复员的中共武装人员关进集中营，进行"三民主义"训练，强迫改变政治立场和政治信念，发表声明谩骂共产党，叛变革命，否则将长期监禁，甚至杀害。为了躲避"清乡"与集训，东江纵队留粤人员或分散转移，或躲进深山野林，长期埋伏，坚持原地斗争。中共广东区委建立了特派员制度，使这些人员能够和组织保持联系。

在基层地方恢复和强化保甲制度，强迫人民实行五家联保，组织联防队、军民稽查处，迫缴军粮，威逼利诱，甚至屠杀根据地政权和人民团体的工作人员及其家属，对人民武装和民主力量赶尽杀绝。当时不少抗日根据地军民为了逃脱国民党反动派的追杀迫害，被迫流亡海外，仅逃到香港者就多达数万人。

强行"三征"暴政，激化社会矛盾。"三征"指的是征兵、征粮、征税。为了达到征粮的目的，有些地方竟然下令采取"封割"和"抢割"的残酷手段。在顺德县，强迫农民必须缴完田赋才能下田收获，否则由政府没收，抵偿田赋。在南海、番禺、中山等县，出现了军队抢割民田的风潮。此外，因催征而抓人、杀人的行为更是随处可见。四处拉抓壮丁，强拉入伍，严厉惩治不愿当兵的百姓，出台的新兵役法规定：聚众持械反抗兵役者，处七年以上有期徒刑，首谋者处死刑或无期徒刑。1946年以来，国民党当局不但恢复了抗战胜利时取消的税捐，还增加了新的税捐，比如货物税、营业税、所得税、印花税等。除了这些"法定"的税捐之外，还有名目繁多的摊派。比如，广州市工商行号负责的摊派有粮食救济基金、警费义捐、新兵慰劳金、马路修理费等。"三征"暴政激化了各种社会矛盾。在各级党组织和群众的支持下，大湾区各地人民武装以反"三征"为口号，先后发动群众开展反"三征"自卫斗争，促进了武装斗争的恢复。

在腐败的统治中，经济处于崩溃的状态。经过八年的抗战，素称"经济繁荣之邦"的大湾区已是满目疮痍，民生凋敝，百业萧条。农业生产连续遭到天灾和人祸的沉重打击，一蹶不振，由于农田基本建设处于停滞状态，抵抗水旱灾害能力大为下降，粮食严重减产，甚至出现颗粒无收的现象。"三征"人祸榨干了农民，无法维持简单再生产，更遑论扩大再生产。农民被迫典卖田地，卖儿鬻女，彻底破产。美国商品和资本大量涌入，加之雄厚的官僚资本的进入，民族工业无法与之竞争，处境十分困难，大量的企业停工、减产甚至破产，大量工人失业。1946年初，广州倒闭的商店达2万多家。金融风暴接连爆发，物价上涨。官僚资本兴风作浪，制造金融风暴，疯狂抢购黄金、外币，囤积粮食、物资，操纵物价，从中渔利。法币、金圆券、银圆券币制改革及大量发行，造成了更大混乱，物价上涨速度更快，粤港澳大湾区经济实际上已经崩溃。

第二节 粤港澳大湾区的解放

由于国民党当局一系列的倒行逆施，引起人民强烈不满。粤港澳大湾区人民已经受了八年抗战的摧残和苦难，又要忍受国民党当局的盘剥，早已民怨沸腾。因而纷纷起来抗争，进行自救。在广州，全市师生以罢教、罢课的方式抗议国民党当局的内战政策。广大商人联合起来游行示威，要求减低捐税。各行工人组织的罢工斗争此起彼伏，仅1947年3月上半月，便有18起之多。在大湾区农村，广大农民反征兵、征粮、征税的反"三征"斗争更是风起云涌，如中山市农民在高沙顺安围召开反"三征"会议，布置进攻三渡闸的国民党田赋征收处。1948年6月，各乡武装起来的农民100多人分四路包围三渡闸，驻在该处的一个武装排闻风而逃。顺德县东村乡农民拒交粮税，国民党顺德县政府企图武装强行征收，当地农民武装对抗，国民党警察败逃。大湾区城乡人民的斗争，使国民党当局的统治基础日益脆弱。这些情况，都有利于革命力量的发展。

一 粤港澳大湾区中共武装斗争的恢复与发展

为更好地指导大湾区的武装斗争，中共中央决定在香港设立分局。1947年，经中央批准，中共中央香港分局成立。解放战争时期，香港分局充分利用香港的特殊位置，发挥大湾区解放战争指挥中心的作用。

1946年国共内战全面爆发后，中共中央致电香港分局："广东党今后中心任务即在于全力布置游击战争。"[①] 同年11月27日，广东区

[①] 《中共中央给方方、林平的指示》，载《广东革命历史文件汇集》甲56，中央档案馆、广东省档案馆1989年印行，第152页。

党委作出关于恢复广东武装斗争的决定。用反"三征"来发动民众，开展游击战争。后来提出"建立边界游击根据地"的战略方针，共产党在大湾区的武装力量得到迅速发展。与此同时，在广州和其他城市，共产党组织发动了"反饥饿、反内战、反迫害"的斗争，成立广州工人协会等多个共产党的外围组织，并以香港为中心，开展统战工作和华侨工作，使国民党政府陷入了政治危机中。

鉴于华南战略地位对败北的国民党当局越来越重要，1947 年，南京政府行政院任命宋子文主政广东。宋子文到职后，对包括粤港澳大湾区在内的广东各地共产党武装加紧实行军事"清剿"。1947 年 12 月，宋子文发动了"分区扫荡，重点进攻"的第一期"清剿"。为打破其军事"清剿"，1948 年 2 月，香港分局发出《关于粉碎蒋宋进攻计划，迎接南征大军的指示信》，针对"清剿"制定了相应的斗争策略：普遍发展与建立主力；避免敌人的包围、限制；大胆领导非党武装；加强部队政治、军事教育；瓦解敌军。[①] 各地武装根据分局"普遍发展，大胆进攻"的指示，迅速组建主力部队，主动抗击"清剿"，攻城夺镇，其间虽有波折和损失，但总体上实现了打破敌人"清剿"的企图。其中，西江两岸党组织领导德庆（今广东肇庆市德庆县）人民武装斗争，把武装斗争扩展到粤桂边境。

1948 年 6 月，国民党对广东地区各游击队的第一期"清剿"宣告失败。随后，宋子文集中 3 个补充旅、15 个保安团、12 个独立保安营和地方团队，并提出"肃清平原，围困山地"的中心计划，开展第二期"清剿"。经过东江江南地区的人民武装开展了沙鱼涌袭击战、山子下伏击战，并在惠阳稔平公路铁马关、东莞梅塘、深圳龙华开展伏击战、袭击战，粉碎了国民党第二期"清剿"。经过这两次反"清剿"，粤港澳大湾区人民武装歼灭国民党军及地方团体一万余人，缴获各种武器 9000 余件，人民武装发展到 5 万余人，活动范围遍及大湾区各市县。

[①] 《中共中央香港分局关于粉碎蒋宋进攻计划，迎接南征大军的指示信》，见《解放战争时期第二条战线：农民运动和武装斗争卷（上）》，中共党史出版社 2003 年版，第 88—99 页。

◈◈ 中编 近现代的粤港澳大湾区

1949年春，共产党武装向国民党政府统治区发动了强大的攻势，从而巩固与扩大了根据地，使东江、韩江根据地二三十个县连成一片，高雷地区与十万大山、六万大山地区、粤汉铁路以西等地区也连成一片，许多县、乡成立了人民政府，基本形成解放华南的战略总基地。随着武装力量的扩大，1949年下半年，又成立了粤桂边纵队、粤中纵队、粤桂湘边纵队。到大湾区解放前夕，广东省已有中共领导的武装力量八万多人，在广东解放区建立了人民政权和民兵、农会、共青团、妇女会等革命组织，为人民解放军主力解放大湾区大陆地区全境创造了有利条件。

二 赣州会议和粤港澳大湾区广东地区的解放

1949年8月1日，中共中央为加强对华南地区党政军的统一领导，决定组成以叶剑英为第一书记的新的中共中央华南分局（以下简称"华南分局"）。9月7日，叶剑英在江西赣州主持召开解放华南的作战会议。11日至20日，又召开三次分局扩大会议和高级干部会议，这些会议通称为"赣州会议"。会议宣布了新的华南分局领导成员名单，部署了解放华南地区的工作，研究了接管城市和乡村的重要政策等一系列问题。

9月28日，广东战役联合指挥部兼司令员和政治委员叶剑英、副司令员陈赓签发"战联字第一号作战命令"，广东战役正式打响。人民解放军突破粤北防线后，迅速向广州进军。左路第四野战军第十五兵团等部队，于10月10日解放佛冈，直逼广州；南路两广纵队、粤赣湘边纵队等，从河源南下，向东江以南进军，解放了博罗、惠州、东莞，接着解放珠江三角洲诸城镇。10月14日晚，第十五兵团先头部队到达广州，占领了市区内的全部重要目标。随后长堤大马路的东亚酒店（现东亚大酒店）悬挂了第一面五星红旗，也是广州公开悬挂的第一面五星红旗。10月21日，叶剑英、方方等率领华南分局机关进入广州，成立中国人民解放军广州市军事管制委员会。28日，广州市人民政府成立，叶剑英任市长。

广州解放后，解放军乘胜追击，在第十五兵团解放广州的同时，南路军两广纵队第一师和粤赣湘边纵队独立第六团于15日攻占博罗（今广东惠州市博罗县），两县保安营被迫投诚。14日，两广纵队第二师直取惠州，15日惠州解放。18日，粤赣湘边纵队独立第一、第二、第三团及第四支队进占东莞、宝安县城。19日，占领虎门要塞，切断国民党军从珠江口南逃的通道。29日，成立珠江三角洲作战指挥部，曾生为司令员，林平为政治委员，统一指挥两广纵队、粤赣湘边纵队及番禺、顺德、中山独立团，追歼珠江三角洲残敌近2000人，解放了大小横琴、大铲、高栏、淇澳、三灶等沿海岛屿。至此，大湾区广东地区全部解放。

第三节　可歌可泣的粤港澳大湾区革命烈士

作为中国近现代民主革命的策源地之一，大湾区有着光荣的革命历史传统。从中国共产党领导广州起义的英雄壮举，到红军长征在大湾区播下的革命火种；从中共三大在广州胜利召开，到广东大地建立人民政府，在此期间，无数革命先辈在这片土地上留下了深刻的红色印记，留下了数不胜数的红色资源。鉴于篇幅限制，在此举例一二。

彭湃（1896—1929），海丰人，中国无产阶级革命家，中国共产党早期农民运动领导人之一，海陆丰农民起义的组织者。1921年加入中国共产党，1923年1月领导成立了海丰县总农会，1924年任中共广东区委农委书记，在广州创办农民运动讲习所，1925年担任广东省第一届农民协会副委员长，后至武汉中央农民运动讲习所工作，第一次国内革命战争失败后，领导了海陆丰农民起义，建立工农民主政权。中共五大上当选中央委员，八七会议上当选为中央临时政治局候补委员，中共六大后当选为中央政治局委员，并直接参加江苏省委工作。1929年任中共中央农委书记，8月24日在上海被捕，30日被国民党反动派杀害于龙华，著有《海丰农民运动》。

张太雷（1899—1927），原名泰来，江苏常州人，中国无产阶级革命家。1921年赴莫斯科参加共产国际第三次代表大会，1924年任中国社会主义青年团中央书记，1925年春调至广州工作。中国共产党第四次、五次全国代表大会上当选为中央委员，并担任湖北省委书记。1927年八七会议上同陈独秀右倾机会主义路线进行了斗争，被选为中央临时政治局候补委员，担任广东省委书记，同年领导了广州起义，担任广州工农民主政府（广州公社）代理主席兼陆海军人民委员长，12日与国民党军作战中牺牲。

杨匏安（1896—1931），香山县南屏镇北山村（今属广东珠海市）人。1921年加入中国共产党，是广东最早的一批共产党员之一。国民党中央组织部秘书、代部长，中执委，中共中央委员，太阳社发起人，华南地区新文化运动和传播马克思主义的先驱。1931年8月，杨匏安被国民党反动派秘密枪杀在淞沪警备司令部内的荒地上，时年35岁。

曾春，出生于香港新界。1942年3月，参加广东人民抗日游击队，在港九大队自卫队当战士，后任中兴队队长，带领队员和日军伪军展开斗争。1944年4月26日，奉命把沙头角中队缴获的一批武器弹药和物资安全护送到盐田东江纵队司令部驻地，在完成任务返回途中遭遇日军，经过激战，只剩下一颗手榴弹，最终与敌人同归于尽，壮烈牺牲。

梁捷（1910—1939），斗门乾务乡（今广东珠海市斗门区乾务镇）人。1936年赴澳门谋生。抗战爆发后，加入"四界救灾会"回乡服务团，于1939年5月加入服务团第三队，奔赴东莞、宝安等县工作。后编入第四战区政治工作队负责谍报、武装等工作。同年10月在完成一次炸桥任务时被日军发觉，不幸中弹牺牲，时年仅29岁。为弘扬英烈精神，11月5日人们在湾仔乡大操场为梁捷烈士举行追悼会，澳门各界人士及湾仔附近南屏、北山、翠微、前山等乡的抗先队都派出代表参加，各机关团体致送挽联花圈，极为哀荣。

下编　当代的粤港澳大湾区

　　在中国共产党的领导下,粤港澳大湾区人民不畏强暴、英勇斗争,终于结束了一百多年来被侵略、被奴役的屈辱历史,推翻了压在人民头上的帝国主义、封建主义和官僚资本主义"三座大山",取得新民主主义革命的伟大胜利。大湾区人民翻身做了主人,建立起各级人民民主政权。但是,新中国成立后粤港澳大湾区的发展并非一帆风顺,其间在政治、经济上都曾历经曲折、挫折。1978年十一届三中全会后,大湾区迎着改革开放的第一缕春风,依托港澳先发之势,迅速发展起来。特别是香港、澳门相继回归祖国后,粤港澳三地同心发展,大湾区区域一体化趋势显著增强。2019年2月18日,中共中央、国务院印发《粤港澳大湾区发展规划纲要》,粤港澳大湾区作为一个大区整体规划、协同发展、深度融合,开启了一体化发展的新阶段。

第十三章　改革开放前粤港澳大湾区广东地区的曲折发展

新中国成立后,粤港澳大湾区相继建立各级行政管理机构,很快确立对大湾区广东地区的实际统治。随后,根据中央指示,为巩固新生的人民政权,在大湾区进行了土改运动、镇压反革命运动、三反五反等系列运动,实行"大跃进"和人民公社化运动。"文化大革命"的爆发,给大湾区带来了严重创伤,各项事业都受到严重影响。"文化大革命"结束后,党和国家百业待举,年过花甲的习仲勋同志接受党中央委派来到广东主持工作,粤港澳大湾区逐渐回到以经济建设为中心的正确道路上来。

第一节　粤港澳大湾区广东地区各级人民政权的建立

一　新中国成立后粤港澳大湾区广东地区行政规划

1949年11月6日,广东省人民政府成立,驻广州市,新中国成立初期的广东省共设珠江、东江、西江、北江、粤中、南路、兴梅、潮汕、琼崖9个专区,共辖7市98县,广州市为中央直辖市。

1954年,广东省改由中央直接领导,原由中央直辖的广州市划归广东省管辖,广州市下设东山、中区、白云、西区、河南、黄埔、北区、珠江、新滘9个市辖区。此后,粤港澳大湾区广东地区内各市、专区、县几乎年年都有调整。其中,1958—1963年的大跃进时

下编　当代的粤港澳大湾区

期是调整变化最大的时期，粤港澳大湾区广东地区行政区划经历了大合大分：1958年恢复肇庆市（县级），将佛山、石岐（今广东中山市石岐街道）、江门等市改为县级市。1959年撤惠东（今广东惠州市惠东县）、龙门（今广东惠州市龙门县）、三水（今广东佛山市三水区）、珠海、恩平（今广东江门恩平市）等县和惠州、石岐、肇庆等县级市，将番禺、顺德两县合设番顺县；撤德庆（今广东肇庆市德庆县）、封川（今广东肇庆市封开县）两县合设德封县；撤广宁（今广东肇庆市广宁县）、四会（今广东肇庆四会市）两县合设广四县；撤惠阳专区，辖县分别划归汕头、韶关、佛山3个专区；佛山专区江门市和新会等六县划归江门专区；高要专区更名江门专区，驻高要县；韶关专区从化县划归佛山专区。1960年9月撤销番顺县，恢复番禺县和顺德县，同时恢复三水县；撤销广州市郊区，设立黄埔、芳村、江村3个区。

1961年又对粤港澳大湾区广东地区的行政区划作了调整：恢复惠州市（县级市），撤销惠阳专区，高要专区改称江门专区；撤销惠州市改称惠州镇，划归惠阳县管辖；三水县并入南海县；撤销番禺县和顺德县，设立番顺县；石岐市及珠海县并入中山县；江门专区的恩平县并入开平县；高明县、鹤山县合并为高鹤县；四会县与广宁县合并为广四县；肇庆市并入高要县。同年，江门专区改名为肇庆专区，撤销广四县，恢复肇庆市、四会县、珠海县、恩平县。1963年的行政区划变动更大，撤销广州市的黄埔、芳村、江村3个区，设立郊区；恢复了惠阳专区，辖原佛山专区的惠阳、博罗、宝安、东莞、增城等。

1978年在粤港澳大湾区内设惠阳（今广东惠州市惠阳区）、佛山、肇庆3个地区，广州、佛山、江门3个地级市。1979年，原属惠阳地区的宝安县改设深圳市，原属佛山地区的珠海县改设珠海市，均为省直辖。大湾区内有广州、佛山、江门、深圳、珠海四市，以及惠阳、肇庆等地区。1988年，取消地区设置，全面实行地级市管县体制，以及乡镇管村体制，一直沿用至今。目前，除香港、澳门外，粤港澳大湾区包括广州、深圳两个副省级市和珠海、佛山、东莞、中山、江门、惠州、肇庆7个地级市。

香港由18个分区构成，分别为中西区、东区、南区、湾仔区、九龙城区、观塘区、深水埗区、黄大仙区、油尖旺区、离岛区、葵青区、北区、西贡区、沙田区、大埔区、荃湾区、屯门区、元朗区。澳门以"堂区"作为行政区划单位，有7个堂区和1个无堂区划分区域。这7个堂区分别为花地玛堂区、圣安多尼堂区、大堂、望德堂区、风顺堂区、嘉模堂区、圣方济各堂区，无堂区划分区域指的是路氹城。

二 粤港澳大湾区广东地区人民代表大会制度

人民代表大会制度是新中国人民民主专政的政权组织形式，是中国的根本政治制度。新中国成立后，在粤港澳大湾区也建立并逐步完善了各级人民代表大会制度。大湾区各级人民代表大会制度是在广东省委省政府的指导下确立的，与全省其他地区人民代表大会制度并无二致。

（一）过渡时期：人民代表会议制度

1949年底，广东大陆地区全部解放，建立了人民政权。新中国成立初期，由于刚从战争中恢复过来，各级政权建设尚不健全，暂时不具备普选产生人民代表大会的基本条件，于是采取了人民代表会议这种临时过渡形式。当时根据《中国人民政治协商会议共同纲领》的规定，省、市、县、市辖区以及部分作为一级政权的区设立各界人民代表会议，乡（行政村）设立人民代表会议，代行人民代表大会的职权。

广东省首届人民代表会议于1950年10月1—15日在广州市召开。此次会议的召开具备良好的政治基础。首先，广东各地已相继解放，反动势力和股匪即将被消灭，经济政治秩序渐趋稳定。其次，广东省人民政府自1949年11月成立以来，在各个地方初步开展了民主建设和人民民主改革运动，积累了较好的群众基础与实践经验。

会议审议了广东省1950年工作总结与1951年的施政纲要。会议听取了中南军政委员会副主席、广东省人民政府主席叶剑英所作《关于目前形势与任务》的报告。会议协商推选 81 名代表组成广东省第一届各界人民代表协商委员会，作为各界人民代表会议的常设机构。叶剑英当选为广东省第一届协商委员会主席，方方、李章达为副主席，饶彰风为秘书长。会议通过了叶剑英关于目前形势与任务报告和方方关于土改工作报告，以及其他政府各部门工作报告的决议。会议向中共中央主席毛泽东、中央人民政府、中国人民解放军总司令朱德、中南军政委员会发出致敬电，向海外被迫害的侨胞发出慰问电。

广东省第二届各界人民代表会议于 1951 年 9 月 3—15 日在广州市召开，出席会议的代表 744 人。会议动员全省人民争取在一两年内胜利完成全省土地改革。会议听取了广东省人民政府主席叶剑英在会上作《关于目前形势》的报告；副主席方方作《为胜利完成全省土地改革而斗争》的报告；副主席古大存作《广东省人民政府十个月来的工作报告》；华南军区向会议作《我们的军事工作》的报告。会议审议了广东省第一届各界人民代表会议协商委员会工作报告、广东省抗美援朝分会关于抗美援朝保家卫国运动十个月的工作报告、广东省政法委员会关于镇压反革命的工作报告。会议协商推选 87 名代表组成广东省第二届各界人民代表协商委员会，叶剑英当选为广东省第二届协商委员会主席，古大存、李章达、丁颖为副主席。会议通过《关于目前形势》及各项工作报告的决议和关于争取两年胜利完成全省土地改革的决议，并向中共中央主席毛泽东、中央人民政府，向中国人民解放军总司令朱德和全军指战员，向中国人民志愿军、朝鲜人民军，向中南军政委员会发出致敬电，向海外侨胞发出慰问电。

（二）确立时期：人民代表大会制度

1953 年 1 月中央人民政府委员会作出《关于召开全国人民代表大会和地方人民代表大会的决议》，同年 3 月公布《中华人民共和国全国人民代表大会和地方各级人民代表大会选举法》。从 1953 年 5 月开始，广东省全面开展选举工作。在基层普选的基础上，乡、县、市逐级召开了人民代表大会会议，选举产生了地方各级国家机关，选举出广东省第一届人民代表大会代表。于 1954 年 8 月 1 日在广州市召开广东省第一届人民代表大会第一次会议。至此，广东省乡、县、市、省各级人民代表大会都系统建立起来，人民代表大会制度在粤港澳大湾区广东地区正式建立。

1954 年 9 月第一届全国人民代表大会通过《中华人民共和国宪法》。根据宪法和中华人民共和国地方各级人民代表大会和地方各级人民委员会组织法的规定，由省人民代表大会选举产生省人民委员会，是本级国家权力机关的执行机关和本级国家行政机关。1955 年 1 月召开的广东省一届人大二次会议，决定省人民政府改为省人民委员会。陶铸被选举为广东省省长，成为由人民代表大会会议选举产生的首任广东省省长。广东省一届人大共召开了六次会议，其中，1957 年 7 月召开的省一届人大六次会议同意陶铸同志因担任省委第一书记和省政协主席而辞去省长职务的请求，并选举陈郁为省长。这一届人大有 558 名代表。1958 年 9 月，广东省二届人大一次会议在广州举行。会议选举陈郁为省长。本届人大共召开了四次会议，这一届有 663 名代表。1963 年 12 月，广东省三届人大一次会议在广州召开，会议选举陈郁为省长。本届人大共召开了三次会议。这一届有 865 名代表。

1966 年至 1976 年"文化大革命"期间，宪法和法律遭到破坏，省人民代表大会及省人民委员会的权力为省革命委员会所代替。在此背景下，广东全省各级人民代表大会停止了一切活动。1977 年 10 月按中央意见要求，将各省、自治区、直辖市于 1967 年、1968 年成立的革命委员会作为一届人民代表大会，于是广东省革命委员会被视为第四届人民代表大会。

"文化大革命"结束之后，人民代表大会制度得到恢复，并逐步发展和完善。1977 年 12 月，广东省五届人大一次会议在广州举行。会议选举省革命委员会，韦国清为省革命委员会主任。本届人大共召开了六次会议。根据 1979 年 7 月第五届全国人民代表大会第二次会议关于县以上地方各级人民代表大会设立常务委员会的决定，在

◈◈ 下编 当代的粤港澳大湾区

1979年12月召开的广东省第五届人民代表大会第二次会议上，依法选举产生以李坚真为主任的广东省五届人大常委会组成人员，省人大常委会由省人民代表大会在本级人大代表中选举主任、若干副主任、秘书长及若干委员组成。大会还选举习仲勋为省长。1981年2月召开的广东省五届人大三次会议选举刘田夫为省长。粤港澳大湾区广东地区各市、县和广州市的市辖区也在1982年上半年先后召开人民代表大会会议，选举产生本级人民代表大会常务委员会。大湾区人民代表大会进入新的历史发展时期。

三 粤港澳大湾区广东地区人民政治协商制度

中国共产党领导的多党合作和政治协商制度，是中国的一项基本政治制度，其基本职能是开展政治协商和民主监督，各党派和无党派领袖人物就国家大事发表意见，反映各方面的情况，是具有中国特色的议政中心。包括粤港澳大湾区在内的广东省也建立了政治协商制度。

广东省政协的前身是广东省各届人民代表会议协商委员会。1950年10月广东省第一届人民代表会议在广州召开，会议决定设立协商委员会，主持代表会议闭会期间的工作，并负责本省的统一战线工作。叶剑英当选为协商委员会主席，方方、李章达为副主席，饶彰风为秘书长。协商委员会成立后，经全国政协批准，代行政协广东省委员会的职权。1951年9月广东省第二届各界人民代表会议召开，选举组成第二届协商委员会。叶剑英连任主席，古大存、李章达、丁颖当选为副主席，饶彰风为秘书长。10月，方方代理主席。1953年10月古大存继任代理主席，并补选冯白驹、陈汝棠为副主席。

中国人民政治协商会议广东省委员会（简称"省政协"）成立于1955年1月。从1955年到1977年的22年多时间里，省政协历经第一届（1955.01—1959.02）、第二届（1959.02—1963.12）、第三届（1963.12—1977.12）等三届委员会。虽然从20世纪50年代后期起受到"左"的错误思想影响，但政协工作仍然得到逐步发展，每届政协委员人数都有所增加，团结面不断扩大，在社会主义改造和社会主义建设中发挥了重要作用。

粤港澳大湾区各市县也都建立了各自的政治协商制度。以广州市为例，广州市第一次政治协商全体会议于 1955 年 2 月 8—12 日召开，出席 101 人，列席 43 人。会议通过了《关于拥护中国人民政治协商会议第二届全国委员会第一次会议的宣言和周恩来副主席的政治报告的决议》《关于广州市各界人民代表会议协商委员会工作报告的决议》《向毛主席的致敬电》《致中国人民解放军致敬电》《致浙江前线英雄部队慰问电》。会议协商选举了王德为主席，李民欣、林志澄、吴有恒、黄长水、谢志光为副主席，罗培元为秘书长；选举常务委员 41 人，成立常务委员会。这届委员会常委会下设综合、海外、工商、科卫、文教、党派 6 个工作组和学习委员会。机关办事机构设秘书处，下设秘书组、总务组、人事组。这届委员会由中共、民革、民盟、民建、无党派民主人士、民进、农工、致公、共青团、工会、妇联、青联、工商联、文艺、科技、社科、农林、教育、新闻、医卫、合作社、对外友好、社会福利、少数民族、华侨、宗教 26 个界别和特邀人士组成，有委员 105 人。一届常委会通过增补委员 20 人。

这次会议是广州市实施人民代表大会制度，市协商会结束、市政协成立后的首届首次会议，是广州市处在社会主义改造高潮，并转向有计划的经济建设的形势下召开的。会议提出今后继续就国家政治生活和人民民主统一战线的重要事项进行讨论协商；推动人民民主统一战线全体成员进行理论和实践相结合的思想改造，动员和帮助他们加强爱国主义、国际主义和国家过渡时期总任务的教育，推进广州市的社会主义改造工作；动员各界人民努力支援解放台湾；推动全市人民参加保卫世界和平活动；协助各民主党派、各人民团体和民主人士商讨处理共同性的活动和问题，交流工作经验；遵守和实行人民政治协商会议章程，推行中国人民政治协商会议全国委员会的全国性的决议和号召等 6 项任务。

第二节　巩固新生的人民政权

一　粤港澳大湾区内的土改运动

1950年6月28日，中央人民政府委员会第八次会议讨论并通过了《中华人民共和国土地改革法》。明确规定：废除地主阶级封建剥削的土地所有制，实行农民的土地所有制。它总结了党过去领导土地改革的经验和教训，又适应新中国成立后的新形势确定了新政策，提出保存富农经济，不动中农土地，限制没收地主财产范围等，成为指导粤港澳大湾区土地改革的基本法律依据。

大湾区解放后，在农村面临的一个重要任务就是放手发动群众，开展土地改革运动，从政治上、经济上完成民主革命的任务，以巩固人民政权，并为发展农业生产和即将到来的经济建设创造条件。

在广东开始土地改革之前，中共中央华南分局即已做了大量的调查研究、组织队伍和政策准备工作。华南分局认为广东土改应从广东实际出发，在政策上和方法上与北方的土改有所不同。由于大湾区内华侨众多，工商业比较发达，爱国民主人士多，沙田、公尝田、山林、桑基鱼塘等特殊土地多，土地改革政策要比较稳妥，要注意保护华侨土地利益和民族工商业者的利益。中央对大湾区的土地改革比较谨慎，提出先实行减租，秋收以后若是准备工作充分、群众觉悟与组织已经达到应有水平，再决定实行土改。若是不充分，1951年秋收以后再实行土改。根据这个指导方针，华南分局和广东省人民政府从广东实际出发，把中央的政策和广东的经济政治历史特点结合起来，制定了一系列切合实际的、有创造性的具体政策。1950年11月2日，广东省人民政府第四十一次行政会议通过了《广东省土地改革实施办法》《广东省土地改革中华侨土地处理办法》《广东省土地改革沙田处理办法》等。

1950年9月广东土改工作团成立，李坚真任团长，随后成立广东土地改革委员会，主持全省土改工作。10月，华南分局第一书记、

第十三章　改革开放前粤港澳大湾区广东地区的曲折发展

广东政府主席叶剑英宣布在兴宁、揭阳、龙川三个县实行土改试点，后来又增加大湾区的惠阳、宝安等县作为试点单位，取得经验后在全省铺开，三年内完成整个大湾区的土改工作。

土改运动对粤港澳大湾区意义深远：其一，废除了几千年来的封建土地所有制，消灭了农村封建剥削的生产关系，在经济上满足了贫下中农的要求，他们分到了生产和生活资料，生产积极性大大提高，为发展农业生产创造了条件。其二，使农民的政治地位获得提高，巩固了工农联盟和人民民主专政。其三，通过土改，进一步肃清了土匪和反动的地方武装，破获了大批特务组织。其四，农民政治觉悟大大提高，改变了历史上妇女地位低下的状况，农民学文化的热潮高涨，农村入学的儿童显著增加，整个农村出现了欣欣向荣的景象。

但是，也应该指出，土改也存在着一些问题，主要是执行政策有偏差：一是有部分华侨和港澳台同胞在土改中被错划为地主、富农，房屋被错误没收；二是有的民主人士和起义人员在土改时被当作反革命分子错杀。

二　粤港澳大湾区内的镇压反革命运动

新中国成立之初，各地还潜伏着几十万国民党派遣特务等各种反革命分子、反动党团骨干分子，他们准备长期潜伏，等待时机，实施重点破坏与暗害活动。另外，旧中国遗留下来的反动会道门组织，如遍布城乡、道徒甚众的"一贯道"，北京的"九宫道"等也大肆活动，编造"神言谶语"，诋毁党的政策，造谣惑众，挑拨离间，极大扰乱了社会秩序。鉴于此，1950年3月，中共中央发出《关于镇压反革命活动的指示》，要求"对于一切手持武器，聚众暴动，向我公共机关和干部进攻，抢劫仓库物资之匪众，必须给以坚决的镇压和剿灭，不得稍有犹豫"[①]。

[①] 广州军区政治部：《新中国成立初期的广东剿匪斗争》，解放军出版社2002年版，第672页。

当时，大湾区内社会基础十分复杂，土匪多、特务多、黑社会组织多，各种矛盾斗争异常激烈；海岸线长，山高林密，地形复杂，水陆交通复杂，便于敌特隐蔽和疏散。他们勾连国民党残余势力，破坏土地改革，篡夺农村政权，打击陷害干部和群众。此外，还有爆炸、投毒、放火、暗杀等各类恶性事件。1956年10月10日，国民党特务分子纠集数千暴徒在九龙地区发动大规模的暴乱，实施了纵火、抢劫，袭击中国居民以及工厂、学校和商店。港九居民在全国人民的声援之下，同国民党特务分子的暴行进行了坚决的斗争，到15日，暴乱被制止。

华南分局于1950年6月20日召开的常委扩大会上，决定成立广东省镇反委员会，由叶剑英、古大存、谭政文等7人组成，叶剑英任主任，下设劳改、清案、清理中内层、肃清反革命分子委员会。1950年10月10日，中共中央发出《关于镇压反革命活动的指示》，要求各级党委全面执行"镇压与宽大相结合"的政策。大湾区结合自身实际，认真贯彻执行党中央政策，在1950年底至1952年底的两年间，开展了全域内镇压反革命活动。

1950年3月18日，广州作为华南分局下辖城市，承接上级指示开始"对反革命分子的暴动捣乱破坏行为以严厉的镇压"，广州市军管会限令所有国民党特务在10月11日之前，前往公安部门登记自新。12月，又公布《关于反动党团分子限期登记自新的布告》，登记范围包括：国民党、三青团、青年党、民社党区分部委员以上或小队长以上人员，以及在国民党军政机关中任同等职位的党团分子。1951年2月30日，东莞县委、县政府成立东莞县镇压反革命委员会，以县委书记、县长、公安局长为正、副主任，领导全县的镇反运动。5月，全县铺开"清匪反霸、减租退押"运动（简称"八字运动"）。运动中，追剿进行破坏活动的土匪、特务，对罪大恶极的地主恶霸分子、反动党团骨干、反动会道门分子、土匪头子，实行坚决镇压，惩治一批首恶分子。"八字运动"历时45天，取得辉煌成绩：收缴恶霸、地主大批武器弹药，计有长、短枪20785支，轻、重机枪53挺，各种子弹433421发，手榴弹和各种炮弹25000余颗，各种火炮6门。

为防止和纠正运动中出现的"左"和"右"的两种偏差，运动开始不久，叶剑英指示组织政法视察组，由法院、检察署和公安组成6个小组，分别到包括大湾区在内的广东各地视察，具体布置和指导镇反工作。在收缩和清理积案阶段，叶剑英又派出8个工作组深入各地帮助指导工作。为掌握各地镇反情况，在批准死刑权暂时委托专署、地委和分区党委，捕人权下放县委的同时，叶剑英规定各地每星期向省府作一次简报，及时处理镇反工作中出现的各种问题。

粤港澳大湾区的镇反工作在叶剑英的正确领导下，经党政军民的共同努力，获得了伟大胜利。至1951年8月10日，共逮捕反革命分子12.4万多人，处决罪大恶极、民愤很大的反革命分子近3万人，破获特务及匪地下军等反革命案件2200多宗。缴获枪炮近14万件，子弹140万发，手榴弹、炸弹、雷管一大批，电台175部。还登记了匪保密局、国防部二厅、内调局、中美合作所等各系特务及帝国主义间谍437名，反动党团区分部、支部委员和分队长以上骨干分子6300余名。[①] 摧毁了圣母会、三合会、大刀会、黄旗党、忠义党、洪门等反动会道门。民气大伸，城乡秩序大为安定，社会景象焕然一新，保证了抗美援朝、土地改革、退租退押和经济建设等各项重大任务的顺利完成。这对巩固祖国南大门新生的人民政权，乃至巩固全国性的胜利具有十分重大的历史意义。

三 粤港澳大湾区内的"三反""五反"运动

"三反""五反"运动是1951年底到1952年10月，中华人民共和国在党政机关工作人员中开展的"反贪污、反浪费、反官僚主义"和在私营工商业者中开展的"反行贿、反偷税漏税、反盗骗国家财产、反偷工减料、反盗窃国家经济情报"的斗争的统称。

（一）"三反"运动

大湾区地处东南沿海，相较内地，对外联系频繁，党员干部受资

[①] 黄勋拔主编：《广东省志：政治纪要》，广东人民出版社2004年版，第149页。

产阶级腐朽思想影响的机会也随之增大。新中国成立初期，大湾区出现了官员贪污腐化、部门浪费严重的现象，非常不利于生产的恢复和经济的发展，1950年12月，早在中央正式下达开展"三反"运动之前，华南分局第一书记叶剑英在广东省各界人民代表会议协商委员会全体会议上作了《在反贪污、反浪费、反官僚主义的基础上，厉行节约，增加生产》的报告，报告中指出了广东地区贪污、浪费、官僚主义的存在及其危害。

1951年12月1日，中共中央发出了《关于实行精兵简政，增产节约，反对贪污，反对浪费和反对官僚主义的决定》和《关于反贪污斗争必须大张旗鼓地去进行的指示》，"三反"运动正式在全国开展起来。广东省委得到通知后马上部署动员起来。1952年1月3日，华南分局第一书记叶剑英就如何搞好"三反"运动给分局直属党委、省政府直属党委、军区党委、广州市委全体成员写信，部署全省"三反"运动。继而召开会议，要求首长负责，亲自动手，坚持官方对开展动员的领导，要大张旗鼓，大胆放手，发扬民主，发动群众，调动群众积极性。在广州设立专门信箱，接收各界群众检举揭发贪污、浪费和官僚主义。利用报纸和广播等媒介大力宣传"三反"运动。各部门和各地方采取各种形式的代表会、诉苦会、座谈会，通过电影、戏曲、音乐、图片、漫画、演讲等，进行"三反"运动的动员和宣传。

1951年11月，对顺德（今广东佛山市顺德区）、从化（今广东广州市从化区）、佛山和深圳等没有对"三反"运动予以足够重视的地方县区提出严肃警告，并在省委机关报《南方日报》上公开点名批评，责令其迅速改正。1952年1月10日，针对当时广州市政府企业局长王剑朋的贪污渎职问题，《南方日报》安排了整整两个版面进行报道、评述。从1952年1月28日起，《南方日报》一连七天以连载的形式刊登了广州铁路建筑段段长宋志扬的《我选择了坦白的道路》文章，讲述了宋志扬在"三反"运动开始后，经过接受动员教育，将自己在单位贪污浪费的情况向群众和组织坦白的经过。这些典型人物和事件经报道后，对广东"三反"运动产生了重要影响。

在全国"打虎"斗争高潮中，各地不同程度地出现了强拉硬凑或逼供、诱供等过火行为。1952年2月9日，毛泽东在《对高岗关于东北打虎计划报告的复电》中要求各地对这种情况予以迅速纠正。大湾区一些单位也出现了对审查对象逼供、拷打的现象。2月18日，广州市委发出通知，要求各单位纠正这种偏向。

为正确统一处理运动中发现的"三害"问题，中央人民政府政务院于1952年3月11日公布《关于处理贪污、浪费及克服官僚主义错误的若干规定》，接着又公布《关于三反运动中成立人民法庭的规定》《关于追缴贪污分子赃款赃物的规定》和《中华人民共和国惩治贪污条例》。粤港澳大湾区各市委根据上述几个文件，总结了运动开始时证据不足、量刑不准的教训，在追赃定案工作中，贯彻"认真学习，实事求是"的方针和"严查宽办"的政策，及时纠正各种偏向。为做好"三反"定案工作，广州市委设立了"三反"案件审理委员会和批审组，专门负责对案件的审理工作。对证定案，追赃处理工作从5月初至6月下旬，经过1个多月的时间基本完成。在参加"三反"的46420人中，查出有贪污行为者14335人，贪污分子尤其是"老虎"人数和贪污的数额均比原来有所下降，但被认定的贪污人数仍占参加运动总人数的30%。

由于运动进展猛烈，在运动的"打虎"高潮中又出现逼供信的情况，定案处理时还有畸轻畸重的现象。1952年7月15日，中南局纪律检查工作会议决定，对"三反"运动中处理或未处理的案件，都要进行一次普遍的复查。据此，大湾区各市委专门成立"三反"复查处理委员会，对"三反"案件进行复查处理。11月中旬，广州市"三反"复查工作基本结束。经过复查，全市原定的贪污人数下降了73%，"大老虎"下降了95%，贪污数额也大幅度下降。

与全国其他地方一样，粤港澳大湾区"三反"运动也搞得轰轰烈烈。这场运动批判和荡涤了旧社会遗留下来的贪污、浪费、官僚主义等污毒，清除了一批违法乱纪分子，纯洁了党的队伍，使大湾区党员干部受到了一次深刻的思想教育。但是，由于"三反"运动采取了疾风暴雨的群众斗争方式，因而患上了过"左"的通病，尤其在"打虎"和定案阶段，层层加码分配"打虎"指标，一而再、再而三地追加"打虎"任务，一些单位工作方法简单，不注重证据，伤害了一些好同志。在短短8个月的运动中，仅广州市属中共党员就有125人受到党纪处分，其中受开除、撤职、留党察看三大处分的有97人。这些问题，在运动后期的复查阶段大部分得到了纠正，但一些遗留问题直至党的十一届三中全会以后才得以解决。①

（二）"五反"运动

新中国成立初期，大湾区私营工商业在政府的扶助下得到发展，对于新中国成立初期经济恢复工作发挥了积极作用。私营工商业者经过不断学习，思想觉悟大大提高，涌现出一批爱国敬业的带头人，但也有部分人唯利是图，不择手段行贿、偷税漏税、偷工减料、盗窃国家资产、盗窃国家经济情报等违法犯罪活动，给国家经济建设造成了损失。1952年1月，根据中共中央《关于在城市中限期开展大规模的坚决彻底的"五反"斗争的指示》，粤港澳大湾区迅速发起"五反"运动。这场运动以广州为中心，从1月底开始，至6月20日结束。

1月31日，广州市第四届第三次各界人民代表会议召开。叶剑英作了题为《为彻底打退资产阶级的进攻，争取反行贿、反偷漏、反欺诈、反盗窃运动的胜利而奋斗》的报告。会议通过了《关于继续深入反贪污、反浪费、反官僚主义运动和开展反行贿、反偷漏、反欺诈、反盗窃运动的决议》，拉开了大湾区"五反"运动的序幕。

第一阶段的主要任务是宣传发动，交代政策，号召坦白。2月1日，市政府节约委员会公布了《反行贿、反偷漏、反欺诈、反盗窃检举法》，并决定首先在新药工业、粮食加工业等4个行业中进行"五反"试点工作。2月5日，广州召开"五反"运动广播动员大会，叶

---

① 参见黄穗生《广州的"三反"、"五反"运动》，《广东党史》2005年第4期。

第十三章　改革开放前粤港澳大湾区广东地区的曲折发展

剑英、朱光先后作动员报告,号召全市人民彻底打退不法资本家的进攻,争取"五反"斗争的胜利。全市近60万人收听了大会广播。2月26日,节约检查委员会已收到商人坦白案39323件,广州80%以上的私营工商业户受到检举。

　　为了加强对"五反"运动的领导,广州市政府3月10日决定设立"五反"运动委员会,下设指挥、调整处理、宣传报道等3个部门,领导全市"五反"运动的开展,随后又组成了各个重点行业指挥所和各区指挥所,号召坦白,并在其他行业进行"五反"斗争的准备工作。4月7日,广州各界群众7000多人在越秀山体育场举行"五反"运动斗争大会,提出第二阶段的任务是:在充分发动工人的基础上,迅速处理及争取中小工商户和彻底坦白的大户,组成强大的"五反"统一战线。为此,市委把全市4万多工商业分为五类,并划定各类型的比例,其中守法户约占14%,基本守法户约占58%,半守法半违法户约占24%,严重违法户和完全违法户共约占4%。

　　在"五反"运动委员会的具体部署下,广州全市各级工会和各行业工人、店员中的积极分子共6000多人组成强大的工人工作队,分赴90个行业,发动广大工人、店员参加"五反"斗争。同时,青年团、妇联、工商联等人民团体将资本家的家属组织起来,组成1000多个"家属规劝队",规劝资本家坦白交代。面对强大的"五反"统一战线,少数顽固违法分子不得不坦白交代。5月2日至6日,市"五反"委员会先后召开全体委员、指挥所负责人等系列会议,决定从7日起"五反"运动进入第三阶段,一方面充分发动工人、店员,争取高级职员检举不法资本家的"五毒"行为;另一方面大规模组织资本家学习,进行互助互评,最后交工人、店员审查通过,全面确定各行各业的守法户和基本守法户。经过这一阶段的斗争,至5月27日止的统计,全市已处理工商户4.4万户,占全市工商户总数的96%。

　　在"五反"运动中,广州市委既坚决执行中央的方针政策,又结合广州的实际,对部分资本家制定了保护措施,尤其是对华侨资本家,以及在业务上与港澳或海外有密切联系的工商界人士和民主党派的工商界成员,只要在政治上拥护《共同纲领》,在清除"五毒"后虽仍有若干问题但能交代清楚者,一般都采取区别对待、从宽处理的政策。对此,中央曾给予肯定。1952年4月5日,中央在给广州市"五反"工作的指示中指出:"广州五反必须注意给香港澳门的中国工商户以好的影响,你们注意了这一点是完全对的。"[①]

"五反"运动打击了资本家的"五毒"行为,进一步团结了资产阶级中的爱国守法分子,对广大干部和群众也是一次深刻的教育。"五反"运动还是一次深刻的社会改革,它推动了私营企业中的民主改革和工人监督制度的建立,巩固了国营经济的领导地位,为把资本主义工商业纳入国家资本主义的轨道创造了条件。但是也应该看到,以广州地区为代表的粤港澳大湾区广东地区"五反"运动也存在打击面过宽的问题,造成了一些假案错案,挫伤了爱国守法工商业者的积极性。1952年3月7日,毛泽东电示华南分局,要"严格掌握广州五反,不使引起混乱。某些陷于停顿的经济活动,应大力注意恢复。其他城市,非有充分准备,不要轻易发动五反"[②]。

第三节 社会主义建设的波折与国民经济的调整

1953年,中共中央提出过渡时期总路线、总任务:"要在一个相当长的时期内,逐步实现国家的社会主义工业化,并逐步实现国家对农业、对手工业和对资本主义工商业的社会主义改造。"在这个总路线的指引下,1953年中共中央华南分局提出了《国家五年计划经济建设中华南党的任务》,指出应以珠江三角洲地区为中心进行经济建设,广州市必须争取实现由商业城市向工业城市的转变,以作为华南

[①] 《中央关于广州市五反工作的指示》,载《建国以来毛泽东文稿》第3册,中央文献出版社1996年版,第378页。
[②] 《关于严格掌握广州五反等问题给剑英的电报》,载《建国以来毛泽东文稿》第3册,中央文献出版社1996年版,第325页。

地区工业建设的基地。随后，中共广州市委于1954年提出了"把广州建设成为社会主义工业生产城市"的建设方针，大湾区的经济发展进入了计划经济体制时代。

一 计划经济时代的粤港澳大湾区建设

1954年11月，广东省人民政府着手编制发展国民经济的第一个五年计划草案，提出广东的经济建设总任务是：发展以互助合作为中心的农业生产为第一位任务，同时大力加强城市工作与国营工矿企业工作，积极有序发展地方工业，加紧进行对资本主义工商业与手工业的社会主义改造，为全省进行大规模工业建设创造条件。在此期间，以广州为核心的粤港澳大湾区广东地区也完成了相关的经济计划。1955年9月，广州市"一五"计划经省人民委员会批准正式下达，同年10月和12月初，中共广州市第五次代表会议及市人民委员会全体会议对五年计划进行了审议，确定了完成计划的具体措施，12月，市一届人大三次会议通过了贯彻执行市"一五"计划的决议。

"一五"计划确定的主要任务和目标基本得以实现。五年间广州市区国民生产总值年均递增16.28%，工农业总产值年均递增23.43%，这是国民经济发展比较健康、增长速度比较快的一个时期。这一时期，粤港澳大湾区还积极争取澳港投资。1955年广东华侨投资公司追加投资用于扩建华建麻袋厂（1952年投资450万元在广州赤岗建立华建麻袋厂），该厂于1955年8月提前一年完成国家第一个五年计划的指标。1955年5月，投资2000多万元，在广州员村建立广州苎麻厂，这是当时中国最大的苎麻纺织厂；1956年，投资170多万元，在广州西郊建立华侨糖厂，这是当时全国规模最大，采用机械化、自动化最早的机制糖厂。这两座工厂都是广东省第一个五年计划下在粤港澳大湾区的重点项目。

但是也应该指出，大湾区"一五"计划期间也存在一些问题：第一，统购统销以及生产资料统一按计划调拨分配，扼制了必要的市场调节机制，使经济缺少竞争活力，经济模式越来越僵化。第二，"一五"计划时期，全国掀起了工业建设高潮，但大湾区为国防前线，不是国家经济建设的重点地区，苏联援建的156个重点项目中没有一个分配给大湾区。5年间广州市基建投资（包括中央部属、省属企业）仅为4.9亿元，其中工业投资仅为2.11亿元，只分别相当于同期国家在武汉市基建投资总额的32.7%和39%。使广州市的工业地位逐渐落后于武汉、沈阳等城市，并与沪、京、津的差距进一步拉大。

为继续贯彻执行社会主义过渡时期的总路线，1956年9月，中共八大提出了1958—1962年发展国民经济第二个五年计划的建议，要求继续进行以重工业为中心的工业建设，推进国民经济技术改造，为社会主义工业化打下基础。中共广州市二大提出"二五"计划总任务是把广州市从一个一般的工业生产城市建设成为华南工业基地。经过"二五"计划的实施，广州新增了一批生产能力。三年中，市区全民所有制基本建设投资额达10.81亿元，为"一五"计划期间投资总额的2.17倍，其中工业建设投资额6.32亿元，为"一五"计划期间投资总额的2.93倍。全市重化工业比重得到提高，使广州工业产品原料和设备自给程度有了很大提高。市委提出的把广州建设成工业生产城市的目标基本实现。

除以广州为中心进行工业化建设外，粤港澳大湾区农业和商业发展也取得了一定成就。在农业方面，农村依靠集体力量修建了山塘水库，开渠引水、打井、修堤、筑坝。开展了防虫灾、风灾和霜冻等工作，使粮食亩产量一般都增产20%左右。在商业方面，大湾区广东地区积极发展与港澳的贸易，一方面，香港、澳门人口众多、资源缺乏，粮油等生活必需品，尤其是鲜活食品，将近90%都是从大湾区广东地区输入；另一方面，小额边境贸易稳定发展，与香港、澳门接壤的深圳、珠海两地居民，常常将一些农副产品或手工业产品，在边境出售给港澳居民。同时，也从港澳换回一些日用品，多数用来自用，少量多余的也出售给当地其他居民。1954年下半年，大湾区当地政府加强对边贸的管理，如对澳门小额边境贸易只限关闸、高沙、联安、北岭、湾仔五个自然村贸易。总体来看，由于受计划经济体制的影响，大湾区商业发展受限极大。

二 粤港澳大湾区广东地区社会主义"三大改造"

1953年开始，广东贯彻实施党在过渡时期的总路线，实行三大改造，逐步把农业、手工业、资本主义工商业纳入社会主义改造轨道。到1956年，广东三大改造基本完成。至此，社会主义基本制度在粤港澳大陆地区初步建立。

首先，个体农业的社会主义改造。

1953年4月，广东宣布在全省农村土地改革基本结束后，遵照党中央指示，积极将全省农民引导到农村生产合作化上来。从1953年冬开始，华南分局按照中共中央部署，在粤港澳大湾区广东地区试办初级农业生产合作社。试办的初级社规模不大，采取农民私有基础上部分合作社占有的制度，大田生产由社统一经营，山林、经济作物和副业未入社，仍由社员自行经营，对此农民尚能接受。随后，大湾区广东各地都纷纷建立起合作社。如到1955年夏收前止，广州郊区共建成农业生产合作社215个，入社农户7036户，占郊区农户总数的18.98%，到12月，合作社的发展比例已提高到55%，并开始试办5个高级农业合作社。中山县于1953年开始建立农业生产合作社，到1955年秋前共已建社490个，入社农民达到24795户。1961年6月，东莞县共有人民公社36个，其中城镇公社3个，渔业公社1个，农村公社32个。至1956年1月，基本实现了初级农业生产合作化。粤港澳大湾区广东地区农业合作化的完成，使广大农村建立起劳动群众的社会主义集体所有制经济，原来个体农民摆脱了小块土地私有制的束缚，走上了合作经济的发展道路。

其次，手工业的社会主义改造。

1949年后，华南分局和广东省政府积极扶持大湾区广东地区手工业发展。1950年初，广州市总工会、市妇联为帮助失业人员就业，分别发动组织了皮革、电池、机缝、清洁等7户合作社，社员2841

人，年产值229万元，成为广州市首批建立的生产合作社。1950年11月，成立广东省合作事业管理局和广东省合作总社等专门机构，对全省手工业合作社进行指导。为鼓励和吸引个体手工业者走上互助合作道路，政府对试办的合作社实行价格优惠、税收优惠和贷款优惠，极大激发了广大个体手工业者的积极性。1953年，广州市总结了典型试办合作社阶段的经验，明确了手工业生产合作经济是自愿组合、自筹资金、独立核算、自负盈亏、自主经营、按劳分配为主的社会主义集体所有制经济，并选择了有发展前途的皮鞋、木器、缝纫、乐器、针织等行业组织合作社。1954年4月，广州市委、市政府决定成立广州市手工业管理局，各区政府也相应设置手工业科，对相应管理区的手工业进行调查，为编制过渡时期手工业社会主义改造计划提供依据。到1954年8月，大湾区各地陆续开展对域内个体手工业社会主义改造的全面部署。经过3个月快速推进，成效显著。1956年上半年，粤港澳大湾区广东地区基本实现了全省手工业生产资料私有制的社会主义改造。

第三，工商业的社会主义改造。

粤港澳大湾区，尤其是广州及其附近地区是全国资本主义工商业比较发达的地区。据1950年统计，广州私营工商业达24955户，其中工业3290户，商业16147户，饮食服务业4104户，在当时国民经济中有着重要的地位。根据中共中央部署，1953年大湾区各地开始对资本主义工商业进行公私合营改造。1955年11月底，中共广东省委成立了对资本主义工商业改造领导小组。1956年1月18日，中共广东省委发出《关于加速资本主义工商业改造，加强领导，迎接运动全面高潮的紧急指示》，之后大湾区私营工商业改造工作全面铺开。到1月底，大湾区大中小市镇基本完成全行业公私合营。

三大改造完成后，大湾区农民、手工业者劳动群众个体所有的私有制，基本转变为劳动群众集体所有的公有制，资本家所有的资本主义私有制基本转变为国家所有，即全民所有的公有制。这期间，大湾区社会主义经济成分急剧增长，国有经济领导地位明显增强，已经形成了以公有制为主体的社会主义经济。至此,社会主义基本制度已经在粤港澳大湾区广东地区确立。

三 粤港澳大湾区广东地区内的肃反、整风、反右斗争

中共中央于 1955 年 7 月 1 日发布了《关于展开斗争,肃清暗藏的反革命分子的指示》,号召全党全国人民动员起来,在全国范围内进行一场肃清暗藏反革命分子的运动,简称"肃反运动"。1955 年 7 月,广东省委号召在全省各级机关、厂矿、企事业、文教系统内部进行一次"肃清反革命"的政治运动。

根据省委指示,粤港澳大湾区广东地区各市县陆续展开肃反运动。如广州市肃反运动始于 1955 年 7 月,终于 1959 年 2 月。运动共分 4 批进行,涉及机关、学校、大中小工商企业、手工业、小商贩、搬运工人、三轮车工人等 51 万多人,共清查出反革命分子和其他坏分子 5300 多人。顺德县(今广东佛山市顺德区)于 1960 年 11 月 6 日成立社会镇反和内部肃反领导小组,21 日地委组织部批复同意顺德县镇反、肃反领导成员名单,开始肃反。宝安县(今广东深圳市宝安区)1962 年 6 月 24—27 日开始镇压反革命运动。肇庆地委于 1962 年 6 月 22 日发出《关于坚决迅速开展镇反运动的通知》,要求坚决及时打击敌人,威慑敌人,防止敌人制造暴动,随即部署镇反运动。中山市也于 1962 年配合全省开展"备战镇反"运动。惠阳县(今广东惠州市惠阳区)人民法院于 1960—1962 年,共审结反革命案件 48 件 57 人。

大湾区"肃反"运动,对于打击暗藏的反革命分子和弄清一些干部的政治历史问题,起了一定的积极作用。但由于受到"左"的干扰,政策界限不清,有些地方、部门捕风捉影,小题大做,甚至搞"逼、供、信",出现了冤假错案和打击面过宽的偏向。后来,根据中央"有反必肃,有错必纠"的精神,进行了认真复查,并作出了甄别平反,从而大大地缩小打击面。

大湾区整风和反右斗争始于 1957 年。1957 年 4 月 27 日,中共中

央发出《关于整风运动的指示》，决定在全党进行一次以正确处理人民内部矛盾为主题，以反对官僚主义、宗派主义和主观主义为内容的整风运动。遵照中共中央的指示精神，5月1日，广东省委召开会议，讨论部署了全省党组织开展整风问题。随后，整风运动在粤港澳大湾区开展起来。

1957年5月6日中共广州市委召开常委扩大会议，认真学习中共中央关于开展整风运动的指示，贯彻中共广东省委关于在党组织内开展整风的部署。5月15日，市委结合本市的实际制定《关于整风运动的计划》，决定从即日起至1958年6月止，用一年左右时间完成全市范围的整风运动。1957年6月8日，中共中央决定整风运动的重点由党内整风转向反"右派"斗争。6月19日，省委召开整风报告会，省委第一书记陶铸代表省委发表对整风以后广东省党外人士提出一系列批评意见的看法，号召坚决回击"右派分子"的"疯狂进攻"。至此，党内整风运动转向反"右派"斗争。1957年7月4日，中共广州市委在中山纪念堂召开有4000多人参加的"反击右派分子大会"，并通过所谓《对右派分子的声讨书》，表示要坚决打退"右派分子"的猖狂进攻。接着，各机关、学校、工厂、人民团体纷纷组织各种类型的声讨会、辩论会、批斗会，贴出数以万计的大字报，把和风细雨的整风运动，变成批斗右派分子的急风暴雨式的阶级斗争。广州市在1年4个月的反右派斗争中，被划为"右派分子"的共4894人，占参加运动总人数的5.85%，他们直到中共十一届三中全会后才恢复名誉和工资待遇。

四 "文化大革命"对粤港澳大湾区的冲击

1966年5月16日，中共中央发出《中国共产党中央委员会通知》（《五一六通知》），"文化大革命"开始。很快，运动浪潮席卷粤港澳大湾区广东地区，且尤以广州"文革"运动最为激烈。

8月中旬至9月上旬，广州市100多所中学的学生纷纷建立起由"红五类"（家庭出身为工人、贫农、下中农、革命干部、革命军人）

子弟参加的红卫兵组织,随后掀起"破四旧"行动高潮,全市大小教堂寺庙等一切宗教活动场所全部被捣毁,广州市众多历史文物遭到破坏。在外地来穗红卫兵组织的影响下,广州的红卫兵逐渐将斗争锋芒指向广州政府,揭批所谓的"走资本主义道路当权派"。1967年1月22日,由广东省和外地来穗的一些群众组织组成的"广东省革命造反联合委员会",宣布向广东省委、省公安厅、广州市公安局、广州日报社夺权。同日在《广州日报》刊登就接管广州日报《告全市革命人民书》。1月24日,"广州市革命造反联合委员会"向广州市委夺权,25日,又一派性群众组织"广东省政法革命造反委员会"成立,并宣称"接管"市公安局的一切权力,并因此在市公安局内与已于22日宣布对公安局夺权的另一派性群众组织"广东省革命造反联合委员会"发生冲突,有数十人被打伤、挤伤。1月28日,"广东省革命造反联合委员会驻广州市公安局接管监督小组"发表《告全市革命人民书》,谴责1月25日的再夺权。至此,全市各级党组织均处于瘫痪状态。1967年3月15日,为确保关键部门正常运转,根据中共中央指示,广州市实行军事管制,成立军事管制委员会,对全市实行统一领导。然而,此后"派性"冲突愈演愈烈,如4月22日,中山医学院两派群众组织发生冲突,由于校外群众组织的加入,使冲突双方人数多达1万余人;7月20—21日,广州糖厂两派群众组织发生武斗,随后酿成2万多人的大规模武斗;8月30日至9月2日,广州两派群众组织先后在西村水厂、电厂和广州港河南作业区太古仓进行武斗,太古仓因武斗酿成大火,国家财产损失达数百万元。

不止广州地区,"文化大革命"对大湾区其他地区的社会生活和经济发展也造成了严重冲击。如1966年8月中旬起,惠阳红卫兵如洪水般涌向社会,批斗"走资派"横扫"一切牛鬼蛇神",闹得全县一片沸腾,工人也离开工厂"闹革命",不少单位也相继成立群众"革命"组织。1967年8月10日,一群众组织冲击惠阳县武装部,抢走各种手枪81支,冲锋枪6支,各种子弹76470发。此后,在全县范围内又发生了多起抢枪和抢军用物资事件。"文化大革命"还蔓延到了港澳地区。不仅爆发了大湾区知青逃港浪潮,而且由于爆炸案件频发,1967年香港实行宵禁,警方查缴出疑似爆炸物8000多枚。极端事件频发,致使社会秩序混乱,大大影响了人们的日常生活。无论香港、澳门还是内地,越来越多的人们都渴望早日终结这种动荡和混乱的局面。

第十四章　改革开放后粤港澳大湾区的全面建设

"文化大革命"结束后,粤港澳大湾区和全国一样进入了社会主义现代化建设的新时期。从1976年10月至1978年10月这一阶段,由于"文化大革命"所造成的政治上、思想上的混乱尚未清除,大湾区各项工作还处于徘徊状态。中共十一届三中全会是新中国成立以来党的历史上具有深远意义的伟大转折。大湾区各级党委坚决贯彻十一届三中全会以来的路线方针政策,坚持"一个中心,两个基本点"的基本路线,全面拨乱反正,落实党的各项政策,调动各方面的积极因素,进行改革开放。特别是20世纪90年代以后,粤港澳大湾区迎来了高速发展的新时期。

第一节　改革开放前夕粤港澳大湾区改革探索

十年浩劫,给党和人民以深刻的教训。进入新时期,全面纠正"文化大革命"及其以前的"左"倾错误,实现安定团结,进行社会主义现代化建设就成为党和政府的中心任务。根据中央部署,大湾区市县各级政府开始拨乱反正,进行思想解放运动,为以经济建设为中心奠定思想基础。

一　粤港澳大湾区思想解放运动

革命时期,大湾区是革命的发源地。社会主义建设时期,大湾区又走在前列，成为解放思想的先行者，改革开放的排头兵。由于毗邻港澳，华侨众多，大湾区人民比内地人民更加直接地感受到中国与发达国家和地区之间的差距，对"左"的指导思想的危害，有着更加深切的体会。1978年关于真理标准问题的大讨论在广东较早地引起了反响。1978年5月11日，《光明日报》发表题为《实践是检验真理的唯一标准》的特约评论员文章。大湾区反应敏捷，《广州日报》《南方日报》等媒体分别于12日、13日转载，对推动和引导大湾区开展真理标准的讨论，起了促进作用。

当时主持广东工作的习仲勋同志是全国最早鲜明表达自己观点、大力支持真理标准问题讨论的省级主要负责人之一。1978年6月30日，习仲勋同志在广东省委四届一次常委扩大会议总结讲话中强调，要好好读《马克思主义的一个最基本的原则》《实践是检验真理的唯一标准》等文章。从8月下旬开始，广州在全市干部中陆续开展真理标准问题的学习讨论。12月，广州市委宣传部召开了700人参加的真理标准问题学习心得交流会，市委第一书记焦林义在会上发言强调，要坚持实践是检验真理的唯一标准，联系实际总结29年来社会主义革命和建设的经验教训，加强调查研究，加快广州市建设步伐。

为进一步把真理标准问题讨论深入进行下去，广东省委宣传部在中山县召开现场会议，交流全省各地开展真理标准问题讨论的情况和经验，要求各地向中山县学习，特别是领导干部和领导机关要带头学习。1978年9月中旬，习仲勋同志主持召开省委常委、省革命委员会副主任参加的关于真理标准问题的学习讨论会。与会者一致认为，必须坚持实践是检验真理唯一标准的观点，恢复和发扬党的优良作风，彻底肃清林彪、"四人帮"的流毒，拨乱反正，努力把本省各项工作搞上去。学习讨论达成了一致共识：搞清楚这个问题有重大意义，这是关系到执行什么样的路线，关系到革命成败和国家前途的大问题。9月20日，《人民日报》以《实事求是，解放思想，加快前进步伐》为题，报道了这次学习讨论会的消息。这次会议之后，广东省委要求各地联系实际，广泛开展学习讨论。

经过开展真理标准问题的讨论，粤港澳大湾区广大干部群众摆脱了长期"左"倾错误思想的严重束缚，端正了思想路线，提高认识，排除干扰，对更好地执行中共十一届三中全会所确定的正确路线、方针和政策，起到了重要作用。

二 粤港澳大湾区城乡经济体制改革

1978年12月，中共十一届三中全会召开后，大湾区开始了改革开放的初步探索。1979年，广州市执行中共中央关于广东实行特殊政策和灵活措施的指示，在农村大力推行家庭联产承包责任制，搞活经济，同时以流通为突破口，以市场为导向，积极探索城市经济体制改革。

（一）大湾区农村经济体制改革

当时，有些地方农村创造性地试办家庭联产承包责任制。广东也涌现了先行先试的农村改革典型。1978年冬，广州市郊区杨箕村的两个生产队，偷偷搞起"包产到户"。随后，从化、增城一些边远山区的生产队也自发实行了对粮食或经济作物的联产承包。但由于当时干部和群众认识不一致，行动缓慢，绝大部分的生产队仍然实行不联产计酬的包工定额和大排工方式。1979年2月4日，广东省委批转了省委农村工作部《关于建立"五定一奖"生产责任制问题的意见》，指出："联系产量的生产责任制，是当前农村实行生产责任制中比较好的一种形式，因为它把社员的劳动同产量联系起来。"[1] 此后，生产责任制开始推广。1979年，惠阳、肇庆、中山等地区都开始实行家庭联产承包责任制。1980年，广州农村85%的生产队建立起各种形式的生产责任制，1982年扩大到95%，其中实行承包到户、包干到户形式的生产队占79%。1983年1月，中共中央下达文件，肯定了农业生产责任制和搞活农村经济的做法，提出发展有中国特色的社

---

[1] 广东省地方史志编纂委员会编：《广东省志：经济综述》，广东人民出版社2004年版，第283页。

会主义农业道路问题。大湾区各地市纷纷召开农村工作会议,进行传达和讨论,如允许农民跨地区、跨行业搞专业联合和服务联合,放手发展农民的合作商业;农村个体工商户,可以请帮工;允许集资入股办各项事业和按股份分红;农村商业组织可以进行灵活购销,可以出省,可以进城,农副产品购销价格可有升有降;允许农民长途贩运;允许私人购买拖拉机、汽车等大型工具。

此外,政府还鼓励和引导农民把多余的资金、劳力、技术投放到开发性生产上去,开发荒山、荒地、荒滩等,推动大湾区农村的开发性承包事业。在有关政策的鼓励和扶持下,1983年,广州农村专业户发展到9.6万户,占农户总数的12%。专业户经营的项目有种养、加工、运输、建筑、服务等行业,经营形式有家庭经营,联产经营,跨乡、跨区、跨县经营几种,其中跨乡、跨区、跨县联营的新经济联合体有1.9万个,参加的农户有4000户,占农户总数的5%,主要经营种养业,开始形成广州农村的种养专业村,他们生产的农副产品的商品率达70%以上。1983年,广州有5万多个农户采取单独或联合的形式,筹集资金,从事开发性生产。共开发荒山、荒地、荒滩等139.6万亩,其中121万亩用于发展种养业。

以联产承包责任制为主要形式的农业生产责任制的推行,打破了我国农村生产长期停滞不前的局面,促进农村从自给半自给经济向着较大规模的商品化生产转化,从传统农业向现代化农业转化,对建设具有中国特色的社会主义事业有着极其重要的意义。

(二) 大湾区城市经济体制改革

十年动乱对经济造成重大伤害,加之长期不合理的价格体系和管理政策,导致市场上商品货源不足,物资匮乏。1978年广州居民需凭证购买的消费品达65种。1979年,市委提出了搞活购销的计划:敞开城门,疏通渠道,改革购销体制,放活价格,货畅其流。首先放开部分水产品市场,在全国同行中办起第一间行栏货栈——广州河鲜货栈,对河鲜杂鱼实行自由购销,随行就市,议价成交。接着又办起咸鱼海味、塘鱼、海鲜品货栈,开展议购议销。行栏货栈一出现,就

第十四章 改革开放后粤港澳大湾区的全面建设

对疏通商品流通渠道，减少流通环节，活跃城乡物资交流起到良好作用。1982年，针对市场上鱼价偏低、农民不愿养鱼的情况，经过周密调查研究，对价格政策进行了改革，率先放开鱼价。广州市委、市政府总结了过去一放就乱、一乱就收、一收就死的经验，顶住价格放开初期货少价高的压力，坚持改革开放不动摇的方针。在价格杠杆的刺激下，农民大量养鱼，产量迅速提高，鱼价逐步回落，从而为全面放开农副产品价格创造了良好开端。1981—1983年，广州相继放开了禽、蛋、果的价格。1984年11月，广州市委颁布了《广州市蔬菜购销体制改革方案》，对上市蔬菜实行放开任务、放开流通渠道、放开价格。到1985年，与人民生活关系密切的7大类农副产品——菜、肉、禽、鱼、奶、蛋、果的生产、经营和价格全部放开。在放开价格的同时，广州还放开农副产品市场，让10万农民进入流通领域，也鼓励外地企业进广州设厂办店，欢迎国内外商品进入广州，使国营、集体、个体经济自由竞争，逐渐形成了一个以广州市区为中心，以广大农村和城市集市为依托的农副产品流通网络。1985年，广州城乡集贸市场发展到261个，逐步形成了多种经济成分、多渠道、多形式、少环节的商品流通体制，有效带动了大湾区广东地区其他各市的经济改革。

此外，大湾区还注意把承包责任制推广到企业管理中，扩大企业自主权，有力调动了职工和企业经营者的积极性。广州钢铁厂1980年实行财政包干政策后，当年就脱掉了长期亏损的帽子，并略有盈利；1981年，广州自来水厂实行"以水养水"的政策，即自来水厂的生产利润，除缴交交通能源基金和企业留成外，全部返还留作维护和扩大再生产的资金，收到良好效果。

随着经济的发展，改革过程中的一些缺点和漏洞也开始出现，一些不法分子钻法制不完善、制度不健全、管理不严的空子，进行一系列经济犯罪。为此，大湾区各市县遵照中央和广东省委要求，迅速开展反走私贩私、贪污受贿专项斗争，广州还专门成立了"贯彻中央紧急通知领导小组"，1983年10月改为"中共广州市委打击经济领域严重犯罪活动领导小组",1987年10月又代之以广州市监察局。经统计,1982—1987年间广州市查处经济犯罪案件3232宗,为国家挽回经济损失1122万多元。

三 深圳、珠海经济特区的创设

1978年4月19日,邓小平出席中央政治局会议,在讨论"今后八年发展对外贸易,增加外汇收入的规划要点"时指出,广东应积极搞进出口贸易与基地。1978年4月10日至5月6日,国家计委和外经贸部组织对港澳实地调研,考察组回京后向中央提交《港澳经济考察报告》,提出可借鉴港澳经验,把靠近港澳的广东宝安、珠海划为出口基地,在内地建设具有相当水平的对外生产基地、加工基地和吸引港澳同胞的游览区。这一报告实际上就是关于经济特区创办的最初蓝本。

1979年4月5日至28日,中共中央在北京召开工作会议,会议决定在深圳、珠海等城市划出一定地区试办出口特区。与此同时,时任全国人大常委会委员长叶剑英在广州视察工作,听取广东省委负责人关于广东在对外开放中实行特殊政策问题的汇报,也表示大力支持广东改革思路,并要求他们尽快拟出经济特区条例,呈报国务院和全国人大常委会。1979年6月6日、9日,中共广东省委向中央上报《关于发挥广东优势条件,扩大对外贸易、加快经济发展的报告》,正式提出了在深圳、珠海、汕头试办"出口特区"的建议。7月15日,中共中央、国务院批转广东省委关于对外经济活动实行特殊政策和灵活措施的报告,决定在深圳、珠海、汕头试办特区。1980年5月16日,中共中央、国务院批转《广东、福建两省会议纪要》,正式将"特区"定名为"经济特区"。同年8月26日第五届全国人民代表大会常务委员会第十五次会议审议并批准设立深圳、珠海、汕头、厦门4个经济特区,批准公布了《广东省经济特区条例》,正式出现"经济特区"一词。自此,经济特区成为标志中国改革开放的重要符号,并正式写进法律文件,引起国际社会的广泛关注。

第二节　改革开放后粤港澳大湾区的全面建设

大湾区充分利用中央给予的特殊政策，积极推进城乡经济体制改革，解放生产力，促进经济发展。在工业方面，狠抓产品结构的调整。对钢铁、有色金属、煤炭、小氮肥、机械等工业则调整布局或压缩，先后关、停、并、转了近千家生产条件差、耗能高、效益差的小钢铁、小化工企业。积极生产如水泥、平板、玻璃、砖瓦、建筑陶瓷等建材工业产品，着重发展食品、电子、家用电器、纺织等行业，建立起具有大湾区特色的轻型产业结构。在农业方面，调整农业发展方针，突破"以粮为纲"的框框，因地制宜安排农业生产布局，发挥大湾区优势和特点。开展了多种经营，发展了热带、亚热带经济作物和供出口的农副土特产品。在商业方面，着手改革流通体制，发挥第三产业发达的特色与优势，恢复和增设商业网点，开放城乡市场。通过工、农、商业的进一步调整，促使大湾区改革发展进入了新格局。

一　经济特区的快速发展与开放新格局

经济特区在创设之初经济规模均较小。1980年深圳地区GDP只有2.7亿美元。此后，随着经济特区政策的不断完善和发展，深圳吸引了大量内外资企业投资。到1983年，深圳吸引的外国直接投资超过香港，工业产值达到13亿元，比1979年增长20倍，财政收入4.5亿元，比1979年增长10余倍。深圳从一个边境小镇一跃为初具规模的现代化新兴城市。

深圳经济特区在短时间内取得突破性进展和巨大成就产生了明显的示范效应，极大鼓舞了粤港澳大湾区的民心，扩大了对外开放的社会基础，也进一步坚定了决策层扩大对外开放的决心。1984年3月26日至4月6日，中共中央书记处和国务院在北京召开由有关省市和部门负责人共90余人参加的沿海部分城市谈话会。会上介绍了深圳及蛇口工业建设的经验，论证了进一步开放的必要性和可能性，提出

◈◈ 下编 当代的粤港澳大湾区

了开放沿海港口城市的初步设想。这次座谈会形成了《沿海部分城市座谈会纪要》，经 4 月 30 日中央政治局会议讨论通过，5 月 4 日由中共中央和国务院转发全党和全国，正式宣布进一步开放 14 个沿海港口城市，其中大湾区内的广州位列其中。1988 年中央政府决定扩大开放范围，实施"沿海地区发展战略"，将珠江三角洲列为沿海开放区；1991 年中央政府增设了深圳沙头角和福田等不征关税的特殊贸易区——保税区，并在深圳特区设立保税生产资料市场。

粤港澳大湾区充分发挥先走一步的有利条件，在政策实施、体制创新、观念更新、机制灵活、市场完善等方面打下了坚实基础。通过全方位开放，更大规模地承接世界现代化文明发展的最新成果，在更高的起点上，全面加速大湾区经济、社会、文化和人的现代化，迅速形成大湾区对内辐射的新领域和新优势，确立大湾区在全国全面现代化建设中的先导地位。经过 40 多年的发展，大湾区现已形成"全方位、多层次、宽领域"的开放格局，综合经济实力已经大大增强，在经济总量、进出口规模、居民储蓄存款、税收总收入、工业增加值等多项经济指标均居全国前列，形成了以食品、纺织、家电、化工、机械、电子为主的工业体系。

二 外贸体制改革与外向型经济体制的确立

外贸体制的改革起于改革开放前夕。当时，以亚洲"四小龙"为主体的亚洲新兴工业体实现了经济腾飞，正进入产业转型的关键时期。毗邻广东的香港已经发展成为国际大都市，正面临着产业调整与升级，这为大湾区的对外贸易提供了千载难逢的机遇。一方面可以借助香港这个国际化窗口走向国际；另一方面可以接收香港劳动密集型产业。经过多方调研考察，1979 年 4 月召开的中央工作会议出台了《关于大力发展对外贸易增加外汇收入若干问题的规定》，提出了外贸体制方面的改革设想，提出对地方和外贸生产企业的放权，打破了过去由国家垄断外贸的坚冰。5 月 16 日，国务院副总理谷牧来广东调研，先后视察了广州、中山、珠海。在珠海，他同省、市负责人作了《现在是觉醒的时候了》的讲话，强调划深圳、珠海为特区，在国家统一的大政方针下，坚持社会主义道路，不能搞联邦，不能搞资本主义。谷牧及其工作组的指导，对于广州、中山、深圳、珠海等大湾区城市更加深刻理解中央改革开放政策，并把这一政策具体贯彻到实践中起了重要作用。

1979年6月广东省委向中央提出在广东实行大包干的建议。从1980年开始，以5年为期，外贸出口外汇增长与中央实行三七分，中央占三，地方占七。在中央统一的对外贸易方针政策和规划之下，广东有权安排和经营自己的对外贸易。7月15日，中央予以批准。自此，外贸大包干政策正式出台。大包干政策对粤港澳大湾区，尤其是珠江三角洲地区的经济发展起到了很大的促进作用。1980年9月，第一家工贸公司——广东省冶金进出口公司在广州成立，此后，农机、船舶、建材等10家工贸公司相继成立。

同时，国家还鼓励在大湾区珠江三角洲地区发展外贸加工业。1978年7月，国务院出台《开展对外加工装配业务试行办法》，成为加工贸易企业的出生证。1978年下半年，东莞太平服装厂与香港信孚手袋制品有限公司合作成立了太平手袋厂，珠海一家毛纺厂与澳门纺织品有限公司合作成立香洲毛纺厂，逐渐形成了大湾区乃至中国最早的一批加工贸易企业。1980年4月，广东省政府发出《关于发展对外加工装配和中小型补偿贸易办法的通知》，对加工贸易提供具体的政策依据，成为大湾区经济飞速发展的发动机。

大湾区的加工贸易是"三来一补"，即来料加工、来样加工、来件装配和补偿贸易。在实际操作中，由外商提供设备（包括由投资建厂房）、原材料、来样，并负责全部产品的外销，由中国企业提供土地、厂房、劳力。中外双方各负连带责任。如深圳龙岗南湾厦村成立了村里第一家"三来一补"企业——布吉沙湾雨帽厂。在"三来一补"模式下，大湾区以优惠政策和廉价的土地和劳动力，积极承接香港、澳门劳动密集型产业的转移，逐渐形成了以加工贸易为主的贸易方式，形成了"前店后厂"的经济关系。

外贸大包干政策冲破了对外贸易的垄断体制，激发了地方和民间办外贸的活力，同时，也为以后进一步改革积累了经验，奠定了基础。当然，"三来一补"模式有高耗能、高污染、对外依赖性强等局限性，这些决定了它不可能成为大湾区外向型经济的主体。

从20世纪80年代中期起，大湾区严控新增"三来一补"企业，并努力推动原有的"三来一补"企业向三资企业转型。大湾区利用外资的方式由初期的补偿贸易、加工装配为主转变为合资、合作、外商独资经营为主；从开始兴办饮食业、旅游业等非生产性项目为主，逐步转变为以生产性外向型项目为主，引进项目遍及各行各业。鼓励外商投资交通、能源等基础设施及高新技术产业，通过利用外资培育企业集团、名牌产品和支柱产业；积极鼓励外商投资高质、高产、高经济效益的"三高农业"和金融、保险、旅游、社会服务等第三产业。

1992年邓小平南方谈话发表后，大湾区内的广东掀起了新一轮改革开放与发展热潮，坚持科技兴贸、以质取胜，引进先进技术和设备，加强对传统出口产业的技术改造，促进了广东工业整体技术水平的提高。大力发展高新技术产业，使外向型经济的层次、水平和效益明显提高，形成了电子信息、新材料、光机电一体化、新能源、生物技术等一批高新技术产业群。

积极实施"走出去"战略。采取"政府搭台，企业唱戏"的方式，为企业"走出去"提供支持，推动已经走出去的企业不断向高层次、大规模发展。有计划、有步骤地开拓东南亚、非洲、南美、俄罗斯等目标市场，逐步把广东具有优势和发展潜力的机电、纺织等产业，向海外目标市场转移，以设备和技术作为资本到海外投资，并在海外建立自己的生产基地、销售网络和售后服务网络。经过努力，目前一批有实力的企业纷纷走出国门到境外投资，开拓发展空间。涌现出以华为、格力等为代表的一批"走出去"的优秀企业，初步形成广东跨国公司的雏形。

以高新产业为主导，以加工贸易为载体，以高增值产业（包括"三高"农业和服务贸易）为新的增长点，通过资本、技术、信息、人才、物资的双向流动，促进粤港澳台资源配置的优化。如今，大湾区高新技术产品出口连续多年名列全国首位，形成了以机电产品、高新技术产品为主导的出口商品格局，大湾区已成为全国规模最大、发展最快、出口总额最大的高新技术产业带。

三 粤港澳大湾区科教文卫事业及精神文明建设

（一）粤港澳大湾区科教文卫事业

在科技领域，大湾区始终贯彻"科技是第一生产力"的方针，以改革和创新为主线，全面推进科技进步和自主创新。科技事业也实现了跨越式发展，为经济社会发展作出了重大贡献，为建设创新型国家提供了大量经验。

从20世纪70年代末到80年代末，大湾区内广东地区投入了超过100亿美元资金用于引进国外的先进技术和设备，然后进行消化、吸收、再创新，极大改善了大湾区科技发展条件，提升了技术水平，并促进大批新兴产业崛起，改变了科技发展滞后于经济发展的状况。20世纪80年代出现的"星期六工程师"（国有科研院所和国有企业的工程师们利用节假日时间在私营企业担任技术顾问，并适当收取报酬的方式）这种柔性引进人才的方式，造就了珠江三角洲地区乡镇企业的发展奇迹。

在教育领域，改革开放后，以广州为中心的大湾区广东地区高等教育发展迅速，并积极同港澳地区和外国教育界建立密切关系。大湾区内的广东普教、民办教育和职业教育的发展，等级学校评估制度的产生，教育立法工作的开展等，都学习和借鉴了国外的经验。大湾区广东地区在1985年普及了小学五年教育，1995年扫除了青壮年文盲，1996年普及了九年义务教育，成为全国最早实现"两基"（基本实施九年义务教育、基本扫除青壮年文盲）的两个省份之一。到1999年，粤港澳大湾区内的广州、深圳、佛山、中山、江门、东莞悉数实现高中阶段教育的普及。

在文化领域，开展文化体制改革，凭借毗邻港澳的地缘优势和中央赋予的特殊政策，大湾区率先打破了文化由国家独办的计划经济模式。1979年，广州东方宾馆成立了全国第一支企业办的专业文艺团队，开办了全国首家经营性的音乐茶座，对文化产业的兴起起到了良好的示范作用。

在卫生领域，卫生事业不断地进行改革和实践，取得很大成绩。长期以来，大湾区人民深受血吸虫病、丝虫病和地方性甲状腺肿的袭害。改革开放后，大湾区在广东全省率先开展传染病防治工作，并于1987年前后宣布基本消灭这三种传染病。其他传染病的防治工作也取得了显著成绩，传染病总发病率和死亡率比改革开放前大大下降，其中乙型脑炎、流行性脑膜炎、钩端螺旋体病和流行性感冒的发病率分别下降了80%左右。1987年，在广东省委牵头下，大湾区各市县与世界卫生组织、联合国儿童基金会开展冷链合作项目，完成市、县、乡镇和村各级冷链装备，提高了全省接种率。此外，大湾区还着重改善农村用水情况，使肠道传染病的发病率明显下降，20世纪80年代的肠道传染病平均发病率比70年代下降了40.63%，提高了乡镇居民的健康水平。

（二）粤港澳大湾区精神文明建设

建设社会主义精神文明，是党的十一届三中全会把全党工作重心转移到以经济建设为中心的现代化建设上来以后，提出的一个关于社会主义建设的重大实践问题和理论问题。因而，大湾区精神文明建设与全国精神文明建设同是在改革开放和发展商品经济、市场经济的大环境下进行的。

大湾区各市县积极响应广东省委关于加强精神文明建设的号召。1992年4月，广东省委、省政府在南海（今广东佛山市南海区）召开了"全省创建文明镇村户经验交流现场会"，省委书记谢非在会上提出了全省精神文明建设"学两南"的要求，即"城市街道学广州南华西街，农村基层学南海"。一时间，这两个地方成为粤港澳大湾区乃至广东全省精神文明建设学习的榜样。特别是南海县，在精神文明建设方面走在了大湾区前列，从1995年始，在创建"文明村、户"

基础上，南海广泛组织开展文明单位（经营单位、窗口、企业、工厂、车间等）和文明职工的创建评选。广东省文明委到南海市各工厂企业视察后，确定在佛山市南海区西樵镇召开"广东省创建文明企业座谈会"总结推广南海经验，这是南海继1992年广东省农村精神文明建设会议后的又一次新的贡献。1999年9月，南海被评为广东省首批文明城市。总体来看，粤港澳大湾区精神文明建设成绩在全国也非常突出，如2005年10月，在入选的9个第一批全国文明城市中，大湾区就有深圳市、中山市2个。2017年，广东申报参评的3个县市全部入选，分别是博罗县、龙门县、四会市。同时，广州、深圳、佛山、惠州、东莞、中山市六市经复查确认继续保留全国文明城市荣誉称号。以上市县全部在粤港澳大湾区。

第十五章 "一国两制"构想与香港、澳门的回归

一国两制，就是"一个国家，两种制度"，是中国政府为实现国家和平统一而提出的基本国策，即在坚持一个中国的前提下，国家的主体坚持实行社会主义制度，香港、澳门、台湾在统一后保持原有的资本主义制度长期不变。"一国两制"的设想，原本是为了解决台湾问题而提出来的，但是先后在香港、澳门问题上成功予以实施。事实证明，"一国两制"是解决历史遗留的香港、澳门问题的最佳方案，也是香港、澳门回归后保持长期繁荣稳定的最佳制度。

第一节 回归前的香港与澳门

香港、澳门问题，是中英与中葡两国之间的历史遗留问题。新中国成立前夕，受当时历史条件的影响，毛泽东主席提出"暂时不打算提出还归中国的要求"[1]，这便是港澳"暂时不动"的方针。因此，新中国成立后到港澳回归前，香港、澳门一直受英国、葡萄牙的统治，港澳同胞虽享受到经济发展的红利，却丧失了政治上的主人翁地位。

---

[1] 沈志华编译：《俄国解密档案：新疆问题》，新疆人民出版社2013年版，第320页。

第十五章 "一国两制"构想与香港、澳门的回归

一 英国统治时期的香港

(一) 新中国成立前后英国对港政策

"二战"结束后，由于英国国内政党轮替，丘吉尔下台，工党组阁，英国政府最高层并未及时确定对港政策。香港未来的定位是什么？如何处理香港与中国内地的关系？这些关键问题的处理都没有政策指导。殖民地部、外交部、港督三者之间存在着分歧。英国殖民地部希望把香港变成自治领；英国外交部则认为，香港必将归还中国，应注意香港问题对中英关系的影响。"二战"后第一任港督杨慕琦与殖民地部的意见一致，依据威斯敏斯特模式，试图通过政府改革实现香港的自治；而第二任港督葛量洪则认同外交部的意见，认为香港终究是中国的一部分，建立自治领并不能阻止香港回归，因此，他作为港督要做的就是尽力让香港留在大英帝国之内。

杨慕琦担任殖民地部官员多年，曾在塞拉利昂、巴勒斯坦、锡兰（今斯里兰卡）等地任职，他在考虑香港政策时完全遵循殖民地部的传统政策，在当地建立自治政府，尤其是在锡兰的改革经验对他影响颇深。杨慕琦认为，华人会像僧伽罗人一样逐渐发展出对英国的认同。为继续持反对态度对抗中国大陆的影响，杨慕琦根据自己的经验要在香港进行宪政改革，实行代议制。杨慕琦的政治改革遇到了各种阻力，香港社会反应冷漠，英商财团亦持反对态度，随着他的任期结束，这个改革方案不了了之。

与杨慕琦不同，"二战"后的第二任港督葛量洪对香港的认知与英国外交部相近，认为香港本质上是中国人的港口，香港的华人不可能只满足于英国统治下的繁荣。在他看来，香港的未来取决于"与中国的关系"，而不是"自治或独立"，香港的前途是外交问题，而不是殖民地层面的问题。新界在1997年定要归还中国，香港也不会成为联合王国内的自治城邦。

1949年，当中国解放战争大局已定之际，英国工党政府确定了尽力保留香港的政策，英国担心香港会成为共产主义向东南亚"渗

透"的"多米诺骨牌"的第一张,冷战的大背景让工党政府得以用意识形态斗争作为理由,掩饰自己不愿放弃香港的本意。把香港比作"东方的柏林",带有浓厚的冷战色彩。当然,这不仅仅是共产主义"渗透"的问题,因为共产主义的"渗透",也意味英国退出自己在东南亚的势力范围。东南亚由此脱离既有的世界市场,这是当时西方阵营所不愿看到的。

1949年3月5日,英国殖民地大臣琼斯向内阁提交备忘录,他与英军远东司令和港督磋商后认为,短期内香港可能面临着左派工会在香港内部制造混乱、难民大量涌入香港、共产党组织游击队从外部入侵等方面的危险。为此,英国政府拟订了《香港紧急防卫计划》,派出了3万人的部队增援香港驻军,包括装甲部队和空中支援力量以及一支航空母舰编队,阻止解放军的挺进。港府还加强了内部控制,先后颁布《人民入境统制条例》《简易治罪修正条例》《违法罢工与罢雇条例》《社团案例》《紧急条例》等法案,1951年5月又宣布实行宵禁,还出动军警搜查工会、工厂和学校,将一些爱国工会领袖、教师、文艺工作者等驱解出境。

事实证明,英国政府的这些措施和政策毫无必要,他们所担心的情况并没有发生,中国人民解放军并未进攻香港,而是在深圳河以北停了下来。

1950年1月6日,英国政府在西方国家中率先承认新中国政府,正式宣布承认中华人民共和国政府"为中国法律上之政府",同时宣布与台湾国民党政府之关系"自然终止"。为维护英国的在华利益和香港地位的安全,保住其在香港的地位,英国政府及时承认了中华人民共和国政府。

(二) 香港回归前毫无民主可言

英国直接委任总督管治香港,从不征询港人意见。总督只向英国负责,完全听命于英国政府,被授予在香港至高无上的权力和特权,不受当地任何制约,总揽行政、立法大权于一身,拥有对政府高级官员和法官的任免权,并兼任驻港英军总司令。行政局和立法局只是总

第十五章 "一国两制"构想与香港、澳门的回归

督决策和立法的咨询机构,其成员经英国政府批准后由总督委任,对总督负责。总督既是行政局主席,也是立法局主席。直至1993年2月,总督才不再兼任立法局主席。一直到回归前,香港终审权和法律的最终解释权都由英国枢密院司法委员会行使。

港英当局长期实行高压政策,严密管控新闻出版,钳制言论自由。1952年3月,《大公报》因转载《人民日报》关于港英当局暴行的短评,被判刊载煽动性文字罪,受到罚款停刊的严厉处罚。1967年8月,三家报纸因刊登呼吁香港同胞反抗镇压的文章,被港英当局以刊发欺诈性、煽动性文章为由封禁6个月,报社所有者和印刷商被判入狱三年。港英当局实行特务统治,利用英军情报机构、警务处政治部对华人进行监视,对心向祖国、与中国内地联系紧密的社会团体和民众进行打击压制。

港英当局还对华人实行种族歧视,长期使用笞、绞等酷刑;实行"华洋分治",对华人实施宵禁,要求华人晚上外出须持警司签发的夜晚通行证,违者甚至可被当场击毙;除举行宗教仪式和逢年过节外,华人未经批准不得举行公众集会;规定若干主要地段只可建欧式房屋,禁止华人迁入,不准华人与英国人共用一些公共设施。在司法裁判中,同罪不同罚,华人常被重判重罚。港英当局禁止爱国师生悬挂中国国旗、唱中国国歌,强行关闭爱国学校,解散爱国团体,递解爱国人士出境,武力镇压抗议活动,拘捕爱国群众,枪杀示威工人,制造白色恐怖。

华人长期被排斥在港英当局管治架构之外,不能参政议政。直到1957年才有第一位华人担任警司,1989年才有第一位华人担任警务处处长,而律政司一直到1997年香港政权交接前最后时刻仍由英国人掌控。

极为讽刺的是,此前百余年间英国政府一直反对香港民主改革,但1979年3月,当时任香港总督了解到中国政府将收回香港的坚定立场后,迅速改变态度,着手布局"政制改革",并于1992年抛出所谓的"政改方案"。这完全是别有用心的政治操弄,英国政府以打造

英式代议制为幌子，企图把香港变成独立或半独立的政治实体，阻碍中国对香港恢复行使主权并实行有效管治，延续英国对香港回归后的政治影响。总之，港英政府对香港的殖民统治，决定了英国从未在香港施行真正的民主制度，香港回归祖国前毫无民主可言。

二 新中国成立后对澳门问题的交涉

新中国成立后，澳葡频频向中国人民挑衅。从20世纪50年代至60年代，相继发生了几起冲突事件。

关闸武装冲突事件。1945年抗日战争胜利后，葡方在新建起的西洋式关闸北方约10丈处，偷偷设立了一个岗亭，企图将边界向北移。1952年，澳葡当局仍然没有将岗亭撤回关闸以南，7月25日，驻守岗亭的葡萄牙士兵与驻守粤澳边界的中国边防军士兵发生了武装冲突，澳葡派兵向中国边防军开枪射击，并出动大炮轰击拱北居民，中国军队开炮还击，冲突扩大。8月2日，中国政府宣布封闭关闸通道，依赖中山县提供蔬菜水果供应的澳门断绝了生活资料来源，粮食价格飞涨。澳葡招架不住，派人前来谈判，认错道歉，赔偿损失。其擅自在关闸处设立的岗亭也被迫搬回澳门。

澳门开埠400周年事件。1955年1月，葡萄牙人为炫耀其殖民历史，巩固其殖民统治，积极筹备所谓"澳门开埠四百周年纪念"活动。与此同时，葡萄牙政府颁布了所谓的《澳门海外省组织法》，宣布将澳门改为葡萄牙的"澳门省"，隶属于海外部管理。澳葡当局的挑衅激起中国人民的极大愤慨，在澳门和广东各地纷纷表示强烈抗议。10月26日《人民日报》以"警告澳门葡萄牙当局"为题发表评论员文章指出："澳门是中国领土，中国人民从来没有忘记澳门，也从来没有忘记他们有权利要求从葡萄牙手中收回自己的这块领土。""澳门至今还没有归还中国，并不等于说中国人民会容忍澳门遭受侵占的情况长期继续下去。""我们要警告澳门的葡萄牙当局，现在的中国已经不是六年前的中国，更不是四百年前的中国，如果澳门葡萄牙当局以为可以利用中国的和平政策向伟大的中国人民进行挑衅，那

第十五章 "一国两制"构想与香港、澳门的回归

它就错了。中国人民从来不容许挑衅者得逞,挑衅者必将自食其果。"[1] 中国政府的严正立场给澳葡当局以极大震慑,被迫以"经费不足"为由取消了筹备中的"开埠纪念"。

"一二·三"事件。1966年11月15日,凼仔居民自筹经费,修建坊众小学,以解决子女入学问题,可是竟遭到澳葡市政当局横加阻挠,强迫停工。当地居民派出代表与当局谈判,又被当局拘捕,引起各界人士公愤,纷纷到澳督府表示抗议。澳葡当局出动警察殴打群众,打伤45人,事态继续扩大。12月3日至5日,澳督府内又发生殴打代表事件,市民罢工罢市,澳葡出动警察镇压,当场打死8人,打伤107人,另有40多人被捕入狱。澳葡当局此种暴行引起了群众的愤怒。12月10日,澳门各界举行抗议大会,要求严惩凶手,撤销戒严,立即赔偿损失,立即实现凼仔办校要求,当面认罪和签具认罪书等。澳门中国居民的这次抗争得到大湾区同胞的有力支持,大湾区各地人民纷纷集会示威,声援在澳同胞的正义斗争。1966年12月9日,广东人民委员会外事处长奉命发表声明,对澳门葡萄牙当局的强暴行为提出抗议,表示支持澳门居民的合理行动。12月11日,《人民日报》以"严厉警告澳门葡萄牙当局"为题,发表评论员文章,称中国人民不会坐视澳门事态的发展,澳葡当局必须接受澳门人民的正当要求,否则必将自食其果。12月13日,澳门政府在强大的内外压力之下,通过澳门电台宣布接受全部要求,1967年1月29日,新任总督嘉乐庇前往澳门中华总商会,签署协议,全部接受了在澳同胞的要求。

上述几个事件充分表明了中国政府对澳门问题的立场、原则。澳门问题属于历史遗留问题,澳门是被葡萄牙当局强行占领的中国领土的一部分,解决澳门问题完全是中国主权范围内的问题。

此外,葡萄牙当局统治下的澳门,华人权利亦受极大压制。如总督由葡萄牙直接委派,有颁布法律、签署法令的权力,在澳同胞无权

---

[1] 《警告澳门葡萄牙当局》,1955年10月26日《人民日报》。

干涉。1972年澳门设立法会，由5名直选议员、8名间选议员和1名委任议员组成，总督为立法会主席。由于要求议员必须具备葡文读写能力，在客观上阻碍了华人参选。

三　香港新工业化建设与英国当局的两面政策

香港经济在20世纪50年代和70年代发生了两次转型。50年代开始工业化转型进程，到70年代已完成工业化建设。

朝鲜战争爆发后，美国操纵联合国实行对华贸易禁运，并严禁中国原料和产品转口美国。由此，香港百年来赖以生存的转口贸易面临毁灭性打击。在生死攸关之际，敏锐的香港人发现劳动密集型企业已不能引起西方的兴趣，而整个国际市场又特别缺乏轻工业制品。恰好此时中国内地的大量资本、技术、设备、管理人才和技术工人正从上海、广州等地流入香港。仅1949年香港首季申请登记新设工厂中就有60%是由中国内地迁来，涵盖了纺织、火柴、橡胶、五金、化学等行业。"二战"后由于东南亚的政局不稳，也有大量资本流入香港。这就在客观上为香港经济转型提供了重要的经济条件。于是，香港人开始以纺织业为突破口，发展轻工业。在1947年到1951年间，香港充分利用从中国内地转移过来的资金、技术、人才和出口市场等有利条件，建立起棉纺织工业。这是香港现代工业兴起的前奏。随着纺织业的发展，制衣业也扶摇直上。纺织业和制衣业很快占据了香港出口贸易总额的半壁江山。

除上述两大部门外，塑料、制鞋、手套、电筒、电池、灯泡、保温瓶、糖瓷制品、铝制品和藤制品等产品的制造也很快发展起来。其中，塑料制品的发展最为惊人，1958—1959年间，塑料玩具的出口增长率超过50%，塑料花的出口更增加了两倍多。英美两国在20世纪50年代逐渐取代中国内地而成为香港最大的工业品出口市场。

然而，20世纪50年代后期，随着日本经济的复苏，其纺织工业产品大量涌入国际市场，香港制造业遇到了劲敌，陷入困境。此时，英国政府重申让香港产品享受英联邦的特惠关税待遇，这项优惠政策挽救了香港制造业，有利于使其产品占领更广大的国际市场。到70年代初，香港工业的迅猛发展让全球刮目相看，服装、钟表、玩具等许多工业制品的出口金额和数量都已位居世界第一，一跃成为亚洲"四小龙"之一。

然而，到20世纪70年代末，香港工业发展遇到瓶颈，仍停留在劳动密集型初级状态，未能向高科技、高附加值产业转型。虽然表面上香港一片繁荣，实际上只是低水平的重复，产业结构难以升级。究其原因，与港英政府自由放任的政策不无关系，由于政府职能的缺失，产业升级必要的基础设施建设以及能够大量投资研发、引领技术进步的龙头企业严重缺乏和滞后，更没有整体规划和长远考虑，这成为香港工业发展的巨大障碍。

四 港澳与广东的合作与交流

广东是我国最早开放的省份，与港澳经济联系最为密切。特别是珠江三角洲地区发展"三来一补"的形式，积极引入港澳的资金和技术，促进了广大农村、小城镇、大城市街道工业和中小企业的迅猛发展。

1984年，香港为中国内地组织的银行贷款达19.5亿港元，1985年增至30亿港元。这类贷款适用于大型建设项目。此外，中国内地还通过香港吸引到了巨额资金。仅1985年香港合和电力有限公司与广东签定合资兴建水力发电厂的合同，就达32亿港元。香港中华电力有限公司在1985年决定在10年内投资35亿港元兴建庞大输电网，向华南地区供电。对其他行业的投资更是多如牛毛，数不胜数。其合资、合作经营的范围极广，从工业、农业、建筑业，到商业、酒店、交通设施、通信设施、娱乐场所等，几乎包罗各行各业。

中葡建交后，两国之间互访频繁。1980年3月，澳督伊芝迪将军应邀访问北京。同年9月，广东省长习仲勋访问澳门。1981年10月，新任澳督高斯达访问广州和珠海特区。10月底中共广东省委第一书记任仲夷访问澳门。12月广州市长梁灵光等访问澳门。1985年2月，

◈◈ 下编 当代的粤港澳大湾区

澳督高斯达再访北京,李先念主席接见他时表示,在澳门问题获得解决之前,双方应共同合作,把澳门管理好,保持社会秩序安定,促进经济发展。

由于澳门具有良好的经济投资环境,广东来澳门投资办厂者络绎不绝,如20世纪80年代广东南粤贸易公司、珠海珠光公司等。到90年代,广东通过驻澳贸易机构投资的项目,就涉及制衣、制药、家私、汽车维修、饮料、食品、电器、酒店、超级市场、百货等20多种项目,为繁荣澳门经济作出了贡献。此外,广东的建筑公司也与澳门开展了多项合作,如广东省建筑工程总公司与南粤贸易有限公司合营的南方置业有限公司,由广东单建或联合承建的工程有东亚大学行政大楼、图书馆及宿舍,华大、海外及南丰等工业大厦,以及如海外商业中心、鸿运阁、启基阁、平民大厦、南通大厦、葡京车库、雅柏花园大厦等著名建筑。

广阔的大湾区市场也吸引着澳门资金的投入。澳门在大湾区的合作项目,是从补偿贸易、来料加工为主开始的。1979年,澳商投资在珠海市兴建起第一家外资企业——香洲毛纺厂。随后又在珠海兴建了石景山旅游中心,以及珠海宾馆、拱北宾馆、珠海度假村、佛山旋宫酒店等旅游设施。1987年,澳门工商界宣布投入巨资在横琴岛修建机场,并在深水港、高速公路和铁路等重大工程方面与广东进行区域性合作。

旅游设施的完善,促进了粤港澳之间旅游业发展。如澳门—珠海—中山的"小三角"联线旅游,澳门—香港—广州(包括珠江三角洲)的"大三角"联线旅游,早已享有盛名。1982年以来,澳门每年接待游客逾400万人次,每年往返拱北关闸的游客也在400万人次以上。1984年,珠海小码头湾仔口岸正式开通直航澳门的轮渡,成为国家一类开放口岸,从此,粤澳联系越来越密切,经济一体化进程不断推进。

第二节 "一国两制"构想的提出和初步实践

"一国两制"是中国特色社会主义的一个伟大创举，同时也为国际社会解决类似问题提供了一个新思路、新方案。"一国两制"思想的形成，是中国共产党人对国家和平统一问题长期思考、不断探索的重要成果。

一 中英《关于香港问题的联合声明》的签订

"一国两制"构想的提出可追溯至20世纪50年代。早在1955年，党中央就提出用和平方式解放台湾的设想。毛泽东为防止台湾独立，提出只要台湾不分裂，大陆就不改变目前的对台湾关系。1963年，周恩来将毛泽东提出的和平解决台湾问题的主张，概括为"一纲四目"："一纲"，即台湾和大陆必须统一。"四目"，即统一后，除外交必须统一于中央外，所有军政大权、人事安排等都由蒋介石决定，台湾建设经费不足之数，悉由中央政府拨付；台湾的社会改革可以从缓，协商解决；双方互约不派人进行破坏对方团结之事。毛泽东、周恩来的这些设想，为后来提出"一国两制"的构想提供了思想和理论上的准备。

1982年1月，邓小平首次提出"一个国家、两种制度"的概念。1982年9月24日，邓小平会见来访的英国首相撒切尔夫人，阐明了中国政府对香港问题的基本立场，提出按照"一国两制"方针解决香港问题，香港回归后，仍保持资本主义制度不变。在这个前提下，中英两国开始磋商香港回归问题。到1983年初，中国政府就解决香港问题形成了十二条基本方针政策，内容为：

（一）中国政府决定于1997年7月1日对香港地区恢复行使主权。

（二）恢复行使主权后，根据《中华人民共和国宪法》第三十一条之规定，在香港设立特别行政区，直辖于中央人民政府，享有高度自治权。

（三）特别行政区享有立法权，有独立的司法权和终审权。现行的法律、法令、条例基本不变。

（四）特别行政区政府由当地人组成。主要官员在当地通过选举或协商产生，由中央人民政府委任。原香港政府各部门的公务、警务人员可予留任。特别行政区各机构也可聘请英国及其他外籍人士担任顾问。

（五）现行的社会、经济制度不变，生活方式不变。保障言论、出版、集会、结社、旅行、迁徙、通信自由和宗教信仰自由。私人财产、企业所有权、合法继承权以及外来投资均受法律保护。

（六）香港特别行政区仍为自由港和独立关税地区。

（七）保持金融中心地位，继续开放外汇、黄金、证券、期货等市场，资金进出自由，港币照常流通，自由兑换。

（八）特别行政区财政保持独立。

（九）特别行政区可同英国建立互惠经济关系。英国在香港的经济利益将得到照顾。

（十）特别行政区可以"中国香港"的名义，单独地同世界各国、各地区以及有关国际组织保持和发展经济、文化关系，签订协议。特别行政区政府可自行签发出入香港的旅行证件。

（十一）特别行政区的社会治安由特别行政区政府负责。

（十二）上述方针政策，由全国人民代表大会以香港特别行政区基本法规定之，50年不变。

这十二条政策系统规划了香港回归后的政治、经济、社会、文化、对外事务等各方面的政策和制度框架，成为"一国两制"方针的核心内容。后来又经过多次修改，成为中英谈判时中方的政策基础，并最终写进了中英《关于香港问题的联合声明》。

中英联合声明的达成与签署是经历了多次艰苦的谈判而形成的。中英谈判分两个阶段：第一阶段从1982年9月英国首相撒切尔夫人访华至1983年6月，双方主要就原则和程序问题进行了会谈；第二阶段从1983年7月至1984年9月，两国政府代表团就实质性问题进行了22轮会谈。1984年9月26日，中国代表团团长、外交部副部长周南，和英国驻华大使伊文思草签了《中华人民共和国政府和大不列颠及北爱尔兰联合王国政府关于香港问题的联合声明》。12月19日，英国首相撒切尔夫人正式签字。

联合声明共有8项规定和《中华人民共和国政府对香港的基本方针政策的具体说明》《关于中英联合联络小组》《关于土地契约》3个附件。联合声明确认中华人民共和国政府于1997年7月1日对香港恢复行使主权。中国政府还在联合声明中阐明以"十二条"为核心内容的对香港的基本方针政策。

中英联合声明的签署，标志着香港进入回归祖国前的过渡期。在13年的过渡期内，中国政府坚定不移地遵循"一国两制"方针政策，紧紧依靠香港同胞，坚决排除各种干扰，有条不紊地推进对香港恢复行使主权的各项准备工作。

二　中葡《关于澳门问题的联合声明》的签订

1979年2月，中葡两国建交时，曾就澳门问题达成原则谅解，肯定了澳门是中国领土，至于归还时间和细节将在适当时候由两国政府谈判解决。1985年5月，葡萄牙共和国总统拉马略·埃亚内斯访华期间，中葡双方认为谈判解决澳门问题的时机已经成熟，并决定于1986年上半年在北京举行正式外交谈判。1986年6月30日，中葡开始就解决澳门问题进行谈判，达成《中华人民共和国政府和葡萄牙共和国政府关于澳门问题的联合声明》。联合声明共7款，主要内容是：

（一）澳门地区是中国领土，中国政府将于1999年12月20日对澳门恢复行使主权。

（二）中国政府根据"一个国家、两种制度"的方针，设立澳门特别行政区；澳门直辖于中央政府，享有高度的自治权；现行的社会、经济制度不变，生活方式不变，法律基本不变；澳门特别行政区自行制定有关文化、教育和科技政策，并依法保护在澳门的文物；澳门特别行政区可同葡萄牙和其他国家建立互利的经济关系；澳门特别行政区可以"中国澳门"的名义单独同各国、各地区及有关国际组织保持和发展经济、文化关系,并签订有关协定;澳门特别行政区将继续作为自由港和单独关税地区进行经济活动;澳门特别行政区保持财政独立;澳门特别行政区的社会治安由澳门特别行政区负责;澳门特别行政区除悬挂中华人民共和国国旗和国徽外,还可使用区旗和区徽;澳门基本政策由特别行政区基本法规定,50年内不变。

(三)两国政府声明:自本联合声明生效之日起至1999年12月19日止的过渡时期内,葡萄牙政府负责澳门的行政管理。

(四)两国政府声明:在本联合声明生效时成立中葡联合联络小组;联合联络小组将根据有关规定建立和履行职责。

(五)两国政府声明:关于澳门土地契约和其他有关事项,将根据本联合声明附件的有关规定处理。

(六)两国政府同意,上述各项声明和作为本联合声明组成部分的附件均将付诸实施。

(七)本联合声明及其附件自互换批准书之日起生效。

上述基本政策,将在《澳门特别行政区基本法》中明文规定,并在50年内不变。联合声明正文之外,还有《中华人民共和国政府对澳门的基本政策的具体说明》《关于过渡时期的安排》两个附件和两个备忘录。

联合声明既主张中国对澳门的主权,也尊重葡方的利益,是相互理解和友谊的典范,是一个具有借鉴意义的历史性文献。妥善地解决了历史遗留下来的澳门问题,证明了"一国两制"方针的正确性,对祖国统一有着重大而深远的意义。

第三节 香港、澳门的回归与民主建设

在"一国两制"方针下签订的中英《关于香港问题的联合声明》和中葡《关于澳门问题的联合声明》,为香港和澳门的回归,以及回归后的经济制度、社会治理、政府组织、法治铺平了道路。

第十五章 "一国两制"构想与香港、澳门的回归

一 香港和澳门基本法的制定与实施

(一) 香港基本法的制定与实施

中英联合声明签署后,香港进入过渡期。1985年4月10日,第六届全国人大三次会议决定成立中华人民共和国香港特别行政区基本法起草委员会,负责起草香港基本法。7月1日基本法起草工作开始。起草委员会由59人组成,其中中国内地委员36人,香港委员23人。起草委员会设立了5个专题小组,即中央和香港特别行政区的关系专题小组,居民的基本权利和义务专题小组,政治体制专题小组,经济专题小组和教育、科学、技术、文化、体育和宗教专题小组。专题小组负责具体研究基本法中的专门问题,并起草有关条文。在各专题小组起草条文的基础上,起草委员会又成立了由包玉刚、胡绳副主任委员主持的总体工作小组,对各章节条文进行了调整和修改。

起草委员会还委托香港委员在香港成立由180位各界人士组成的基本法咨询委员会,广泛收集香港社会各界的意见和建议。1988年4月,起草委员会公布香港基本法(草案)征求意见稿;1989年2月,全国人大常委会公布香港基本法(草案),先后两次在香港和中国内地广泛征求意见。香港和中国内地社会各界人士踊跃参与讨论,其中,仅香港人士就提出近8万份意见和建议。

征询期结束后,起草委员会先后举行了各专题小组会议和主任委员扩大会议,对香港基本法(草案)征求意见稿的条文作了修改和调整。1990年4月4日,七届全国人大三次会议通过并颁布了《中华人民共和国香港特别行政区基本法》,并规定自1997年7月1日起施行。从1985年7月到1990年4月,基本法的制定共历时4年8个月。香港基本法除序言外,共有9章160条,另有3个附件。它以国家基本法律的形式实践了"一国两制"的伟大构思,勾画了未来香港的蓝图。体现了"一个国家、两种制度""港人治港""高度自治"的方针,充分体现了中英联合声明的精神,照顾了历史和现实,照顾了香港各阶层和中华民族的整体利益,也照顾了英国和其他国家在香

港的利益。这部法律堪称世界法律发展历史上的创举。

香港回归后，中央政府坚持基本法，严格实施基本法，且倾力扶助香港，致力于香港的繁荣与稳定。事实证明：香港基本法是符合香港实际情况的，是香港长期保持繁荣稳定的法律保障，是依法治港的法律基石，是维护香港稳定与发展的法律武器。

（二）澳门基本法的制定与实施

1988年4月13日，第七届全国人民代表大会第一次会议决定成立中华人民共和国澳门特别行政区基本法起草委员会。起草委员会向全国人大及其常委会负责，由48人构成。包括29名中国内地起草委员、19名澳门委员。此外，还成立了澳门特别行政区基本法咨询委员会，意在多方征集各界人士对制定基本法的意见。起草委员会于1988年10月25日举行第一次全体会议，会议决定委托在澳门的22名委员发起组成一个在民间具有广泛代表性的咨询委员会，听取并反馈澳门各界人士的意见。咨询委员会与起草委员会的性质与任务均不相同，彼此没有隶属关系。经过半年筹建，1989年5月28日，由澳门各界90位代表性人士组成的咨询委员会正式宣告成立。这90名咨询委员，大致上兼顾了澳门各行各业的代表，同时也兼顾了华人与土生葡萄牙人的比例。

1989年5月9日至10日，起草委员会在北京举行会议，初步讨论了基本法的结构内容，确定了基本法结构的起草办法，并审议通过基本法起草委员会的工作规则。1993年3月31日，第八届全国人民代表大会第一次全体会议，通过了《中华人民共和国澳门特别行政区基本法》和相应的规定。

澳门基本法由序言、正文和3个附件构成。序言主要用来说明立法依据和宗旨，包括澳门基本法制定的历史背景、在澳门实行的方针政策和基本法制定的法律依据。正文由总则、中央和澳门特别行政区的关系、居民的基本权利义务、政治体制、经济、文化和社会事务、对外事务、本法的解释和修改以及附则等九章构成，共计145条。3个附件分别为《澳门特别行政区行政长官的产生办法》《澳门特别行政区立法会的产生办法》《在澳门特别行政区实施的全国性法律》。

澳门基本法是继香港基本法之后又一个创造性的杰作，它正确处理了"一国"与"两制"的关系，为维护国家主权、澳门的繁荣发展奠定了坚实的基础。在宪法和澳门基本法的保障下，澳门社会和谐稳定，民主政制稳步发展，对外交往不断扩大，各项事业全面发展。特别是经济持续增长，民生福祉显著提升。澳门生产总值从1999年的519亿澳门元大幅增至2018年的4447亿澳门元，实现了跨越式发展；人均GDP也由1999年的12万澳门元跃升至2018年的67万澳门元，在世界上位列前茅。

二 港澳民主制度的真正确立

1997年7月1日香港回归，1999年12月20日澳门回归，港澳居民从此成为祖国土地上的真正主人，标志着国家根据"一国两制"方针为港澳地区建立的民主制度开始全面运行，港澳地区民主时代真正来临。

（一）"港人治港"的香港民主制度

香港基本法为香港特别行政区民主制度的建立和发展提供了宪制性法律依据：一是，香港基本法规定香港特别行政区实行以行政长官为核心的行政主导体制，行政机关和立法机关既互相制衡又互相配合，司法机关独立行使审判权。二是，香港特别行政区实行"双普选"制，即行政长官由提名委员会按民主程序提名后，由普选产生，立法会全部议员由普选产生。三是，各级官员必须是爱国者，即必须遵循以爱国者为主体的"港人治港"原则。四是，全国人大授权香港特别行政区依照香港基本法的规定实行高度自治，享有行政管理权、立法权、独立的司法权和终审权。五是，香港基本法赋予了香港居民广泛的民主权利和自由。香港特别行政区永久性居民依法享有选举权和被选举权；香港居民享有言论、新闻、出版、结社、集会、游行、示威的自由，以及香港基本法和香港特别行政区法律保障的其他权利和自由。香港基本法还规定，香港居民中的中国公民可依法参与国家事务的管理。非中国籍的香港特别行政区永久性居民也依法享有广泛的政治权利,包括选举权和被选举权。这种民主开放程度世所罕见。

　　香港回归祖国后,中央政府坚决贯彻落实"一国两制"方针和香港基本法,支持香港特别行政区依法有序发展民主。2004年4月6日,全国人大常委会通过《关于〈中华人民共和国香港特别行政区基本法〉附件一第七条和附件二第三条的解释》,明确2007年以后如需对香港特别行政区行政长官和立法会产生办法进行修改应遵循的法定程序,为香港回归十年后上述两个产生办法进一步扩大民主成分,直至实现"双普选",提供了操作性程序。2007年香港特别行政区第三任行政长官产生后,香港社会希望尽早明确普选的时间表以及2012年第四任行政长官和第五届立法会产生办法。对此,全国人大常委会经过细致调研和科学严谨的讨论,认为2012年第四任行政长官的具体产生办法和第五届立法会的具体产生办法可以作出适当修改;2017年第五任行政长官的选举可以实行由普选产生的办法;在此之后,立法会的选举可以实行全部议员由普选产生的办法。这充分彰显了中央政府落实香港基本法关于最终达至"双普选"目标的诚意。2014年8月31日,全国人大常委会经广泛征求香港各界人士的意见,作出《关于香港特别行政区行政长官普选问题和2016年立法会产生办法的决定》(简称"8·31决定")。该决定根据香港的实际情况和香港多数居民的意愿,重申从2017年开始行政长官选举可以实行由普选产生的办法,明确了行政长官普选制度的若干核心要素;在行政长官普选以后,立法会选举可以实行全部议员由普选产生的办法。中央政府依法履行宪制责任,为香港特别行政区拟定行政长官普选办法指明了方向、确定了原则。

　　虽然"8·31决定"遭到乱港分子的阻扰,但中央政府支持香港特别行政区民主发展的立场从未动摇,香港全体永久性居民依法享有的选举权和被选举权得到充分保障,永久性居民中的中国公民不仅参与香港特别行政区的治理,还依法参与国家事务的管理。根据全国人大确定的名额和代表产生办法，由香港特别行政区居民中的中国公民在香港选出 36 名香港特别行政区的全国人大代表，参加最高国家权力机关的工作。香港现有 5600 多位人士担任各级人民政治协商会议委员，其中超过 200 位担任全国政协委员。还有许多香港人士在中央和地方的机构、团体担任领导或顾问等职务。中央政府还支持和协助香港专业人士和优秀青年在国际组织任职，参与国际治理。任何不抱偏见的人都能看到，香港回归后，全体居民的政治参与渠道和空间大大拓展，享有的民主权利前所未有，香港特别行政区民主发展取得了全方位的重大成就。

（二）"澳人治澳"的澳门民主制度

澳门基本法是澳门特别行政区建立和发展民主制度的根本大法。一方面规定了澳门的民主体制，如中华人民共和国全国人民代表大会授权澳门特别行政区依照澳门基本法的规定实行高度自治，享有行政管理权、立法权、独立的司法权和终审权；澳门特别行政区的行政机关和立法机关由澳门特别行政区永久性居民依照澳门基本法有关规定组成。另一方面，规定了澳门居民的民主权利，如澳门特别行政区依法保障澳门特别行政区居民和其他人的权利和自由；澳门居民在法律面前一律平等，不因国籍、血统、种族、性别、语言、宗教、政治或思想信仰、文化程度、经济状况或社会条件而受到歧视；澳门永久性居民依法享有选举权和被选举权；居民享有言论、新闻、出版的自由，结社、集会、游行、示威的自由，组织和参加工会、罢工的权利和自由；禁止非法搜查居民的身体、剥夺或者限制居民的人身自由；澳门居民享有个人的名誉权、私人生活和家庭生活的隐私权；澳门居民的住宅和其他房屋不受侵犯；澳门居民的通信自由和通信秘密受法律保护；澳门居民有宗教信仰的自由……

自澳门回归以来，中央政府支持澳门特别行政区依照澳门基本法的规定，循序渐进发展符合澳门实际情况的民主政制。如行政长官选举的民主程度不断提高。澳门特区第一任行政长官人选由特区第一届政府推选委员会协商提名选举产生，报中央政府任命。第一届政府推选委员会由特区四大界别 200 名委员组成。第二、第三任行政长官选委会由四大界别共 300 名委员组成，比推委会增加 100 名。再比如，立法会选举的议席和民主成分不断增加。特区第一届立法会由 23 名议员组成，其中直选 8 名，间选 8 名，委任 7 名。第二届立法会由 27 名议员组成，比上届增加 4 席，其中直选、间选各 10 名，委任 7 名。第三、四届立法会分别由 29 名议员组成，其中直选 12 名，间选 10 名，委任 7 名，较第二届增加 2 个直选议席。

总之，香港特别行政区、澳门特别行政区的行政机关和立法机关由永久性居民依照基本法有关规定组成，实行"一国两制"下的"港人治港""澳人治澳"、高度自治，居民享有广泛的权利。这种民主程度是港英、澳葡统治时期根本无法给予的。

三　反中乱港势力的破坏与中央的政策调整

中央政府为推动香港特别行政区的民主发展，进行了多次努力，然而香港所谓的"民主派"继续顽固坚持对抗思维，罔顾香港基本法有关规定，极力攻击"8·31 决定"，拒绝接受行政长官普选方案，反而提出公然违反香港基本法的所谓"公民提名"方案。2014 年 9 月 28 日，他们发动蓄谋已久的非法"占领中环"运动，持续长达 79 天，企图以所谓"公民抗命"方式逼迫中央政府收回"8·31 决定"，进而实施港版"颜色革命"。2016 年、2019 年又相继组织、实施了"旺角暴乱""修例风波"等严重违法活动，重创了香港法治和社会秩序。

不仅如此，反中乱港势力还公然挑战宪法和香港基本法确定的香港特别行政区宪制秩序，拒不承认国家宪法对香港特别行政区的效力，甚至不惜以制造社会动乱的方式抗拒中央对香港特别行政区的全面管治权。他们公然倒挂、撕扯、踩踏、焚烧国旗，污损国徽，撕毁和焚烧香港基本法文本，阻挠旨在维护国家安全的本地立法。他们公然鼓吹"香港独立""民族自决"，在香港社会各层面特别是青少年群体中传播"港独""反中""反共"理念，暴力攻占香港特别行政

第十五章 "一国两制"构想与香港、澳门的回归

区立法会大楼,恶毒攻击中国共产党的领导和国家主体实行的社会主义制度,为在香港进行分裂国家、颠覆国家政权的活动制造理论和舆论。他们与外部敌对势力勾结,甘当反华"急先锋""马前卒",大肆进行暴力和恐怖活动,在"修例风波"中,香港铁路公司有超过90%、共计147个车站遭到损坏,逾1200间店铺和多家银行的服务设施被损毁。

以上事实都表明,反中乱港势力及其背后的外部敌对势力是挑战"一国两制"原则、危害国家安全、损害香港繁荣稳定的罪魁祸首,也是阻碍香港特别行政区民主发展的罪魁祸首。中央政府审时度势,果断提出要坚持以爱国者为主体的"港人治港"方略,绝不容忍任何挑战"一国两制"底线的行为,绝不容忍任何分裂国家的行为。为此,中央采取了一系列重大举措,拨乱反正,引领和推动香港局势和民主发展重回正轨:

其一,制定实施《中华人民共和国香港特别行政区维护国家安全法》,为民主发展提供基本条件。2020年6月30日,全国人大常委会通过香港国安法,并决定将该法列入香港基本法附件三,由香港特别行政区政府同日刊宪公布实施。该法对与香港特别行政区有关的分裂国家、颠覆国家政权、组织实施恐怖活动和勾结外国或者境外势力危害国家安全等犯罪及其处罚作出了规定,建立健全了国家和特别行政区两个层面维护国家安全的执行机制,并从国家安全的角度进一步明确了参选或者就任香港特别行政区有关公职的资格和条件。香港国安法的制定实施,筑牢了特别行政区维护国家安全的法律制度屏障,有力打击了"港独"激进势力的嚣张气焰,对香港迅速止暴制乱、恢复正常社会秩序、实现由乱到治的历史性转折发挥了关键作用,是"一国两制"事业发展的重要里程碑。

其二,明确香港特别行政区公职人员参选、任职和就职宣誓等规矩。2020年11月11日,全国人大常委会通过《关于香港特别行政区立法会议员资格问题的决定》,明确立法会议员因宣扬或者支持"港独"主张、拒绝承认国家对香港拥有并行使主权、寻求外国或者

境外势力干预香港特别行政区事务，或者具有其他危害国家安全等行为，不符合拥护《中华人民共和国香港特别行政区基本法》、效忠中华人民共和国香港特别行政区的法定要求和条件，一经依法认定，即时丧失立法会议员资格。这进一步明确了就任立法会议员的法定资格，完善了相关制度机制。

其三，完善香港特别行政区选举制度。2021年3月30日，第十三届全国人大常委会第二十七次会议全票通过新的香港基本法附件一《香港特别行政区行政长官的产生办法》和附件二《香港特别行政区立法会的产生办法和表决程序》，同年3月31日起实施。5月27日，香港特别行政区立法会通过《2021年完善选举制度（综合修订）条例》，标志着完善香港特别行政区选举制度的工作顺利完成。这次完善香港特别行政区选举制度主要有三个方面内容：第一，重新构建选举委员会，扩大规模、增加界别、优化分组、完善职能。第二，规定了行政长官和立法会的产生办法。在提名机制等方面有所调整，以确保行政长官必须由中央政府信任的、坚定的爱国者担任。重点改革立法会选举制度，更好地平衡香港社会的整体利益、界别利益和地区利益，同时对立法会选举的提名、选民资格、选举方式等作出了具体规定。第三，完善候选人资格审查制度。对参加选举委员会选举、行政长官选举和立法会选举的候选人进行资格审查，确保"爱国者治港"原则的全面落实，坚决把反中乱港势力排除在香港特别行政区政权机关之外。

香港特别行政区正迎来拨乱反正、由治及兴的新阶段。随着香港国安法的实施和选举制度的完善，"爱国者治港"的局面将更加稳固，香港的法治和营商环境将更加优良，社会氛围将更加和谐，长期困扰香港的各类深层次矛盾和问题将更有条件地得到有效解决，"一国两制"在香港的实践必将取得更大的成功。

第十六章　新时代粤港澳大湾区的一体化建设

粤港澳大湾区，包括香港特别行政区、澳门特别行政区和广东省广州市、深圳市、珠海市、佛山市、惠州市、东莞市、中山市、江门市、肇庆市。建设粤港澳大湾区，是习近平总书记亲自谋划、亲自部署、亲自推动的重大国家战略。2019年2月18日《粤港澳大湾区发展规划纲要》（以下简称《纲要》）正式公布，标志着粤港澳大湾区建设进入全面实施阶段。《纲要》发布以来，粤港澳大湾区建设成就斐然，一座座世纪工程相继建成，一大批高科技产业纷纷落户，产业结构日趋合理，世界级城市群基本建成。新时代，大湾区一体化建设正在加速推进，朝着国际一流湾区和世界级城市群目标阔步前行。

第一节　粤港澳大湾区发展规划与实施方案

建设粤港澳大湾区，既是新时代推动形成全面开放新格局的新尝试，也是推动"一国两制"事业发展的新实践，具有重要战略意义。

一　粤港澳大湾区概念的提出

湾区是指环海城镇组成的港口群和城镇群，是由一个海湾或相连的若干个港湾及岛屿共同组成的区域。纽约湾区、旧金山湾区及东京湾区是先后在全球经济发展中崛起的重要湾区。粤港澳大湾区总面积5.6万平方公里。地理条件优越，三面环山，三江汇聚，海岸线漫长，港口群优质，海域面广阔。

"粤港澳大湾区"概念，从学术界的讨论到地方政策的考量，再到国家战略的提出，历时20余年。1994年，时任香港科技大学校长吴家玮提出对标旧金山，建设深港湾区。21世纪初，广州率先提出依托南沙港，对标东京湾区。2008年国家发展和改革委发布的《珠江三角洲地区改革发展规划纲要（2008—2020）》，提出探索和推进粤港澳地区合作、打造世界级城市群的目标湾区建设与一体化发展成为珠三角地区的发展战略。2009年粤港澳三地共同编制《大珠江三角洲城市群协调发展规划研究》，赋予"一湾三区"（环珠江口湾区和广佛、港深、澳珠三大都市区）作为珠三角城市群的"标志"和"中枢"的重要角色。2010年和2011年，广东分别与香港和澳门签署《粤港合作框架协议》及《粤澳合作框架协议》，进一步明确区域协调机制和近期重点工作为区域经济一体化发展及"环珠江口宜居湾区建设"。2014年深圳市政府工作报告首次提出"湾区经济"概念，提出要以"湾区经济"新发展构建对外开放新格局，加快推进粤港澳大湾区合作。2015年12月国家发展和改革委、外交部和商务部联合发布了《推动共建丝绸之路经济带和21世纪海上丝绸之路的愿景与行动》，明确提出在"一带一路"倡议中"打造粤港澳大湾区"，这是大湾区首次写入国家文件。由此可见，"粤港澳大湾区"的概念从最初的学术讨论，到地方政策，再到正式上升为国家战略，是一个认识逐渐深化、内涵不断丰富的过程。

二 《粤港澳大湾区发展规划纲要》

2019年2月18日，中共中央、国务院印发了《粤港澳大湾区发展规划纲要》。这份近3万字的《纲要》，是全面深刻理解粤港澳大湾区这一重大国家战略的发展定位、目标愿景、主要任务、推进策略等的纲领性文件。

《纲要》共分为"规划背景""总体要求""空间布局""建设国际科技创新中心""加快基础设施互联互通""构建具有国际竞争力

的现代产业体系""推进生态文明建设""建设宜居宜业宜游的优质生活圈""紧密合作共同参与'一带一路'建设""共建粤港澳合作发展平台""规划实施"等十一章，着重回答了四大问题：一是"一国两制"向何处去，如何赋予"一国两制"新的时代内涵；二是如何应对粤港澳地区因发展不均衡不充分而产生的问题；三是如何应对部分国家逆全球化和跨国公司生产力重新布局等外部环境的变化；四是改革开放再出发的路径怎么走。具体来看，《纲要》突出了以下几点：

第一，明确了大湾区各城市定位。

《纲要》明确定位了港澳广深四大中心城市。香港，强调要巩固和提升国际金融、航运、贸易中心和国际航空枢纽地位，强化全球离岸人民币业务枢纽地位、国际资产管理中心及风险管理中心功能，推动金融、商贸、物流、专业服务等向高端、高增值方向发展，大力发展创新及科技事业，培育新兴产业，建设亚太区国际法律及争议解决服务中心，打造更具竞争力的国际大都会。澳门，强调要建设世界旅游休闲中心、中国与葡语国家商贸合作服务平台，促进经济适度多元发展，打造以中华文化为主流、多元文化共存的交流合作基地。广州，强调要充分发挥国家中心城市和综合性门户城市引领作用，全面增强国际商贸中心、综合交通枢纽功能，培育提升科技教育文化中心功能，着力建设国际大都市。深圳，强调要发挥作为经济特区、全国性经济中心城市和国家创新型城市的引领作用，加快建成现代化国际化城市，努力成为具有世界影响力的创新创意之都。

对于粤港澳大湾区其余之珠海、佛山、惠州、东莞、中山、江门、肇庆七市，《纲要》支持他们充分发挥自身优势，深化改革创新，增强城市综合实力，形成特色鲜明、功能互补、具有竞争力的重要节点城市。增强发展的协调性，强化与中心城市的互动合作，带动周边特色城镇发展，共同提升城市群发展质量。

第二，强调大湾区科技创新能力建设。

要深入实施创新驱动发展战略，深化粤港澳创新合作，构建开放型融合发展的区域协同创新共同体。要集聚国际创新资源，优化创新制度和政策环境，着力推进"广州—深圳—香港—澳门"科技创新走廊建设，向港澳有序开放国家在广东建设布局的重大科研基础设施和大型科研仪器。要加快推进大湾区重大科技基础设施、交叉研究平台和前沿学科建设；允许香港、澳门符合条件的高校、科研机构申请内地科技项目；全面加强知识产权保护、专业人才培养的合作。提升科技成果转化能力，建设全球科技创新高地和新兴产业重要策源地。

第三，加快大湾区基础设施互联互通，推进区域一体化。

要加强粤港澳大湾区内基础设施建设，构建现代化的综合交通运输体系，在港口、空港和公路铁路等交通基础设施上加强互联互通。要建设世界级机场群，巩固提升香港国际航空枢纽地位，提升广州和深圳机场国际枢纽竞争力，增强澳门、珠海等机场功能。

要大力推进区域一体化。加快推进深圳前海、广州南沙、珠海横琴等重大平台开发建设，充分发挥国家级新区和自贸试验区优势，支持珠海和澳门在横琴合作建设集养老、居住、教育、医疗等功能于一体的综合民生项目。

第四，打造金融市场互联互通，支持金融业发展。

要有序推进金融市场互联互通，扩大香港与内地居民和机构进行跨境投资的空间，稳步扩大两地居民投资对方金融产品的渠道。发挥香港在金融领域的引领带动作用，巩固和提升香港国际金融中心地位，打造服务"一带一路"倡议的投融资平台。支持广州完善现代金融服务体系，建设区域性私募股权交易市场，建设产权、大宗商品区域交易中心，提升国际化水平。支持深圳依规发展以深圳证券交易所为核心的资本市场，加快推进金融开放创新。支持澳门打造中国—葡语国家金融服务平台，建立出口信用保险制度，建设成为葡语国家人民币清算中心，发挥中葡基金总部落户澳门的优势，承接中国与葡语国家金融合作服务。研究探索建设澳门—珠海跨境金融合作示范区。

要逐步扩大大湾区内人民币跨境使用规模和范围，扩大香港与内地居民和机构进行跨境投资的空间，稳步扩大两地居民投资对方金融产品的渠道。支持香港机构投资者按规定在大湾区募集人民币资金投资香港资本市场，参与投资境内私募股权投资基金和创业投资基金。支持香港开发更多离岸人民币、大宗商品及其他风险管理工具。支持内地与香港、澳门保险机构开展跨境人民币再保险业务。不断完善"沪港通""深港通"和"债券通"。建立粤港澳大湾区金融监管协调沟通机制，加强跨境金融机构监管和资金流动监测分析合作。完善粤港澳反洗钱、反恐怖融资、反逃税监管合作和信息交流机制。建立和完善系统性风险预警、防范和化解体系，共同维护金融系统安全。

第五，积极推动大湾区教育合作发展。支持粤港澳高校合作办学，相互承认特定课程学分、实施更灵活的交换生安排、科研成果分享转化等方面的合作交流。鼓励港澳青年到内地学校就读，推进粤港澳职业教育在招生就业、培养培训、师生交流、技能竞赛等方面的合作。实行更积极、更开放、更有效的人才引进政策，加快建设粤港澳人才合作示范区。在技术移民等方面先行先试，开展外籍创新人才创办科技型企业享受国民待遇试点。支持港澳青年融入国家、参与国家建设。

第六，增强大湾区文化软实力，进一步提升居民文化素养与社会文明程度，共同塑造和丰富湾区人文精神内涵。推进大湾区新闻出版广播影视产业发展，推动音乐产业发展。支持新建香港故宫文化博物馆等文化项目。支持香港、澳门、广州、佛山（顺德）弘扬特色饮食文化。推进大湾区旅游发展，丰富粤港澳旅游精品路线，优化珠三角地区"144小时过境免签"政策，探索在合适区域建设国际游艇旅游自由港。

第七，注重大湾区生态建设。加强珠三角周边山地、丘陵及森林生态系统保护，建设北部连绵山体森林生态屏障。加强海洋资源环境保护，推进"蓝色海湾"整治行动。构建全区域绿色生态水网，强化区域大气污染联防联控，实施更严格的清洁航运政策。加强低碳发展及节能环保技术的交流合作，加快低碳技术研发。

《纲要》是大湾区当前和今后一个时期合作发展的行动指南，它指明了大湾区建设的指导思想、基本原则、战略定位和发展目标，对进一步提升粤港澳大湾区在国家经济发展和对外开放中的支撑引领作用，具有至关重要的意义。

第二节　粤港澳大湾区建设的基本保障

粤港澳大湾区建设的成功，离不开国家和社会的全方位支持。而必要的制度建设，是粤港澳大湾区在建设中不变形、不偏向的根本保障。为此，务必牢牢坚持"一国两制"总方针，稳步推进《中华人民共和国香港特别行政区维护国家安全法》（以下简称"香港国安法"）的贯彻实施，坚持"港人治港""澳人治澳"原则不动摇。

一　坚持"一国两制"总方针

2017年习近平主席到香港出席庆祝香港回归祖国20周年大会时，对今后更好地在香港落实"一国两制"提出四点意见，其中第一条就是始终准确把握"一国"和"两制"的关系，他表示，"一国"是根，根深才能叶茂，"一国"是本，本固才能枝荣。"一国"与"两制"是本与末、源与流的关系。

在粤港澳大湾区建设中，必须明确"一国两制"的基本内涵。"一国两制"是"一国"之内的"两制"，"一国"和"两制"不是对等的关系，"一国"是"两制"的基础，"两制"的实践必须在"一国"的前提下开展。因此，要正确认识中央的权力，认同中央和特别行政区的关系是单一制国家之内中央和地方的关系。既要充分尊重中央的权力，坚持"一国"原则，又要正确行使特别行政区的高度自治权，尊重"两制"差异，使两者有机地结合起来，统一于"一国两制"事业的创造性实践。

基于对"一国两制"的深刻理解，要发挥"一国"的优势，一方面要把大湾区内两种政治和经济制度、三种货币、三个独立的关税区以及大湾区各资源有机统一起来，充分利用大湾区 11 个城市不同的优势资源，如香港的国际金融中心、深圳的科技创新中心、广州的全球商贸中心、东莞等地的制造业中心等，做好资源互补，做大经济体量；另一方面，又要发挥祖国内地坚强后盾作用，不仅要促进大湾区内的 11 个城市的内循环，而且还要向南辐射到海南、向北辐射到台湾和福建，实现经济发展的内外双循环。

粤港澳大湾区的建设是贯彻"一国两制"基本方针的发力点。要以推动大湾区深度融合为抓手，与时俱进地推进"一国两制"的贯彻落实。

二 香港国安法的颁布与实施

安定和谐的社会环境是构建粤港澳大湾区一体化建设的前提和基础。自香港回归以来，由于国家安全法律的缺失，境外反华势力乘虚而入，持续对香港进行渗透，并诱导港内青年发生了数起暴乱事件，严重影响了香港的声誉、市民生活和国家安全。2020 年 6 月 30 日，十三届全国人大常委会表决通过了《中华人民共和国香港特别行政区维护国家安全法》，从根本上堵住了香港维护国家安全的制度漏洞。

香港国安法实施后，香港特区政府全面开展有关防范、制止、惩治危害国家安全行为的工作，实现由乱到治的重大转折：第一，香港警队迅速严格执法，律政司依法检控，反中乱港分子嚣张气焰受到极大遏制，社会迅速恢复了秩序，香港市民的生命安全和财产安全得到保障。第二，特区政府对学校和社会团体等开展有关国家安全的宣传工作，提高市民对国家安全和守法的意识，并推动国民教育，以建立牢固的国家观念、加强国民身份认同和培养维护国家安全的责任感。第三，特区政府不畏惧西方国家的制裁措施，继续坚持总体国家安全观，慎防外部势力渗透和破坏行动；第四，严厉依法打击包庇、纵容乱港分子的头面人物，查处其宣传机构和报刊，冻结相关资产。

香港国安法实施以来，香港社会从由乱到治进入由治及兴的新局面，香港市民和全球资本对香港的信心指数持续回升，国际机构及商界不断对香港的营商环境作出积极评价，从而为经济发展和粤港澳大湾区建设奠定了坚实基础。

三 坚持"港人治港""澳人治澳"

坚持"港人治港""澳人治澳"也是实现粤港澳大湾区顺利发展的重要前提。早在1984年6月，邓小平同志便对"港人治港"作了诠释，他指出："港人治港有个界限和标准，就是必须由以爱国者为主体的港人来治理香港。"什么样的人是"爱国者"呢？他进一步指出："爱国者的标准是，尊重自己民族，诚心诚意拥护祖国恢复行使对香港的主权，不损害香港的繁荣和稳定。"①

由于制度缺失，"港人治港""澳人治澳"的精神并未落实到现实治理中。反中乱港分子、"港独"等激进分离势力通过各类选举进入特别行政区治理架构，包括立法会、行政长官选举委员会、区议会等机构。他们利用这些平台散播"港独"主张，抗拒中央管治，煽动对国家的不满情绪，肆意阻挠特别行政区政府施政，不惜让全香港社会付出沉重代价。他们是政治上彻头彻尾的"揽炒派"，是香港的乱源。

香港由乱及治的重大转折，再次警示我们，要确保"一国两制"实践行稳致远，要保持香港长期繁荣稳定，要实现粤港澳大湾区的伟大建设，就必须始终坚持"爱国者治港"。正如2022年7月1日，习近平主席在《庆祝香港回归祖国二十五周年大会暨香港特别行政区第六届政府就职典礼上的讲话》中所着重强调的：要"把香港特别行政区管治权牢牢掌握在爱国者手中，这是保证香港长治久安的必然要求，任何时候都不能动摇"。②

---

① 中共中央文献研究室编：《改革开放三十年重要文献选编（上册）》，中央文献出版社2008年版，第333页。
② 习近平：《在庆祝香港回归祖国二十五周年大会暨香港特别行政区第六届政府就职典礼上的讲话》，《国务院公报》2022年第20号。

将"爱国者治港"落实到实处，就必须明确"爱国者"的标准：其一，爱国者必然是真心维护国家主权、安全、发展利益者，任何危害国家主权安全、挑战中央权力和香港基本法权威、利用香港对内地进行渗透破坏的活动，都是绝不能允许的。其二，爱国者必然尊重和维护国家的根本制度和特别行政区的宪制秩序。任何危害中国共产党领导、反对社会主义制度、有损国家统一的事情，都是绝不能允许的。其三，爱国者必然全力维护香港的繁荣稳定。任何诸如香港"黑暴""港独"分子裹挟民众、胁迫中央、打砸抢烧、扰乱公共秩序，这样的行为都是绝不能允许的。

因此，在香港、澳门特别行政区各级机关中，必须均由爱国者为主体组成，培育强大的爱国、爱港、爱澳力量。特别是那些身处重要岗位、掌握重要权力、肩负重要管治责任的人士，更必须是坚定的爱国者。

第三节 粤港澳大湾区建设的伟大成就

自《粤港澳大湾区发展规划纲要》公布以来，在党中央正确领导下，在粤港澳三方协同努力下，大湾区建设取得阶段性显著成效，国际一流湾区和世界级城市群建设迈出坚实步伐，综合实力显著增强，大湾区创新能力及核心竞争力也在不断提升。

一 国际科技创新中心建设稳步推进

深入实施创新驱动发展战略，打造世界级科创中心，是粤港澳大湾区的重要目标。如今，大湾区国际科技创新中心以"两廊两点"为架构的空间布局基本形成。"两廊"是指广深港、广珠澳科技创新走廊；"两点"是指深港科技创新合作区、横琴粤澳深度合作区。河套深港科技创新合作区和横琴粤澳深度合作区有望作为"科技特区"来承担国家科技体制改革的压力测试。以深圳光明科学城、东莞松山湖科学城为主体的大湾区综合性国家科学中心先行启动区建设顺利。

散裂中子源、中微子实验站等大科学装置有序布局，并逐渐催生重大应用成果。广州实验室挂牌启动，惠州加速器驱动嬗变装置正式开工建设。"鹏城云脑Ⅱ"重大科学设施正式上线运行，服务超220项粤港澳大湾区科研实验，涵盖超导材料、新型储氢材料等多个领域。500多家生命健康和人工智能企业集聚广州南沙。深圳精准推进集成电路、生物医药、新能源汽车等8条重点产业链。佛山建成26个国家级特色产业基地。大湾区国家实验室体系逐步建立，粤港澳共建20家联合实验室，成立粤港澳大湾区院士联盟。持续打造跨区域、领域、产业的综合性技术创新平台，设立了国家新型显示技术、第三代半导体技术创新中心等综合性技术创新平台。世界知识产权组织发布的全球创新指数报告显示，"深圳—香港—广州科学技术集群"连续两年居全球创新指数第二，超过美国硅谷所在的圣何塞—旧金山地区，极大提升了粤港澳大湾区参与全球科技竞争的实力。

二 有竞争力的现代产业体系初步形成

构建具有国际竞争力的现代产业体系，是粤港澳大湾区建设的重要支撑。《纲要》发布以来，湾区先进制造业快速发展，珠江东岸的电子信息产业带已经初具规模，具有了世界级影响力，西岸的高端装备制造带正在抓紧构建。战略性新兴产业不断壮大，集成电路、生物医药、新能源新材料等产业快速崛起，一批产业链条完善、辐射带动力强、具有国际竞争力的战略性新兴产业集群正在涌现。2021年粤港澳大湾区进入世界500强企业25家，比2017年增加8家；大湾区拥有超50家"独角兽"企业、1000多个产业孵化器和近1.5万家投资机构；广东省现有高新技术企业超过6万家，其中绝大部分都在粤港澳大湾区，比2017年净增加2万多家。

此外，现代服务业加快发展，港澳专业服务业国际美誉度得到加强，香港国际金融中心地位提升，澳门世界旅游休闲中心地位夯实，区域生产性服务业正向专业化和价值链高端延伸发展，生活性服务业正向精细和高品质转变。海洋经济快速崛起，大湾区成为向海图强主阵地，海洋运输业、海工装备制造业发展迅速，港澳传统的海事服务业、海洋科技产业优势明显，三地正在协同打造海洋经济科技平台，共同拓展蓝色经济空间。

三　粤港澳大湾区互联互通成绩显著

基础设施更加完善。在推进粤港澳大湾区一体化建设过程中，轨道交通网络是实现互联互通的重要一环。目前，"轨道上的大湾区"在加紧建设，广深港高铁、港珠澳大桥建成通车，港澳进一步融入大湾区交通网络。南沙大桥开通运行，深中通道加快建设，跨珠江口通道已建成5条，在建4条。根据《粤港澳大湾区城际铁路建设规划》，到2025年，大湾区铁路网络运营及在建里程要达到4700公里，实现铁路网络"全覆盖"。未来，还将实现大湾区城际铁路"一体化"建设、"一张网"运营、"一站式"服务，高效、便捷、舒适的现代化交通体系正在全面建成。香港机场正在广东东莞建设新的物流园，内地出口货物可于物流园预先完成航空安检、装箱、打板及收货，然后无缝送达海空联运货运码头，直接转运海外，空运成本减少一半。另外，广州白云机场三期、香港国际机场第三跑道进展顺利，深圳机场三跑道批复建设，惠州机场航站楼、货运区和停机坪扩容工程开工，世界级机场群协同效应初显。南沙大桥顺利通车，深中通道建设有序推进。

要素跨境流动更加顺畅。通关模式不断创新，粤澳新通道青茂口岸实行"合作查验、一次放行"自助通关模式，"一地两检"成为深港口岸通关的"基本盘"。居民往来更加便利，2021年为港澳居民提供身份认证服务1922万人次。"港车北上"方案拟订，"澳车北上"进展顺利。粤澳货物"单一窗口"综合服务平台上线，内地公路运输出口澳门货物实现"一单两报"。"跨境理财通"业务正式试点，为内地和港澳投资者提供更加便利、快捷的跨境金融服务体验。

教育衔接深入推进。粤港澳合作办学进度加快，香港科技大学

（广州）已于 2023 年 7 月完成首年本科招生录取工作，香港中文大学（深圳）医学院正式成立并实现招生，香港城市大学（东莞）、香港都会大学（肇庆）等加快筹建。广东省高校继续面向港澳扩大招生规模，已有 43 所高校具备招收港澳本科生资格，16 所高校具备招收港澳研究生资格。粤港澳三地继续推进大中小学教育交流，大湾区与港澳中小学校缔结姊妹学校突破 1100 对。

四　粤港澳大湾区优质生活圈加快构建

粤港澳大湾区着力打造宜居宜业宜游的优质生活圈，社会共同体初步形成。建成"1＋12＋N"港澳青年创新创业孵化体系，出台系列支持政策。内地公务员、企事业单位招聘向港澳青年开放，深圳已招录多名港澳籍公务员。在港举办"时代精神耀香江"系列活动，多次举办港澳大学生文化实践、粤港澳青年文化之旅等活动。香港还推出"大湾区青年就业计划"，引导香港在内地企业聘请香港学生，大湾区也提供配套支持。推进粤港澳职业资格互认，截至 2022 年 7 月，已有 402 名港澳医师获得内地医师资格证，707 名港澳律师参加大湾区律师执业考试，推动金融、税务、建筑、规划及文化旅游、医疗卫生、律师、会计等 16 个领域的港澳专业人才享受跨境执业便利。

港澳居民在内地就医更加便利。支持港大深圳医院使用香港"长者医疗券"。新冠疫情期间，香港推出"在粤患者复诊特别支援计划"，通过"医健通"系统为滞留内地的香港居民提供服务。"港澳药械通"政策在港大深圳医院等 5 家机构落地实施，已审批十余种临床急需进口药品器械。港澳居民在内地养老和参加社保更加便利。广东鼓励港澳服务提供者在粤兴办养老机构，目前已兴办此类机构 7 家。"湾区社保通"正式上线，港澳居民在粤参保实现"就近办""随时办""掌上办"。横琴"澳门新街坊"综合民生项目有序推进，为澳门居民在横琴生活就业提供等同澳门的公共服务。

五 粤港澳大湾区合作不断深化

2021年9月5日,中共中央、国务院正式公布《横琴粤澳深度合作区建设总体方案》,围绕"促进澳门经济适度多元发展"这条主线,国家赋予合作区促进澳门经济适度多元发展的新平台、便利澳门居民生活就业的新空间、丰富"一国两制"实践的新示范、推动粤港澳大湾区建设的新高地四大核心战略定位,着力建设便利澳门居民生活就业的新家园、构建与澳门一体化高水平开放的新体系、健全粤澳共商共建共管共享的新体制,逐步把横琴建设成"一国两制"下探索粤港澳合作新模式的示范区。

2021年9月6日,中共中央、国务院印发《全面深化前海深港现代服务业合作区改革开放方案》(以下简称《前海方案》),明确进一步扩展前海合作区发展空间,前海合作区总面积由14.92平方公里扩展至120.56平方公里,目标是将前海合作区打造成粤港澳大湾区全面深化改革创新试验平台,建设高水平对外开放门户枢纽。《前海方案》发布以来,前海在推动科技创新、跨境执业、法治建设、人才发展、青年交流等深港合作重点领域一系列举措相继落地,改革成效持续显现。

2021年10月6日,香港特区政府公布《北部都会区发展策略》(以下简称《发展策略》)。这是在"一国两制"框架下首份由香港特区政府编制,在空间观念及策略思维上跨越港深两地行政界限的策略和纲领。《发展策略》明确香港将规划占地约300平方公里宜居宜业宜游的都会区,构建"双城三圈"的空间结构,并提出10个重点方向和45个行动项目。将进一步推动形成"港中有深、深中有港"的融合发展态势,助力大湾区建设向纵深发展。[①]

党的二十大报告再次明确要"深入推进粤港澳大湾区建设,支持

---

① 王福强:《粤港澳大湾区建设——蹄疾步稳 成效显著》,《光明日报》2022年06月16日12版。

香港、澳门发展经济、改善民生、保持稳定","推进粤港澳大湾区建设,支持香港、澳门更好融入国家发展大局,为实现中华民族伟大复兴更好发挥作用"。① 粤港澳大湾区,这片曾经见证国家兴亡、民族沉浮的大地,曾经被无数革命先烈的鲜血染红的沃土,正在迸发出巨大的能量,以不到全国1%的国土面积创造出全国12%的经济总量。新时代,粤港澳大湾区在党中央的掌舵下,必将昂扬奋进、乘势而上,向着国际一流湾区和世界级城市群的目标奋力前行!

---

① 习近平:《高举中国特色社会主义伟大旗帜　为全面建设社会主义现代化国家而团结奋斗——在中国共产党第二十次全国代表大会上的报告(2022年10月16日)》,《国务院公报》2022年第30号。

后 记

　　本书是粤港澳大湾区区域历史与文化研究丛书中的政治文化史卷。全书共分为上、中、下三编，上编"古代的粤港澳大湾区"，分四章叙述先秦秦汉、魏晋隋唐、宋元、明清四个时期大湾区历史变迁；中编"近现代的粤港澳大湾区"，主要介绍近现代以来列强对大湾区的侵略，以及大湾区人民在中国共产党的领导下求得解放的历程；下编"当代的粤港澳大湾区"，着重阐述新中国成立后党领导大湾区人民对社会主义建设道路的艰辛探索，展示中国特色社会主义道路的伟大成就，展现新时代粤港澳大湾区建设的傲人成绩。前十章由李文益撰写；十一至十六章由张剑虹撰写。全书由李文益统稿。

　　本书主要参考了方志钦、蒋祖缘主编的《广东通史（6卷）》（广东高等教育出版社2014年版），广东地方史志办公室编的《当代广东简史》（当代中国出版社2005年版），白寿彝总主编的《中国通史（修订版）》（上海人民出版社2007年版），以及粤港澳大湾区各地方志、年鉴、报刊、论文等。本书紧紧围绕粤港澳大湾区，辨清古今地名，将涉及大湾区的历史摘出来，按问题汇编成章节。在写作中，本书强调章节间的前后衔接，注意厘清历史发展的脉络，展现粤港澳大湾区的历史是一个几千年从未间断的文明史；强调大湾区民族融合及与内地的联系，表明"大一统"始终是历史发展的主流，粤港澳三地人民本来就是血脉相连、命运与共的一家人；阐释近代以来资产阶级改良派、革命派在大湾区救亡图存运动的失败，以及共产党领导人民在大湾区取得的伟大成就，证明只有社会主义才能救中国，只有社会主义才能发展中国！

  由于时间紧迫、成书仓促，再加之作者水平有限，理解浅陋，不当之处，敬请批评指正。

李文益　张剑虹
2022 年 12 月